KB145086

# OpenCV 컴퓨터 비전 프로젝트

# OpenCV 컴퓨터 비전 프로젝트

### 증강현실부터 자동차 번호판, 얼굴 인식, 3D 머리 포즈 추적까지

다니엘 렐리스 바지우 외 6명 지음 | 이문호 옮김

[PACKT]
PUBLISHING

i!i
에이콘

# 지은이 소개

**다니엘 렐리스 바지우**Daniel Lélis Baggio

상파울로에 있는 InCorInstituto do Coração(심장연구소)에서 의학 영상 처리로 컴퓨터 비전 분야에서 일하기 시작했고, 혈관 초음파 영상 분할을 연구했다. GPGPU에 주력했으며, 엔디비아의 쿠다CUDA로 작업해 분할 알고리즘을 이식했다. 에치ehci(http://code.google.com/p/echi) 프로젝트를 통해 내추럴 유저 인터페이스 그룹에서 6 자유도 머리 추적에 참여하기도 했다. 현재 브라질 공군에서 근무 중이다.

컴퓨터 비전으로 작업할 기회를 주신 주님께 정말 감사드린다. 주님이 우리에게 보여주기 위해 만들었던 멋진 알고리즘을 이해하려고 노력했다. 또한 가족에게, 특히 아내에게 감사하고, 이 책을 집필하는 동안에 지원해준 모든 분께 감사드린다. 아들 스테파노에게 이 책을 바친다.

**셰르빈 이마미** Shervin Emami

이란 태생으로 호주에서 10대 초반에 전자공학을 독학했고, 로봇공학을 취미로 삼았다. 15살에 첫 로봇을 만들면서 RAM과 CPU 작업을 어떻게 하는지 공부했다. 즉시 로봇을 제어하는 전체 Z80 마더보드를 설계하고 만든 후 0과 1에 대응하는 두 개의 누름 버튼을 사용해 순수 이진 기계 코드로

소프트웨어를 작성하는 개념으로 모두를 놀라게 했다. 어셈블리어는 물론 고급 컴파일러같이 훨씬 쉬운 방법으로 컴퓨터 프로그램을 작성하는 방법을 배운 후 컴퓨터 프로그래밍에 빠졌으며, 그 후 거의 매일 데스크톱, 로봇과 스마트폰을 프로그래밍했다. 10대 후반에 C와 어셈블리 코드로 최적화한 3만 줄짜리였던 3D 모델러인 Draw3D(http://draw3d.shervinemami.info/)를 만들었으며, 당시의 모든 시장 제품보다 3D 그래픽스를 더 빠르게 렌더링했다. 그러나 3D 하드웨어 가속을 활용할 수 있게 됨에 따라 그래픽스 프로그래밍에 흥미를 잃었다.

학부 시절 때 컴퓨터 비전 과목을 택했으며, 상당한 관심을 보였다. 2003년, 첫 학위 논문에서 카메라 입력을 지원하는 OpenCV(베타 3)를 사용해서 고유얼굴Eigenfaces에 기반을 둔 실시간 얼굴 검출 프로그램을 만들었다. 2005년, 석사학위 논문에서 OpenCV(v0.96)를 이용해 여러 모바일 로봇의 시각 내비게이션 시스템을 개발했다. 2008년부터 아부다비와 필리핀에서 프리랜서 컴퓨터 비전 개발자로 일하고 있으며, 다음과 같은 수많은 단기 상업적인 프로젝트에서 OpenCV를 사용했다.

- 하르Haar 또는 고유얼굴을 이용한 얼굴 검출

- 신경망, EHMM이나 고유얼굴을 이용한 얼굴 인식

- AAM과 POSIT를 활용해 단일 사진에 있는 얼굴의 3D 위치와 방향 검출

- 단일 사진만 활용한 3D 얼굴 회전

- 단일 사진 내 임의의 3D 방향을 활용한 얼굴 전처리와 인공조명

- 성별 인식

- 얼굴 표현 인식

- 피부색 검출

- 홍채 검출

- 눈동자 검출

- 시선 추적

- 시각 돌출 추적

- 히스토그램 정합

- 신체 크기 검출

- 셔츠와 비키니 검출

- 지폐 인식

- 비디오 안정화

- 아이폰에서의 얼굴 인식

- 아이폰에서의 음식 인식

- 아이폰에서의 마커 기반 증강현실(당시의 아이폰 증강현실 앱에서 두 번째로 빨랐음)

OpenCV는 셰르빈 가족의 식탁에 일용할 양식을 제공했다. 이런 이유로 포럼에서 정기적으로 조언하고, 사이트(http://shervinemami.info/openCV.html)에 OpenCV 무료 강의록을 자유롭게 올리며, OpenCV에 다시 돌려주고 있다. 2011년, 이 책을 집필하기 위해 다른 공개 OpenCV 웹사이트 운영자에게 연락했다. 엔디비아에서 모바일 디바이스용 컴퓨터 비전 최적화를 위해 일하기도 했으며, 안드로이드용 최적화 버전을 만들기 위해 공식 OpenCV 개발자와 긴밀하게 작업했다. 2012년, 향후 OpenCV가 기반이 될 모바일 디바이스용 컴퓨터 비전의 하드웨어 가속 표준화를 위한 크로노스 OpenVL 위원회에도 참여했다.

책 작업과 풀타임 근무, 가정을 꾸린답시고 왔다 갔다 하면서 받은 스트레스를 견뎠던 아내 게이와 딸 루나에게 고맙다. 공개용 고품질 제품을 제공하려고 오랫동안 고생했던 OpenCV 개발자에게도 감사드린다.

**다비드 밀란 에스크리바** David Millán Escrivá

8살 때 8086 PC에서 베이직 언어로 기본 방정식의 2D 플로팅이 가능한 첫 프로그램을 만들었다. 2005년, 컴퓨터 비전이 바탕인 인간-컴퓨터 상호작용 분야에서 OpenCV(v0.96)로 상을 받았으며, 발렌시아 공과대학에서 학업을 마쳤다. 오픈소스이자 3D 소프트웨어 프로젝트인 블렌더에 참여했고, 컴퓨터 그래픽스 소프트웨어 개발자로서 첫 상업 영화인 <<프리버즈: 밍쿠와 찌아의 도시 대탈출>>을 제작했다.

컴퓨터 비전, 컴퓨터 그래픽스와 패턴 인식 분야에서 경험을 쌓고, 다른 프로젝트와 스타트업에서 컴퓨터 비전, 광학 문자 인식, 증강현실의 지식을 활용하면서 근무했으며, 이제 IT 분야에서 10년 이상의 경력을 쌓았다.

OpenCV, 일반적인 컴퓨터 비전, 광학 문자 인식 알고리즘에 관한 연구 논문과 지침서를 펴내는 DamilesBlog(http://blog.damiles.com)를 운영 중이다.

리 필립스가 집필해 팩트출판사에서 출간한 『gnuPlot Cookbook』을 감수했다.

---

인내하고 지원해준 이자스쿤과 내 동생인 아이더에게 고맙다. 너희들에게 작지만 사랑해.

또한 집필할 기회를 준 세르빈, 이번 작업을 지원해준 OpenCV 팀과 도움을 준 오그메이트에게 감사드린다.

---

**크베드체니아 아이에브젠** Khvedchenia Ievgen

우크라이나의 컴퓨터 비전 전문가다. 하르만 인터내셔널에서 카메라 기반 드라이버 보조 시스템 연구 개발로 경력을 시작했다. 그 후에는 ESG의 컴퓨터 비전 컨설턴트로 일했다. 현재는 증강현실 애플리케이션 개발에 중점을 둔 개인 사업을 하는 개발자다. Computer Vision Talks(http://computer-vision-talks.com)라는 블로그를 운영하고 있으며, 컴퓨터 비전과 증강현실에 관련된 연구 논문과 튜토리얼을 게재한다.

---

14살 때 프로그래밍을 배우도록 영향을 준 아버지에게 고맙다는 말을 전하고 싶습니다. 아버지의 도움은 말로 표현할 수 없습니다. 내 모든 일을 항상 뒷받침해준 엄마 고마워. 이번 인생에서 나만의 방법을 선택할 수 있는 자유를 항상 주셔서 감사합니다. 부모님!

내 삶을 모두 바꿔주고 아주 설레게 만든 여자인 케이트에게 고마워. 함께라서 행복해요. 사랑해.

---

**노린 마흐무드** Naureen Mahmood

텍사스 A&M 대학교의 시각화 학부를 최근 졸업했다. 다양한 프로그래밍 환경, 애니메이션 소프트웨어와 마이크로컨트롤러 전자공학에서 경험을 쌓았다. 센서 기반 전자공학과 소프트웨어 엔지니어링을 이용한 대화식 애플리케이션을 만들었다. 애니메이션 특수 효과에 사용하는 물리 기반 시뮬레이션 개발에도 참여했다.

텍사스 A&M 학생들의 노고가 있었음을 특별하게 언급하고 싶었다. 그들의 이름은 의심할 여지없이 이 책에 수록한 코드에서 접할 수 있다. 플루이드 월(Fluid Wall)을 오스틴 하인즈와 함께 학생 프로젝트의 일부로서 개발했으며, 그는 창의적인 사고로 뒷받침했다. 또한 플루이드 시뮬레이션 코드를 우리 애플리케이션에서 구현하는 아주 고된 작업에 대한 책임을 지기도 했다. 오스틴 하인즈는 많은 업무와 연구에 몰두했기 때문에 집필에 참여할 수 없었다.

### 제이슨 사라기 Jason Saragih

호주 캔버라에 있는 호주 국립 대학교에서 2004년에 기계공학 공학석사 학위를 받았고(우등생으로), 2008년에 컴퓨터과학 박사학위를 취득했다. 2008년부터 2010년까지 피츠버그에 있는 카네기멜론 대학교의 로봇 연구소에서 박사 후 과정을 수료했다. 2010년부터 2012년까지 연구 과학자로서 연방 과학산업기구CSIRO에서 근무했다. 현재는 호주 기술 스타트업 회사인 비주얼 피쳐스Visual Features의 수석 연구 과학자다.

컴퓨터 비전 분야, 특히 변형 가능한 모델 등록 및 모델링 주제에 많은 공헌을 했다. 과학 커뮤니티에서 널리 사용하는 두 개의 비영리적인 오픈소스 라이브러리 개발자로서 DeMoLib와 FaceTracker 모두 OpenCV를 비롯한 범용 컴퓨터 비전 라이브러리를 이용한다.

**로이 실크롯**Roy Shilkrot

연구자이자 컴퓨터 비전과 컴퓨터 그래픽스 분야의 전문가다. 텔아비브파야 아카데믹 대학에서 컴퓨터과학 학사학위를 취득했다. 현재 캠브리지에 있는 매사추세츠 공과대학MIT의 미디어 연구소에서 박사 과정을 밟고 있다.

스타트업 회사와 대기업에서 소프트웨어 엔지니어로 7년간 경험을 쌓았다. MIT 미디어 연구소에 연구 조교로 들어가기 전에 통신 솔루션 공급자인 컴버스의 혁신 연구소에서 기술 전략가로서 근무했다. 또한 컨설턴트를 잠시 해보기도 했으며, 레드몬드에 있는 마이크로소프트 연구소에서는 인턴으로 일했다.

---

아낌없이 지원해주고 인내해준 아내, 예전이나 지금이나 학계와 업계에서 지혜를 준 조언자들, 도전 의식을 일깨워준 내 친구들과 동료에게 감사드린다.

---

# 기술 감수자 소개

**키릴 코르냐코브** Kirill Kornyakov

잇시즈Itseez의 프로젝트 관리자며, 안드로이드 모바일 기기용 OpenCV 라이브러리 개발을 이끌고 있다. 엔디비아의 테그라 플랫폼에 대한 성능 최적화를 비롯해 모바일 운영체제 지원과 컴퓨터 비전 애플리케이션 개발 활동을 관리한다. 예전에 잇시즈에서 오픈소스와 상용 실시간 컴퓨터 비전 시스템 관련 일을 했다. 그중 주요한 것은 GPU상의 스테레오 비전과 복잡한 환경 내의 얼굴 검출이었다. 러시아의 니즈니 노브고르드 주립대학에서 학사학위와 석사학위를 받았다.

---

가족의 지원에 감사드리며, 활발한 논의를 해준 잇시즈와 니즈니 노브고르드 주립대학의 동료에게 감사를 드리고 싶다.

---

**루이사 디아즈 마스** Luis Díaz Más

스스로를 컴퓨터 비전 연구자로 여기며, 오픈소스와 오픈 하드웨어 커뮤니티에서 활발하게 활동하고 있다. 2008년부터 영상 처리와 컴퓨터 비전 알고리즘을 연구했으며, 최근 3D 재구성과 행동 인식에 관한 박사 과정을 마쳤다. 현재 CATEC(http://www.catec.com/en)의 첨단 우주 기술 연구 센터에서 근무

중이며, UAV의 센서 시스템을 주로 다룬다. 여러 국내외 프로젝트에 참여했으며, C/C++ 프로그래밍, Qt 라이브러리로 임베디드 시스템 애플리케이션을 개발해 본인의 기술을 입증했다. 임베디드 시스템에 대한 GNU/리눅스 배포 환경 설정에 경험이 있다. 최근에는 ARM과 CUDA 개발에 관심이 많다.

**세바스찬 몬타보네** Sebastian Montabone

컴퓨터 비전으로 석사학위를 취득한 컴퓨터 엔지니어다. 영상 처리와 관계된 연구 논문의 저자며, 『Beginning Digital Image Processing: Using Free Tools for Photographers』를 집필했다.

임베디드 시스템, 특히 모바일폰에도 관심이 있다. 모바일폰용 애플리케이션 개발에 관한 강좌를 만들어 가르쳤으며, 노키아 개발자 챔피언으로 알려졌다.

소프트웨어 컨설턴트이면서 사업가다. 진행 중인 프로젝트를 공유하고 있는 www.samontab.com 블로그에 방문할 수 있다.

# 옮긴이 소개

**이문호** (best.conv2@gmail.com)

관심 분야는 정보 검색이며, 매일 4시간 이상 걸리는 출퇴근 시간에 다방면의 원서를 읽는 쏠쏠한 즐거움에 빠져 사는 아날로그 세대다. 현재 문헌정보학 박사 과정에 있으며, 온톨로지 플랫폼 관련 솔루션 개발에 전념하고 있다. 오픈소스 자바 검색 엔진인 루씬Lucene에 관한 첫 국내 서인 『루씬 인 액션』(에이콘출판사, 2005)을 공역했으며, 오픈소스 영상 처리 라이브러리를 다룬 오픈소스 라이브러리 실무 시리즈 도서를 펴낸 저자로도 잘 알려져 있다. 『MATLAB을 활용한 실용 디지털 영상처리』(홍릉과학출판사, 2005), 『오픈소스 OpenCV를 이용한 컴퓨터 비전 실무 프로그래밍』(홍릉과학출판사, 2007) 등 7권의 책을 저술했으며, 번역서로는 에이콘출판사에서 출간한 『OpenCV 2 Computer Vision Application Programming Cookbook 한국어판』(2012), 『EmguCV와 테서렉트 OCR로 하는 컴퓨터 비전 프로그래밍』(2014), 『OpenCV 프로그래밍』(2015), 『(개정판) OpenCV를 활용한 컴퓨터 비전 프로그래밍』(2015), 『matplotlib을 이용한 데이터 시각화 프로그래밍』(2015)이 있다.

# 옮긴이의 말

지금 생각해도 까마득한 2012년 겨울, 이 책의 원서인『Mastring OpenCV with Practical Computer Vision』의 목차를 보자마자 OpenCV로 컴퓨터 비전 애플리케이션을 제대로 만들고 싶은 독자에게 한 줄기의 빛이 될 것이라 믿어 의심치 않았고, 이 책에 대해 큰 책임을 느꼈다. 번역에 대한 부담감이 밀려오면서 한편으로는 '이런 책이 우리나라에서 출간됐다면 얼마나 좋았을까'라는 씁쓸하면서도 부러운 마음을 감출 수 없었다. 다른 분야도 그렇겠지만, 우리나라에서는 안타깝게도 자신이 힘들게 만든 소스를 자유롭게 활용하길 바라는 마음으로 온라인에 공개하고, 노하우를 함께 공유해 더 나은 결과를 얻을 수 있는 환경이 아직까지 무르익지 않았다.

컴퓨터 비전은 실제로 이론서에서 무수하게 접하는 영상 처리부터 증강현실, 패턴 인식, 신경망 등 다양한 분야를 아우르는 이론에 대한 많은 이해가 필요하다. 아무리 노련한 전문가라도 구현 환경이 서로 다른 상황에서 이론을 어떻게 실무에 적용할지 한계에 부딪칠 때가 많을 진데, 하물며 OpenCV를 갓 뗀 입문자에게는 어디서부터 시작해야 하는지에 대한 안내서가 없어 시작부터 커다란 벽과 마주하게 된다. 이러다 보니 특히 실무에 즉시 활용할 수 있는 책이 국내외에 거의 없어 좌절할 수도 있다. 고생해가면서 만든 결과가 너무 아까워 남과 잘 공유하지 않음으로써 누군가가 또다시 같은 길을 반복하는 것이 작금의 현실이 아닌가 싶다.

이 책은 컴퓨터 비전 분야에서 OpenCV를 이용해 만든 프로그램 소스를 공개하며 기고하는 열정적인 전문가이자 블로거인 여섯 명의 저자를 셰르빈이 섭외하고 협업해서, 세계 각지에 흩어져 있는 어려운 현실을 딛고 공동 집필한 책이다. 글로만 두리뭉실하게 접했을 카메라 응용, 증강현실, 자동차 번호판 인식, 얼굴 검출, 얼굴 추적, 얼굴 인식에 이어 안드로이드/iOS 앱 개발 프로젝트까지 제공하고 있어, 독자에게 "컴퓨터 비전은 결국 사람이 하는 분야다."라는 불변의 진리를 일깨워주는 책이라고 할 수 있다.

이 책은 흔히 볼 수 있는 따라 하기 방식의 책이 아니다. OpenCV를 설치하면 딸려 나오는 예제의 부족함을 채워주면서, 독자가 관심 분야에 맞는 장을 골라 읽으며 이론을 실무 프로젝트로 풀어 나갈 수 있도록 지름길을 제시한다. 특히 얼굴 검출부터 얼굴 추적, 얼굴 인식 과정까지 상세하게 다루고 있으며, 함수 위주의 기존 OpenCV 책과 상당히 차별화돼 있다. 다만 입문자가 쉽게 볼만한 책이 아니므로, C/C++로 OpenCV를 어느 정도 다룰 수 있게 해당 분야의 선수 배경 지식을 미리 습득할 것을 권장한다. 그 전까지는 OpenCV의 기본을 설명한 OpenCV 이론서와 함께 공부하면 더욱 좋다.

이 책과 더불어 최신 OpenCV 기반의 다양한 컴퓨터 비전 프로젝트 실습과 이론을 깊이 있게 다룬 책인 『OpenCV By Example』과 『OpenCV Blueprints』를 참고한다면 자신만의 컴퓨터 비전 애플리케이션 프로젝트 개발에 더 많은 도움이 될 것이다.

끝으로 이 책을 번역할 기회를 주신 권성준 사장님, 출간할 수 있게 여러모로 챙겨주신 편집 담당자이신 박창기 이사님과 전진태 님, 그 외 모든 에이콘출판사 관계자 여러분께 감사의 말씀을 드린다.

이문호

# 차례

## 2 아이폰과 아이패드의 마커 기반 증강현실     83

# 6 비강체 얼굴 추적

# 9 마이크로소프트 키넥트를 이용한 플루이드 월 개발 407

# 들어가며

이 책은 9장으로 구성돼 있으며, 각 장은 OpenCV의 C++ 인터페이스를 기반으로 한 전체 코드를 포함하며, 시작부터 끝까지 프로젝트의 모든 내용을 담은 지침서다. 각 장은 저자들이 OpenCV 커뮤니티에서 해당 주제에 대해 잘 작성해 기여했던 것 중에서 선택했으며, 주요 OpenCV 개발자 중 한 명이 이 책을 감수했다. OpenCV 함수의 기본을 설명하지 않지는 않지만, 여러 가지 3D 카메라 프로젝트(증강현실, 움직임에 따른 3D 구조, 키넥트 상호작용)와 다양한 얼굴 분석 프로젝트(피부 검출, 간단한 얼굴과 눈 검출, 복잡한 얼굴 특징 추적, 3D 머리 방향 추정과 얼굴 인식)를 포함한 전체 문제를 해결하기 위해 OpenCV를 어떻게 적용하는지 보여주는 첫 번째 책이다. 그러므로 기존 OpenCV 책들과 훌륭한 동반자가 될 것이다.

## 이 책의 구성

**1장, 안드로이드용 만화 생성기와 피부 변환기**에서는 피부색 변환기를 비롯해 가능한 여러 가지 만화 유형과 실제 카메라 영상으로부터 만화나 그림을 자동으로 만드는 데스크톱 애플리케이션과 안드로이드 앱 모두에 대한 완벽한 튜토리얼과 소스코드를 다룬다.

**2장, 아이폰과 아이패드의 마커 기반 증강현실**에서는 각 단계에 대한 설명과 소스코드를 통해 아이패드와 아이폰 기기용 마커 기반 증강현실[AR] 애플리케이션을 구축하는 방법을 알아본다.

**3장, 비마커 증강현실**에서는 비마커 AR에 대한 설명과 소스코드를 통해 비마커 증강현실 데스크톱 애플리케이션을 개발하는 방법을 다룬다.

**4장, OpenCV를 활용한 SfM 탐색**에서는 OpenCV의 SfM 개념 구현을 통해 SfM을 소개한다. 독자는 다중 2D 영상과 카메라 위치 추정으로부터 3D 기하학을 재구성하는 방법을 배운다.

**5장, SVM과 신경망을 활용한 번호판 인식**에서는 지지 벡터 머신[SVN, Support Vector Machine]과 신경망을 이용해 자동차 번호판 인식 애플리케이션을 구축하는 완벽한 튜토리얼과 소스코드를 살펴본다. 독자는 훈련하는 방법과 영상이 번호판인지 아닌지 결정하는 패턴 인식 알고리즘을 익히고 예측하는 방법을 배우는데, 특징 집합을 문자로 분류할 때 도움이 될 것이다.

**6장, 비강체 얼굴 추적**에서는 사람 얼굴에서 복잡한 부분들을 모델링하고 추적하는 동적 얼굴 시스템 구축에 대한 튜토리얼을 살펴본다.

**7장, AAM과 POSIT를 활용한 3D 머리 포즈 추정**에서는 능동 외양 모델[AAM, Active Apperance Model]이 무엇인지 이해할 때 필요한 모든 배경 지식을 살펴보고, OpenCV로 서로 다른 얼굴 표현이 있는 얼굴 프레임 집합을 이용해 AAM을 생성하는 방법을 살펴본다. 또한 AAM이 제공하는 맞춤 기능을 통해 주어진 프레임과 어떻게 정합하는지에 대해 설명한다. 그 다음에는 3D 머리 포즈를 찾을 수 있는 POSIT 알고리즘을 적용한다.

**8장, 고유얼굴과 피셔얼굴을 활용한 얼굴 인식**에서는 영상 내의 회전된 얼굴과 다양한 조명 조건을 제어하는 기본 얼굴과 눈 검출을 포함한 실시간 얼굴 인식 애플리케이션에 대한 튜토리얼과 소스코드를 제공한다.

**9장, 마이크로소프트 키넥트를 이용한 플루이드 월 개발**에서는 키넥트 센서를 이용해 플루이드 월이라고 불리는 대화식 유체 시뮬레이션을 개발하는 방법을 완벽하게 살펴본다. OpenCV의 옵티컬 플로우 방법과 유체 해석기를 통합해 키넥트 데이터를 다루는 방법도 설명한다.

## 준비 사항

이 책을 읽기 위해 컴퓨터 비전의 특정 지식을 알 필요는 없지만, 이 책을 읽기 전에 좋은 C/C++ 프로그래밍 기술과 OpenCV에 대한 기본 경험을 갖춰야 한다. OpenCV 경험이 없는 독자는 OpenCV 특징을 소개한 『Learning OpenCV』 책을 읽거나 권장하는 C/C++ 패턴으로 OpenCV를 다루는 방법에 관한 예제가 들어 있는 『(개정판) OpenCV를 활용한 컴퓨터 비전 프로그래밍』 (에이콘출판사, 2015)을 읽길 권한다. 이 책은 OpenCV 기본과 C/C+ 개발에 이미 익숙하다는 전제하에서 실제 문제를 해결하는 방법을 보여주기 때문이다.

C/C++와 OpenCV 경험에 덧붙여 컴퓨터와 선택한 IDE(예: 윈도우, 맥이나 리눅스에서 실행하는 비주얼 스튜디오, 엑스코드, 이클립스나 QtCreator)도 필요하다. 일부 장에서는 더 많은 것을 요구하는데, 특히 다음과 같다.

- 안드로이드 앱을 개발하려면 안드로이드 디바이스, 안드로이드 개발 도구와 기본 안드로이드 개발 경험이 필요하다.

- iOS 앱을 개발하려면 아이폰, 아이패드, 아이팟 터치 디바이스, iOS 개발 도구(애플 컴퓨터, 엑스코드 IDE와 애플 개발자 인증 포함), 기본 iOS와 오브젝티브C 개발 경험이 필요하다.

- 여러 가지 데스크톱 프로젝트는 컴퓨터에 연결된 웹캠을 요구한다. 일반 USB 웹캠이면 충분하지만, 최소한 1메가픽셀$^{megapixel}$을 갖는 웹캠을 권장한다.

- 일부 프로젝트에서는 OpenCV 자체를 비롯해 운영체제와 컴파일러로 구축하는 CMake를 사용한다. 시스템 구축에 대한 기본 이해가 필요하며, 교차플랫폼 구축 지식이 필요하다.

- 기본 벡터와 행렬 연산, 고유치 분해 같은 선형 대수학의 이해가 필요하다.

## 이 책의 대상 독자

이 책은 자신의 기술에 컴퓨터 비전 기술을 더 추가하려는 노련한 OpenCV 전문가뿐만 아니라 실전 컴퓨터 비전 프로젝트를 개발하기 위한 OpenCV 기본 지식을 가진 개발자에게도 완벽한 책이다. 실전 단계별 지침을 통해 OpenCV C++ 인터페이스를 사용하여 실제 문제를 해결하려는 컴퓨터과학 대학 고학년생이나 대학원생, 연구자, 컴퓨터 비전 전문가를 대상으로 한다.

## 편집 규약

이 책에는 정보의 종류를 구분하기 위한 많은 구문 스타일이 있다. 다음은 몇 가지 스타일과 그 의미를 설명한다.

본문 내의 코드는 다음과 같이 표기한다.

"1장의 코드 대부분을 cartoonifyImage() 함수에 넣어야 한다."

코드 블록은 다음과 같이 표기한다.

```
int cameraNumber = 0;
if (argc > 1)
    cameraNumber = atoi(argv[1]);
    // 카메라에 접근해 가져오기
    cv::VideoCapture capture;
```

코드 블록의 특정 부분을 강조하고 싶을 때는 해당 줄이나 항목을 굵게 표기한다.

```
// 카메라에 접근해 가져오기
cv::VideoCapture capture;
camera.open(cameraNumber);
```

```
if (!camera.isOpened()) {
    std::cerr << "ERROR: Could not access the camera or video!" <<
```

새로운 용어와 중요한 단어는 고딕체로 표기한다. 메뉴나 대화상자에서 볼 수 있는 단어는 다음과 같이 표기한다.

"다음 화면으로 이동하기 위해 Next 버튼을 클릭한다."

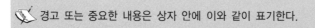 경고 또는 중요한 내용은 상자 안에 이와 같이 표기한다.

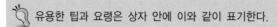 유용한 팁과 요령은 상자 안에 이와 같이 표기한다.

## 독자 의견

독자로부터의 피드백은 항상 환영이다. 이 책에 대해 무엇이 좋았는지 또는 좋지 않았는지 소감을 알려주기 바란다. 독자 피드백은 독자에게 필요한 주제를 개발하는 데 매우 중요하다.

일반적인 피드백을 우리에게 보낼 때는 간단하게 feedback@packtpub.com 으로 이메일을 보내면 되고, 메시지의 제목에 책 이름을 적으면 된다. 여러분이 전문 지식을 가진 주제가 있고, 책을 내거나 책을 만드는 데 기여하고 싶으면 www.packtpub.com/authors에서 저자 가이드를 참조하기 바란다.

## 고객 지원

팩트출판사의 구매자가 된 독자에게 도움이 되는 몇 가지를 제공하고자 한다.

## 예제 코드 다운로드

이 책에 사용된 예제 코드는 http://www.packtpub.com의 계정을 통해 다운로드할 수 있다. 다른 곳에서 구매한 경우에는 http://www.packtpub.com/support를 방문해 등록하면 파일을 이메일로 직접 받을 수 있다. 또한 에이콘출판사의 도서정보 페이지인 http://www.acornpub.co.kr/book/opencv-vision에서도 예제 코드를 다운로드할 수 있다.

## 오탈자

내용을 정확하게 전달하려고 최선을 다했지만 실수가 있을 수 있다. 팩트출판사의 도서에서 코드나 텍스트상의 문제를 발견해서 알려준다면 매우 감사하게 생각할 것이다. 그런 참여를 통해 다른 독자에게 도움을 주고, 다음 버전의 도서를 더 완성도 높게 만들 수 있다. 오자를 발견한다면 http://www.packtpub.com/submit-errata를 방문해 책을 선택하고, errata submission form 링크를 클릭해서 구체적인 내용을 입력해주기 바란다. 보내준 오류 내용이 확인되면 웹사이트에 그 내용이 올라가거나 해당 서적의 정오표 부분에 그 내용이 추가될 것이다. 한국어판은 에이콘출판사 도서정보 페이지 http://www.acornpub.co.kr/book/opencv-vision에서 찾아볼 수 있다.

## 저작권 침해

인터넷의 모든 매체에서 저작권 침해가 심각하게 벌어진다. 팩트 출판사에서는 저작권과 사용권 문제를 아주 심각하게 인식한다. 어떤 형태로든 팩트출판사 서적의 불법 복제물을 인터넷에서 발견한다면 적절한 조치를 취할 수 있도록 해당 주소나 사이트명을 알려주길 부탁한다.

의심되는 불법 복제물의 링크를 copyright@packpub.com으로 보내주기 바란다.

저자와 더 좋은 책을 위한 팩트 출판사의 노력을 배려하는 마음에 깊은 감사의 마음을 전한다.

### 질문

이 책과 관련해 질문이 있다면 questions@packtpub.com으로 문의하기 바란다. 최선을 다해 질문에 답하겠다. 한국어판에 관한 질문은 옮긴이나 에이콘 출판사 편집 팀(editor@acornpub.co.kr)으로 문의해주길 바란다.

# 1

# 안드로이드용 만화
# 생성기와 피부 변환기

1장에서는 안드로이드 스마트폰과 태블릿용 영상 처리 필터 몇 가지를 어떻게 작성하는지 보여주며, 데스크톱(C/C++)에서 먼저 작성한 후 안드로이드(동일한 C/C++ 코드로 하되 자바 GUI로)에 이식하는데, 모바일 기기용을 개발할 때 권장하는 시나리오다.

1장에서는 다음과 같은 내용을 다룬다.

- 실생활 영상을 스케치로 그린 영상으로 변환하는 방법

- 만화를 만들기 위해 그림으로 변환한 후 스케치를 더하는 방법

- 좋은 캐릭터 대신에 나쁜 캐릭터를 생성하는 무서운 '악마' 모드

- 누군가에게 녹색 '에일리언' 피부를 부여하는 기본 피부 검출기와 피부색 변환기

- 데스크톱 앱 프로젝트를 모바일 앱으로 변환하는 방법

다음 그림은 안드로이드 태블릿에서 실행한 최종 만화 생성기 Cartoonifier 앱을 보여준다.

실세계 카메라 프레임을 진짜 만화처럼 보이게 하고 싶다. 기본 아이디어는 평탄한 부분을 몇몇 컬러로 채운 후 강한 에지에 굵은 선을 그리는 것이다. 즉, 평탄한 영역은 훨씬 더 평탄해지고 에지는 꽤 뚜렷해진다. 에지를 검출한 다음에 평탄한 영역을 부드럽게 한 후 만화나 만화 잡지 효과를 만들기 위해 강화한 에지를 그 위에 그린다.

모바일 컴퓨터 비전 앱을 개발할 때 모바일에 이식하기 전에 제대로 동작하는 데스크톱 버전을 먼저 구축하는 것이 좋으며, 데스크톱 프로그램을 개발하고 디버깅할 때 모바일 앱보다 훨씬 더 쉽기 때문이다! 따라서 선호하는 IDE(예를 들어 비주얼 스튜디오, 엑스코드, 이클립스, QtCreator 등)를 이용해 만들 수 있는 완벽한 만화 생성기 데스크톱 프로그램부터 시작한다. 데스크톱에서 제대로 동작한 후 마지막 절에 이클립스로 안드로이드(혹은 iOS)에 이식하는 방법을 보인다. 대부분 동일한 소스코드를 공유하되 다른 그래픽 사용자 인터페이스를 갖는 두 가지 다른 프로젝트를 만들기 때문에 양쪽 프로젝트에 링크할 라이브러리를 생성할 수 있겠지만, 간결화를 위해 데스크톱과 안드로이드 프로젝트를 나란히 붙여두고, Desktop 폴더에 있는 일부 파일(모든 영상 처리 코드를 포함한 cartoon.cpp와 cartoon.h)에 접근하는 안드로이드 프로젝트를 설정한다. 예를 들면 다음과 같다.

- C:\Cartoonifier_Desktop\cartoon.cpp
- C:\Cartoonifier_Desktop\cartoon.h
- C:\Cartoonifier_Desktop\main_desktop.cpp
- C:\Cartoonifier_Android\...

데스크톱 애플리케이션은 OpenCV GUI 창을 사용하며, 카메라를 초기화하고, 각 카메라 프레임에서 1장의 코드 대부분을 포함하는 cartoonifyImage() 함수를 호출한다. 그런 다음에 처리한 영상을 GUI 창에 띄운다. 마찬가지로 안드로이드 앱은 안드로이드 GUI 창을 사용하며, 자바를 이용해 카메라를 초기화하고, 각 카메라 프레임에서 앞에 언급했던 확실히 똑같은 C++ cartoonifyImage() 함수를 호출한다. 다만 안드로이드 메뉴와 손가락 터치 입력을 수반한다. 1장에서 데스크톱 앱을 만드는 방법과 OpenCV 안드로이드 예제 프로젝트 중 하나인 안드로이드 앱을 설명한다. 따라서 처음에는 선호하는 IDE로 다음 절에 있는 주 카메라 처리 반복문, 웹캠 기능과 키보드 입력 같은 GUI 코드가 들어간 main_desktop.cpp로 데스크톱 프로그램을 만들어야 하며, 두 프로젝트에서 공유하는 cartoon.cpp 파일을 생성해야 한다. 1장의 코드 대부분을 cartoonifyImage()로 명명된 함수가 있는 cartoon.cpp에 넣어야 한다.

## 웹캠에 접근

컴퓨터의 웹캠이나 카메라 디바이스에 접근하기 위해 cv:VideoCapture 객체(OpenCV의 카메라 디바이스에 접근하는 메소드)의 open()을 간단하게 호출한 후 기본 카메라 ID 번호인 0을 넘길 수 있다. 일부 컴퓨터는 여러 카메라를 붙였거나 기본 카메라 번호인 0으로도 작동하지 않으므로, 사용자가 커맨드 라인 인자로 원하는 카메라 번호를 넘기게 하는 일반적인 방법이 있다. 예를 들어 이런 경우에는 카메라 번호를 1, 2 또는 -1로 시도할 수 있다. 게다가 고해상도 카메라에서 빠르게 실행하도록 cv::VideoCapture::set() 함수를 사용해 카메라 해상도를 640 × 480으로 설정하게 시도한다.

 OpenCV는 카메라 모델, 드라이버나 시스템에 따라 카메라의 속성을 변경하지 못할 수 있다. 이번 프로젝트에서는 중요하지 않으니 카메라가 작동하지 않는다 해도 걱정하지 말자.

main_desktop.cpp의 main() 함수에 다음 코드를 넣을 수 있다.

```cpp
int cameraNumber = 0;
if (argc > 1)
    cameraNumber = atoi(argv[1]);

// 카메라에 접근한다.
cv::VideoCapture camera;
camera.open(cameraNumber);
if (!camera.isOpened()) {
    std::cerr << "ERROR: Could not access the camera or video!" <<
    std::endl;
    exit(1);
}

// 카메라 해상도 설정을 시도한다.
camera.set(cv::CV_CAP_PROP_FRAME_WIDTH, 640);
camera.set(cv::CV_CAP_PROP_FRAME_HEIGHT, 480);
```

웹캠을 초기화한 후에는 현재 카메라 영상을 cv::Mat 객체(OpenCV의 영상 적재기image container)로 잡을 수 있다. 콘솔에서 입력을 받는 경우라면 C++ 스트림 추출 연산자를 사용해 cv::VideoCapture 객체에서 cv::Mat 객체를 꺼냄으로써 각 카메라 프레임을 잡을 수 있다.

 OpenCV는 (AVI나 MPG 파일 같은) 비디오 파일을 쉽게 불러들이며, 웹캠 대신 사용할 수 있다. 코드에서 유일한 차이라면 camera.open(0)와 같이 카메라 번호 대신 camera.open('my_video.avi')처럼 비디오 파일명으로 cv::VideoCapture 객체를 생성해야 한다는 점이다. 두 방법은 동일한 방식으로 사용할 수 있는 cv::VideoCapture 객체를 생성한다.

## 데스크톱 앱용 주 카메라 처리 반복문

OpenCV를 이용해 화면에 GUI 창을 띄우고 싶다면 각 영상에 대해 cv::imshow()를 호출하면 되지만 각 프레임에도 cv::waitKey() 함수를 반드시 호출해야 한다. 그렇지 않으면 창을 전혀 갱신할 수 없다! cv::waitKey(0)을 호출하면 사용자가 창 내부에서 키를 입력할 때까지 무한히 기다리지만, 예를 들어 waitKey(20) 같이 양의 정수나 더 많게 넣으면 최소한 그만큼의 밀리초 동안을 기다리게 한다.

실시간 카메라 앱의 기본인 주 반복문을 다음과 같이 main_desktop.cpp 안에 넣는다.

```
while (true) {
  // 다음 카메라 프레임을 잡는다.
  cv::Mat cameraFrame;
  camera >> cameraFrame;
  if (cameraFrame.empty()) {
    std::cerr << "ERROR: Couldn't grab a camera frame." << std::endl;
    exit(1);
  }
```

```
// 빈 결과 영상을 생성한 후 그 영상에 그린다.
cv::Mat displayedFrame(cameraFrame.size(), cv::CV_8UC3);

// 카메라 프레임에 만화 생성기 필터를 실행한다.
cartoonifyImage(cameraFrame, displayedFrame);

// 처리한 영상을 화면에 보여준다.
imshow("Cartoonifier", displayedFrame);

// 중요: 최소한 20 밀리초를 기다리면
// 화면에 영상을 띄울 수 있다!
// 또한 GUI 창에서 키를 입력했는지 조사한다.
// 리눅스를 지원하기 위해서는 "char"가 존재해야 한다.
char keypress = cv::waitKey(20); // 보려면 기다려야 한다!
if (keypress == 27) { // ESC 키
    // 프로그램 종료!
    break;
  }
}// while 끝
```

## 흑백 스케치 생성

카메라 프레임의 스케치(흑백 그리기)를 얻기 위해 에지 추출 필터를 사용하는 반면에 컬러 페인팅을 얻으려면 에지를 온전하게 보존하되 평탄한 영역을 더 부드럽게 하는 에지 보존 필터edge-preserving filter(바이래터럴 필터bilateral filter)를 사용한다. 컬러 페인팅 위에 스케치로 그린 결과를 덮어씌우면 최종 앱의 결과로 미리 보여줬던 만화 효과를 얻는다.

소벨, 샤르, 라플라시안 필터나 캐니 에지 검출기처럼 수많은 다른 에지 검출 필터가 있다. 소벨이나 샤르와 비교했을 때 직접 스케치한 듯이 가장 비슷하게 보이는 에지를 만드는 라플라시안 에지 필터를 사용하며, 깨끗하게 그려진 선을 생성하나 프레임 간에 자주 급격하게 변하기 때문에 카메라 프레임과 그려진 선 안에 무작위 잡음에 영향을 받는 효과를 만드는 캐니 에지 필

터와 비교했을 때 꽤 일관적이다.

그럼에도 불구하고 라플라시안 에지 필터를 사용하기 전에 영상의 잡음을 여전히 줄여야 한다. 에지의 날카로움을 보존하되 잡음을 제거할 때에 훌륭한 중간 값 필터를 사용한다. 라플라시안 에지는 그레이스케일 영상을 사용하므로, OpenCV의 기본 BGR 포맷을 그레이스케일로 반드시 변환해야 한다. cv::와 std::를 입력할 필요 없이 어디서나 OpenCV와 표준 C++ 템플릿으로 접근할 수 있도록 빈 파일인 cartoon.cpp의 최상단에 다음과 같은 코드를 넣는다.

```
// OpenCV의 C++ 인터페이스 인클루드
#include "opencv2/opencv.hpp"

using namespace cv;
using namespace std;
```

cartoon.cpp 파일 안에 cartoonifyImage() 함수의 나머지 모든 코드를 다음과 같이 넣는다.

```
Mat gray;
cvtColor(srcColor, gray, CV_BGR2GRAY);
const int MEDIAN_BLUR_FILTER_SIZE = 7;
medianBlur(gray, gray, MEDIAN_BLUR_FILTER_SIZE);
Mat edges;
const int LAPLACIAN_FILTER_SIZE = 5;
Laplacian(gray, edges, CV_8U, LAPLACIAN_FILTER_SIZE);
```

라플라시안 필터는 다양한 밝기가 있는 에지를 생성한다. 스케치와 훨씬 더 비슷한 에지를 만들기 위해 흰색이나 검은색 중 하나로 에지를 결정하는 이진 임계값을 적용한다.

```
Mat mask;
const int EDGES_THRESHOLD = 80;
```

```
threshold(edges, mask, EDGES_THRESHOLD, 255, THRESH_BINARY_INV);
```

다음 그림에서 보듯이 원 영상(왼쪽 부분)과 마치 스케치로 그린 것처럼 보이는 생성된 에지 마스크(오른쪽 부분)를 볼 수 있다. 컬러 페인팅[1](나중에 설명)을 만든 후 그려진 검은 선 위에 에지 마스크를 넣을 수 있다.

## 컬러 페인팅과 만화 생성

강력한 바이래터럴 필터는 날카로운 에지를 보존하면서 평탄한 영역을 부드럽게 하므로, 매우 느리다는 점(즉 밀리초보다는 초 혹은 심지어 분으로 측정된다!)을 제외하면 자동 만화 생성기나 그림 필터로서 적합하다. 따라서 좋은 만화 생성기를 얻는 몇 가지 트릭을 사용하며 여전히 납득할 만한 속도로 실행한다. 사용할 수 있는 매우 중요한 트릭은 낮은 해상도에서 바이래터럴 필터링을 수행하는 데 있다. 전체 해상도에 했던 것과 비슷한 효과를 얻을 수 있는 반면에 매우 빨리 실행한다. 네 가지 인자로 화소 총 개수를 줄여보자(예를 들어 높이의 1/2, 너비의 1/2).

---

1. 페인팅(painting)은 물감으로 그린 그림이라는 의미이므로, '그림'으로 번역할 수 있으나, 독자가 혼동할 수 있으므로 그대로 옮긴다. 참고로 픽처(picture)는 연필이나 펜, 물감 등으로 그린 그림이고, 드로잉(drawing)은 색칠하지 않은 그림으로서 보통 소묘나 데생이다. 스케치(sketch)는 밑바탕을 그려낸 그림을 의미한다. – 옮긴이

```
Size size = srcColor.size();
Size smallSize;
smallSize.width = size.width/2;
smallSize.height = size.height/2;
Mat smallImg = Mat(smallSize, CV_8UC3);
resize(srcColor, smallImg, smallSize, 0,0, INTER_LINEAR);
```

큰 바이래터럴 필터를 적용하는 대신 짧은 시간 안에 강력한 만화 효과를
생성할 수 있는 많은 작은 바이래터럴 필터들을 적용한다. 필터 전체(예, 필터
크기가 21 × 21이면 종 모양 곡선은 21화소만큼 퍼짐)를 적용하는 대신 필터를 절삭(다음
그림 참조)하고, 납득하는 결과를 얻는 데 필요한 최소 필터(예, 종 모양 곡선이 21화
소만큼 퍼지더라도 필터 크기를 9 × 9로)를 사용한다. 절삭 필터truncated filter는 필터의
사소한 부분(곡선 아래에 있는 흰색 영역)에 시간을 소모하지 않은 채 필터의 주요
부분(회색 영역)을 적용하므로, 서너 배 더 빠르게 실행한다.

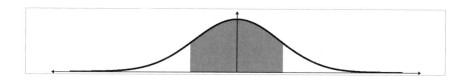

바이래터럴 필터를 제어하는 네 가지 파라미터는 컬러 강도color strength, 위치
강도positional strength, 크기, 반복 횟수다. bilateralFilter()는 입력을 덮어
씌우지 않으므로('제자리 처리in-place processing'로 참조됨) 임시 Mat이 필요하지만,
한 필터가 임시 Mat를 저장한 후 나머지 필터가 다시 입력에 저장하게 적용
할 수 있다.

```
Mat tmp = Mat(smallSize, CV_8UC3);
int repetitions = 7; // 강력한 만화 효과를 얻는 반복 횟수
for (int i=0; i<repetitions; i++) {
    int ksize = 9; // 필터 크기, 속도에 큰 영향을 미친다.
    double sigmaColor = 9; // 필터의 컬러 강도
    double sigmaSpace = 7; // 공간 강도, 속도에 영향을 준다.
```

```
    bilateralFilter(smallImg, tmp, ksize, sigmaColor, sigmaSpace);
    bilateralFilter(tmp, smallImg, ksize, sigmaColor, sigmaSpace);
}
```

축소한 영상에 적용했음을 기억하자. 따라서 영상을 원래 크기로 되돌려 놔
야 한다. 그렇게 한 후에는 전에 찾았던 에지 마스크를 덮어씌울 수 있다.
바이래터럴 필터를 적용한 '페인팅'(다음 그림의 왼쪽 부분)에 '스케치'인 에지 마
스크를 덮어씌우기 위해 검은 배경을 만든 후 '스케치' 마스크 내 에지가
아닌 곳에 '페인팅' 화소를 복사할 수 있다.

```
Mat bigImg;
resize(smallImg, bigImg, size, 0,0, INTER_LINEAR);
dst.setTo(0);
bigImg.copyTo(dst, mask);
```

다음 그림의 오른쪽에 나타난 결과는 원본 사진의 만화 버전으로서 '스케치'
마스크를 '페인팅'에 덮어씌운 것이다.

# 에지 필터를 이용한 '악마' 모드 생성

만화영화와 만화책에 좋은 캐릭터와 나쁜 캐릭터가 항상 있다. 올바르게 조합한 에지 필터로 매우 순하게 보이는 사람을 무서운 영상으로 만들 수 있다! 이 트릭은 작은 에지 필터를 사용하는 데 있으며, 영상 전체에 있는 많은 에지를 찾은 후 작은 중간 값 필터를 이용해 에지를 병합한다.

잡음이 약간 있는 그레이스케일 영상에 수행하자. 원 영상을 그레이스케일로 변환한 후 7 × 7 중간 값 필터를 적용하는 이전 코드를 다시 사용한다(다음 그림의 첫 번째 영상은 그레이스케일 중간 값 블러의 결과를 보여줌). 라플라시안과 이진 임계값을 적용하는 대신에 3 × 3 샤르 기울기 필터<sup>Sharr gradient filter</sup>를 x와 y²에 적용하면 무섭게 보이게 할 수 있으며(그림 내 두 번째 영상), 그 다음에는 매우 낮은 값을 이용해 잘라내는(그림 내 세 번째 영상)하는 이진 임계값을 적용한 후 끝으로 3 × 3 중간 값 블러로 '악마' 마스크를 만든다(그림 내 네 번째 영상).

```
Mat gray;
cvtColor(srcColor, gray, CV_BGR2GRAY);
const int MEDIAN_BLUR_FILTER_SIZE = 7;
medianBlur(gray, gray, MEDIAN_BLUR_FILTER_SIZE);
Mat edges, edges2;
Scharr(srcGray, edges, CV_8U, 1, 0);
Scharr(srcGray, edges2, CV_8U, 0, 1);
edges += edges2; // x와 y 에지를 함께 조합한다.
const int EVIL_EDGE_THRESHOLD = 12;
threshold(edges, mask, EVIL_EDGE_THRESHOLD, 255, THRESH_BINARY_INV);
medianBlur(mask, mask, 3);
```

---

2. x와 y는 좌표 기준의 첨자를 대표하며, 각각 수평과 수직을 가리킨다. 참고로 에지라면 x는 수평 방향으로 미분하고, y는 수직 방향으로 미분한다. - 옮긴이

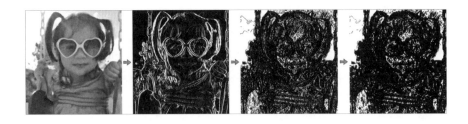

이제 '악마' 마스크를 가졌으니 평범한 '스케치' 에지 마스크로 했던 것처럼
만화화한 '페인팅' 영상에 '악마' 마스크를 덮어씌울 수 있다. 최종 결과는
다음 그림의 오른쪽에 보인다.

## 피부 검출을 이용한 '에일리언' 모드 생성

지금 스케치 모드, 만화 모드(페인팅 + 스케치 마스크)와 악마 모드(페인팅 + 악마
마스크)가 있으니, 재미로 더 복잡한 무언가를 해보자. '에일리언' 모드로, 얼
굴의 피부 영역을 검출한 후 피부색을 녹색으로 바꾸면 된다.

### 피부 검출 알고리즘

피부 영역을 검출할 때 사용하는 수많은 기술이 있는데, RGB(빨강-초록-파랑)
혹은 HSV(색상-채도-명도)를 이용한 단순한 컬러 임계값이나 컬러 히스토그램 계산과, 재투영부터 CIELab 컬러 공간 내의 카메라 보정과 많은 표본 얼굴 기반 오프라인 훈련 등이 필요한 혼합 모델인 복잡한 기계학습 알고리즘까지 있다. 하지만 복잡한 방법조차 다양한 카메라와 조명 조건과 피부 유형에 강건하게 꼭 작동한다는 보장이 없다. 모바일 디바이스에서 어떠한 보정이나 훈련 없이 실행하는 피부 검출을 원했기 때문에 '재미있는' 영상 필터인 피부 검출을 그저 쓰면 되므로, 간단한 피부 검출 방법의 사용만으로 충분하다. 다만 모바일 디바이스에 있는 소형 카메라 센서의 컬러 반응이 상당히 가변적이고, 어떠한 보정 없이 사람의 다양한 피부색에 대한 피부 검출을 지원해야 하는 만큼 단순한 컬러 임계값보다 훨씬 강인한 무언가가 필요하다.

예를 들어 단순한 HSV 피부 검출기는 색상이 정말 빨갛고, 채도가 매우 높되 과도하게 높지 않으며, 명도는 너무 어둡거나 너무 밝지만 않다면 피부로 간주해 화소를 처리할 수 있다. 하지만 모바일 카메라는 종종 나쁜 화이트 밸런스를 보여주며, 사람의 피부에 있는 빨강이 약간 파랗게 보이는 것 등이 있는데, 단순한 HSV 임계값의 주요 문제점일 수 있다.

더 강건한 해결책은 하르<sup>Haar</sup>나 LBP 계층 분류기(8장에서 다룬다)로 얼굴 검출을 수행하는 데 있으며, 검출한 얼굴의 가운데에 있는 화소의 컬러 범위를 살펴본다. 해당 화소가 실제 사람의 피부 화소이어야 함을 알고 있기 때문이다. 영상 전체 혹은 얼굴의 중심에서 비슷한 컬러의 화소 주변 영역을 조회할 수 있다. 검출한 어떠한 얼굴에서 사람의 피부색이 무엇인지 상관없이 적어도 진짜 피부 영역의 일부를 찾을 가능성이 높다는 장점이 있으며, 심지어 카메라 영상에서 피부가 약간 파랗거나 빨갛게 나타나는 경우에도 관계없다.

안타깝게도 계층 분류기를 이용한 얼굴 검출은 현재 모바일 디바이스에서 꽤 느린지라, 일부 실시간 모바일 애플리케이션에서는 이상적인 방법이 결코 아니다. 다른 한편으로는 모바일 앱에서 사용자가 직접 카메라를 들고 사람의 얼굴에 가깝게 들이댈 수 있다는 점을 활용할 수 있다. 사용자가 카메라를 손에 들고 있기 때문에 쉽게 움직일 수 있는 만큼 얼굴의 위치와 크기를 검출하려고 시도하는 대신 특정 위치와 거리에서 얼굴이 잡히도록 요청하는 것이 훨씬 합리적이다.

수많은 모바일 폰 앱의 기본은 사용자에게 특정 위치에 얼굴을 놓게 하거나 사진 내 얼굴의 코너를 화면상의 해당 지점으로 직접 끌어넣도록 요구한다. 화면의 가운데에 있는 얼굴의 외곽선<sup>outline</sup>을 간단하게 그려보고, 사용자에게 얼굴을 움직여 위치와 크기를 보이도록 요청하자.

## 얼굴이 있는 곳 보여주기

처음에 에일리언 모드를 시작하면 사용자가 자신의 얼굴이 있는 곳을 알도록 카메라 프레임의 상단에 얼굴의 외곽선을 그린다. 얼굴은 카메라의 종횡비<sup>aspect ratio</sup>에 따라 달라지므로 너무 야위거나 살찌지 않는다는 전제에서 고정 종횡비인 0.72로 이미지의 70%를 차지하는 큰 타원을 그린다.

```
// 얼굴이 들어가는 부분을 검은색으로 그린다.
Mat faceOutline = Mat::zeros(size, CV_8UC3);
Scalar color = CV_RGB(255,255,0); // 노란색
int thickness = 4;
// 화면 높이의 70%를 얼굴 높이로 사용한다.
int sw = size.width;
int sh = size.height;
int faceH = sh/2 * 70/100; // "faceH"는 타원의 반지름이다.
// 어떠한 화면 크기에도 모양이 동일하게 너비를 조정한다.
int faceW = faceH * 72/100;
// 얼굴 외곽선을 그린다.
ellipse(faceOutline, Point(sw/2, sh/2), Size(faceW, faceH),
        0, 0, 360, color, thickness, CV_AA);
```

얼굴임을 더 분명히 하기 위해 우선 두 눈의 외곽선을 그려보자. 눈을 타원으로 그리는 것보다는 eclipse()로 그릴 때 시작과 마지막 각도를 지정할 수 있기 때문에 눈 위에 잘린 타원과 눈 아래에 잘린 타원을 그림으로써 약

간 더 현실적으로 만들 수 있다(다음 그림 참조).

```
// 각 눈당 2호도(arc)로 눈 외곽선을 그린다.
int eyeW = faceW * 23/100;
int eyeH = faceH * 11/100;
int eyeX = faceW * 48/100;
int eyeY = faceH * 13/100;
Size eyeSize = Size(eyeW, eyeH);
// 각도를 설정한 후 눈에 타원 절반을 이동한다.
int eyeA = 15; // 도 단위의 각도
int eyeYshift = 11;
// 오른쪽 눈의 상단을 그린다.
ellipse(faceOutline, Point(sw/2 - eyeX, sh/2 - eyeY),
        eyeSize, 0, 180+eyeA, 360-eyeA, color, thickness, CV_AA);
// 오른쪽 눈의 하단을 그린다.
ellipse(faceOutline, Point(sw/2 - eyeX, sh/2 - eyeY - eyeYshift),
        eyeSize, 0, 0+eyeA, 180-eyeA, color, thickness, CV_AA);
// 왼쪽 눈의 상단을 그린다.
ellipse(faceOutline, Point(sw/2 + eyeX, sh/2 - eyeY),
        eyeSize, 0, 180+eyeA, 360-eyeA, color, thickness, CV_AA);
// 왼쪽 눈의 하단을 그린다.
ellipse(faceOutline, Point(sw/2 + eyeX, sh/2 - eyeY - eyeYshift),
        eyeSize, 0, 0+eyeA, 180-eyeA, color, thickness, CV_AA);
```

입의 아랫입술을 그릴 때 동일한 방법을 사용할 수 있다.

```
// 입의 아랫입술을 그린다.
int mouthY = faceH * 48/100;
int mouthW = faceW * 45/100;
int mouthH = faceH * 6/100;
ellipse(faceOutline, Point(sw/2, sh/2 + mouthY),
        Size(mouthW, mouthH), 0, 0, 180, color, thickness, CV_AA);
```

사용자에게 자신의 얼굴을 넣었음을 분명히 보여주도록 화면에 메시지를 넣어보자![3]

```
// 안티앨리어싱(anti0aliasing)을 적용한 텍스트를 그린다.
int fontFace = FONT_HERSHEY_COMPLEX;
float fontScale = 1.0f;
int fontThickness = 2;
char *szMsg = "Put your face here";
putText(faceOutline, szMsg, Point(sw * 23/100, sh * 10/100),
        fontFace, fontScale, color, fontThickness, CV_AA);
```

이제 그려진 얼굴 외곽선이 있으니 만화화한 영상과 얼굴 외곽선을 조합하는 알파 블렌딩alpha blending[4]을 사용해 출력 영상에 덮어씌울 수 있다.

```
addWeighted(dst, 1.0, faceOutline, 0.7, 0, dst, CV_8UC3);
```

다음 그림의 외곽선에 있는 결과는 얼굴 위치를 검출할 필요 없이 사용자에게 얼굴이 있는 곳을 보여준다.

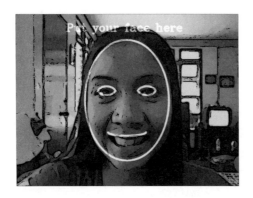

---

3. cv::putText() 함수는 유니코드를 지원하지 않으므로 한글로 하면 ?로 표시된다. 이와 관련해 해결할 수 있는 가장 간단한 방법은 텍스트를 비트맵으로 만든 후 OpenCV의 영상 데이터 구조체로 변환한 다음에 원본 영상에 붙이는 방법이다. 참고로 옮긴이가 2009년에 비주얼스튜디오에서 OpenCV 함수를 사용해 한글을 쓸 수 있는 소스를 블로그(http://blog.conv2.com/index.php?pl=698)에 공개했다. – 옮긴이

4. 알파 블렌딩은 두 영상 간의 선형 결합(linear combination) 알고리즘 중의 하나로, addWeighted() 함수의 인자를 풀어 수식으로 옮기면 dst = dst*1.0 + faceOutline*0.7 + 0이다. – 옮긴이

## 피부색 변환기 구현

피부색과 피부색이 있는 영역을 검출하는 대신에 많은 영상 편집 프로그램의 영역 채우기flood fill 도구와 비슷한 OpeCV의 floodFill() 함수를 사용할 수 있다.

화면의 가운데 영역이 피부 화소여야 함을 알고 있으므로(사용자에게 얼굴을 중앙에 넣어야 함을 요구했기 때문에) 얼굴 전체를 녹색 피부로 변경하기 위해 최소한 얼굴의 일부가 항상 녹색인 곳인 중심 화소가 존재하는 영역을 녹색으로 채우게 그냥 적용할 수 있다. 실제로 색상, 채도, 명도는 얼굴의 각 영역마다 다를 수 있으므로, 영역 채우기에 있어 임계값이 너무 낮아 얼굴 밖에 있는 불필요한 화소를 다루지 않는 한 얼굴의 모든 피부 화소를 다룰 일이 거의 없다. 따라서 영상의 가운데에 영역 채우기를 한 번만 적용하는 대신 피부 화소여야 하는 얼굴 주변의 여섯 개 다른 점에 영역 채우기를 적용해보자.

OpenCV의 floodFill() 함수의 훌륭한 특징은 입력 영상을 수정하는 대신 외부 영상에 영역 채우기로 그릴 수 있다는 점이다. 따라서 이 특징은 밝기나 채도를 꼭 변경할 필요 없이 피부 화소의 컬러를 조정하는 마스크 영상을 제공할 수 있으며, 모든 피부 화소가 똑같은 녹색 화소가 됐을 때에 비해 더 현실적인 영상을 만들어낸다(결과에서는 얼굴의 중요한 세부 부분을 잃음).

피부색 변경은 RGB 컬러 공간에서 제대로 작동하지 않는다. 얼굴에서 밝기를 다양하게 하고 싶지만 피부색만은 그만큼 달라지지 않기 때문이며, RGB는 컬러에서 밝기를 분리할 수 없다. 한 가지 해결책은 무채색(채도)과 마찬가지로 컬러(색상)에서 밝기를 분리할 수 있는 색상–채도–명도HSV 컬러 공간을 사용하는 방법이 있다.

불행히도 HSV는 빨강 주위에 있는 색상 값을 감싼다. 피부가 거의 빨갛다는 것은 양쪽 10% 미만의 색상과 90% 이상의 색상에서 작업할 필요가 있음을 의미한다. 이런 경우 둘 다 빨갛다. 따라서 HSV 대신에 YCrCb 컬러 공간(OpenCV에서는 YUV의 변종임)을 사용하는데, 컬러에서 밝기를 분리할 수 있기 때문이며 두 가지[5]에 비해 전형적인 피부색의 단일 값 범위를 갖는다. 대부분 카메라와 정지 영상, 비디오는 실제로 RGB로 변환하기 전의 컬러 공간인 YUV의 일부 형태를 사용하며, 대부분 경우에는 직접 변환할 필요 없이 YUV 영상을 얻을 수 있다.

만화처럼 보이기 위한 에일리언 모드를 원하므로, 이미 만화화한 영상에 에일리언 필터를 적용한다. 즉, 바이래터럴 필터로 만들어낸 축소한 컬러 영상과 전체 크기의 에지 마스크로 접근할 수 있다. 피부 검출은 낮은 해상도에서 종종 더 잘 작동하는데, 각 고해상도 이웃 화소(또는 고주파 잡음 신호를 대신하는 저주파 신호)의 평균값을 분석하는 것과 동일하기 때문이다. 따라서 바이래터럴 필터(너비의 절반과 높이의 절반)로 동일하게 축소한 비율로 작동해보자. 페인팅 영상을 YUV로 변환해보자.

```
Mat yuv = Mat(smallSize, CV_8UC3);
cvtColor(smallImg, yuv, CV_BGR2YCrCb);
```

또한 페인팅 영상처럼 동일한 비율로 에지 마스크를 축소해야 한다. OpenCV의 floodFill() 함수로 분리 마스크 영상에 저장할 때 문제가 있는데, 그 마스크는 전체 영상 주위에 1-화소 테두리를 가져야 하기 때문이다. 즉, 입력 영상의 크기가 W × H 화소라면 분리 마스크 영상의 크기는 (W + 2) × (H + 2) 화소여야 한다. 그러나 floodFill() 함수는 에지가 있는 마스크 초기화를 허용하며, 영역 채우기 알고리즘이 건너뛰지 않게 보장한다. 얼굴 바깥으로 확장하면서 영역 채우기를 막게 돕는 특징을 기대하고 사용해보자. 그렇다면 두 마스크 영상을 제공할 필요가 있다. W × H의 크기로 측정한 에지 마스크와 동일한 에지 마스크돼 (W + 2) × (H + 2)로 측정한 크기를 갖는데, 영상 주변의 테두리를 포함해야 하기 때문이다. 여러 cv::Mat 객체(혹은 헤더)가 동일한 데이터를 참조할 수 있으며, 다른 cv::Mat 영상의 부 영역을 참조하는 cv::Mat 객체를 가질 수 있다. 따라서 두 분리

---

5. HSV 컬러 공간의 색상과 명도를 의미한다. - 옮긴이

영상을 할당하고 에지 마스크 화소 전체를 복사하는 대신에 테두리를 포함하는 단일 마스크 영상에 할당한 후 W × H의 외부 cv::Mat 헤더(테두리 없는 영역 채우기 마스크의 관심 영역을 그냥 참조)를 생성한다. 즉, 그저 (W + 2) × (H + 2) 크기를 갖는 화소의 한 배열이지만, 두 cv::Mat 객체다. 하나는 전체 (W + 2) × (H + 2) 영상을 참조하고, 다른 하나는 영상의 가운데에 있는 W × H 영역을 참조한다.

```
int sw = smallSize.width;
int sh = smallSize.height;
Mat mask, maskPlusBorder;
maskPlusBorder = Mat::zeros(sh+2, sw+2, CV_8UC1);
mask = maskPlusBorder(Rect(1,1,sw,sh)); // 마스크는 maskPlusBorder에 있다.
resize(edges, mask, smallSize);         // 양쪽에 에지를 넣는다.
```

에지 마스크(다음 그림의 왼쪽에 보여줌)는 강한 에지와 약한 에지를 둘 다 포함한다. 하지만 강한 에지를 원하므로 이진 임계값(다음 그림의 가운데 영상에 있는 결과)을 적용한다. 그런 후에 에지 간의 일부 틈을 메우기 위해 일부 틈을 제거하는 형태학 연산자인 dilate()와 erod()('닫힘' 연산자로 참조됨)를 조합하며, 결과는 다음 그림의 오른쪽이다.

```
const int EDGES_THRESHOLD = 80;
threshold(mask, mask, EDGES_THRESHOLD, 255, THRESH_BINARY);
dilate(mask, mask, Mat());
erode(mask, mask, Mat());
```

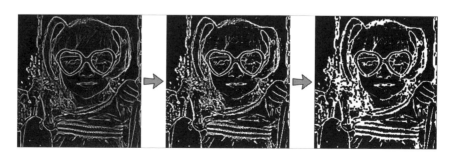

이미 언급했듯이 얼굴 전체의 다양한 컬러와 음영을 포함했는지 확인하기 위해 얼굴 주위에 있는 여러 가지 점에서 영역 채우기를 적용하길 원한다. 다음 그림의 왼쪽에 보여준 코, 뺨, 이마 주위에 있는 여섯 개의 점을 선택하자. 이 값은 이미 그려진 얼굴 외곽선에 의존하고 있음을 유의하자.

```
int const NUM_SKIN_POINTS = 6;
Point skinPts[NUM_SKIN_POINTS];
skinPts[0] = Point(sw/2,        sh/2 - sh/6);
skinPts[1] = Point(sw/2 - sw/11,  sh/2 - sh/6);
skinPts[2] = Point(sw/2 + sw/11,  sh/2 - sh/6);
skinPts[3] = Point(sw/2,        sh/2 + sh/16);
skinPts[4] = Point(sw/2 - sw/9,   sh/2 + sh/16);
skinPts[5] = Point(sw/2 + sw/9,   sh/2 + sh/16);
```

이제 영역 채우기를 위해 적당한 하한과 상한을 찾으면 된다. YCrCb 컬러 공간에서 수행함을 상기하라. 기본적으로 밝기 값, 빨강 성분과 파랑 성분을 얼마나 변경할지 결정할 수 있다. 밝기 값을 낮게 변경하고, 강조와 반사를 더해 음영을 포함하길 원하지만, 컬러가 전혀 변하지 않길 바란다.

```
const int LOWER_Y = 60;
const int UPPER_Y = 80;
const int LOWER_Cr = 25;
const int UPPER_Cr = 15;
const int LOWER_Cb = 20;
const int UPPER_Cb = 15;
Scalar lowerDiff = Scalar(LOWER_Y, LOWER_Cr, LOWER_Cb);
Scalar upperDiff = Scalar(UPPER_Y, UPPER_Cr, UPPER_Cb);
```

기본 플래그와 함께 floodFill()을 사용하지만, 외부 마스크에 저장하려는 것은 제외한다. 따라서 FLOOD_MASK_ONLY를 반드시 지정해야 한다.

```
const int CONNECTED_COMPONENTS = 4; // 대각선을 채우려면 8을 사용한다.
```

```
const int flags = CONNECTED_COMPONENTS | FLOODFILL_FIXED_RANGE \
    | FLOODFILL_MASK_ONLY;
Mat edgeMask = mask.clone(); // 에지 마스크 복사본을 유지한다.
// "maskPlusBorder" 는 floodFill()를 막기 위해 에지로 초기화한다.
for (int i=0; i< NUM_SKIN_POINTS; i++) {
    floodFill(yuv, maskPlusBorder, skinPts[i], Scalar(), NULL,
            lowerDiff, upperDiff, flags);
}
```

다음 그림에서 왼쪽은 여섯 개의 영역 채우기 위치(파란 원으로 나타냄)를 보여주
며 오른쪽 그림은 생성한 외부 마스크를 보여주는데, 피부는 회색으로 보이
고 에지는 하얀색으로 보인다. 오른쪽 영상은 이 책에서 피부 화소(값은 1)를
명확하게 보이도록 변경했음에 주목하자.

지금 mask 영상(이전 그림의 오른쪽에 보임)은 다음과 같은 내용을 포함한다.

- 에지 화소 값은 255다.

- 피부 영역의 화소 값은 1이다.

- 나머지 영역의 화소 값은 0이다.

한편으로 edgeMask는 그냥 에지 화소(값은 255)만 포함한다. 그래서 피부 화
소만 얻겠다면 그때 에지를 제거할 수 있다.

```
mask -= edgeMask;
```

mask 영상은 이제 피부 화소인 1과 피부가 아닌 화소인 0을 갖는다. 원 영상의 피부색과 밝기를 변경하려면 원 BGR 영상의 녹색 성분을 증가시키도록 cv::add()를 피부 마스크와 함께 사용할 수 있다.

```
int Red = 0;
int Green = 70;
int Blue = 0;
add(smallImgBGR, CV_RGB(Red, Green, Blue), smallImgBGR, mask);
```

다음 그림은 원 영상을 왼쪽에 보여주고 최종 에일리언 만화 영상은 오른쪽에 보여주며, 적어도 얼굴의 여섯 개 부분이 지금 녹색이 됐다!

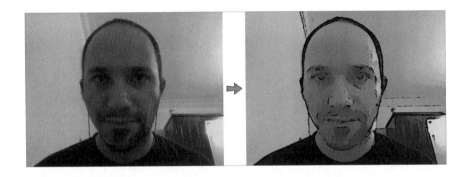

피부가 녹색일 뿐만 아니라 더 밝아졌음(어두운 부분에 빛나는 에일리언처럼 보임)에 주목하자. 더 밝게 만들 필요 없이 단지 피부색만을 변경하길 원한다면 빨강과 파랑에서 70을 빼고 녹색에 70을 더하거나 cvtColor(src, dst, "CV_BGR2HSV_FULL")을 사용해 HSV 컬러 공간으로 변환한 후 색상과 채도를 조절하는 것과 같은 다른 색 변경 방법을 사용한다.

이게 전부다! 휴대폰으로 이식할 준비를 할 때까지 서로 다른 모드에서 애플리케이션을 실행해보자.

## 데스크톱에서 안드로이드로 이식

이제는 데스크톱에서 동작하는 프로그램을 안드로이드나 iOS 앱으로 만들 수 있다. 여기서는 안드로이드만을 자세히 다루지만 애플 아이폰과 아이패드나 비슷한 디바이스의 iOS에 이식하는 경우에도 적용할 수 있다. 안드로이드 앱을 개발할 때 자바로 직접 OpenCV를 사용할 수 있지만, 네이티브 C/C++만큼 효율적이지 않을 듯하며, 데스크톱의 동일한 코드로 모바일에서 실행할 수 없다. 따라서 대부분의 OpenCV+ 안드로이드 앱 개발에 있어 C/C++의 사용을 권장한다(자바로 순수하게 OpenCV 앱을 만들기 원하는 독자는 안드로이드에서 실행하는 데스크톱의 동일한 코드를 실행하기 위해 사무엘 오딧<sup>Samuel Audet</sup>의 JavaCV 라이브러리를 사용할 수 있으며, https://github.com/bytedeco/javacv에서 다운로드할 수 있다).

 이번 안드로이드 프로젝트는 실시간으로 입력하기 위한 카메라를 사용하므로 안드로이드 에뮬레이터가 작동하지 않을 것이다. 카메라가 달린 실제 안드로이드 2.2(프로요) 또는 최신 디바이스가 필요하다.

안드로이드 앱의 사용자 인터페이스는 자바로 반드시 만들어야 하지만, 영상 처리에 대해서는 데스크톱에 사용했던 동일한 C++ 파일인 cartioon.cpp를 이용한다. 안드로이드 앱에서 C/C++ 코드를 쓰기 위해 JNI<sup>Java Native Interface</sup>에 기반을 둔 NDK<sup>Native Development Kit</sup>를 반드시 사용한다. 또한 안드로이드에서 자바로 사용할 수 있게 cartoonifyImage() 함수에 대한 JNI 래퍼<sup>wrapper</sup>를 만들 것이다.

## OpenCV를 이용한 안드로이드 프로젝트 설정

OpenCV의 안드로이드 포팅은 매년마다 상당히 바뀌고, 안드로이드의 카메라 접근 방법도 그렇다. 따라서 이 책은 설정하는 방법을 설명하기엔 좋은 곳이 아니다. 이런 이유로 독자는 OpenCV로 네이티브 (NDK) 안드로이드 앱을 설정하고 빌드하기 위해 http://opencv.org/platforms/android.html에 있는 최신 지시 사항에 따를 수 있다. OpenCV는 Sample3Native라는 안드로이드 예제 프로젝트를 제공하며, OpenCV를 이용해 카메라에 접근하고 수정한 영상을 화면에 띄운다. 예제 프로젝트는 1장의 안드로이드 앱 개발에 기반을 두는 만큼 유용하기 때문에 독자는 예제 앱을 숙지해야 한다(현재 http://docs.opencv.org/2.4.2/doc/tutorials/introduction/android_binary_package/android_binary_package_using_with_NDK.html을 활용할 수 있다). 그런 후에 카메라의 비디오 프레임에 만화 생성기를 적용하고 결과 프레임을 화면에 띄울 수 있게 안드로이드 OpenCV 기본 프로젝트를 수정한다.

안드로이드를 위한 OpenCV 개발에 막히는 경우, 예를 들어 컴파일 에러를 접하거나 카메라가 항상 빈 프레임을 보여준다면 다음 웹사이트에서 해결책을 찾아보자.

1. 앞에서 언급했던 OpenCV용 안드로이드 바이너리 패키지 NDK 지침서

2. 공식 Android-OpenCV 구글 그룹스(https://groups.google.com/forum/?fromgroups#!forum/android-opencv)

3. OpenCV의 Q&A 사이트(http://answer.opencv.org)

4. 스택 오버플로우 Q&A 사이트(http://stackoverflow.com/questions/tagged/opencv+android)

5. 웹(예, http://www.google.com)

6. 모든 방법을 시도했음에도 불구하고 문제를 여전히 잡지 못했다면 Android-OpenCV 그룹스에 상세한 에러 메시지 등과 함께 질문을 올려야 한다.

## 안드로이드의 영상 처리에 사용하는 컬러 포맷

데스크톱용으로 개발하는 중이라면 BGR 화소 포맷만으로 처리해야 한다. 입력(카메라, 영상 또는 비디오 파일)은 BGR이기 때문이며, 결과(HighGUI 창, 영상 파일

또는 비디오 파일)도 마찬가지다. 반면에 모바일용으로 개발한다면 일반적으로 네이티브 컬러 포맷으로 직접 변환해야 한다.

## 카메라의 입력 컬러 포맷

jni\jni_part.cpp에 있는 예제 코드를 살펴보면 myuv 변수는 안드로이드의 기본 카메라 포맷이 "NV21" YUV420sp인 컬러 영상이다. 이 배열의 첫 부분은 그레이스케일 화소 배열이며, 그 다음은 절반 크기의 화소 배열로서 U 컬러 채널과 V 컬러 채널이 번갈아 나온다. 그레이스케일 영상에 그냥 접근하고 싶다면 변환할 필요 없이 YUV420sp 세미플래너<sup>semi-planar</sup> 영상의 첫 부분에서 직접 가져올 수 있다. 그러나 컬러 영상(예를 들어 BGR이나 BGRA 컬러 포맷)을 원한다면 cvtColor()를 사용해 컬러 포맷으로 꼭 변환해야 한다.

## 표시하기 위한 결과 컬러 포맷

OpenCV의 Sample3Native 코드를 살펴보면 mbgra 변수는 안드로이드 디바이스에 표시하기 위한 BGRA 포맷인 컬러 영상이다. OpenCV의 기본 포맷은 BGR(RGB 바이트 순서와 반대)이고, BGRA는 각 화소의 마지막에 사용하지 않은 바이트를 추가하므로 각 화소를 파랑-초록-빨강-미사용으로 저장한다. OpenCV의 기본 BGR 포맷으로 모든 처리를 수행할 수 있으며, 그 다음은 화면에 띄우기 전에 최종 결과인 BGR를 BGRA로 변환하거나, 영상 처리 코드에서 BGR 포맷에 추가하거나 대신 BGRA 포맷을 다룰 수 있음을 보장할 수 있다. 종종 OpenCV에서 쉽게 쓸 수 있는데, 많은 OpenCV 함수가 BGRA를 받기 때문이다. 다만 Mat::channels() 값으로 영상이 3이나 4인지 본 후 입력 채널의 동일한 개수를 갖는 영상을 생성하는지 확인해야 한다. 또한 코드에서 화소에 직접 접근한다면 3채널 BGR와 4채널 BGRA 영상을 다루기 위해 코드를 분리해야 한다.

일부 컴퓨터 비전(CV) 연산은 BGRA 화소(32비트로 정렬하므로)로 빠르게 실행하는 반면에 다른 일부는 BGR(읽고 쓰기 위한 적은 메모리를 요구하므로)로 빠르게 실행한다. 따라서 최대 효율성을 고려해 BGR와 BGRA를 둘 다 지원하되 앱에서 전체적으로 가장 빠르게 실행하는 컬러 포맷을 찾아야 한다.

간단한 것부터 시작하자. OpenCV로 카메라 프레임에 접근해 처리하지 않는 대신 화면에 프레임을 그냥 표시한다. 자바 코드로 쉽게 할 수 있지만, OpenCV를 사용해 어떻게 하는지 아는 것이 중요하다. 이전에 언급했듯이 C/C++ 코드에서 카메라 영상이 YUV420sp 포맷으로 들어오되 BGRA 포맷으로 가야 한다. 입력과 결과에 대한 cv::Mat을 준비했다면 cvtColor를 사용해 YUV420sp를 BGRA로 변환해야 한다. 안드로이드 자바 앱용 C/C++ 코드를 작성하려면 다음 형식과 같이 JNI 함수를 사용하는 자바 클래스나 패키지명과 일치하는 특수한 JNI 함수명을 사용해야 한다.

```
JNIEXPORT <Return> JNICALL Java_<Package>_<Class>_<Function>(
        JNIEnv* env, jobject, <Args>)
```

이제 Cartoonifier 자바 패키지의 CartoonifierView 자바 클래스에서 사용하는 ShowPreview() C/C++ 함수를 만들어 보자. ShowPreview() C/C++ 함수를 jni\jni_part.cpp에 추가한다.

```
// 일반 카메라 영상을 수정하지 않은 채 그냥 보여준다.
JNIEXPORT void
JNICALL Java_com_Cartoonifier_CartoonifierView_ShowPreview(
    JNIEnv* env, jobject,
    jint width, jint height, jbyteArray yuv, jintArray bgra)
{
    jbyte* _yuv = env->GetByteArrayElements(yuv, 0);
    jint* _bgra = env->GetIntArrayElements(bgra, 0);

    Mat myuv = Mat(height + height/2, width, CV_8UC1, (uchar *)_yuv);
```

```
Mat mbgra = Mat(height, width, CV_8UC4, (uchar *)_bgra);

// 카메라의 NV21 "YUV420sp" 포맷을 안드로이드의 BGRA 영상으로
// 컬러 포맷을 변환한다.
cvtColor(myuv, mbgra, CV_YUV420sp2BGRA);

// OpenCV로 이제 BGRA 영상인 "mbgra"에 접근/수정할 수 있다.

env->ReleaseIntArrayElements(bgra, _bgra, 0);
env->ReleaseByteArrayElements(yuv, _yuv, 0);
}
```

처음에 나온 코드가 복잡하게 보이긴 하지만, 이 함수의 첫 두 라인은 주어진 자바 배열에 대한 네이티브 접근을 제공하고, 다음 두 라인은 주어진 화소 버퍼가 있는 cv::Mat 객체를 구축하고(즉, 새로운 영상을 할당하지 않으며, myuv가 yuv 배열 등의 화소에 접근하게 만든다), 함수의 마지막 두 라인은 자바 배열에 놓인 네이티브 락을 해제한다. 이 함수에서 했던 유일한 실제 작업은 YUV를 BGRA 포맷으로 변환하는 것이었다. 그래서 이 함수는 새로운 함수를 사용할 수 있는 토대다. 표시하기 전에 **BGRA** cv::Mat을 분석하고 수정하게끔 지금 확장해보자.

 OpenCV 2.4.2의 jni\jni_part.cpp 예제 코드는 다음 코드를 사용한다.

```
cvtColor(myuv, mbgra, CV_YUV420sp2BGR, 4);
```

3채널 BGR 포맷(OpenCV의 기본 포맷)으로 변환하는 것처럼 보이겠지만, "4" 파라미터로 인해 실제로 4채널 BGRA(안드로이드의 기본 결과 포맷)로 변환한다. 대신에! 다음과 같은 코드로 한다면 혼란이 덜하다.

```
cvtColor(myuv, mbgra, CV_YUV420sp2BGR);
```

이제 입력인 BGRA 영상이 있고, OpenCV의 기본 BGR를 대신하는 결과도 있는데, 어떻게 처리할지에 대해 두 가지 선택 사항이 남아 있다.

- 영상 처리를 수행하기 전에 BGRA를 BGR로 변환한 후 BGR로 처리한 다음에 안드로이드에서 표시할 수 있게 결과를 BGRA로 바꾼다.

- BGR 포맷에 추가(또는 대신)한 BGRA 포맷을 처리하게 모든 코드를 수정한 다면 BGRA와 BGR 간의 느린 변환을 수행할 필요 없다.

간결화를 위해 BGR와 BGRA 포맷을 둘 다 지원하는 대신에 BGRA를 BGR로 컬러 변환과 역으로 적용한다. 실시간 앱을 만든다면 성능을 잠재적으로 개선하기 위해 코드에 4 채널 BGRA를 추가할 수 있게 지원해야 한다. 좀 더 빠르게 하기 위해 간단히 변경해보자. 입력인 YUV420sp를 BGRA로 바꾼 후 BGRA를 BGR로 변환하는데, YUV420sp를 BGR로 직접 변환해도 괜 찮겠다!

나중에 C/C++ 코드에 문제가 있을 때 반환하는 것을 받을 수 있도록 디바이 스에서 ShowPreview() 함수(이전에 보여줌)로 빌드하고 실행하는 것이 좋은 생각이다. 자바에서 호출하려면 CartoonifyView.java에서 하단 근처에 있는 CartoonifyImage()의 선언부 다음에 다음과 같은 자바 선언부를 추가한다.

```
public native void ShowPreview(int width, int height,
byte[] yuv, int[] rgba);
```

그러면 FindFeatures()를 호출했던 OpenCV 예제 코드처럼 호출할 수 있 다. ShowPreview() 함수를 CartoonifierView.java의 processFrame() 함 수 중간에 넣는다.

```
ShowPreview(getFrameWidth(), getFrameHeight(), data, rgba);
```

실시간 카메라 프리뷰를 보기 위해 지금 빌드한 후 디바이스에서 실행해야 한다.

## 안드로이드 NDK 앱에 만화 생성기 코드 추가

데스크톱 앱에서 사용하는 cartoon.cpp 파일을 추가하길 원할 수 있다. jni\Android.mk 파일에 프로젝트에 대한 C/C++/어셈블리 소스 파일, 헤더 탐색 경로, 네이티브 라이브러리와 GCC 컴파일러 설정을 넣는다.

1. cartoon.cpp(쉬운 디버깅을 원한다면 ImageUtils_0.7.cpp도 같이)를 LOCAL_SRC_FILES에 추가한다. 다만 기본 jni 폴더 대신에 데스크톱 폴더임을 기억하라. LOCAL_SRC_FILES := jni_part.cpp 아래에 추가한다.

   ```
   LOCAL_SRC_FILES += ../../Cartoonifier_Desktop/cartoon.cpp
   LOCAL_SRC_FILES += ../../Cartoonifier_Desktop/ImageUtils_0.7.cpp
   ```

2. 공용 부모 폴더에서 cartoon.h를 찾을 수 있는 헤더 파일 탐색 경로를 추가한다.

   ```
   LOCAL_C_INCLUDES += $(LOCAL_PATH)/../../Cartoonifier_Desktop
   ```

3. jni\jni_part.cpp 파일 안에서 상단 근처에 있는 #include <vector>를 다음과 같이 바꿔 넣는다.

   ```
   #include "cartoon.h"      // 만화 생성기
   #include "ImageUtils.h"   // (선택 사항) OpenCV 디버깅 함수
   ```

4. 영상을 만화로 생성하는 JNI 함수인 CartoonifyImage()를 파일에 추가한다. 전에 만들었던 수정하지 않은 카메라 프리뷰를 그냥 보여주는 ShwoPreview() 함수 복사부터 시작할 수 있다. BGRA 영상을 처리하길 원하지 않기 때문에 YUV420sp를 RGB로 직접 변환함에 주목하자.

   ```
   // 만화 생성기 필터를 이용해 카메라 영상을 변경한다.
   JNIEXPORT void
   JNICALL Java_com_Cartoonifier_CartoonifierView_CartoonifyImage(
       JNIEnv* env, jobject,
   ```

```
        jint width, jint height, jbyteArray yuv, jintArray bgra)
    {
        // 주어진 자바 배열에 네이티브 접근해서 얻는다.
        jbyte* _yuv = env->GetByteArrayElements(yuv, 0);
        jint* _bgra = env->GetIntArrayElements(bgra, 0);

        // 입력 & 결과 데이터를 다루는 OpenCV 래퍼를 생성한다.
        Mat myuv(height + height/2, width, CV_8UC1, (uchar *)_yuv);
        Mat mbgra(height, width, CV_8UC4, (uchar *)_bgra);

        // 카메라의 YUV420sp 세미 플래너 포맷을
        // OpenCV의 기본 BGR 컬러 영상으로 컬러 변환한다.
        Mat mbgr(height, width, CV_8UC3); // 새로운 영상 버퍼에 할당한다.
        cvtColor(myuv, mbgr, CV_YUV420sp2BGR);

        // 이제는 OpenCV로 BGR 이미지인 "mgbr"에 접근/수정할 수 있으며,
        // BGR 영상인 "displayedFrame"에 결과를 저장해야 한다.
        Mat displayedFrame(mbgr.size(), CV_8UC3);

        // 임시: 수정하지 않은 카메라 영상을 그냥 보여준다.
        displayedFrame = mbgr;

        // 결과인 OpenCV의 BGR를 안드로이드 BGRA 포맷으로 변환한다.
        cvtColor(displayedFrame, mbgra, CV_BGR2BGRA);

        // 자바 배열에 걸은 네이티브 락을 해제한다.
        env->ReleaseIntArrayElements(bgra, _bgra, 0);
        env->ReleaseByteArrayElements(yuv, _yuv, 0);
    }
```

5. 이전 코드는 영상을 수정하지 않았지만, 1장에서 이미 개발했던 만화 생성
   기를 이용해 영상을 처리하길 원한다. 따라서 이제 데스크톱용 cartoon.cpp
   에 만들었던 기존 cartoonifyImage() 함수 호출을 넣어보자. 코드의
   임시 라인인 displayedFrame = mbgr를 다음과 같이 바꾼다.

   ```
   cartoonifyImage(mbgr, displayedFrame);
   ```

6. 다 했다! 코드를 빌드(이클립스에서는 `ndk-build`를 이용해 C/C++ 코드를 컴파일해야 한다)한 후 디바이스에서 실행하자. 만화 생성기 안드로이드 앱을 작동시켜야 한다(1장의 시작 부분에서 오른쪽, 즉 기대하던 예제 결과를 보여준다)! 빌드할 수 없거나 실행하지 못했다면 이번 단계로 되돌아가서 문제를 해결한다(원한다면 이 책에서 제공하는 코드를 살펴본다). 일단 작동했다면 다음 단계로 계속한다.

## 안드로이드 앱 검토

지금 디바이스에서 실행 중인 앱의 네 가지 이슈를 빠르게 확인할 수 있다.

- 프레임당 몇 초라서 정말로 느리다! 따라서 카메라 프리뷰를 그냥 띄운 후 사용자가 좋은 사진이라면서 화면을 터치했을 때만 카메라 프레임을 만화로 생성해야 한다.

- 스케치, 페인트, 악마나 에일리언 모드 중에서 모드를 변경하는 사용자 입력을 처리해야 한다. 안드로이드 메뉴 바에 추가한다.

- 다른 사람과 공유하려고 만화 생성 결과를 영상 파일로 저장할 수 있다면 정말 좋다. 사용자가 만화로 생성했던 영상이 있는 화면을 터치할 때마다 사용자의 SD 카드에 이 영상을 결과로 저장한 후 안드로이드 갤러리에 띄운다.

- 스케치 에지 검출기에 많은 무작위 잡음이 있다. 향후에 이 잡음을 처리하는 특별한 '후추' 잡음[6] 줄이기 필터<sup>noise reduction filter</sup>를 만든다.

---

6. 후추 잡음(pepper noise)은 흰색인 잡음이다. 참고로 소금-후추 잡음(salt & pepper noise)이 있는데, 흰색(소금,255)과 검은색(후추, 0)이 있어 이름을 붙인 것 같지만, 알고 보면 소금과 후추는 서양 사람이 스테이크를 먹을 때 주로 사용하는 조미료였으며, 둘 다 있으면 신발(소가죽)도 먹을 수 있다는 이야기가 있었다. 그만큼 서양 사람과 밀접한 관계가 있어 명명됐다(『오픈소스를 이용한 디지털 영상처리 기본 프로그래밍』, 2009, 홍릉과학출판사). - 옮긴이

## 사용자가 화면을 탭하면 영상을 만화로 생성

카메라 프리뷰(사용자가 선택한 카메라 프레임을 만화로 생성하길 원할 때까지)를 보여주려면 이전에 작성했던 ShowPreview() JNI 함수를 그냥 호출할 수 있다. 또한 카메라 영상을 만화로 만들기 전에 사용자가 터치 이벤트를 기다린다. 사용자가 화면을 터치했을 때에 한해서 단일 영상만 만화로 생성하므로, 다음 카메라 프레임을 만화로 만드는 플래그를 설정한 후 해당 플래그를 재설정한 다음에 다시 카메라 프리뷰를 계속한다. 다만 만화로 생성한 영상이 잠시 나타난 후 다시 다음 카메라 프리뷰를 띄운다. 따라서 사용자가 볼 수 있는 시간을 주기 위해 카메라 프레임이 덮어씌우기 전까지 현재 영상을 몇 초 동안 고정해 화면에 띄우게 하는 초 플래그<sup>second flag</sup>를 사용한다.

1. src\com\Cartoonifier 폴더에 있는 CartoonifierApp.java의 상단에 다음과 같은 헤더를 추가한다.

```
import android.view.View;
import android.view.View.OnTouchListener;
import android.view.MotionEvent;
```

2. CartoonifierApp.java의 상단에 있는 클래스 정의부를 다음과 같이 수정한다.

```
public class CartoonifierApp
extends Activity implements OnTouchListener {
```

3. onCreate() 함수의 하단에 다음 코드를 넣는다.

```
// 사용자가 화면을 터치할 때마다
// 콜백 함수인 onTouch()를 호출한다.
mView.setOnTouchListener(this);
```

4. 터치 이벤트를 처리하는 onTouch() 함수를 추가한다.

```
public boolean onTouch(View v, MotionEvent m) {
    // 손가락 이벤트를 무시하며, 손가락으로 화면을 처음 터치했을 때만 신경을 쓴다.
    if (m.getAction() != MotionEvent.ACTION_DOWN) {
        return false; // 터치 이동 이벤트를 사용하지 않는다.
    }

    Log.i(TAG, "onTouch down event");

    // 미리보기를 보여주는 대신에 다음 카메라 프레임을 만화로 만들어
    // 저장하게 지시한다.
    mView.nextFrameShouldBeSaved(getBaseContext());
    return true;
}
```

5. 지금 **CartoonifierViewer.java**에 nextFrameShouldBeSaved() 함수를 추가해야 한다.

```
// 다음 카메라 프레임을 만화로 만든 후 프리뷰 대신에 저장한다.
protected void nextFrameShouldBeSaved(Context context) {
    bSaveThisFrame = true;
}
```

6. CartoonfierView 클래스의 상단에 다음 변수를 추가한다.

```
private boolean bSaveThisFrame = false;
private boolean bFreezeOutput = false;
private static final int FREEZE_OUTPUT_MSECS = 3000;
```

7. CartoonfierView의 processFrame() 함수는 현재 만화와 프리뷰 사이를 전환할 수 있지만, 만화 영상을 몇 초 동안 고정해 보여주지 않을 경우에는 뭔가를 띄울 수 있는지 확인해야 한다. 따라서 다음과 같이 processFrame()을 바꾼다.

```java
@Override
protected Bitmap processFrame(byte[] data) {
    // 결과 영상을 RGBA 멤버 변수에 저장한다.
    int[] rgba = mRGBA;
    // 카메라만 처리하거나 만화 영상을 보여주지 않을 경우에만 갱신한다.
    if (bFreezeOutputbFreezeOutput) {
        // 일단 여기서 작동만 시킨다.
        bFreezeOutput = false;
        // 몇 초 동안 기다리며, 아무런 일을 하지 않음!
        try {
            wait(FREEZE_OUTPUT_MSECS);
        } catch (InterruptedException e) {
            e.printStackTrace();
        }
        return null;
    }
    if (!bSaveThisFrame) {
        ShowPreview(getFrameWidth(), getFrameHeight(), data, rgba);
    }
    else {
        // 일단 했다면 프리뷰 모드로 복귀한다.
        bSaveThisFrame = false;
        // 화면을 잠시 동안 갱신하지 않으므로, 사용자는 만화 생성 결과를
        // 볼 수 있다.
        bFreezeOutput = true;

        CartoonifyImage(getFrameWidth(), getFrameHeight(), data,
                rgba, m_sketchMode, m_alienMode, m_evilMode,
                m_debugMode);
    }

    // 화면에 띄우기 위해 반환하는 비트맵 객체에 처리한 영상을 넣는다.
    Bitmap bmp = mBitmap;
    bmp.setPixels(rgba, 0, getFrameWidth(), 0, 0, getFrameWidth(),
```

```
                getFrameHeight());
        return bmp;
    }
```

8. 앱이 이제부터 잘 작동하는지 확인하기 위해 빌드하고 실행해야 한다.

## 영상을 파일로 저장하고 안드로이드 사진 갤러리에 저장

결과를 PNG 파일로 저장할 뿐만 아니라 안드로이드 사진 갤러리에도 띄운다. 안드로이드 갤러리는 JPEG 파일을 대상으로 설계됐지만, JPEG은 단일 색과 에지가 있는 만화 영상에 적합하지 않으므로, 갤러리에 PNG 영상을 추가하는 따분한 방법을 사용하겠다. 이 방법을 수행하는 savePNGImageToGallery() 자바 함수를 생성한다. 앞에 제시했던 processFrame() 함수의 하단에서 결과 데이터를 안드로이드 비트맵 객체로 만들었음을 볼 수 있으며, Bitmap 객체를 PNG 파일로 저장하는 방법이 필요하다. OpenCV의 imwrite() 자바 함수는 PNG 파일로 저장할 때 사용할 수 있다. 다만 OpenCV의 자바 API와 OpenCV의 C/C++ API를 모두 연동(OpenCV4Android 예제 프로젝트인 'tutorial-4-mixed' 참조)해야 한다. 다른 OpenCV 자바 API가 필요하지 않기 때문에 다음 코드에서 OpenCV 자바 API 대신 안드로이드 API를 사용해 PNG 파일로 저장하는 방법을 보여준다.

1. 안드로이드의 Bitmap 클래스는 파일을 PNG 포맷으로 저장할 수 있다. 한번 해보자. 또한 영상의 파일명을 결정해야 한다. 많은 파일을 저장하되 사용자가 기억할 수 있게 현재 날짜와 시간을 사용하자. processFrame() 의 return bmp 구문 앞에 다음 코드를 넣으면 된다.

```
processFrame():
if (bFreezeOutput) {
    // 현재 날짜와 시간을 가져온다.
    SimpleDateFormat s = new SimpleDateFormat("yyyy-MM-dd,HH-mm-ss");
    String timestamp = s.format(new Date());
```

```
String baseFilename = "Cartoon" + timestamp + ".png";

// 처리한 영상을 PNG 파일로 SD 카드에 저장한 후
// 안드로이드 갤러리에서 보여준다.
savePNGImageToGallery(bmp, mContext, baseFilename);
}
```

2. CartoonifierView.java의 상단 부분에 다음과 같이 추가한다.

```
// 비트맵을 파일로 저장하고 안드로이드 사진 갤러리에 저장하기 위한 부분이다.
import android.graphics.Bitmap.CompressFormat;
import android.net.Uri;
import android.os.Environment;
import android.provider.MediaStore;
import android.provider.MediaStore.Images;
import android.text.format.DateFormat;
import android.util.Log;
import java.io.BufferedOutputStream;
import java.io.File;
import java.io.FileOutputStream;
import java.io.IOException;
import java.io.OutputStream;
import java.text.SimpleDateFormat;
import java.util.Date;
```

3. CartoonifierView 클래스 안에 다음과 같이 상단에 넣는다.

```
private static final String TAG = "CartoonifierView";
private Context mContext; // 따라서 안드로이드 갤러리에 접근할 수 있다.
```

4. CartoonifierView의 nextFrameShouldBeSaved() 함수에 다음과 같이 추가한다.

```
CartoonifierView:
mContext = context; // GUI 접근을 위해 안드로이드 컨텍스트를 저장한다.
```

5. saePNGImageToGallery() 함수를 CartoonfierView에 추가한다.

```java
protected void savePNGImageToGallery(Bitmap bmp, Context context,
    String baseFilename)
{
  try {
    // SD 카드의 파일 경로를 가져온다.
    String baseFolder = \
    Environment.getExternalStoragePublicDirectory(\
    Environment.DIRECTORY_PICTURES).getAbsolutePath()\
    + "/";
    File file = new File(baseFolder + baseFilename);
    Log.i(TAG, "Saving the processed image to file [" + \
    file.getAbsolutePath() + "]");

    // 파일을 연다.
    OutputStream out = new BufferedOutputStream(
      new FileOutputStream(file));
    // 영상 파일을 PNG로 저장한다.
    bmp.compress(CompressFormat.PNG, 100, out);
    // 갤러리에 추가하기 때문에 파일로 즉시 저장하게 확실히 해둔다.
    out.flush();
    out.close();

    // 안드로이드 갤러리에 PNG 파일을 추가한다.
    ContentValues image = new ContentValues();
    image.put(Images.Media.TITLE, baseFilename);
    image.put(Images.Media.DISPLAY_NAME, baseFilename);
    image.put(Images.Media.DESCRIPTION,
        "Processed by the Cartoonifier App");
    image.put(Images.Media.DATE_TAKEN,
        System.currentTimeMillis()); // msecs since 1970 UTC.
    image.put(Images.Media.MIME_TYPE, "image/png");
    image.put(Images.Media.ORIENTATION, 0);
    image.put(Images.Media.DATA, file.getAbsolutePath());
```

```
        Uri result = context.getContentResolver().insert(
            MediaStore.Images.Media.EXTERNAL_CONTENT_URI,image);
    }
    catch (Exception e) {
        e.printStackTrace();
    }
}
```

6. 안드로이드 앱은 설치하는 과정에서 디바이스에 파일을 저장해야 할 경우 사용자에게 권한을 요구한다. 따라서 AndoridManifest.xml에 카메라에 접근하는 권한을 요청하는 비슷한 라인 아래에 다음과 같은 라인을 넣는다.

```
<uses-permission
    android:name="android.permission.WRITE_EXTERNAL_STORAGE"/>
```

7. 앱을 빌드하고 실행한다! 사진으로 저장하기 위해 화면을 터치하면 (아마도 5~10초 동안 처리한 후) 드디어 화면에서 만화 영상을 보게 될 것이다. 일단 화면에 보여줬다면 SD 카드와 포토 갤러리에 저장했음을 확실히 의미한다. 만화 생성기 앱을 종료한 후 안드로이드 갤러리 앱을 열어 사진 앨범을 살펴보자. PNG 영상으로 저장한 만화 영상을 화면 전체 해상도로 볼 수 있다.

## 저장한 영상에 관한 안드로이드 통지 메시지 보여주기

새로운 영상을 SD 카드와 안드로이드 갤러리에 저장할 때마다 통지 메시지를 보여주고 싶다면 다음과 같은 단계를 따른다. 아니면 이 절을 건너뛰어도 무방하다.

1. CartoonifierView.java의 상단에 다음과 같이 추가한다.

```
// 파일을 저장할 때마다 통지 메시지를 보여주기 위한 부분이다.
import android.app.Notification;
import android.app.NotificationManager;
import android.app.PendingIntent;
import android.content.ContentValues;
import android.content.Intent;
```

2. CartoonifierViewer의 상단 부분에 추가한다.

```
private int mNotificationID = 0;
```

   // 1 통지만 보이게 한다.

3. processFrame()의 SavePNGImageToGallery()를 호출하는 아래에 있는 if문에 다음 코드를 넣는다.

```
showNotificationMessage(mContext, baseFilename);
```

4. CartoonifierView에 showNotificationMessage()를 추가한다.

```
// 저장한 다른 영상을 알려주는 통지 메시지를 보여준다.
protected void showNotificationMessage(Context context,
    String filename)
{
  // 안드로이드 상태 바에서 통지 메시지를 팝업한다.
  // 각 영상에 대한 통지를 확실히 하기 위해
  // 그때마다 상태 바에서 1만 유지한다.
  // 다른 ID를 매번 사용하지만, 생성하기 전에 이전 메시지를 삭제한다.
  final NotificationManager mgr = (NotificationManager) \
  context.getSystemService(Context.NOTIFICATION_SERVICE);

  // 이전 팝업 메시지를 닫으면 그때 1만 있지만,
  // 여전히 각 영상에 대한 팝업 메시지를 보여준다.
  if (mNotificationID > 0)
    mgr.cancel(mNotificationID);
```

```
mNotificationID++;

Notification notification = new Notification(R.drawable.icon,
    "Saving to gallery (image " + mNotificationID + ") ...",
    System.currentTimeMillis());
Intent intent = new Intent(context, CartoonifierView.class);
// 사용자가 클릭하면 닫는다.
notification.flags |= Notification.FLAG_AUTO_CANCEL;
PendingIntent pendingIntent = PendingIntent.getActivity(
    context, 0, intent, 0);
notification.setLatestEventInfo(context, "Cartoonifier saved " +
    mNotificationID + " images to Gallery", "Saved as '" +
    filename + "'", pendingIntent);
mgr.notify(mNotificationID, notification);
}
```

5. 한 번 더 빌드하고 앱을 실행한다! 저장된 다른 영상이 있는 화면을 터치할 때마다 통지 메시지 팝업을 볼 수 있다. 영상 처리로 인해 지체하기 전에 차라리 통지 메시지를 팝업하길 바란다면 cartoonifyImage()를 호출하기 전에 showNotificationMessage()를 호출하게 옮긴 후 통지 메시지에 넣되 실제 파일로 저장하게 날짜와 시간 문자열을 생성하는 코드를 옮긴다.

## 안드로이드 메뉴 바를 통해 만화 모드로 변경
사용자가 메뉴를 통해 모드를 변경할 수 있게끔 해보자.

1. src\com\Cartoonifier\CartoonfierApp.java의 상단 근처에 다음 헤더를 추가한다.

```
import android.view.Menu;
import android.view.MenuItem;
```

2. CartoonifierApp 클래스 안에 다음 멤버 변수를 넣는다.

```
// 안드로이드 메뉴 바 항목
private MenuItem mMenuAlien;
private MenuItem mMenuEvil;
private MenuItem mMenuSketch;
private MenuItem mMenuDebug;
```

3. CartoonifierApp에 다음 함수를 추가한다.

```
/** 안드로이드가 메뉴 바를 생성할 때 호출됨. */
public boolean onCreateOptionsMenu(Menu menu) {
  Log.i(TAG, "onCreateOptionsMenu");
  mMenuSketch = menu.add("Sketch or Painting");
  mMenuAlien = menu.add("Alien or Human");
  mMenuEvil = menu.add("Evil or Good");
  mMenuDebug = menu.add("[Debug mode]");
  return true;
}

/** 사용자가 메뉴 바에 있는 메뉴 항목을 클릭할 때마다 호출된다. */
public boolean onOptionsItemSelected(MenuItem item) {
  Log.i(TAG, "Menu Item selected: " + item);
  if (item == mMenuSketch)
    mView.toggleSketchMode();
  else if (item == mMenuAlien)
    mView.toggleAlienMode();
  else if (item == mMenuEvil)
    mView.toggleEvilMode();
  else if (item == mMenuDebug)
    mView.toggleDebugMode();
  return true;
}
```

4. CartoonifierView 클래스 안에 다음 멤버 변수를 넣는다.

```
private boolean m_sketchMode = false;
private boolean m_alienMode = false;
private boolean m_evilMode = false;
private boolean m_debugMode = false;
```

5. CartoonifierView에 다음 함수를 추가한다.

```
protected void toggleSketchMode() {
  m_sketchMode = !m_sketchMode;
}
protected void toggleAlienMode() {
  m_alienMode = !m_alienMode;
}
protected void toggleEvilMode() {
  m_evilMode = !m_evilMode;
}
protected void toggleDebugMode() {
  m_debugMode = !m_debugMode;
}
```

6. cartoonifyImage() JNI 코드에 모드 값을 넘겨야 하므로, 인자로 간주해서 보내자. CartoonifierView의 Cartoonify()의 자바 선언부를 다음과 같이 수정한다.

```
public native void CartoonifyImage(int width, int height,
    byte[] yuv, int[] rgba, boolean sketchMode, boolean alienMode,
    boolean evilMode, boolean debugMode);
```

7. 지금 processFrame()의 현재 모드 값을 넘기도록 자바 코드를 수정한다.

```
CartoonifyImage(getFrameWidth(), getFrameHeight(), data, rgba,
    m_sketchMode, m_alienMode, m_evilMode, m_debugMode);
```

8. jni\jni_part.cpp에 있는 `CartoonifyImage()`의 JNI 선언부는 다음과 같아야 한다.

```
JNIEXPORT void JNICALL Java_com_Cartoonifier_CartoonifierView_
    CartoonifyImage(
  JNIEnv* env, jobject, jint width, jint height,
      jbyteArray yuv, jintArray bgra, jboolean sketchMode,
      jboolean alienMode, jboolean evilMode, jboolean debugMode)
```

9. 그러면 jni\jni_part.cpp의 JNI 함수가 cartoon.cpp의 C/C++ 코드에 모드를 넘겨야 한다. 안드로이드로 개발하면 한 번에 한 GUI 창에만 보여줄 수 있지만, 데스크톱에서는 디버깅하는 동안에 별도 창을 띄울 수 있어 편리하다. 숫자를 넘겨보자. 모바일(OpenCV의 GUI 창을 생성할 때 충돌한다!)에서 디버깅을 하지 않는다면 숫자를 0으로, 디버깅을 하겠다면 1로 하며, 데스크톱(원하는 만큼 수많은 별도 창을 만들 수 있다)에서 디버깅한다면 2로 한다.

```
int debugType = 0;
if (debugMode)
  debugType = 1;

cartoonifyImage(mbgr, displayedFrame, sketchMode, alienMode,
    evilMode, debugType);
```

10. cartoon.cpp의 실제 C/C++ 구현부를 수정한다.

```
void cartoonifyImage(Mat srcColor, Mat dst, bool sketchMode,
    bool alienMode, bool evilMode, int debugType)
{
```

11. cartoon.h의 C/C++ 선언부도 수정한다.

```
void cartoonifyImage(Mat srcColor, Mat dst, bool sketchMode,
    bool alienMode, bool evilMode, int debugType);
```

12. 빌드하고 실행한 후에 창 하단에 있는 작은 옵션 메뉴 버튼을 눌러보자. 스케치 모드가 실시간인 반면에 페인트 모드는 바이래터럴 필터 때문에 상당히 지체함을 발견할 수 있다.

## 스케치 영상에 있는 무작위 후추 잡음 줄이기

현재 스마트폰과 태블릿에 있는 대부분 카메라에는 상당한 영상 잡음이 있다. 보통 용인하지만 5 × 5 라플라시안 에지 필터에 큰 영향을 준다. 에지 마스크(스케치 모드로 보여줌)는 종종 '후추' 잡음이라고 하는 검은 화소인 수천 개의 덩어리가 들어 있으며, 하얀 배경에서 나란히 있는 여러 검은 화소로 구성된다. 이미 중간 값 필터를 사용했는데, 보통 후추 잡음을 제거할 만큼 매우 충분하다. 그러나 이번 경우에는 아주 충분하지 않을 수 있다. 에지 마스크에 대부분 순수한 흰 배경(255인 값)이되 일부 검은 에지(0인 값)과 잡음인 점(역시 0인 값)이 있다. 기본 닫힘 형태학적 연산자를 사용할 수 있지만, 에지를 많이 제거한다. 그 대신 하얀 화소로 완벽하게 감싼 작은 검은 영역을 제거하는 사용자 정의 필터를 적용한다. 실제 에지에 작은 영향을 끼치는 많은 잡음을 제거한다.

영상의 검은 화소를 조회할 때 각 검은 화소에서 5 × 5 정사각형 테두리 주위인 5 × 5 경계 화소가 전부 흰색인지 검사한다. 모두 흰색이라면 검은 잡음인 작은 섬이라고 알고 있으므로, 이 작은 섬을 제거하기 위해 블록을 흰 화소로 모두 채운다. 5 × 5 필터를 간단하게 하기 위해 영상 주위에 있는 두 테두리 화소를 무시해 남겨둔다.

다음 그림에서 왼쪽인 안드로이드 태블릿의 원 영상과 가운데(후추 잡음인 작은 검은 점을 보여줌)에 있는 스케치 모드와 함께 오른쪽의 피부가 깨끗하게 보이는 후추 잡음 제거 결과를 보여준다.

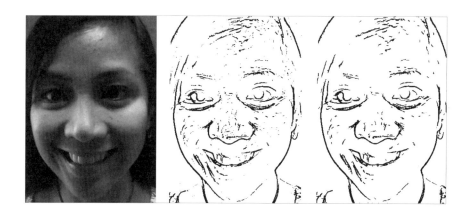

다음 코드를 removePepperNoise() 함수로 명명할 수 있다. 간결화를 위해 제자리에서 처리하기 위해 이 함수를 간단하게 수정한다.

```
void removePepperNoise(Mat &mask)
{
    for (int y=2; y<mask.rows-2; y++) {
        // 이 화소 근방의 각 5열에 접근해 가져온다.
        uchar *pUp2 = mask.ptr(y-2);
        uchar *pUp1 = mask.ptr(y-1);
        uchar *pThis = mask.ptr(y);
        uchar *pDown1 = mask.ptr(y+1);
        uchar *pDown2 = mask.ptr(y+2);

        // 각 열에 있는 처음(과 마지막) 2화소를 걸러낸다.
        pThis += 2;
        pUp1 += 2;
        pUp2 += 2;
        pDown1 += 2;
        pDown2 += 2;
        for (int x=2; x<mask.cols-2; x++) {
            uchar value = *pThis; // 이 화소 값(0이나 255)을 가져온다.
            // 검은 화소라면 흰 화소로 둘러 싸였는지 확인(예: 검은 "섬"인지 아닌지) 한다.
```

```
if (value == 0) {
  bool above, left, below, right, surroundings;
  above = *(pUp2 - 2) && *(pUp2 - 1) && *(pUp2) &&
      *(pUp2 + 1) && *(pUp2 + 2);
  left = *(pUp1 - 2) && *(pThis - 2) && *(pDown1 - 2);
  below = *(pDown2 - 2) && *(pDown2 - 1) && *(pDown2) &&
      *(pDown2 + 1) && *(pDown2 + 2);
  right = *(pUp1 + 2) && *(pThis + 2) && *(pDown1 + 2);
  surroundings = above && left && below && right;
  if (surroundings == true) {
    // 5x5 블록 전체를 흰색으로 채운다.
    // 5x5 테두리가 이미 흰색임을 알고 있으므로,
    // 3x3 내부 영역을 채우기만 하면 된다.
    *(pUp1 - 1) = 255;
    *(pUp1 + 0) = 255;
    *(pUp1 + 1) = 255;
    *(pThis - 1) = 255;
    *(pThis + 0) = 255;
    *(pThis + 1) = 255;
    *(pDown1 - 1) = 255;
    *(pDown1 + 0) = 255;
    *(pDown1 + 1) = 255;
    // 5x5 블록 전체를 흰색으로 덮어씌웠기 때문에
    // 다음 2화소는 검정이 아님을 알고 있다.
    // 그러면 오른쪽에 있는 다음 2화소를 걸러낸다.
    pThis += 2;
    pUp1 += 2;
    pUp2 += 2;
    pDown1 += 2;
    pDown2 += 2;
  }
}
// 오른쪽에 있는 다음 화소로 이동한다.
pThis++;
```

```
        pUp1++;
        pUp2++;
        pDown1++;
        pDown2++;
    }
  }
}
```

## 앱에 FPS 보여주기

느린 앱에서 그다지 중요하지 않겠지만 여전히 유용한 초당 프레임<sup>FPS</sup> 속도를 화면에 보여주고 싶다면 다음과 같은 단계를 수행한다.

1. OpenCV의 ImageManipulations 예제 폴더(예, C: \OpenCV-2.4.1\samples\andorid\ image-manipulations)에 있는 src\org\opencv\samples\imagemanipulations\ FpsMeter.java 파일을 src\com\cartoonifer 폴더에 복사한다.

2. FpsMeter.java의 상단에 있는 패키지 이름을 com.Cartoonifier로 변경한다.

3. CartoonifierViewBase.java 파일 내의 FpsMeter 멤버 변수를 private byte[] mBuffer; 아래에 선언한다.

   ```
   private FpsMeter mps;
   ```

4. CartoonifierViewBase() 생성자의 mHolder.addCallback(this); 아래에서 FpsMeter 객체를 초기화한다.

   ```
   mFps = new FpsMeter();
   mFps.init();
   ```

5. run()의 try/catch 블록 아래에서 각 프레임의 FPS를 측정한다.

   ```
   mFps.measure();
   ```

6. run()의 Canvas.drawBitmap() 함수 안에서 각 프레임 화면에 FPS를 그린다.

```
mFps.draw(canvas, (canvas.getWidth() - bmp.getWidth()) /2, 0);
```

## 특정 카메라 해상도 사용

앱을 더 빠르게 실행하길 원한다면 품질이 떨어지는 것을 알고 있다는 전제 하에서 하드웨어에 더 작은 카메라 영상을 요청하거나 영상을 일단 줄일지 둘 중 하나를 고려해야 한다. 만화 생성기 예제 코드는 화면 높이에 가장 가까운 카메라 프리뷰 해상도 사용을 기반으로 한다. 따라서 디바이스가 5 메가 화소 카메라이고 화면이 단지 640 × 480이더라도 720 × 480의 카메라 해상도 등을 사용할 수 있다. 선택했던 카메라 해상도를 제어하고 싶다면 CartoonfierViewBase.java에 있는 surfaceChanged()의 setupCamera() 에 파라미터를 수정할 수 있으며, 예를 들면 다음과 같다.

```
public void surfaceChanged(SurfaceHolder _holder, int format,
    int width, int height) {
  Log.i(TAG, "Screen size: " + width + "x" + height);
  // 거의 화면 높이의 절반인 카메라 해상도를 사용한다.
  setupCamera(width/2, height/2);
}
```

카메라의 최고 프리뷰 해상도를 얻는 쉬운 방법은 10,000 × 10,000 같은 큰 크기를 넘긴 후 사용 가능한 최대 해상도를 선택하는 것이다(카메라 비디오 해상도가 있는데, 카메라의 정지 영상 해상도보다 종종 훨씬 더 작은 최대 프리뷰 해상도만 제공함 에 유의하자). 혹은 정말로 빠르게 실행하고 싶다면 1 × 1을 넘긴 후 최소 카메 라 프리뷰 해상도(예를 들어 160 × 120)를 찾는다.

## 앱을 사용자 정의

이제 안드로이드 만화 생성기 앱 전체를 만들었다. 작동 방법과 각 역할의 기본을 알아야 하며, 앱을 사용자 정의할 수 있어야 한다! GUI, 앱의 동작과 흐름, 만화 생성기 필터 상수, 피부 검출기 알고리즘 혹은 만화 생성기 코드를 나름대로 바꿔보자.

많은 방법으로 피부 검출 알고리즘을 개선할 수 있으며, 예를 들어 매우 복잡한 피부 알고리즘(예, http://www.cvpapers.com/의 많은 최근 CVPR 혹은 ICCV 컨퍼런스 논문에 실린 훈련된 가우시안 모델 사용)을 사용하거나, 얼굴 검출(8장의 '얼굴 검출' 절 참조)을 피부 검출기에 추가하는 것 등을 들 수 있는데, 사용자에게 화면 가운데에 얼굴을 넣게 요청하는 대신 사용자 얼굴을 검출한다.

일부 디바이스나 고해상도 카메라에서 얼굴 검출이 몇 초가 걸릴 수 있음에 주의하자. 따라서 이번 방식에서는 비교적 느린 처리 속도에 제한을 걸 수 있다. 그러나 스마트폰과 태블릿이 매년 상당히 더 빨라지고 있으므로, 느린 얼굴 검출 속도 문제가 줄어들 것이다.

모바일 컴퓨터 비전 앱의 속도를 올릴 수 있는 가장 중요한 방법은 가능하면 카메라 해상도를 최대한 줄이되(예, 5메가 픽셀 대신에 0.5메가 픽셀) 영상을 최대한 아주 드물게 할당하고 해제하고, 가능하다면 좀처럼 영상을 변환하지 않는 것이다(예, 코드 전체에서 BGRA 영상 지원). 최적화된 영상 처리나 디바이스의 CPU 제조사(예, 엔디비아 테그라, 텍사스 인스트루먼트 OMAP, 삼성 엑시노스, 애플 Ax, 혹은 퀄컴 스냅드래곤)나 CPU 계열(예, ARAM 코텍스-A9)가 제공하는 수학 라이브러리를 찾아볼 수도 있다. 기억하라! 당신의 디바이스에 대한 최적화 버전이 있을 수도 있다.

NDK와 데스크톱 영상 처리 코드를 쉽게 사용자 정의하려면 이 책에 딸려 나오는 ImageUtils.cpp와 ImagUtils.h 파일이 이번 테스트에 도움이 된다. `cv::Mat` 객체에 관한 많은 정보를 출력하는 `printMatInfo()` 같은 함수를 포함했으며, OpenCV를 훨씬 더 쉽게 디버깅해준다. C/C+ 코드에 상세한 시간 측정을 추가하는 시간 측정 매크로도 있다. 예를 들면 다음과 같다.

```
DECLARE_TIMING(myFilter);

void myImageFunction(Mat img) {
    printMatInfo(img, "input");

    START_TIMING(myFilter);
    bilateralFilter(img, ...);
    STOP_TIMING(myFilter);
    SHOW_TIMING(myFilter, "My Filter");
}
```

콘솔에 다음과 같이 출력했음을 볼 수 있다.

**input: 800w600h 3ch 8bpp, range[19,255][17,243][47,251]**

**My Filter: time: 213ms (ave=215ms min=197ms max=312ms, across 57 runs).**

OpenCV 코드가 예상과 달리 작동하지 않을 때 도움이 된다. 특히 모바일 개발이라면 IDE 디버거를 꽤 자주 사용하기가 어려운데다가 보통 안드로이드 NDK에서 printf() 문이 작동하지 않는다. 하지만 ImageUtils의 함수는 안드로이드와 데스크톱에서 작동한다.


## 요약

1장에서는 펜으로 그린 듯한 그대로의 스케치 모드, 컬러 페인팅 같아 보이는 페인트 모드, 만화인 것처럼 영상을 만들기 위해 페인트 모드 위에 스케치 모드를 겹친 만화 효과 등 다양한 만화 효과를 만드는 데 사용할 수 있는 영상 처리 필터의 여러 가지 필터를 보여줬다. 잡음이 있는 에지를 매우 두드러지게 한 악마 모드와 얼굴 피부색에 밝은 녹색으로 나타나게 변경한 에일리언 모드 같은 재미있는 효과를 얻을 수도 있음을 보여줬다.

사용자 얼굴에 만화 필터와 피부색 변환기처럼 재미있는 효과를 수행하는 상용 스마트 앱이 많다. 얼굴을 더 어려 보이게 하기 위해 피부의 에지를 유지하되 피부가 아닌 영역을 날카롭게 해서 피부를 곱게 함으로써 여성의 얼굴을 아름답게 시도하는, 피부를 부드럽게 만드는 비디오 후처리post-processing 도구 같은 비슷한 개념을 사용한 전문적인 도구도 있다.

1장에서는 작동하는 데스크톱 버전을 모바일 앱으로 이식한 후 모바일 앱에 적합한 사용자 인터페이스를 만드는 개발 권장 지침서에 따르게 함으로써 데스크톱 애플리케이션을 안드로이드 모바일 앱으로 이식하는 방법을 보여준다. 두 프로젝트 간에 영상 처리 코드를 공유하기 때문에 물론 독자가 데스크톱 애플리케이션용 만화 필터를 수정하면 안드로이드 앱을 재빌드함으로써 안드로이드 앱에 수정한 것을 자동으로 보여준다.

OpenCV4Android를 사용하기 위해 필요한 단계가 정기적으로 바뀌며, 안드로이드 개발 자체가 고정적이지 않다. 1장에서는 OpenCV 예제 프로젝트 중 하나에 기능을 추가함으로써 안드로이드 앱을 빌드하는 방법을 보여준다. OpenCV4Androd 차기 버전의 동일 프로젝트에 같은 기능을 추가할 수 있을 것으로 예상한다.

이 책에는 데스크톱 프로젝트와 안드로이드 프로젝트 소스코드 둘 다 들어있다.

# 2

# 아이폰과 아이패드의
# 마커 기반 증강현실

증강현실AR, Augmented Reality은 실세계 환경 요소의 실사이며, 컴퓨터가 실세계 환경 요소를 그래픽으로 생성해 증강한 것이다. 따라서 결과적으로 현실의 현재 자각 현상을 개선한 기술적인 기능인 셈이다. 인공 환경 정보와 인공 객체를 실세계 위에 올릴 수 있는 증강은 실시간과 의미적인 맥락에서 환경 요소와 크게 다르지 않으며, 고급 AR 기술(예, 컴퓨터 비전과 객체 인식 추가) 덕분에 사용자는 실세상을 둘러싼 정보와 상호작용할 수 있게 되며, 디지털로 이 정보를 조작할 수 있다.

2장에서는 아이폰/아이패드 기기용 AR 애플리케이션을 만들며, 밑바닥부터 시작해서 카메라로부터 얻은 영상에 일부 인공 객체를 그려주는 마커marker를 사용하는 애플리케이션을 구현한다. 엑스코드XCode IDE에서 프로젝트를 설정한 후 애플리케이션 내부에서 OpenCV를 사용하기 위한 환경을 설정하는 방법을 배운다. 또한 내장 카메라로부터 비디오를 캡처하는 부분, OpenGL, ES를 이용한 3D 장면 렌더링과 공통 AR 애플리케이션 아키텍처를 구축하는 방법을 설명한다.

시작하기 전에 필요한 지식과 소프트웨어 목록을 간략하게 알아보면 다음과 같다.

- 엑스코드 IDE가 있는 애플 컴퓨터가 필요하다. 아이폰/아이패드용 애플리케이션 개발은 애플의 엑스코드 IDE만으로 가능하다. 이는 iOS 플랫폼에서 앱을 빌드하는 유일한 방법이다.

- 아이폰, 아이패드나 아이팟 터치 디바이스 모델이 있어야 한다. 디바이스에서 애플리케이션을 실행하려면 매년 99달러짜리 애플 개발자 인증<sup>Apple Developer Certificate</sup>을 구입해야 한다. 인증이 없으면 개발한 애플리케이션을 디바이스에서 실행할 수 없다.

- 엑스코드 IDE 기본 지식도 필요하다. 독자가 이 IDE를 사용한 경험이 조금 있다고 가정한다.

- 오브젝티브C와 C++ 프로그래밍에 대한 기본 지식도 필수다. 하지만 애플리케이션 소스코드의 모든 복잡한 부분을 상세하게 설명하겠다.

2장에서는 마커에 대해 더 많이 알아보고, 전체 검출 루틴도 설명한다. 2장을 읽은 후에는 자신만의 마커 검출 알고리즘을 만들 수 있고, 카메라 포즈와 관련된 3D 세상의 마커 포즈를 추정하고, 시각화된 3D 임의의 객체 간의 변환을 사용할 수 있다.

이 책의 미디어에서 2장과 관련된 예제 프로젝트를 찾을 수 있다. 이는 첫 모바일 증강현실 애플리케이션을 만드는 데 좋은 시작점이다.

2장에서는 다음과 같은 내용을 다룬다.

- OpenCV를 이용한 iOS 프로젝트 생성
- 애플리케이션 아키텍처
- 마커 검출
- 마커 식별

- 마커 코드 인식
- 3D에 마커 배치
- 3D 가상 객체 렌더링

## OpenCV를 이용한 iOS 프로젝트 생성

이 절에서는 카메라 프레임 안에서 마커를 검출하고 3D 객체를 렌더링하기 위해 OpenCV Open Source Computer Vision 라이브러리를 이용하는 아이폰/아이패드 기기용 데모 애플리케이션을 만든다. 이번 예제는 카메라 디바이스로부터 기초 비디오 데이터 스트림에 접근해 OpenCV 라이브러리를 이용해 영상 처리를 수행한 후 영상에 있는 마커를 찾은 다음에 AR 오버레이를 렌더링하는 방법을 보여준다.

다음 그림과 같이 먼저 Single View Application 템플릿을 선택해 새로운 엑스코드 프로젝트를 만드는 것부터 시작한다.

지금 프로젝트에 OpenCV를 추가해야 한다. 이 단계는 필수인데, 애플리케이션에서 마커를 검출하고 위치를 추정하기 위해 OpenCV 라이브러리에 있는 많은 함수를 사용하기 때문이다.

OpenCV는 실시간 컴퓨터 비전을 위한 프로그래밍 함수가 들어 있는 라이브러리다. 원래 인텔이 개발했으며, 현재 윌로우 거라지<sup>Willow Garage</sup>와 잇시즈<sup>Itssez</sup>에서 지원한다. OpenCV 라이브러리는 C와 C++로 만들어졌으며, 공식 파이썬 바인딩 및 자바와 닷넷 언어에 대한 비공식 바인딩을 제공한다.

## OpenCV 프레임워크 추가

OpenCV 라이브러리는 다행히도 교차플랫폼이므로, iOS 디바이스에도 사용할 수 있다. OpenCV 라이브러리의 2.4.2 버전은 iOS 플랫폼을 공식적으로 지원하며, OpenCV 라이브러리 웹사이트인 http://opencv.org/에서 배포 패키지를 다운로드할 수 있다. OpenCV for iOS 링크는 압축된 OpenCV 프레임워크를 가리킨다. iOS 개발이 처음이라고 걱정하지 말자. 프레임워크는 파일 번들과 똑같다. 보통 각 프레임워크 패키지는 헤더 파일 목록과 정적 링크 라이브러리 목록을 포함한다. 애플리케이션 프레임워크는 미리 컴파일된 라이브러리를 개발자에게 배포하기 쉬운 방법을 제공한다.

물론 아무런 사전 지식 없이 자신만의 라이브러리를 빌드할 수도 있다. OpenCV 문서는 이 과정을 상세하게 설명한다. 간결화를 위해 2장에서 권장하는 방법에 따라 프레임워크를 사용하자.

다음 그림과 같이 파일을 다운로드한 후 프로젝트 폴더에 파일 안의 내용을 압축 해제한다.

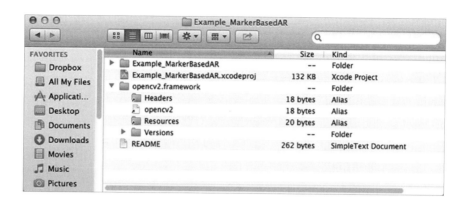

빌드 단계에서 어떤 프레임워크를 사용하겠다고 엑스코드 IDE에 알리기 위해 Build Phases 탭에 있는 Project options를 클릭한다. 빌드 과정에서 포함시킬 프레임워크 목록을 추가하거나 삭제할 수 있으며, 다음 그림과 같이 새로운 프레임워크를 추가하기 위해 플러스 기호(+)를 클릭한다.

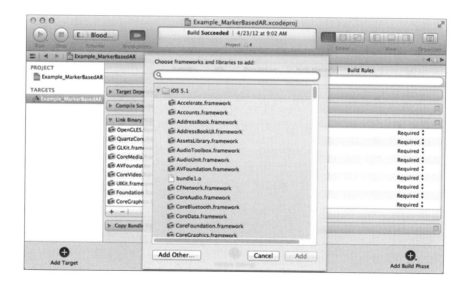

기본 프레임워크 목록 중에서 선택할 수 있지만 사용자 정의 프레임워크를 추가하려면 Add other 버튼을 클릭해야 한다. 그러면 파일 대화상자가 나타난다. 다음 그림과 같이 프로젝트 폴더 안에 있는 opencv2.framework를 선택한다.

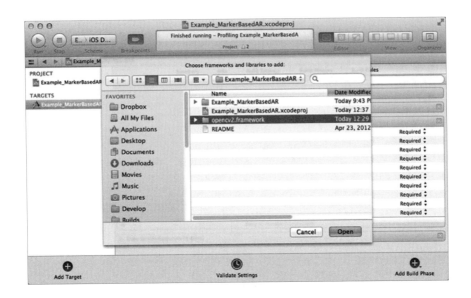

## OpenCV 헤더 인클루드

지금 OpenCV 프레임워크를 프로젝트에 추가했으니 모든 것이 거의 다 끝났다. 마지막 하나 남은 작업이 있는데, 프로젝트의 미리 컴파일된 헤더에 OpenCV 헤더를 추가하는 것이다. 미리 컴파일된 헤더는 컴파일 시간을 줄여 주는 훌륭한 장점이 있다. OpenCV 헤더를 추가하면 물론 모든 소스에 자동으로 OpenCV 헤더를 포함시킨다. 프로젝트 소스 트리에 있는 .pch 파일을 찾아 다음과 같이 수정한다.

다음 코드는 프로젝트 소스 트리에 있는 .pch 파일을 수정하는 방법을 보여준다.

```
//
// Prefix header for all source files of the 'Example_MarkerBaseAR'
//

#include <Availablility.h>

#ifndef __IPHONE_5_0
#warning "This project uses features only available in iOS SDK 5.0
```

```
#and later."
#endif

#ifdef __cplusplus
#include <opencv2/opencv.hpp>
#endif

#ifdef __OBJC__
    #import <UIKit/UIKit.h>
    #import <Foundation/Foundation.h>
#endif
```

지금부터는 프로젝트 어디에서든지 어떤 OpenCV 함수도 호출할 수 있다. 공짜로 조언하자면 이 프로젝트의 복사본을 만들어라. 그래야만 다음에 만들 때는 시간을 절약해준다!

## 애플리케이션 구조

각 iOS 애플리케이션은 UIViewController 인터페이스의 인스턴스를 적어도 하나 포함하며, 모든 뷰 이벤트를 처리하고 애플리케이션의 비즈니스 로직을 관리한다. UIViewController 클래스는 모든 iOS 애플리케이션의 기본 뷰-관리 모델을 제공한다. 뷰 집합을 관리하고 애플리케이션 사용자 인터페이스 부분을 구성하는 뷰 컨트롤러는 애플리케이션의 컨트롤러 계층의 일부분으로서 모델 객체와 다른 컨트롤러 객체(다른 뷰 객체 포함)에 영향을 주도록 조정한다. 따라서 애플리케이션에는 일관적인 단일 사용자 인터페이스가 존재한다.

렌더링한 그림을 표현하는 한 개의 뷰만 갖는 애플리케이션을 작성하기 때문에 프로젝트를 생성할 때 Single-View Application 템플릿을 선택한다. ViewController 클래스는 각 AR 애플리케이션이 가져야 할 다음과 같은 세 가지 주요 컴포넌트를 포함한다(다음 다이어그램 참조).

- 비디오 소스
- 파이프라인 처리
- 시각화 엔진

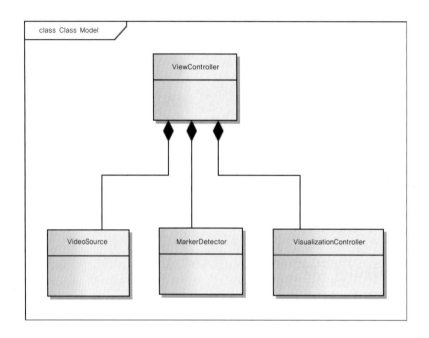

비디오 소스는 내장 카메라로부터 얻은 새로운 프레임을 사용자 코드에 제공하는 역할을 담당한다. 이것은 비디오 소스가 카메라 디바이스(전방 또는 후방 카메라)를 선택하고 해당 카메라 디바이스의 파라미터(캡처 비디오의 해상도, 화이트 밸런스와 셔터 속도 같은)를 조정하고, 메인 UI를 얼리지 않고도 프레임을 잡아낼 수 있음을 의미한다.

영상 처리 루틴은 `MakkerDetector` 클래스에서 캡슐화한다. 이 클래스는 사용자 코드에 매우 얇은 인터페이스를 제공하며, 보통 `ProcessFrame`과 `getResult` 같은 함수 집합이다. 실제로 모든 `ViewController`를 알고 있어야 한다. 또한 필요성을 절감하지 않는 한에서 뷰 레이어에 저수준 데이터와 알고리즘을 노출하지 말아야 한다. `VisualizationController`

는 뷰에서 증강현실의 시각화와 관련된 모든 로직을 포함하며, 렌더링 엔진의 특정 구현부를 숨긴 퍼사드 클래스이기도 하다. 낮은 코드 결합은 남은 코드를 재작성할 필요 없이 컴포넌트를 자유롭게 변경할 수 있도록 해준다.

이런 접근 방식은 다른 플랫폼에서 독립적인 모듈을 사용할 수 있는 자유를 허용한다. 컴파일러도 마찬가지다. 예를 들어 코드에 어떠한 변경 없이 맥, 윈도우와 리눅스 시스템에서 데스크톱 애플리케이션을 쉽게 개발할 수 있는 MarkerDetector 클래스를 사용할 수 있다. 마찬가지로 윈도우 플랫폼에 VisualizationController를 이식하고 렌더링을 위한 Direct3D을 사용할지 결정할 수 있다. 이번 경우에는 새로운 VisualizationController 구현부만 작성해야 하며, 다른 코드 부분은 그대로 둔다.

주요 처리 루틴은 비디오 소스로부터 프레임을 받는 것부터 시작한다. 트리거된 비디오 소스는 이벤트에 관한 사용자 코드에 콜백과 함께 통지한다. ViewController는 이 콜백을 처리하며, 다음과 같은 연산을 수행한다.

1. 시각화 컨트롤러에 새로운 프레임을 보낸다.
2. 파이프라인을 이용해 새로운 프레임을 처리한다.
3. 검출한 마커를 시각화 단계에 보낸다.
4. 장면을 렌더링한다.

이 루틴을 상세하게 조사해보자. AR 장면 렌더링은 마지막에 받은 프레임의 내용을 갖는 배경 영상을 그린 것을 포함한다. 인공 3D 객체를 나중에 그린다. 시각화할 새로운 프레임을 보내면 렌더링 엔진의 내부 버퍼에 영상 데이터를 복사한다. 실제로는 아직까지 렌더링하지 않았으며, 단지 텍스트를 새로운 비트맵과 함께 갱신했을 뿐이다.

두 번째 단계는 새로운 프레임 처리와 마커 검출이다. 영상을 입력으로 넘기고, 결과로서 검출한 마커 목록을 받는다. 마커를 어떻게 처리하는지 알고 있는 시각화 컨트롤러에 마커를 전달한다. 이 루틴을 보여주는 다음과 같은 시퀀스 다이어그램을 살펴보자.

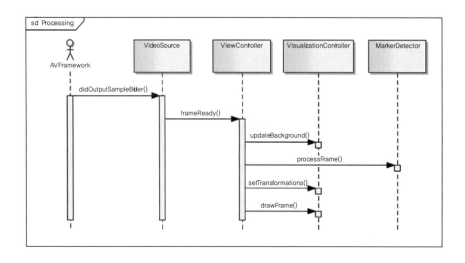

비디오 캡처 컴포넌트 작성부터 개발을 시작한다. 이 클래스는 모든 프레임을 잡은 후 사용자 콜백을 통해 캡처한 영상을 통지해 보내는 역할을 담당한다. 나중에는 마커 검출 알고리즘을 작성한다. 이 검출 루틴은 애플리케이션의 핵심이다. 프로그램의 이번 부분에서는 영상을 처리하고 윤곽을 그려주고, 마커 직사각형을 찾고, 마커의 위치를 추정하기 위해 많은 OpenCV 함수를 사용한다. 그 후에는 증강현실을 사용해 결과의 시각화에 집중한다. 그 다음에는 완전한 첫 AR 애플리케이션에 모든 것을 함께 가져다주면 된다. 다음 절로 넘어가자!

## 카메라 접근

증강현실 애플리케이션은 두 개의 중요한 비디오 캡처와 AR 시각화 없이 만들기란 불가능하다. 비디오 캡처 단계는 디바이스 카메라의 프레임을 받고, 필요한 컬러 변환을 수행하고, 처리 파이프라인에 전송하는 것으로 구성한다. 단일 프레임 처리 시간은 AR 애플리케이션에 매우 중요하며, 캡처 처리도 가능하면 효율적이어야 한다. 최대 성능을 낼 수 있는 최상의 방법은 카메라로부터 받은 프레임에 직접 접근하는 것이다. 이는 iOS 버전 4부터 가능해졌다. AVFoundation 프레임워크에 있는 기존 API는 메모리 안의 영상 버퍼를 직접 읽는 필수적인 기능을 제공한다.

`AVCaptureVideoPreviewLayer` 클래스와 카메라에서 비디오를 캡처하는 `UIGetScreenImage` 함수를 이용한 많은 예제를 찾을 수 있다. 이 기술은 iOS 버전 3 이하에서 사용했다. 하지만 현재는 다음과 같은 두 가지 주요 단점으로 인해 쓸모가 없어졌다.

- 프레임에 직접 접근하기에는 부족하다. 비트맵을 얻으려면 `UIImage`의 중간 인스턴스를 만들어야 하며, 영상을 중간 인스턴스에 복사한 후 반환한다. AR 애플리케이션에선 밀리초가 각각 걸렸기 때문에 매우 비쌌다. 초당 프레임FPS을 조금 잃어버리기 때문에 전반적인 사용자 체험을 상당히 감소시킨다.
- AR를 그리려면 AR를 표시할 투명 오버레이 뷰를 추가해야 한다. 애플 가이드라인에 따르면 불투명 레이어를 피해야 하는데, 조합이 모바일 프로세스에게는 힘들기 때문이다.

`AVCaptureDevice`와 `AVCaptureVideoDataOutput` 클래스는 **32bpp BGRA**인 처리되지 않은 비디오 프레임을 설정하고, 캡처하고, 지정할 수 있다. 덧붙여 결과 프레임의 해상도를 원하는 대로 설정할 수 있다. 하지만 성능에 전반적으로 영향을 끼치는데, 큰 프레임을 처리하는 시간과 메모리를 더 많이 요구하기 때문이다.

고성능 비디오 캡처에 대한 좋은 대안이 있다. AVFoundation API는 훨씬 더 빠르면서 카메라부터 프레임을 잡는 매우 우아한 방법을 제공한다. 일단 iOS의 캡처 처리를 보여주는 다음 그림을 살펴보자.

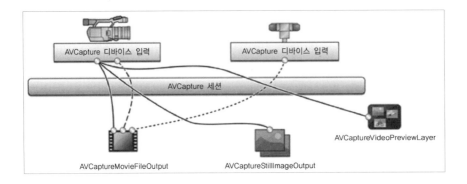

AVCatpureSession은 이번에 만들어야 하는 루트 캡처 객체다. 캡처 세션 은 두 가지 컴포넌트인 입력과 출력을 요구한다. 입력 디바이스는 물리 디바 이스(카메라)나 비디오 파일(다이어그램에서는 보여주지 않음) 중 하나일 수 있다. 이 번 경우에는 내장 카메라(전방이나 후방)다. 출력 디바이스는 다음 인터페이스 중 하나로 나타낼 수 있다.

- AVCaptureMovieFileOutput
- AVCaptureStillImageOutput
- AVCaptureVideoPreviewLayer
- AVCatpureVideoDataOutput

AVCaptureMovieFileOutput 인터페이스는 파일에 비디오를 기록할 때 사 용하고, AVCaptureStillImageOutput 인터페이스는 정지 영상을 만들 때 사용하며, AVCaptureVideoPreviewLayer 인터페이스는 화면에 비디오 프 리뷰를 재생할 때 사용한다. AVCaptureVideoOutput 인터페이스에 흥미가 있는데, 비디오 데이터에 직접 접근토록 해주기 때문이다.

>  iOS 플랫폼은 오브젝티브C 프로그래밍 언어로 만들어졌다. 따라서 AVFoundation
> 프레임워크로 작업하려면 오브젝티브C로 클래스를 작성해야 한다. 이 절의 모든 코
> 드 리스트는 오브젝티브C++ 언어로 작성한다.

비디오 캡처 처리를 캡슐화하기 위해 다음 코드와 같이 VideoSource 인터 페이스를 생성한다.

```
@protocol VideoSourceDelegate<NSObject>

-(void)frameReady:(BGRAVideoFrame) frame;

@end

@interface VideoSource :
NSObject<AVCaptureVideoDataOutputSampleBufferDelegate>
{

}

@property (nonatomic, retain) AVCaptureSession *captureSession;
@property (nonatomic, retain) AVCaptureDeviceInput *deviceInput;
@property (nonatomic, retain) id<VideoSourceDelegate> delegate;

- (bool) startWithDevicePosition:(AVCaptureDevicePosition)
devicePosition;
- (CameraCalibration) getCalibration;
- (CGSize) getFrameSize;

@end
```

콜백에서 새로운 프레임에 의해 수정되는 것을 막기 위해 영상 버퍼를 잠그고, 영상 데이터와 프레임 크기에 대한 포인터를 얻는다. 그런 후 특별한 위임special delegate을 통해 바깥으로 넘겨지는 임시 BGRAVideoFrame 객체를 구성한다. 위임은 다음과 같은 프로토타입을 갖는다.

```
@protocol VideoSourceDelegate<NSObject>
~ (void)frameReady: (BGRAVideoFrame) frame;

@end
```

VideoSourceDelegate 내부에서 VideoSource 인터페이스가 새로운 프레임을 사용할 수 있음을 사용자 코드에 알린다.

다음과 같이 비디오 캡처 초기화에 대한 단계별 지침을 나열한다.

1. AVCaptureSession 인스턴스를 생성한 후 캡처 세션 품질 프리셋을 설정한다.

2. 선택한 후 AVCaptureDeviceInput를 생성한다. 전방 혹은 후방 카메라 선택하거나 기본 값을 선택할 수 있다.

3. 생성했던 캡처 기기를 이용해 AVCatpureDeviceInput을 초기화한 후 캡처 세션을 추가한다.

4. AVCaptureVideoDataOutput 인스턴스를 생성한 후 비디오 프레임 포맷과 함께 초기화하고, 위임을 콜백하고, 큐에 보낸다.

5. 캡처 출력을 캡처 세션 객체에 추가한다.

6. 캡처 세션을 시작한다.

각 단계별로 상세하게 알아보자. 캡처 세션을 생성한 후에 최적 성능을 얻도록 보장하기 위해 원하는 품질 프리셋을 설정할 수 있다. HD 품질 비디오를 처리할 필요가 없다면 640 × 480이나 더 낮은 프레임 해상도를 선택해도 좋다.

```
- (id)init
{
    if ((self = [super init]))
    {
        AVCaptureSession * capSession = [[AVCaptureSession alloc] init];

        if ([capSession
            canSetSessionPreset:AVCaptureSessionPreset640x480])
        {
            [capSession setSessionPreset:AVCaptureSessionPreset640x480];
```

```
        NSLog(@"Set capture session preset
            AVCaptureSessionPreset640x480");
    }
    else if ([capSession
        canSetSessionPreset:AVCaptureSessionPresetLow])
    {
        [capSession setSessionPreset:AVCaptureSessionPresetLow];
        NSLog(@"Set capture session preset
            AVCaptureSessionPresetLow");
    }
    self.captureSession = capSession;
  }
  return self;
}
```

> 적절한 API를 사용한 하드웨어 가용성을 항상 확인하라. 모든 카메라는 특정 세션 프리셋을 설정할 능력이 있는지 보장할 수 없다.

캡처 세션을 생성한 후에 카메라 입력, 즉 물리 카메라 디바이스를 대표하는 AVCaptureDeviceInput 인스턴스를 추가해야 한다. cameraWithPosition 함수는 요청한 위치(전방, 후방 혹은 기본)에 대한 카메라 디바이스를 반환하는 도우미 함수다.

```
- (bool) startWithDevicePosition:(AVCaptureDevicePosition)
devicePosition
{
  AVCaptureDevice *videoDevice = [self
      cameraWithPosition:devicePosition];

  if (!videoDevice)
    return FALSE;
```

```
    {
        NSError *error;
        AVCaptureDeviceInput *videoIn = [AVCaptureDeviceInput
            deviceInputWithDevice:videoDevice error:&error];
        self.deviceInput = videoIn;

        if (!error)
        {
            if ([[self captureSession] canAddInput:videoIn])
            {
                [[self captureSession] addInput:videoIn];
            }
            else
            {
                NSLog(@"Couldn't add video input");
                return FALSE;
            }
        }
        else
        {
            NSLog(@"Couldn't create video input");
            return FALSE;
        }
    }

    [self addRawViewOutput];
    [captureSession startRunning];
    return TRUE;
}
```

에러 처리 코드에 주목하길 바란다. 하드웨어를 설정한 후 작동하는 중요한
작업에 대한 반환 값에 신경 쓰는 것이 좋은 방법이다. 그렇지 않으면 사용
자에게 통지하지 않아 예상치 못한 경우에 코드가 충돌할 수도 있다.

캡처 세션을 생성했고 비디오 프레임의 소스를 추가했다. 이제는 실제 프레임 데이터를 받는 객체인 리시버를 추가할 때다. 비디오 스트림으로부터 압축되지 않은 프레임을 처리할 때는 AVCaptureVideoDataOutput 클래스를 사용한다. 카메라는 BGRA, CMYK 혹은 단순한 그레이스케일 컬러 모델인 프레임을 제공한다. 목표는 시각화와 영상 처리를 위한 프레임을 사용하는 것이므로, BGRA 컬러 모델이 무엇보다도 적합하다. 다음 코드는 addRawViewOutput 함수를 보여준다.

```
- (void) addRawViewOutput
{
    /*출력 설정 */
    AVCaptureVideoDataOutput *captureOutput =
        [[AVCaptureVideoDataOutputalloc] init];

    /*captureOutput:didOutputSampleBuffer:fromConnection:에서
        프레임을 처리하는 동안 위임 메소드에서 다른 프레임을 큐에 추가하지 않는다.
        원하지 않으면 속성을 NO로 설정한다. */
    captureOutput.alwaysDiscardsLateVideoFrames = YES;

    /*프레임 처리를 다룰 순차 큐를 생성한다. */
    dispatch_queue_t queue;
    queue = dispatch_queue_create("com.Example_MarkerBasedAR.
        cameraQueue", NULL);
    [captureOutput setSampleBufferDelegate:self queue:queue];
    dispatch_release(queue);

    // BGRA 프레임으로 저장하기 위한 비디오 출력을 설정한다(더 빠르다고 가정).
    NSString* key = (NSString*)kCVPixelBufferPixelFormatTypeKey;
    NSNumber* value = [NSNumber
        numberWithUnsignedInt:kCVPixelFormatType_32BGRA];

    NSDictionary* videoSettings = [NSDictionary
        dictionaryWithObject:value forKey:key];
    [captureOutput setVideoSettings:videoSettings];
```

```
    // 출력 등록
    [self.captureSession addOutput:captureOutput];
}
```

이제 최종적으로 캡처 세션을 설정했다. 시작하면 카메라에서 프레임을 캡처하고 사용자 코드에 보낸다. 새로운 프레임을 활용할 수 있을 때 AVCaptureSession 객체는 captureOutput:didOutputSampleBuffer:fromConnection 콜백을 수행한다. 이 함수에서 더 많이 사용할 수 있는 포맷인 영상 데이터를 얻기 위해 간단한 데이터 변환 연산을 수행한 후 사용자 코드에 넘긴다.

```
- (void)captureOutput:(AVCaptureOutput *)captureOutput
    didOutputSampleBuffer:(CMSampleBufferRef)sampleBuffer
    fromConnection:(AVCaptureConnection *)connection
{
    // 잡은 비디오 프레임에서 영상 버퍼를 가져온다.
    CVImageBufferRef imageBuffer =
        CMSampleBufferGetImageBuffer(sampleBuffer);

    // 영상 버퍼 잠그기
    CVPixelBufferLockBaseAddress(imageBuffer,0);

    // 영상에 관한 정보를 가져온다.
    uint8_t *baseAddress = (uint8_t *)CVPixelBufferGetBaseAddress(
        imageBuffer);
    size_t width = CVPixelBufferGetWidth(imageBuffer);
    size_t height = CVPixelBufferGetHeight(imageBuffer);
    size_t stride = CVPixelBufferGetBytesPerRow(imageBuffer);

    BGRAVideoFrame frame = {width, height, stride, baseAddress};
    [delegate frameReady:frame];

    /*잠근 영상 버퍼 해제 */
    CVPixelBufferUnlockBaseAddress(imageBuffer,0);
}
```

프레임 데이터를 저장한 영상 버퍼에 대한 참조를 얻으면 새로운 프레임에 의해 수정되는 것을 막기 위해 잠근다. 이제 프레임 데이터에 배타적으로 접근한다. CoreVideo API의 도움으로 영상 크기, 스트라이드<sup>stride</sup>(행당 화소 개수), 영상 데이터의 시작점에 대한 포인터를 가져올 수 있다.

 콜백 코드에서 CVPixelBufferLockBaseAddress/CVPixelBufferUnlockBaseAddress 함수를 호출하는 것에 주목하자. 화소 버퍼를 잠그는 동안에는 데이터의 일관성과 정확성을 보장한다. 잠금을 얻은 후에만 화소 읽기가 가능하다. 일단 처리한 후에는 OS가 새로운 데이터로 채우도록 잠금을 해제하는 것을 잊지 말라.

## 마커 검출

마커는 보통 검은 영역으로 채우되 내부에 흰 영역이 있는 직사각형 영상으로 설계된다. 이런 알려진 제약 사항으로 인해 마커 검출 절차는 단순하다. 무엇보다도 먼저 입력 영상에서 닫힌 윤곽<sup>closed contour</sup>을 찾아야 하고, 영상을 평평하게 해서 직사각형으로 만든 후 마커 모델인지 확인한다.

간단한 5 × 5 마커를 사용하며, 다음은 마커가 어떤지 보여준다.

이 책에서 찾을 수 있는 예제 프로젝트에서 마커 검출 루틴은 MarkDetector 클래스에 캡슐화돼 있다.

```
/**
 * 마커 검출기 알고리즘을 캡슐화한 최상위 레벨 클래스
 */
class MarkerDetector
{
  public:

  /**
   * 새로운 마커 검출기 객체 인스턴스를 초기화
   * @calibration[in] - 포즈를 추정하기 위해 필요하다면 카메라를 보정한다.
   */
  MarkerDetector(CameraCalibration calibration);

  void processFrame(const BGRAVideoFrame& frame);

  const std::vector<Transformation>& getTransformations() const;

  protected:
  bool findMarkers(const BGRAVideoFrame& frame,
      std::vector<Marker>&detectedMarkers);

  void prepareImage(const cv::Mat& bgraMat,
                    cv::Mat& grayscale);

  void performThreshold(const cv::Mat& grayscale,
                    cv::Mat& thresholdImg);

  void findContours(const cv::Mat& thresholdImg,
                    std::vector<std::vector<cv::Point> >& contours,
                    int minContourPointsAllowed);

  void findMarkerCandidates(const
                    std::vector<std::vector<cv::Point>>&
                    contours, std::vector<Marker>& detectedMarkers);
```

```
void detectMarkers(const cv::Mat& grayscale,
                   std::vector<Marker>& detectedMarkers);

void estimatePosition(std::vector<Marker>& detectedMarkers);

private:
};
```

마커 검출 루틴에 대한 더 나은 이해를 돕기 위해 비디오의 한 프레임에서 단계별 처리를 보여주겠다. 예제로 사용하는 소스 영상은 아이패드의 카메라로 찍은 것이다.

## 마커 식별

마커 인식 루틴의 작업 흐름은 다음과 같다.

1. 입력 영상을 그레이스케일로 변환한다.

2. 이진 임계화 작업을 수행한다.

3. 윤곽을 검출한다.

4. 가능성이 있는 마커를 찾는다.

5. 마커를 검출한 후 복호화한다.

6. 마커 3D 포즈를 추정한다.

## 그레이스케일 변환

그레이스케일 변환은 필수다. 마커는 보통 흑백 블록을 포함하며, 그레이스케일 영상에서 훨씬 처리하기 쉽기 때문이다. 다행히도 OpenCV 컬러 변환은 단순하지만 충분하다.

다음과 같이 나열한 C++ 코드를 주의 깊게 살펴보길 바란다.

```
void MarkerDetector::prepareImage(const cv::Mat& bgraMat,
    cv::Mat& grayscale)
{
    // 그레이스케일로 변환
    cv::cvtColor(bgraMat, grayscale, CV_BGRA2GRAY);
}
```

이 함수는 입력 BGRA 영상을 그레이스케일로 변환(필요하다면 영상 버퍼를 할당)하고, 결과를 두 번째 인자에 채워 넣는다. 앞으로 모든 단계에서 그레이스케일 영상을 대상으로 수행한다.

## 영상 이진화

이진화 연산은 각 영상의 화소를 검은색(밝기 값은 0)이나 흰색(밝기 값은 최대)으로 변환한다. 이 단계는 외곽선을 찾을 때 필요하다. 여러 임계화 방법이 있는데, 각각 장단점이 있다. 매우 쉬우면서 가장 빠른 방법은 절대 임계값 설정이다. 이 방법의 결과는 현재 화소 밝기와 일부 임계값에 의존한다. 밝기 값이 임계값보다 크면 결과가 흰색(255)이고, 아니면 검은색(0)이다.

이 방법에는 엄청난 단점이 있다. 밝기 조건과 부드러운 밝기 변화에 의존한다. 많이 선호하는 방법은 적응적 임계값 설정이다. 이 방법의 주요 차이점은 조사한 화소의 반지름 안에 있는 모든 화소를 사용하는 데 있다. 평균 밝기 값을 사용하면 좋은 결과가 나타나며, 코너 검출에 더 강건함이 확실하다.

다음 코드 조각은 MarkDetector 함수를 보여준다.

```cpp
void MarkerDetector::performThreshold(const cv::Mat& grayscale,
    cv::Mat& thresholdImg)
{
    cv::adaptiveThreshold(grayscale,      // 입력 영상
                          thresholdImg,   // 결과는 이진 영상
                          255,            //
                          cv::ADAPTIVE_THRESH_GAUSSIAN_C, //
                          cv::THRESH_BINARY_INV, //
                          7, //
                          7  //
                          );
}
```

입력 영상에 적응적 임계값 설정을 적용한 후의 결과 영상은 다음 그림과 비슷하다.

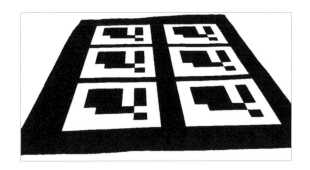

각 마커는 일반적으로 검은 정사각형 그림 안에 흰 영역처럼 보인다. 따라서 마커를 찾는 가장 좋은 방법은 닫힌 윤곽을 찾은 후 4개 꼭짓점을 갖는 다각형으로 근사하는 것이다.

## 윤곽 검출

cv::findContours 함수는 입력 이진 영상에 있는 윤곽을 검출한다.

```
void MarkerDetector::findContours(const cv::Mat& thresholdImg,
    std::vector<std::vector<cv::Point>>& contours,
    int minContourPointsAllowed)
{
    std::vector< std::vector<cv::Point> > allContours;
    cv::findContours(thresholdImg, allContours, CV_RETR_LIST,
        CV_CHAIN_APPROX_NONE);

    contours.clear();
    for (size_t i=0; i<allContours.size(); i++)
    {
        int contourSize = allContours[i].size();
        if (contourSize > minContourPointsAllowed)
        {
            contours.push_back(allContours[i]);
        }
    }
}
```

cv::findContours 함수의 반환 값은 단일 윤곽을 대표하는 각 다각형이 들어 있는 다각형 목록이다. 이 함수는 윤곽 둘레인 화소 값들이 minContourPointAllowed 변수 값보다 적게 설정된 윤곽을 무시한다. 그 이유는 작은 윤곽에 관심이 없기 때문이다(아마도 마커를 포함하지 않거나, 작은 마커 크기로 인해 윤곽을 검출할 수 없기 때문일 것이다).

다음 그림은 검출한 윤곽을 시각화해 보여준다.

## 후보 검색

윤곽을 찾은 후 다각형 근사화 단계를 수행하는데, 윤곽 모양을 기술하는 점 개수를 줄인다. 이는 마커가 없는 영역을 걸러낼 때 확인하는 훌륭한 품질 검사인데, 항상 4개 꼭짓점을 포함하는 다각형을 표현하기 때문이다. 근사화한 다각형이 4개 꼭짓점보다 많거나 적으면 찾고 있는 것이 분명 아니다. 다음 코드는 이런 아이디어를 구현한다.

```
void MarkerDetector::findCandidates
(
    const ContoursVector& contours,
    std::vector<Marker>& detectedMarkers
)
{
    std::vector<cv::Point> approxCurve;
    std::vector<Marker>    possibleMarkers;

    // 각 윤곽에서 평행 육면체가 마커일 가능성이 있는지 분석한다.
    for (size_t i=0; i<contours.size(); i++)
    {
        // 다각형으로 근사화한다.
```

```
double eps = contours[i].size() * 0.05;
cv::approxPolyDP(contours[i], approxCurve, eps, true);

// 4개의 점만을 갖는 다각형에만 관심을 둔다.
if (approxCurve.size() != 4)
  continue;

// 볼록해야 한다.
if (!cv::isContourConvex(approxCurve))
  continue;

// 연속적인 점 사이의 거리가 아주 충분하도록 보장한다.
float minDist = std::numeric_limits<float>::max();

for (int i = 0; i < 4; i++)
{
  cv::Point side = approxCurve[i] - approxCurve[(i+1)%4];
  float squaredSideLength = side.dot(side);
  minDist = std::min(minDist, squaredSideLength);
}

// 거리가 매우 작은지 확인한다.
if (minDist < m_minContourLengthAllowed)
  continue;

// 모든 테스트가 끝났다. 마커 후보로 저장한다.
Marker m;

for (int i = 0; i<4; i++)
  m.points.push_back(
      cv::Point2f(approxCurve[i].x,approxCurve[i].y) );

// 점을 시계 반대 방향 순서로 정렬한다.
// 첫 번째와 두 번째 점 사이의 거리를 추적한다.
// 세 번째 점이 오른쪽에 있다면 점은 시계 반대 방향이다.
cv::Point v1 = m.points[1] - m.points[0];
cv::Point v2 = m.points[2] - m.points[0];
```

```cpp
    double o = (v1.x * v2.y) - (v1.y * v2.x);

    // 세 번째 점이 왼쪽에 있다면 시계 반대 방향으로 정렬한다.
    if (o < 0.0)
      std::swap(m.points[1], m.points[3]);

    possibleMarkers.push_back(m);
  }

// 코너가 서로 매우 가까운 요소를 제거한다.
// 먼저 제거할 후보를 검출한다.
std::vector< std::pair<int,int> > tooNearCandidates;
for (size_t i=0;i<possibleMarkers.size();i++)
{
  const Marker& m1 = possibleMarkers[i];

  // 다른 마커 후보의 근방 코너와 각 코너의 평균 거리를 계산한다.
  for (size_t j=i+1;j<possibleMarkers.size();j++)
  {
    const Marker& m2 = possibleMarkers[j];

    float distSquared = 0;

    for (int c = 0; c < 4; c++)
    {
      cv::Point v = m1.points[c] - m2.points[c];
      distSquared += v.dot(v);
    }

    distSquared /= 4;

    if (distSquared < 100)
    {
      tooNearCandidates.push_back(std::pair<int,int>(i,j));
    }
  }
}
```

```
// 작은 둘레가 있는 한 쌍의 요소를 제거하기 위해 표시한다.
std::vector<bool> removalMask (possibleMarkers.size(), false);

for (size_t i=0; i<tooNearCandidates.size(); i++)
{
  float p1 =
      perimeter(possibleMarkers[tooNearCandidates[i].
      first].points);
  float p2 = perimeter(possibleMarkers[tooNearCandidates[i].
      second].points);

  size_t removalIndex;
  if (p1 > p2)
    removalIndex = tooNearCandidates[i].second;
  else
    removalIndex = tooNearCandidates[i].first;

  removalMask[removalIndex] = true;
}

// 후보를 반환한다.
detectedMarkers.clear();
for (size_t i=0;i<possibleMarkers.size();i++)
{
  if (!removalMask[i])
    detectedMarkers.push_back(possibleMarkers[i]);
}
}
```

이제 마커일 가능성이 있는 평행 육면체 목록을 얻었다. 마커인지 아닌지
확인하려면 세 단계를 수행해야 한다.

1. 먼저 직사각형의 전방 뷰를 얻기 위해 원근 투영을 제거해야 한다.

2. 그런 후에 오츠Otsu 알고리즘을 이용한 영상 임계값 설정을 수행한다.
   오츠 알고리즘은 두 개의 봉우리를 가진 분포라고 가정한 후 각 봉우리

의 분산이 최소이되 두 봉우리 간의 분산이 최대로 됐을 때의 임계값을 찾는다.

3. 끝으로 마커 코드 식별을 수행한다. 마커라면 내부 코드가 들어 있다. 마커는 ID 정보를 포함한 내부 5 × 5 셀이 있는 7 × 7 격자로 분할한다. 나머지는 외부 검은 테두리에 대응한다. 먼저 외부 검은 테두리가 있는지 확인한다. 그런 후에 내부 5 × 5 셀을 읽어 유효한 코드를 제공하는지 확인한다(유효한 코드를 얻기 위해 셀을 회전해야 할 수도 있음).

직사각형 마커 영상을 얻으려면 원근 변환을 이용해 입력 영상을 평평하게 해야 한다. cv::getPerspectiveTransform 함수의 도움으로 행렬을 계산할 수 있다. 대응하는 점의 4개 쌍으로 원근 변환을 찾는다. 첫 인자는 영상 공간의 마커 좌표이고, 두 번째 점은 정사각형 마커 영상의 좌표에 대응한다. 추정된 변환은 마커를 정사각형 형태로 변환하며, 이를 분석해보자.

```
cv::Mat canonicalMarker;
Marker& marker = detectedMarkers[i];

// 현재 마커를 직사각형 형태로 바꿔줄 원근 변환을 찾는다.
cv::Mat M = cv::getPerspectiveTransform(marker.points,
    m_markerCorners2d);

// 정규 마커 영상을 얻기 위해 영상을 변환한다.
cv::warpPerspective(grayscale, canonicalMarker, M, markerSize);
```

영상 워핑warping은 원근 변환을 이용해 영상을 직사각형 형태로 변환한다.

이제 유효한 마커 영상인지 검증하기 위해 영상을 테스트할 수 있다. 그러면 마커 코드가 들어 있는 비트 마스크를 추출해보자. 마커에 검은색과 흰색만 포함한다고 예상하므로, 그레이 화소를 제거하되 흑백 화소만 남기게 오츠 임계값 설정을 수행할 수 있다.

```
// 영상에 임계값 설정
cv::threshold(markerImage, markerImage, 125, 255,
    cv::THRESH_BINARY|cv::THRESH_OTSU);
```

## 마커 코드 인식

각 마커는 각각 5비트로 이뤄진 5개 워드로 정해진 내부 코드를 갖는다. 이 체계는 해밍 코드를 약간 변경해서 사용한 것이다. 전체적으로 각 워드에서 사용하는 5비트 중 정보는 2비트뿐이다. 다른 3비트는 에러 검출에 이용한다. 따라서 결론적으로 1,024개의 다른 ID를 가질 수 있다.

해밍 코드와의 주요 차이점은 첫 번째 비트(3, 5번 패리티 비트)가 반전됐다는 점이다. 따라서 코드에서 ID 0(해밍코드는 00000)은 10000이 된다. 이 아이디어는 오검출false positive[1]된 객체가 있는 상황일 가능성을 줄이려는 목표를 두고 완전히 검은 직사각형이 유효한 마커 ID를 갖지 못하게끔 맞는 데 있다.

---

1. 오검출(false positive)은 양성 오류, 위양성, 거짓 긍정 등으로 부르기도 하며, 통계학에서는 '제 1종의 오류'다. 오검출에 대한 쉬운 예로 새댁이 임신 테스트기로 테스트했을 때 임신하지 않았음에도 불구하고 임신으로 나오는 상황을 들 수 있다. – 옮긴이

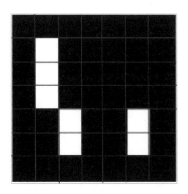

각 셀의 검은 화소와 흰 화소의 개수를 세기 위해 마커 코드와 함께 있는 5 × 5비트 마스크를 제공한다. 특정 영상의 0이 아닌 화소 개수를 세려면 cv::countNonZero 함수를 사용한다. 이 함수는 1D나 2D 배열의 0이 아닌 배열 원소를 센다. cv::Mat 유형은 원 영상<sup>original image</sup>의 일부를 포함하는 cv::Mat의 새로운 인스턴스인 부영상 뷰를 반환할 수 있으며, 예를 들어 400 × 400 크기인 cv::Mat이 있다고 가정했을 때 다음 코드 조각에서 보듯이 (10, 10)부터 시작하는 50 × 50 영상 블록에 대한 부행렬을 만들 수 있다.

```
cv::Mat src(400,400,CV_8UC1);
cv::Rect r(10,10,50,50);
cv::Mat subView = src(r);
```

## 마커 코드 읽기

다음 기술을 사용해 마커 판에 놓인 검은 셀과 하얀 셀을 쉽게 찾을 수 있다.

```
cv::Mat bitMatrix = cv::Mat::zeros(5,5,CV_8UC1);

// 정보를 가져온다(내부 정사각형이 검은지 하얀지 조사한다).
for (int y=0;y<5;y++)
{
   for (int x=0;x<5;x++)
   {
      int cellX = (x+1)*cellSize;
```

```
    int cellY = (y+1)*cellSize;
    cv::Mat cell = grey(cv::Rect(cellX,cellY,cellSize,cellSize));

    int nZ = cv::countNonZero(cell);
    if (nZ> (cellSize*cellSize) /2)
      bitMatrix.at<uchar>(y,x) = 1;
  }
}
```

다음 그림을 주의 깊게 살펴보자. 동일한 마커를 카메라 시점에 따라 다음과 같이 네 가지로 표현할 수 있다.

마커 그림의 네 가지 가능한 방향에서 정확한 마커 위치를 찾아내야 한다. 정보가 있는 각 두 비트에 대한 세 개의 패리티 비트를 소개했음을 상기하라. 이 패리티 비트의 도움으로 각 가능한 마커 방향에 대한 해밍 거리를 찾을 수 있다. 정확한 마커 위치에는 제로 해밍 거리 오류가 있는 반면에 다른 회전은 그렇지 않다.

비트 행렬을 네 번 회전해 정확한 마커 위치를 찾는 코드 조각은 다음과 같다.

```
// 모든 가능한 회전을 확인한다.
cv::Mat rotations[4];
int distances[4];

rotations[0] = bitMatrix;
distances[0] = hammDistMarker(rotations[0]);
```

```
std::pair<int,int> minDist(distances[0],0);

for (int i=1; i<4; i++)
{
  // 가장 가까울 수 있는 워드에 대한 해밍 거리를 가져온다.
  rotations[i] = rotate(rotations[i-1]);
  distances[i] = hammDistMarker(rotations[i]);

  if (distances[i] < minDist.first)
  {
    minDist.first = distances[i];
    minDist.second = i;
  }
}
```

이 코드는 해밍 거리 행렬에 대해 최소한의 오류를 주는 방식으로 비트 행렬의 방향을 찾는다. 정확한 마커 ID라면 오류가 0이어야 한다. 아니라면 잘못된 마커 패턴(손상된 영상이나 오검출 마커 검출)과 마주쳤음을 의미한다.

## 마커 위치 정제

정확한 마커 위치를 찾은 후 각 마커의 코너를 순서에 맞게 회전한다.

```
// 카메라 방향과 관계없이 항상 동일한 순서로 점을 정렬한다.
std::rotate(marker.points.begin(), marker.points.begin() + 4 -
    nRotations, marker.points.end());
```

마커를 검출해 ID를 복호화한 후 코너를 정제refine한다. 이 연산은 3D의 마커 위치를 추정하는 다음 단계에 도움을 준다. 부화소 정밀도로 코너 위치를 찾으려면 cv::cornerSubPix 함수를 사용한다.

```
std::vector<cv::Point2f> preciseCorners(4 * goodMarkers.size());

for (size_t i=0; i<goodMarkers.size(); i++)
{
```

```
    Marker& marker = goodMarkers[i];

    for (int c=0;c<4;c++)
    {
      preciseCorners[i*4+c] = marker.points[c];
    }
}

cv::cornerSubPix(grayscale, preciseCorners, cvSize(5,5),
cvSize(-1,-1), cvTermCriteria(CV_TERMCRIT_ITER,30,0.1));

// 역으로 복사한다.
for (size_t i=0;i<goodMarkers.size();i++)
{
    Marker&marker = goodMarkers[i];

    for (int c=0;c<4;c++)
    {
      marker.points[c] = preciseCorners[i*4+c];
    }
}
```

첫 번째 단계는 이 함수의 입력 데이터를 준비하는 것이다. 입력 배열에 꼭
짓점 목록을 복사한다. 그 다음에는 실제 영상과 점 목록, 품질과 위치 정제
성능에 영향을 주는 파라미터 설정을 전달해 cv::cornerSubPix를 호출한
다. 호출했다면 다음 그림에 보인 마커 코너를 역으로 위치를 정제한다.

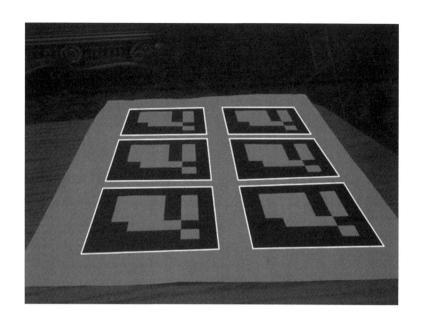

마커 검출의 이전 단계에 있던 cornerSubPix는 복잡도로 인해 사용하지 않는다. 즉, 아주 많은 점에 이 함수를 호출하면 매우 비효율적이다(계산 시간과 관련해). 그런 이유로 유효한 마커에만 작업한다.


## 3D에서 마커 배치

증강현실은 실세계 객체를 가상 콘텐츠와 함께 합치려고 시도한다. 장면scene에 3D 모델을 배치하려면 비디오 프레임을 얻기 위해 사용하는 카메라와 관련 있는 포즈를 알아야 한다. 직교 좌표계에서 포즈를 보여주기 위해 유클리디안 변환을 사용한다.

3D 내에서의 마커 위치와 2D에서 마커에 대응하는 투영은 다음 방정식으로 제한을 둔다.

P = A * [R|T] * M;

여기에서 각 항목은 다음과 같다.

- M은 3D 공간 내의 점을 의미한다.

- [R|T]는 유클리디안을 대표하는 [3|4] 행렬을 의미한다.

- A는 카메라 행렬이나 고유 행렬의 파라미터를 의미한다.

- P는 화면 공간 내에서 M의 투영을 의미한다.

마커 검출 단계를 수행한 후에는 2D(화면 공간 내의 투영)에서 네 개의 마커 코너 위치를 이제야 알 수 있다. 다음 절에서 A 행렬과 M 벡터 파라미터를 구하는 방법과 [R|T] 변환을 계산하는 방법을 배운다.

## 카메라 보정

각 카메라 렌즈는 초점 거리, 주점principle point과 렌즈 왜곡 모델 같은 고유 파라미터를 갖는다. 내부 카메라 파라미터를 찾는 과정을 카메라 보정이라고 부른다. 카메라 보정은 증강현실 애플리케이션에 있어 매우 중요한데, 결과 영상에서 원근 변환과 렌즈 왜곡을 묘사하기 때문이다. 증강현실을 이용한 최적 사용자 경험을 달성하려면 증강 객체를 동일한 원근 투영을 사용해 시각화해야 한다.

카메라를 보정하기 위해 특수한 패턴 영상(체스판이나 흰 배경에 검은 원)이 필요하다. 카메라는 서로 다른 관점인 10~15개 샷으로 보정한다. 그런 후에 보정 알고리즘은 최적 카메라 내부 파라미터와 왜곡 벡터를 찾는다.

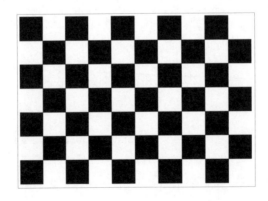

이번 프로그램에서는 카메라 보정을 보여주기 위해 CameraCalibration 클래스를 사용한다.

```
/** 카메라 보정 클래스는 내부 행렬과 왜곡 계수를 저장한다. */
class CameraCalibration
{
  public:
  CameraCalibration();
  CameraCalibration(float fx, float fy, float cx, float cy);
  CameraCalibration(float fx, float fy, float cx, float cy, float
      distorsionCoeff[4]);

  void getMatrix34(float cparam[3][4]) const;

  const Matrix33& getIntrinsic() const;
  const Vector4& getDistorsion() const;

  private:
  Matrix33 m_intrinsic;
  Vector4 m_distorsion;
};
```

보정 절차에 대한 상세한 설명은 2장의 범위를 넘어선다. OpenCV 카메라 보정 예제나 추가적인 정보와 소스코드가 있는 http://www.packtpub.com/article/opencv-estimating-projective-relations-images의 'OpenCV: Estimating Projective Relation in Images'를 참조하길 바란다.

이번 예제에는 모든 현재 디바이스(아이패드 2, 아이패드 3, 아이폰 4)에 대한 내부 파라미터를 제공한다.

## 마커 포즈 추정

마커 코너의 정확한 위치를 이용해 카메라와 3D 공간의 마커 사이 변환을 추정할 수 있다. 이 연산은 2D-3D 대응에서 포즈 추정으로 알려져 있다.

포즈 추정 과정은 카메라와 객체 간의 유클리디안 변환(회전과 이동 성분만으로 구성)을 찾는다.

다음 그림을 살펴보자.

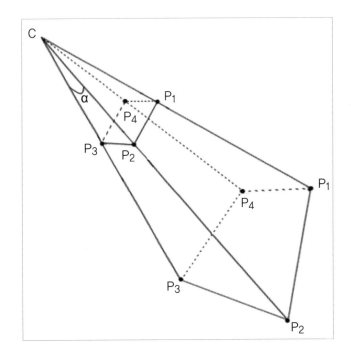

C는 카메라의 중심임을 의미한다. $P_1$-$P_4$ 점은 실 좌표계의 3D 점이고, $p_1$-$p_4$ 점은 카메라의 영상 평면상에서 $P_1$-$P_4$ 점을 투영한 점이다. 목표는 3D 세계($p_1$-$p_4$)에서 알려진 마커 위치와 고유 행렬을 사용한 카메라 C, 그리고 영상 평면 내 투영한 점의 상대적인 변환을 찾는 것이다. 그러나 3D 공간에서 마커 위치의 좌표를 어디서 얻을까? 마음속으로 그려보자. 마커는 한 평면에서 항상 정사각형 형태와 모든 꼭짓점을 가지므로 다음과 같이 코너를 정의할 수 있다.

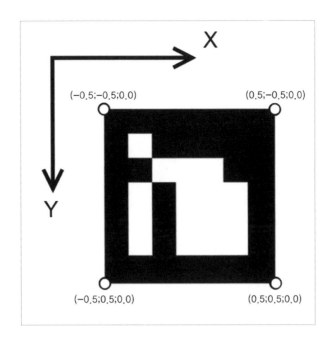

XY 평면(Z 컴포넌트는 0임)에 마커를 넣고, 마커 중심은 (0.0, 0.0, 0.0)에 대응한다. 대단한 실마리다. 이번 경우 좌표계의 시작점이 마커의 중심이기 때문이다(Z축은 마커 평면과 직각을 이룬다).

2D-3D 대응으로 알려진 카메라 위치를 찾으려면 다음과 같은 cv: sobelPnP 함수를 사용한다.

```
void solvePnP(const Mat& objectPoints, const Mat& imagePoints,
              const Mat& cameraMatrix, const Mat& distCoeffs,
              Mat& rvec, Mat& tvec, bool useExtrinsicGuess=false);
```

objectPoint 배열은 객체 좌표 공간 내 객체 점의 입력 배열이다. std::vector<cv::Point3f>를 이 함수에 넘길 수 있다. 또한 OpenCV 행렬 3 × N이나 N × 3은 입력 인자로 넘길 수 있고, N은 점의 개수다. 여기서 3D 내의 마커 좌표(4개 점의 벡터) 목록을 넘긴다.

imagePoints 배열은 영상 점(또는 투영)에 대응하는 배열이다. 또한 std::
vector<cv::Point2f> 혹은 2 × N이나 N × 2의 cv::Mat이며, N은 점의
개수다. 다음과 같은 마커 코너 목록을 넘긴다.

- **cameraMatrix** 3 × 3 카메라 내부 행렬이다.

- **distCoeffs** 입력인 4 × 1, 1 × 4, 5 × 1이나 1 × 5의 왜곡 상수($k1$, $k2$,
  $p1$, $p2$, [$k3$]) 벡터다. NULL이면 모든 왜곡 상수를 0으로 설정한다.

- **rvct** 결과인 회전 벡터로서 (tvec와 함께) 모델 좌표계에서 카메라 좌표계
  로 점을 전달한다.

- **tvec** 결과인 이동 벡터다.

- **useExtrinsicGuess** 참이면 함수가 rvec 벡터와 tvec 벡터를 제공하
  며, 회전과 이동 벡터의 초기 근삿값이다. 나중에 각각 최적화한다.

이 함수는 재투영 오류를 최소화하는 이런 방법으로 카메라 변환을 계산한
다. 즉, 관찰된 투영인 imagePoints와 투영된 objectPoints 간 거리를
제곱한 값의 합이다.

회전(rvec)과 변환 성분(tvec)으로 추정 변환을 정의한다. 이 추정 변환은 유
클리디안 거리나 강체 변환[2]으로도 알려져 있다.

강체 변환은 공식적으로 변환으로 정의되며, 임의 벡터 $v$의 모션을 변형된
벡터 $T(v)$의 형태로 만든다.

$$T(v) = Rv + t$$

여기서 RT = R-1(즉, R은 직교 변환)이고, $t$는 원점을 이동하는 벡터다. 덧붙여
적절한 강체 변환은 다음을 갖는다.

$$det(R) = 1$$

---

2. 강체 변환(rigid transformation)은 회전 변환과 이동 변환 간의 조합이다. – 옮긴이

이것은 R이 반사를 만들지 않음을 의미하기 때문에 회전을 대표한다.

회전 벡터로부터 3 × 3 회전 행렬을 얻기 위해 cv::Rodrigues 함수를 사용한다. 이 함수는 회전 벡터를 회전으로 나타나게 변환하며, 동등한 회전 행렬을 반환한다.

 cv::solvePnP는 3D 공간의 마커 포즈와 관련한 카메라 위치를 찾기 때문에 찾은 변환을 역으로 해야 한다. 결과인 행렬은 렌더링 과정에서 매우 친숙한 카메라 좌표계 내의 마커 변환을 기술한다.

검출한 마커의 위치를 찾는 estimatePosition 함수를 다음과 같이 나열한다.

```
void MarkerDetector::estimatePosition(std::vector<Marker>&
    detectedMarkers)
{
  for (size_t i=0; i<detectedMarkers.size(); i++)
  {
  Marker& m = detectedMarkers[i];

  cv::Mat Rvec;
  cv::Mat_<float> Tvec;
  cv::Mat raux,taux;
  cv::solvePnP(m_markerCorners3d, m.points, camMatrix,
      distCoeff,raux,taux);
  raux.convertTo(Rvec,CV_32F);
  taux.convertTo(Tvec ,CV_32F);

  cv::Mat_<float> rotMat(3,3);
  cv::Rodrigues(Rvec, rotMat);

  // 변환 행렬에 복사한다.
  m.transformation = Transformation();
```

```
    for (int col=0; col<3; col++)
    {
      for (int row=0; row<3; row++)
      {
        // 회전 성분 복사
        m.transformation.r().mat[row][col] = rotMat(row,col);
      }

      // 이동 성분 복사
      m.transformation.t().data[col] = Tvec(col);
    }

    // 마커 포즈를 찾는데 관계된 solvePnP가 카메라 위치를 찾았으므로,
    // 마커 포즈를 얻기 위해 카메라를 뒤집는다.
    m.transformation = m.transformation.getInverted();
  }
}
```

## 3D 가상 객체 렌더링

자, 지금은 카메라에 관련해서 공간에서 정확한 위치를 계산해 영상에서 마커를 찾는 방법을 이미 배웠다. 이제 무언가를 그릴 시간이다. 이전에 언급했던 대로 장면을 그리기 위해 OpenGL 함수를 사용한다. 3D 시각화는 증강현실의 핵심 부분이다. OpenGL은 고품질 렌더링을 만드는 모든 기본 기능을 제공한다.

> 상용과 오픈소스 3D 엔진(유니티, 언리얼 엔진, 오그레 등)이 아주 많다. 하지만 모든 엔진은 비디오 카드에 명령어를 넘기기 위해 OpenGL이나 DirectX를 사용한다. DirectX는 특허 등록된 API이며, 윈도우 플랫폼에서만 지원한다. 따라서 OpenGL은 교차플랫폼 렌더링 시스템을 구축하기 위한 처음이자 마지막인 후보다.

렌더링 시스템의 원칙을 이해한다면 나중이나 직접 만들 때 엔진을 사용하기 위해 필요한 경험과 지식을 안겨줄 것이다.

## OpenGL 렌더링 레이어 생성

애플리케이션 안에 OpenGL 함수를 사용하려면 사용자에게 렌더링을 거친 장면을 보여주는 iOS 그래픽스 컨텍스트 서피스graphics context surface를 얻어야 한다. 다음 그림은 엑스코드의 Interface Builder 내 애플리케이션 인터페이스의 계층을 보여준다.

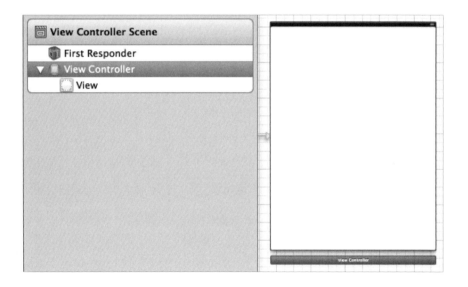

OpenGL 컨텍스트 초기화 로직을 캡슐화하기 위해 EAGLView 클래스를 소개한다.

```
@class EAGLContext;

// 이 클래스는 CoreAnimation에 있는 CAEAGLLayer를 편리한
// UIView 서브클래스로 감싼다.
// 뷰 내용은 기본적으로 EAGL 표면을 OpenGL 장면에 렌더링한다.
// EAGL 표면에 알파 채널이 있다면 뷰가 불투명하게 작동하도록 설정함에 주목하라.
```

```
@interface EAGLView : UIView
{
@private
   // OpenGL ES의 framebuffer와 renderbuffer 이름에 보듯이
   // 렌더링 할 때 사용한다.
   GLuint defaultFramebuffer, colorRenderbuffer;
}

@property (nonatomic, retain) EAGLContext *context;
// CAEAGLLayer의 화소 크기다.
@property (readonly) GLint framebufferWidth;
@property (readonly) GLint framebufferHeight;

- (void)setFramebuffer;
- (BOOL)presentFramebuffer;
- (void)initContext;
@end
```

EAGLView 클래스는 인터페이스 정의 파일에서 뷰<sup>View</sup>에 연결하므로 NIB 파일을 불러온 후 실행 시 EAGLView의 새로운 인스턴스를 생성한다. 생성했다면 iOS에게 이벤트를 받은 후 OpenGL 렌더링 컨텍스트를 초기화한다.

다음 코드 리스트는 initWithCoder 함수를 보여준다.

```
// EAGL 뷰는 nib 파일에 저장된다. 압축되지 않은 EAGL 뷰를
// -initWithCoder에 보낸다.
- (id)initWithCoder:(NSCoder*)coder
{
   self = [super initWithCoder:coder];
   if (self) {
     CAEAGLLayer *eaglLayer = (CAEAGLLayer *)self.layer;

     eaglLayer.opaque = TRUE;
     eaglLayer.drawableProperties = [NSDictionary
         dictionaryWithObjectsAndKeys:
```

```
                                    [NSNumber numberWithBool:FALSE],
                                    kEAGLDrawablePropertyRetainedBacking,
                                    kEAGLColorFormatRGBA8,
                                    kEAGLDrawablePropertyColorFormat,
                                    nil];
        [self initContext];
    }

    return self;
}

- (void)createFramebuffer
{
    if (context && !defaultFramebuffer) {
        [EAGLContext setCurrentContext:context];

        // 기본 framebuffer 객체를 생성한다.
        glGenFramebuffers(1, &defaultFramebuffer);
        glBindFramebuffer(GL_FRAMEBUFFER, defaultFramebuffer);

        // 컬러 렌더 버퍼를 생성하고 보조 기억을 할당한다.
        glGenRenderbuffers(1, &colorRenderbuffer);
        glBindRenderbuffer(GL_RENDERBUFFER, colorRenderbuffer);
        [context renderbufferStorage:GL_RENDERBUFFER
            fromDrawable:(CAEAGLLayer *)self.layer];
        glGetRenderbufferParameteriv(GL_RENDERBUFFER,
            GL_RENDERBUFFER_WIDTH, &framebufferWidth);
        glGetRenderbufferParameteriv(GL_RENDERBUFFER,
            GL_RENDERBUFFER_HEIGHT, &framebufferHeight);
        glFramebufferRenderbuffer(GL_FRAMEBUFFER,
            GL_COLOR_ATTACHMENT0, GL_RENDERBUFFER, colorRenderbuffer);

        if (glCheckFramebufferStatus(GL_FRAMEBUFFER) !=
            GL_FRAMEBUFFER_COMPLETE)
          NSLog(@"Failed to make complete framebuffer object %x",
              glCheckFramebufferStatus(GL_FRAMEBUFFER));
```

```
        //glClearColor(0, 0, 0, 0);
        NSLog(@"Framebuffer created");
    }
}
```

## AR 장면 렌더링

보다시피 EAGLView 클래스는 3D 객체와 비디오를 시각화하는 메소드를 포
함하지 않는데, 일부러 그렇게 한다. EAGLView의 역할은 렌더링 컨텍스트
를 제공하는 것이다. 책임을 분리해 추후 시각화 로직을 변경할 수 있게 해
준다.

증강현실 시각화를 위해 VisualizationController라는 클래스를 별도로
만든다.

```
@interface SimpleVisualizationController :
    NSObject<VisualizationController>
{
    EAGLView * m_glview;
    GLuint m_backgroundTextureId;
    std::vector<Transformation> m_transformations;
    CameraCalibration m_calibration;
    CGSize m_frameSize;
}

-(id) initWithGLView:(EAGLView*)view calibration:(CameraCalibration)
    calibration frameSize:(CGSize) size;

-(void) drawFrame;
-(void) updateBackground:(BGRAVideoFrame) frame;
-(void) setTransformationList:(const std::vector<Transformation>&)
    transformations;
```

drawFrame 함수는 AR의 렌더링을 주어진 EGALView 목표 시점에서 수행한다. 이는 다음과 같은 단계로 수행한다.

1. 장면을 지운다.

2. 배경을 그리기 위해 직교 투영을 설정한다.

3. 카메라부터 가장 최근에 받은 영상을 뷰포트<sup>viewport</sup>에 그린다.

4. 카메라의 내부 행렬과 관계된 원근 투영을 설정한다.

5. 검출한 각 마커마다 좌표계를 3D 내의 마커 위치에 옮긴다(4 × 4 변환 행렬을 OpenGL 모델-뷰 행렬에 넣는다).

6. 임의 3D 객체를 렌더링한다.

7. 프레임 버퍼를 보여준다.

새로운 카메라 프레임을 비디오 메모리에 올린 후 마커 검출 단계를 완료했을 때 프레임을 그릴 준비가 됐으면 drawFrame 함수를 호출한다.

다음 코드는 drawFrame 함수를 보여준다.

```
- (void)drawFrame
{
    // 활성화 framebuffer를 설정한다.
    [m_glview setFramebuffer];

    // 배경에 비디오를 그린다.
    [self drawBackground];

    // 검출한 마커 위치에서 3D 객체를 그린다.
    [self drawAR];

    // 현재 framebuffer
    bool ok = [m_glview presentFramebuffer];
    int glErCode = glGetError();
    if (!ok || glErCode != GL_NO_ERROR)
    {
```

```
    std::cerr << "GL error detected. Error code:" << glErCode <<
        std::endl;
    }
}
```

배경을 그리는 것은 충분히 쉬운데, 직교 투영을 설정한 후 현재 프레임에
영상과 함께 전체 화면 텍스처를 그리면 된다. GLES 1 API를 사용해 이런
작업을 수행하는 코드를 다음에 나열한다.

```
- (void) drawBackground
{
    GLfloat w = m_glview.bounds.size.width;
    GLfloat h = m_glview.bounds.size.height;
    const GLfloat squareVertices[] =
    {
      0, 0,
      w, 0,
      0, h,
      w, h
    };

    static const GLfloat textureVertices[] =
    {
      1, 0,
      1, 1,
      0, 0,
      0, 1
    };

    static const GLfloat proj[] =
    {
      0, -2.f/w, 0, 0,
      -2.f/h, 0, 0, 0,
      0, 0, 1, 0,
```

```
    1, 1, 0, 1
  };

  glMatrixMode(GL_PROJECTION);
  glLoadMatrixf(proj);

  glMatrixMode(GL_MODELVIEW);
  glLoadIdentity();

  glDisable(GL_COLOR_MATERIAL);

  glEnable(GL_TEXTURE_2D);
  glBindTexture(GL_TEXTURE_2D, m_backgroundTextureId);

  // 속성 값을 갱신한다.
  glVertexPointer(2, GL_FLOAT, 0, squareVertices);
  glEnableClientState(GL_VERTEX_ARRAY);
  glTexCoordPointer(2, GL_FLOAT, 0, textureVertices);
  glEnableClientState(GL_TEXTURE_COORD_ARRAY);

  glColor4f(1,1,1,1);
  glDrawArrays(GL_TRIANGLE_STRIP, 0, 4);
  glDisableClientState(GL_VERTEX_ARRAY);
  glDisableClientState(GL_TEXTURE_COORD_ARRAY);
  glDisable(GL_TEXTURE_2D);
}
```

장면에 인공 객체를 렌더링한다는 것이 약간 까다롭다. 먼저 카메라 내부(보정) 행렬과 관련된 OpenGL 투영 행렬을 조정해야 한다. 이 단계를 빠뜨리면 잘못된 원근 투영을 하게 된다. 잘못된 원근은 인공 객체를 부자연스럽게 만드는데, 인공 객체가 공중에 떠있게 돼 실세계의 일부가 아닌 것처럼 보인다. 정확한 원근은 모든 증강현실 애플리케이션에도 꼭 필요하다.

카메라 내부로부터 OpenGL 투영 행렬을 만드는 코드 조각은 다음과 같다.

```objc
- (void)buildProjectionMatrix:(Matrix33)cameraMatrix: (int)screen_
    width: (int)screen_height: (Matrix44&) projectionMatrix
{
    float near = 0.01; // 가까운 클리핑 거리(clipping distance)
    float far = 100; // 멀리 떨어진 클리핑 거리

    // 카메라 파라미터
    float f_x = cameraMatrix.data[0]; // x 축의 초점 거리
    float f_y = cameraMatrix.data[4]; // x 축의 초점 거리 (보통 똑같음?)
    float c_x = cameraMatrix.data[2]; // 카메라 주요 점 x
    float c_y = cameraMatrix.data[5]; // 카메라 주요 점 y

    projectionMatrix.data[0] = - 2.0 * f_x / screen_width;
    projectionMatrix.data[1] = 0.0;
    projectionMatrix.data[2] = 0.0;
    projectionMatrix.data[3] = 0.0;

    projectionMatrix.data[4] = 0.0;
    projectionMatrix.data[5] = 2.0 * f_y / screen_height;
    projectionMatrix.data[6] = 0.0;
    projectionMatrix.data[7] = 0.0;

    projectionMatrix.data[8] = 2.0 * c_x / screen_width - 1.0;
    projectionMatrix.data[9] = 2.0 * c_y / screen_height - 1.0;
    projectionMatrix.data[10] = -( far+near ) / ( far - near );
    projectionMatrix.data[11] = -1.0;

    projectionMatrix.data[12] = 0.0;
    projectionMatrix.data[13] = 0.0;
    projectionMatrix.data[14] = -2.0 * far * near / ( far - near );
    projectionMatrix.data[15] = 0.0;
}
```

OpenGL 파이프라인에 투영 행렬을 불러온 후 이제 일부 객체를 그려야 할 때다. 각 변환은 4 × 4 행렬로 표현할 수 있으며, OpenGL 모델 시점 행렬로

불러들인다. 좌표계를 전역 좌표계 내의 마커 위치로 이동시킨다.

예를 들어 각 마커의 상단에 공간 내 마커의 방향을 보여 주는 좌표축을 그려보자. 그레디언트로 채운[3] 정사각형을 마커 전체에 입힌다. 시각화는 예상대로 코드가 동작하는지에 대한 시각적인 피드백을 제공한다.

다음 코드 조각은 drawAR 함수를 보여준다.

```
- (void) drawAR
{
  Matrix44 projectionMatrix;
  [self buildProjectionMatrix:m_calibration.getIntrinsic():m_
      frameSize.width:m_frameSize.height :projectionMatrix];

  glMatrixMode(GL_PROJECTION);
  glLoadMatrixf(projectionMatrix.data);

  glMatrixMode(GL_MODELVIEW);
  glLoadIdentity();

  glEnableClientState(GL_VERTEX_ARRAY);
  glEnableClientState(GL_NORMAL_ARRAY);

  glPushMatrix();
  glLineWidth(3.0f);

  float lineX[] = {0,0,0,1,0,0};
  float lineY[] = {0,0,0,0,1,0};
  float lineZ[] = {0,0,0,0,0,1};

  const GLfloat squareVertices[] = {
    -0.5f,   -0.5f,
     0.5f,   -0.5f,
    -0.5f,    0.5f,
```

---

3. 그레디언트 채우기(gradient fill)는 예를 들어 그레이스케일, 즉 0~255를 단계별로 나타나는 효과를 들 수 있다. 이런 경우 수평이나 수직으로 단계별로 서서히 변하는 색을 채운다. - 옮긴이

```
  0 .5f,    0.5f,
};

const GLubyte squareColors[] = {
  255,   255,     0,   255,
  0,     255,   255,   255,
  0,       0,     0,     0,
  255,     0,   255,   255,
};

for (size_t transformationIndex=0;
     transformationIndex<m_transformations.size();
     transformationIndex++)
{
  const Transformation& transformation =
      m_transformations[transformationIndex];

  Matrix44 glMatrix = transformation.getInverted().getMat44();

  glLoadMatrixf(reinterpret_cast<const
      GLfloat*>(&glMatrix.data[0]));

  // 데이터를 그린다.
  glVertexPointer(2, GL_FLOAT, 0, squareVertices);
  glEnableClientState(GL_VERTEX_ARRAY);
  glColorPointer(4, GL_UNSIGNED_BYTE, 0, squareColors);
  glEnableClientState(GL_COLOR_ARRAY);

  glDrawArrays(GL_TRIANGLE_STRIP, 0, 4);
  glDisableClientState(GL_COLOR_ARRAY);

  float scale = 0.5;
  glScalef(scale, scale, scale);

  glColor4f(1.0f, 0.0f, 0.0f, 1.0f);
  glVertexPointer(3, GL_FLOAT, 0, lineX);
  glDrawArrays(GL_LINES, 0, 2);
```

```
    glColor4f(0.0f, 1.0f, 0.0f, 1.0f);
    glVertexPointer(3, GL_FLOAT, 0, lineY);
    glDrawArrays(GL_LINES, 0, 2);

    glColor4f(0.0f, 0.0f, 1.0f, 1.0f);
    glVertexPointer(3, GL_FLOAT, 0, lineZ);
    glDrawArrays(GL_LINES, 0, 2);
  }

  glPopMatrix();
  glDisableClientState(GL_VERTEX_ARRAY);
}
```

애플리케이션을 실행하면 다음 그림과 같은 결과를 보게 된다.

장면 시각화를 위한 특수한 3D 렌더링 엔진을 사용하지 않았다는 사실에도 불구하고 시각화를 수행하기 위해 필요한 모든 데이터를 갖고 있다. 얻은 데이터를 요약해보자.

- 카메라 디바이스로부터의 BGRA 포맷인 프레임
- 정확한 투영 행렬은 AR 장면 렌더링을 위한 올바른 투영 변환을 제공한다.
- 찾은 마커 포즈 목록

어떠한 3D 엔진이든 데이터를 쉽게 넣을 수 있으며, 자신만의 완성된 마커 기반 AR 애플리케이션을 만들 수 있다.

보다시피 마커 위에 그레디언트로 채운 사각형과 중심축<sup>pivot</sup>이 놓여 있다. 이것은 실사와 인공 객체가 매끄럽게 결합하는 증강현실의 핵심 기능이다.


## 요약

2장에서는 아이폰/아이패드 디바이스용 모바일 증강현실 애플리케이션을 만드는 방법을 배웠다. 또한 굉장한 최첨단 애플리케이션을 만드는 엑스코드 프로젝트 내부에서 OpenCV 라이브러리를 사용하는 방법에 대한 지식을 얻었다. OpenCV를 사용하면 모바일 디바이스에서 실시간 성능으로 복잡한 영상 처리 계산을 수행하는 애플리케이션을 수행할 수 있다.

이외에 2장에서 첫 영상 처리(그레이 음영에서의 이동과 이진화)를 수행하는 방법, 영상에서 닫힌 윤곽을 찾아 다각형으로 근사화하는 방법, 영상 내부에 있는 마커를 찾아 복호화하는 방법, 공간에서 마커 위치를 계산해 증강현실의 3D 객체를 시각화하는 방법을 배웠다.

# 참고 문헌

- 아루코(arUco): 증강현실을 위한 OpenCV에 기반을 둔 소형 라이브러리 (http://www.uco.es/investiga/grupos/ava/node/26)

- OpenCV 카메라 보정과 3D 재구성(http://opencv.itseez.com/modules/calib3d/doc/camera_calibration_and_3d_reconstruction.html)

- 『Multiple View Geometry in Computer Vision (2판)』, R.I.Hartley and Zisserman, Cambridge University Press, ISBN 0-521-54051-8

# 3

# 비마커 증강현실

3장에서는 OpenCV을 이용한 기본 실시간 프로젝트(데스크톱 용)를 생성하는 방법과 인쇄된 정사각형 마커 대신 실제 환경을 입력으로 사용해 비마커 증강현실의 새로운 방법을 수행하는 방법을 배운다. 3장에서는 비마커 AR<sup>mark-</sup><sup>less AR</sup>의 이론 중 일부를 다루며, 유용한 프로젝트에 적용하는 방법을 보여준다.

3장에서는 다음과 같은 내용을 다룬다.

- 마커 기반 AR과 비마커 AR
- 비디오에 있는 임의의 영상을 찾기 위한 특징 기술자<sup>feature descriptor</sup> 이용
- 패턴 포즈 추정
- 애플리케이션 인프라스트럭처<sup>infrastructure</sup>
- 증강현실 렌더링
- 시연

시작하기 전에 3장에서 요구하는 지식의 간략한 목록과 필요한 소프트웨어를 알아보면 다음과 같다.

- CMake의 기본 지식. CMake는 교차플랫폼이며, 소프트웨어를 빌드, 테스트, 패키징하기 위해 설계된 오픈소스 빌드 시스템이다. OpenCV 라이브러리처럼 3장의 시연용 프로젝트도 CMake 빌드 시스템을 사용한다. CMake는 http://www.cmake.org/에서 다운로드할 수 있다.
- C++ 프로그래밍 언어의 기본 지식도 필수다. 다만 애플리케이션 소스코드의 모든 복잡한 부분을 상세하게 설명한다.

## 마커 기반 AR과 비마커 AR

2장에서는 실제 장면에 증강하기 위해 마커라고 불리는 특수한 영상을 사용하는 방법을 배웠다. 마커의 장점은 다음과 같다.

- 비용이 싼 검출 알고리즘이다.
- 조명 변화에 강건하다.

마커에도 여러 단점이 있으며, 다음과 같다.

- 부분적으로 겹치면 작동하지 못한다.
- 마커 영상은 흑백이어야 한다.
- 대부분 경우 정사각형이어야 한다(검출하기 쉽기 때문).
- 마커는 전혀 미학적으로 보이지 않는다.
- 실세계 객체와 공통점이 없다.

자, 마커는 증강현실과 함께 시작하기엔 좋긴 하지만, 더 해보고 싶다면 이번에는 마커 기반 AR에서 비마커 AR로 옮겨보자. AR은 실세계에 존재하는 객체 인식에 기반을 둔 기술이므로, 객체에 해당하는 비마커 대상의 예로는 잡지 표지, 회사 로고, 장난감 등 몇 가지를 들 수 있다. 물론 보통 장면의 나머지 부분에 대해 충분한 설명도 가능하되 구별되는 정보를 갖는 어떠한 객체든 비마커 AR 대상이 될 수 있다. 비마커 AR 방식의 강점은 다음과 같다.

- 실세계 객체 검출에 사용할 수 있다.

- 대상 객체가 부분적으로 겹쳤을 때에도 작동한다.

- 임의 형태와 텍스처를 가질 수 있다(고체나 부드러운 그레디언트 텍스처 제외).

비마커 AR 시스템은 실제 영상과 3D 공간 내의 카메라 위치에 있는 객체를 사용할 수 있고, 실제 그림의 상단에 시선을 끄는 효과가 존재한다. 비마커 AR의 핵심은 영상 인식과 객체 검출 알고리즘이다. 모양과 내부 구조가 고정되고 알려진 마커와는 달리 실제 객체를 같은 방식으로 정의할 수 없다. 또한 객체는 복잡한 모양을 가지며, 정확한 3D 변환을 찾기 위한 수정된 포즈 추정 알고리즘이 필요하다.

> 비마커 AR의 아이디어를 제공하기 위해 평면 영상을 대상으로 사용한다. 복잡한 모양을 갖는 객체를 여기서 상세하게 고려하지 않는다. 3장의 후반에 AR을 위한 복잡한 모양을 사용하는 방법을 다룬다.

비마커 AR은 무거운 CPU 계산을 수행하므로, 모바일 디바이스에서는 부드러운 초당 프레임 속도를 종종 보장해주지 않는다. 3장에서는 PC나 맥 같은 데스크톱 플랫폼을 대상으로 한다. 이런 목적에 부합하려면 교차플랫폼 빌드 시스템이 필요하다. 따라서 3장에서는 CMake 빌드 시스템을 사용한다.

## 비디오에 있는 임의 영상을 찾기 위한 특징 기술자 사용

영상 인식은 입력 영상에서 특별한 비트맵 패턴을 찾는 컴퓨터 비전 기술이다. 영상 인식 알고리즘은 원 영상에서 크기, 회전이나 서로 다른 밝기에 관계없이 패턴을 검출해야 한다.

다른 영상과 패턴 영상을 비교하는 방법이 무엇인가? 패턴은 원근 변환에 영향을 받을 수 있으므로 패턴과 테스트 영상의 화소 값을 직접 비교할 수 없음이 분명하다. 이런 경우 특징점feature point과 특징 기술자feature descriptor가 유용하다. 특징은 일반적이지 않거나 정확한 정의가 존재하지 않는다. 정확한 정의는 애플리케이션의 문제나 유형에 종종 달려 있다. 보통 특징은 영상의 '관심' 부분으로 정의되며, 많은 컴퓨터 비전 알고리즘에서 특징을 시작점으로 사용한다. 3장에서는 중심점, 반경과 방향으로 정의한 영상의 한 부분을 특징점 용어로 사용한다. 각 특징 검출 알고리즘은 원근 변환 적용 여부와 무관하게 동일한 특징점을 검출하려고 시도한다.

## 특징 추출

특징 추출은 입력 영상에서 관심 영역을 찾는 방법이다. 에지, 코너나 덩어리를 찾는 수많은 특징 검출 알고리즘이 있다. 이번 경우는 코너 검출에 관심이 있다. 코너 검출은 영상 내의 에지 분석에 기반을 둔다. 코너 기반 에지 검출 알고리즘은 영상 기울기에서 빠르게 변하는 부분을 찾는다. 보통 X와 Y 방향인 영상 기울기의 1차 미분 극한값을 찾는다,

특징점 방향은 일반적으로 특정 영역 내 주요 영상 기울기의 방향으로 계산된다. 영상을 회전하거나 크기를 바꾸면 특징 검출 알고리즘은 주요 기울기의 방향을 다시 계산한다. 이것은 영상 회전에도 불구하고 특징점 방향이 변하지 않음을 의미한다. 이 특징은 회전 불변rotation invariant이라고 한다.

덧붙여 특징점 크기와 관련된 몇 가지 사항을 언급해야 한다. 일부 특징 검출 알고리즘은 고정된 크기를 갖는 특징을 사용하지만, 다른 알고리즘은 각 특징점의 최적 크기를 따로 계산한다. 특징 크기를 알면 크기 조정된 영상에서 동일한 특징점을 찾을 수 있다. 이것은 특징을 크기에 불변하게 해준다.

OpenCV는 여러 특징 검출 알고리즘을 제공한다. 모든 알고리즘은 기본 클래스인 cv::FeatureDetector를 상속 받는다. 특징 검출 알고리즘의 생성

은 다음과 같은 두 가지 방법으로 할 수 있다.

- 구체적인 특징 검출 클래스 생성자를 명시적으로 호출

```
cv::Ptr<cv::FeatureDetector> detector =
    cv::Ptr<cv::FeatureDetector>(new cv::SurfFeatureDetector());
```

- 혹은 알고리즘 이름으로 특징 검출기 생성

```
cv::Ptr<cv::FeatureDetector> detector =
    cv::FeatureDetector::create("SURF");
```

두 방법은 각각 장점이 있으므로 가장 선호하는 한 가지만 선택한다. 명시적인 클래스 생성은 특징 검출기 생성자에 추가 인자를 넘길 수 있다. 반면에 알고리즘 이름으로 생성하면 실행 시간에 알고리즘을 더 쉽게 바꿀 수 있다.

특징점을 검출하려면 detect 메소드를 호출해야 한다.

```
std::vector<cv::KeyPoint> keypoints;
detector->detect(image, keypoints);
```

검출한 특징점은 keypoints 컨테이너에 배치된다. 각 특징점은 중심, 반지름, 각도와 점수를 포함하며, 특징점의 '품질'이나 '강도'와 상관관계가 있는 몇 가지를 갖는다. 각 특징 검출 알고리즘에 자체 점수 계산 알고리즘이 있으므로, 다른 특정 검출 알고리즘이 검출한 특징점의 점수와 비교해 검증할 수 있다.

> 코너 기반 특징 검출기는 특징점을 찾기 위해 그레이스케일 영상을 사용한다. 기술자 추출 알고리즘도 그레이스케일 영상으로 작업한다. 물론 두 검출기는 암묵적으로 컬러 변환할 수 있으나 이번 경우에는 컬러 변환을 두 번 한다. 입력 영상을 그레이스케일로 컬러 변환을 명시적으로 컬러 변환한 후 특징 검출과 기술자 추출을 사용함으로써 성능을 개선할 수 있다.

패턴 검출 과정에서 특징 검출기가 특징점의 방향과 크기를 계산한다면 회전과 크기에 불변한 특징점을 만들어 내는 최상의 결과를 낼 수 있다. SIFT와 SURF 특징 검출/기술자 추출에는 가장 유명하면서 강건한 특징점 추출 알고리즘을 사용한 것으로 잘 알려졌다. 안타깝게도 이 알고리즘에 특허가 걸려 있으므로 상업적인 목적이라면 무료가 아니다. 아무튼 OpenCV에 구현부가 있으므로, 자유롭게 평가할 수 있다. 하지만 대체 가능한 훌륭하고 공개된 알고리즘이 있는데, ORB나 FREAK 알고리즘을 대신 사용할 수 있다. ORB 검출은 변형된 FAST 특징 검출기다. 원 FAST 검출기는 놀라울 만큼 빠르긴 하지만 특징점의 방향이나 크기를 계산하지 않는다. 다행히도 ORB 알고리즘은 특징점 방향을 추정할 수 있지만 특징 크기는 여전히 고정된다. 다음 절에서 ORB 알고리즘을 다룰 때 훌륭하면서 비용이 적게 드는 요령을 배운다. 다만 특징점이 영상 인식에 있어 왜 정말 중요한지 먼저 설명하겠다.

영상을 처리한다고 가정하자 보통 화소당 24비트 컬러 깊이가 있는 영상일 경우 640 × 480 해상도라면 912KB 데이터를 갖는다. 실세계에서 패턴 영상을 어떻게 찾을까? 화소 대 화소 정합은 너무나 오래 걸리고, 회전과 크기로 다뤄야 할 때도 마찬가지다. 별다른 방법이 없다. 특징점을 사용하면 이런 문제를 풀 수 있다. 특징점을 검출함으로써 수많은 정보를 포함(코너 기반 알고리즘은 에지, 코너, 다른 모양 수치를 반환하기 때문이다)한 영상의 부분을 기술하는 특징을 반환함을 보장할 수 있다. 따라서 두 프레임 간 대응을 찾으려면 특징점 정합만 하면 된다.

특징점으로 정의한 곳에서 기술자라고 불리는 벡터를 추출한다. 기술자는 특징점을 표현한 형태다. 특징점으로부터 기술자를 추출하는 방법이 많으며, 모두 장단점이 있다. 예를 들어 SIFT와 SURF 기술자 추출 알고리즘은 CPU를 집중적으로 사용하지만 훌륭한 식별력을 갖춘 강건한 기술자를 제공한다. 이번 예제 프로젝트에서는 ORB 기술자 추출 알고리즘을 사용하는데, 물론 같은 이유로 특징 검출기를 선택했기 때문이다.

특징 기술자는 고정 크기(요소는 16개 이상)인 벡터로 표현한다. 640 × 480 화소의 해상도를 갖는 영상에 1,500개의 특징점이 있다고 가정하자. 그러면 1500 * 16 * sizeof(float) = 96 KB(SURF 경우)가 필요하다. 원 영상 데이터보다 10배 더 작으므로, 래스터 비트맵에 비해 기술자로 연산할 때 더 쉽다. 두 특징 기술자에 대해 두 벡터 간의 유사도로 정의한 수치인 유사도 점수를 얻을 수 있다. 보통 L2 놈$^{norm}$이나 해밍 거리(사용한 특징 기술자 종류에 근거를 둠)다.

특징 기술자 추출 알고리즘은 특징 검출 알고리즘과 마찬가지로 cv::DesriptExtract 기본 클래스를 상속했으며, 이름을 지정하거나 명시적인 생성자 호출로 생성할 수 있다.

## 패턴 객체 정의

패턴 객체를 설명하기 위해 훈련 영상, 특징과 추출한 기술자 목록, 초기 패턴 위치에 대한 2D와 3D 대응을 갖는 Pattern이라는 클래스를 소개한다.

```
/**
 * 영상 데이터와 대상 패턴의 계산된 기술자를 저장
 */
struct Pattern
{
  cv::Size                   size;
  cv::Mat                    data;
  std::vector<cv::KeyPoint>  keypoints;
  cv::Mat                    descriptors;
```

```
    std::vector<cv::Point2f>    points2d;
    std::vector<cv::Point3f>    points3d;
};
```

## 특징점 정합

프레임 간의 대응을 찾는 과정은 다른 집합의 모든 요소에 대한 한 기술자 집합에서 최근접 이웃으로 검색하기 때문에 공식화할 수 있다. '정합matching' 절차라고 불린다. OpenCV에서 기술자 정합에 대한 주요 알고리즘은 다음과 같은 두 가지가 있다.

- 브루트포스 정합기brute-force matcher(cv::BFMatcher)
- 플란 기반 정합기Flann-based matcher(cv::FlannBasedMatcher)

브루트포스 정합기는 첫 번째 집합에 있는 각 기술자를 찾은 후 하나씩 시도(가능한 경우를 모두 검사)해서 두 번째 집합에 있는 가장 가까운 기술자를 찾는다. cv::FlannBaseMacher는 관련성을 찾기 위해 고속 근사 최근접 이웃 검사 알고리즘을 이용한다(이 경우에는 근사 최근접 이웃 라이브러리가 있는 고속 서드파티 라이브러리를 사용한다).

기술자 정합 결과는 두 기술자의 집합 간 대응 목록이다. 기술자의 첫 번째 집합은 보통 훈련 집합train set이라고 하는데, 패턴 영상에 대응하기 때문이다. 두 번째 집합은 질의 집합query set이라고 하며, 패턴을 찾는 영상에 속한다. 더 정확한 정합(영상 대응에 대한 패턴이 더 존재함)은 영상에 존재하는 패턴을 더 많이 찾는다.

정합 속도를 높이기 위해 match 함수를 호출하기 전에 정합기를 훈련할 수 있다. cv::FlannBaseMatcher의 성능을 최적화하기 위해 훈련 단계를 사용할 수 있다. 이번에는 train 클래스로 훈련 기술자train descriptor에 대한 색인 트리를 구축한 후 대용량 데이터 집합에 대한 정합 속도를 높인다(예를 들어 수 천 개의 영상에서 정합을 찾기 원한다면). cv:L:BFMatcher인 경우 train 클래스는 전처리를 위한 아무런 작업을 하지 않는데, 내부 필드 안에 훈련 기술자를 단순하게 저장하기 때문이다.

### PattternDector.cpp

패턴 영상을 이용해 훈련 기술자 정합기를 훈련하는 코드 부분은 다음과 같다.

```
void PatternDetector::train(const Pattern& pattern)
{
    // 패턴 객체를 저장한다.
    m_pattern = pattern;

    // cv::DescriptorMatcher의 API는 다소 까다롭다.
    // 먼저 옛 훈련 데이터를 지운다.
    m_matcher->clear();

    // 여러 영상에 걸쳐 검사를 수행하기 위한 기술자 벡터를 추가한다.
    // (각 기술자 행렬은 한 영상을 기술함)
    std::vector<cv::Mat> descriptors(1);
    descriptors[0] = pattern.descriptors.clone();
    m_matcher->add(descriptors);

    // 훈련 데이터를 추가한 후 실제 훈련을 수행한다.
    m_matcher->train();
}
```

질의 기술자를 정합하려면 cv::DescriptorMatcher의 다음 메소드 중 하나를 사용한다.

- 단순 최적 정합 목록을 찾기 위해 사용한다.

```
void match(const Mat& queryDescriptors,
        vector<DMatch>& matches,
        const vector<Mat>& masks=vector<Mat>() );
```

- 각 기술자별로 K-최근접 정합을 찾기 위해 사용한다,

```
void knnMatch(const Mat& queryDescriptors,
              vector<vector<DMatch> >& matches, int k,
              const vector<Mat>& masks=vector<Mat>(),
              bool compactResult=false );
```

- 설정한 거리보다 더 멀지 않은 거리를 갖는 대응을 찾기 위해 사용한다.

```
void radiusMatch(const Mat& queryDescriptors,
                 vector<vector<DMatch> >& matches, maxDistance,
                 const vector<Mat>& masks=vector<Mat>(),
                 bool compactResult=false );
```

## 이상치 제거

정합 단계에서 정합이 안 될 수 있다. 정합하는 과정에서의 오류는 다음과 같은 두 가지 종류가 있다.

- **긍정 오류 정합(false-positive matches)** 특징점 대응이 잘못됐을 때
- **부정 오류 정합(false-negative matches)** 두 영상에 특징점이 보임에도 정합이 되지 않았을 때

부정 오류 정합은 분명 나쁘다. 하지만 다룰 수 없다. 정합 알고리즘이 정합을 거절했기 때문이다. 그러므로 목표는 부정 오류 정합 개수를 최소화하는데 둔다. 잘못된 대응을 거절하려면 교차 정합 기술을 사용한다. 이는 질의 집합을 이용한 훈련 기술자 정합이나 반대로 하자는 아이디어에 있다. 이런 두 정합에 대한 한 일반적인 정합만 반환한다. 이런 기술은 충분히 정합했을 때 보통 이상치outlier 개수를 최소화한 최상의 결과를 만든다.

## 교차 정합 필터

`cv::BFMatcher` 클래스에 있는 교차 정합을 사용할 수 있다. 교차 검증 검사를 활성화하려면 두 번째 인자를 `true`로 설정한 `cv::BFMatcher`를 생성한다.

```
cv::Ptr<cv::DescriptorMatcher>
matcher(new cv::BFMatcher(cv::NORM_HAMMING, true));
```

교차 검증을 사용한 정합 결과는 다음 그림과 같이 보여줄 수 있다.

## 비율 판정법

잘 알려진 두 번째 이상치 제거 기술은 비율 판정법이다. 처음엔 K=2로 해서 KNN 정합을 수행한다. 각 정합에 대한 두 최근접 기술자를 반환한다. 거리 비율이 첫 번째와 두 번째 일치가 매우 충분(비율 임계값은 보통 둘 사이에 가깝다)한 경우일 때만 정합을 반환한다.

## PattternDetector.cpp

비율 판정법을 이용해 강건한 기술자 정합을 수행하는 코드는 다음과 같다.

```
void PatternDetector::getMatches(const cv::Mat& queryDescriptors,
    std::vector<cv::DMatch>& matches)
{
    matches.clear();

    if (enableRatioTest)
    {
        // 거리가 0인 최적 정합일 때 NaN을 피하기 위해
        // 비율을 역으로 사용한다.
        const float minRatio = 1.f / 1.5f;

        // KNN 정합은 각 질의 기술자에 대한
        // 2개의 최근접 정합을 반환한다.
        m_matcher->knnMatch(queryDescriptors, m_knnMatches, 2);

        for (size_t i=0; i<m_knnMatches.size(); i++)
        {
            const cv::DMatch& bestMatch = m_knnMatches[i][0];
            const cv::DMatch& betterMatch = m_knnMatches[i][1];
            float distanceRatio = bestMatch.distance /
                betterMatch.distance;

            // 최근접 정합 간의 거리 비율이
            // 1.5(뚜렷한 기준)보다 큰 경우만
            // 정합을 넘긴다.
            if (distanceRatio < minRatio)
            {
                matches.push_back(bestMatch);
            }
        }
    }
    else
    {
        // 정규 정합을 수행한다.
        m_matcher->match(queryDescriptors, matches);
```

```
        }
    }
```

비율 판정법은 거의 모든 이상치를 제거할 수 있다. 그러나 일부 사례인 긍정 오류 정합은 이번 판정법을 통과할 수 있다. 다음 절에서 이상치를 제거하고 올바른 정합만 남기는 방법을 보여주겠다.

### 호모그래피 추정

정합을 훨씬 더 개선하기 위해 RANSAC<sup>random sample consensus</sup> 방법을 이용해 이상치를 걸러낼 수 있다. 영상(평면 객체)에서 작업하면 강건해짐을 예상할 수 있으며, 패턴 영상에 있는 특징점과 질의 영상에 있는 특징점 간의 호모그래피 변환을 찾으면 된다. 호모그래피<sup>homography</sup> 변환은 패턴에 있는 점을 질의 영상 좌표계로 갖다 놓는다. 이 변환을 찾기 위해 cv::findHomography 함수를 사용한다. 입력 점의 부분집합을 살펴봄으로써 최적 호모그래피 행렬<sup>best homography matrix</sup>을 찾기 위한 RANSAC을 이용한다. 부작용으로는 cv::findHomography 함수가 각 적합치<sup>inlier</sup>나 이상치 중 하나에 일치하는 대응을 각각 표시하므로 계산된 호모그래피 행렬에 대한 재투영 오류에 달려 있다는 점이다.

### PattternDetector.cpp

다음 코드는 기하학적으로 올바르지 않은 정합을 걸러내기 위해 RANSANC 알고리즘을 이용한 호모그래피 행렬 투영을 사용한다.

```
bool PatternDetector::refineMatchesWithHomography
    (
        const std::vector<cv::KeyPoint>& queryKeypoints,
        const std::vector<cv::KeyPoint>& trainKeypoints,
        float reprojectionThreshold,
        std::vector<cv::DMatch>& matches,
        cv::Mat& homography
```

```
    )
{
    const int minNumberMatchesAllowed = 8;

    if (matches.size() < minNumberMatchesAllowed)
        return false;

    // cv::findHompgraphy를 위한 데이터를 준비한다.
    std::vector<cv::Point2f> srcPoints(matches.size());
    std::vector<cv::Point2f> dstPoints(matches.size());

    for (size_t i = 0; i < matches.size(); i++)
    {
        srcPoints[i] = trainKeypoints[matches[i].trainIdx].pt;
        dstPoints[i] = queryKeypoints[matches[i].queryIdx].pt;
    }

    // 호모그래피 행렬을 찾은 후 적합치 마스크를 가져온다.
    std::vector<unsigned char> inliersMask(srcPoints.size());
    homography = cv::findHomography(srcPoints,
                                    dstPoints,
                                    CV_FM_RANSAC,
                                    reprojectionThreshold,
                                    inliersMask);

    std::vector<cv::DMatch> inliers;
    for (size_t i=0; i<inliersMask.size(); i++)
    {
        if (inliersMask[i])
            inliers.push_back(matches[i]);
    }

    matches.swap(inliers);
    return matches.size() > minNumberMatchesAllowed;
}
```

다음은 이 기술을 사용해 정제한 정합을 시각화한 것이다.

호모그래피 탐색 단계는 중요한데, 취득한 변환은 질의 영상 내 패턴 위치를 찾기 위한 단서이기 때문이다.

## 호모그래피 정제

호모그래피 변환을 찾았다면 3D의 위치를 찾기 위해 필요한 모든 데이터를 이미 가졌다. 그러나 더 정확한 패턴 코너를 찾음으로써 위치를 훨씬 더 개선할 수 있다. 이것은 찾았던 패턴을 얻기 위해 추정된 호모그래피를 이용한 입력 영상을 워핑<sup>wrapping</sup>하는 것이다. 결과는 원시 훈련 영상에 매우 가까워야 한다. 호모그래피 정제는 더 정확한 호모그래피 변환을 찾을 수 있게 도와줄 수 있다.

그런 후에 다른 호모그래피와 다른 적합치 특징을 얻는다. 그 결과로 생긴 정밀한 호모그래피는 첫 번째(H1)와 두 번째(H2) 호모그래피를 곱한 행렬이 된다.

### PattternDetector.cpp

패턴 검출 루틴의 최종 버전을 포함하는 코드 블록은 다음과 같다.

```
bool PatternDetector::findPattern(const cv::Mat& image,
    PatternTrackingInfo& info)
{
    // 입력 영상을 그레이스케일로 변환한다.
    getGray(image, m_grayImg);

    // 입력 그레이스케일 영상에서 특징점을 추출한다.
    extractFeatures(m_grayImg, m_queryKeypoints, m_queryDescriptors);

    // 현재 패턴으로 정합한 것을 가져온다.
    getMatches(m_queryDescriptors, m_matches);

    // 호모그래피 변환을 찾은 후 좋은 정합을 검출한다..
    bool homographyFound = refineMatchesWithHomography(
        m_queryKeypoints,
```

```
        m_pattern.keypoints,
        homographyReprojectionThreshold,
        m_matches,
        m_roughHomography);

if (homographyFound)
{
  // 호모그래피 정제가 활성화됐다면
  // 찾은 변환을 개선한다.
  if (enableHomographyRefinement)
  {
    // 찾은 호모그래피를 이용해 영상 워핑
    cv::warpPerspective(m_grayImg, m_warpedImg,
        m_roughHomography, m_pattern.size,
        cv::WARP_INVERSE_MAP | cv::INTER_CUBIC);

    // 정제된 일치를 가져온다.
    std::vector<cv::KeyPoint> warpedKeypoints;
    std::vector<cv::DMatch> refinedMatches;

    // 워핑 영상에 있는 특징을 검출한다.
    extractFeatures(m_warpedImg, warpedKeypoints,
        m_queryDescriptors);

    // 패턴으로 정합
    getMatches(m_queryDescriptors, refinedMatches);

    // 새롭게 정제한 호모그래피를 추정한다.
    homographyFound = refineMatchesWithHomography(
        warpedKeypoints,
        m_pattern.keypoints,
        homographyReprojectionThreshold,
        refinedMatches,
        m_refinedHomography);
```

```
    // 정제된 행렬과 투박한 호모그래피를 곱한 행렬 결과인
    // 결과 호모그래피를 가져온다.
    info.homography = m_roughHomography * m_refinedHomography;

    // 결정한 호모그래피로 윤곽을 변환한다.
    cv::perspectiveTransform(m_pattern.points2d,
        info.points2d, info.homography);
  }
  else
  {
    info.homography = m_roughHomography;

    // 투박한 호모그래피로 윤곽을 변환한다.
    cv::perspectiveTransform(m_pattern.points2d,
        info.points2d, m_roughHomography);
  }
}

return homographyFound;
}
```

모든 이상치를 제거하는 단계 이후에 정합 개수가 여전히 꽤 많다면(적어도
패턴 영상에 있는 특징의 25%가 입력 특징에 대응한다면) 패턴 영상을 올바르게 배치했
는지 확신할 수 있다. 만약 그렇다면 카메라와 관련된 패턴 포즈의 3D 위치
를 추정하는 다음 단계로 진행한다.

## 클래스에 모두 넣기

특징 검출기, 기술자 추출기와 정합기 알고리즘의 인스턴스를 모으기 위해
모든 데이터를 캡슐화하는 PatternMatcher 클래스를 생성한다. 특징 검출
과 기술자 추출 알고리즘, 특징 정합 로직과 검출 과정을 제어하는 설정을
공유한다.

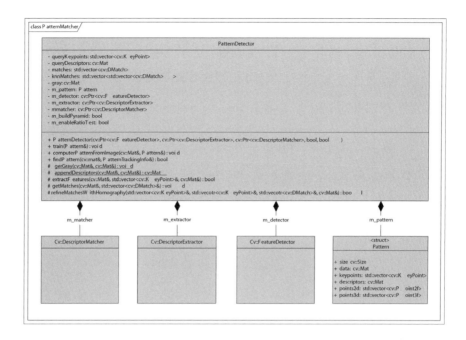

PatternMatcher 클래스는 주어진 영상의 패턴 구조를 구축하기 위해 필요한 모든 데이터를 계산하는 메소드를 제공한다.

```
void PatternDetector::computePatternFromImage(const cv::Mat&image,
    Pattern& pattern);
```

이 메소드는 입력 영상에 있는 특징점을 찾은 후 특정한 검출기와 추출기 알고리즘을 사용해 기술자를 추출하며, 나중에 사용할 데이터와 함께 패턴 구조를 채운다.

Pattern을 연산할 때는 train 메소드를 호출해 검출기를 함께 훈련할 수 있다.

```
void PatternDetector::train(const Pattern& pattern)
```

이 함수는 현재 대상 패턴인 인자를 설정해 찾는다. 또한 패턴 기술자 집합으로 기술자 정합기를 훈련한다. 이 메소드를 호출한 후에는 훈련 영상을 찾을 준비를 한다. 마지막 public 함수인 findPattern에서 패턴 검출을 한다. findPattern 메소드는 이전에 설명했던 특징 검출, 기술자 추출과 이상치 걸러내기를 이용하는 정합을 포함한 전체 루틴을 캡슐화한다.

수행했던 단계별의 간략한 목록을 다시 정리해보면 다음과 같다.

1. 입력 영상을 그레이스케일로 변환한다.

2. 특징 검출 알고리즘을 이용해 질의 영상에 있는 특징을 검출한다.

3. 입력 영상에서 검출한 특징점으로 기술자를 추출한다.

4. 패턴 기술자와 비교해 기술자를 정합한다.

5. 이상치를 제거하는 교차 검증이나 비율 판정법을 사용한다.

6. 적합치 정합을 사용해 호모그래피 변환을 찾는다.

7. 이전 단계의 호모그래피를 이용해 질의 영상을 워핑함으로써 호모그래피를 정제한다.

8. 투박한 호모그래피와 정제한 호모그래피를 곱한 결과인 정밀한 호모그래피를 찾는다.

9. 입력 영상 내의 패턴 위치를 갖기 위해 패턴 코너를 영상 좌표계로 변환한다.

## 패턴 포즈 추정

패턴 포즈 추정은 2장에 다뤘던 마커 포즈 추정과 비슷한 방식으로 한다. 보통 카메라 외부 파라미터를 추정하기 위한 2D-3D 대응이 필요하다. 4개의 3D점을 XY 평면(Z축은 위에)에 놓인 단위 사각형의 코너가 함께 있는 좌표계로 할당한 후 2D 점을 영상 비트맵의 코너에 대응시킨다.

## PatternDetector.cpp

buildPatternFromImage 클래스는 다음과 같이 입력 영상으로부터 Pattern 객체를 생성한다.

```cpp
void PatternDetector::buildPatternFromImage(const cv::Mat& image,
    Pattern& pattern) const
{
    int numImages = 4;
    float step = sqrtf(2.0f);

    // 패턴 구조의 원 영상을 저장한다.
    pattern.size = cv::Size(image.cols, image.rows);
    pattern.frame = image.clone();
    getGray(image, pattern.grayImg);

    // 2D와 3D 윤곽을 구축한다.
    // (3D 윤곽은 자체가 평면이므로 XY 평면에 놓여 있다)
    pattern.points2d.resize(4);
    pattern.points3d.resize(4);

    // 영상 크기
    const float w = image.cols;
    const float h = image.rows;

    // 크기 정규화
    const float maxSize = std::max(w,h);
    const float unitW = w / maxSize;
    const float unitH = h / maxSize;

    pattern.points2d[0] = cv::Point2f(0,0);
    pattern.points2d[1] = cv::Point2f(w,0);
    pattern.points2d[2] = cv::Point2f(w,h);
    pattern.points2d[3] = cv::Point2f(0,h);
    pattern.points3d[0] = cv::Point3f(-unitW, -unitH, 0);
    pattern.points3d[1] = cv::Point3f( unitW, -unitH, 0);
```

```
pattern.points3d[2] = cv::Point3f( unitW, unitH, 0);
pattern.points3d[3] = cv::Point3f(-unitW, unitH, 0);

extractFeatures(pattern.grayImg, pattern.keypoints,
    pattern.descriptors);
}
```

코너 구성은 패턴 좌표계가 카메라 방향에서 Z축을 바라보게 하되 XY 평면에 위치한 패턴 위치의 중심점에 직접 놓을 수 있어 유용하다.

## 카메라 내부 행렬 얻기

OpenCV 배포 패키지에 있는 camera_calibration.exe라는 예제 프로그램을 사용해 카메라 내부 파라미터를 계산할 수 있다. 이 프로그램은 일련의 패턴 영상을 사용해 초점 거리, 특징점과 왜곡 상수 같은 내부 렌즈 파라미터를 찾는다. 예를 들어 시점에 따른 여덟 가지 보정 패턴 영상의 집합은 다음과 같다.

그러면 보정하기 위한 다음과 같은 커맨드라인 구문을 입력해 실행하자.

```
imagelist_creator imagelist.yaml *.png
calibration -w 9 -h 6 -o camera_intrinsic.yaml imagelist.yaml
```

첫 명령어는 YAML 포맷의 영상 목록을 생성하며, 보정 도구는 모든 PNG 파일이 현재 디렉토리에 있다고 예상한다. img1.png, img2.png와 img3.png 같이 정확한 파일명을 사용할 수 있다. 생성한 파일인 imagelist.ymal을 보정 애플리케이션에 넘긴다. 보정 도구는 정식 웹 카메라로부터 영상을 가져올 수도 있다.

보정 패턴의 차원과 입력 파일, 그리고 보정 데이터가 들어갈 결과 파일을 지정한다. 보정이 끝난 후에는 다음과 같이 YAML 파일 안의 결과를 가져온다.

```
%YAML:1.0
calibration_time: "06/12/12 11:17:56"
image_width: 640
image_height: 480
board_width: 9
board_height: 6
square_size: 1.
flags: 0
camera_matrix: !!opencv-matrix
   rows: 3
   cols: 3
   dt: d
   data: [ 5.2658037684199849e+002, 0., 3.1841744018680112e+002, 0.,
      5.2465577209994706e+002, 2.0296659047014398e+002, 0., 0., 1. ]
distortion_coefficients: !!opencv-matrix
   rows: 5
   cols: 1
   dt: d
   data: [ 7.3253671786835686e-002, -8.6143199924308911e-002,
      -2.0800255026966759e-002, -6.8004894417795971e-004,
      -1.7750733073535208e-001 ]
avg_reprojection_error: 3.6539552933501085e-001
```

주로 3 × 3 카메라 보정 행렬인 `camera_matrix`에 관심이 있으며, 다음과 같은 기호를 갖는다.

$$\begin{bmatrix} f_x & 0 & c_y \\ 0 & f_y & c_y \\ 0 & 0 & 1 \end{bmatrix}$$

네 가지 성분인 $f_x$, $f_y$, $c_x$, $c_y$에 주로 관심이 있다. 이 데이터를 갖고 다음과 같은 코드를 사용해 보정하기 위한 카메라 보정 객체의 인스턴스를 생성할 수 있다.

```
CameraCalibration calibration(526.58037684199849e,
524.65577209994706e, 318.41744018680112, 202.96659047014398)
```

올바른 카메라 보정 없이는 자연스럽게 보이는 증강현실을 만들기란 불가능하다. 추정한 원근 변환은 카메라가 갖는 원근 변환과 다르다. 이로 인해 증강 객체가 아주 가깝게 보이거나 매우 멀리 있는 듯 보이게 된다. 카메라 보정을 일부러 변경한 예제 그림은 다음과 같다.

보다시피 상자에서 보이는 원근은 전체 장면에서 다르다.

패턴 위치를 추정하려면 OpenCV 함수인 cv::solvePnP를 이용해 PnP 문제를 해결한다. 마커 기반 AR에도 사용했기 때문에 아마 이 함수에 친숙할 것이다. 현재 영상에 있는 패턴 코너의 좌표와 이전에 정의했던 참조 3D 좌표가 필요하다.

 cv::solvePnP 함수는 네 개의 점 이상에서 동작할 수 있다. 또한 복잡한 모양 패턴과 함께 AR를 생성하길 바란다면 중요한 함수다. 이 아이디어는 변함없으며, 단지 패턴의 3D 구조만 정의한 후 2D에서 대응하는 점을 찾으면 된다. 물론 여기서는 호모그래피 추정을 적용하지 않는다.

훈련된 패턴 객체에서 참조 3D 점과 PattrnTrackingInfo 구조체에서 2D의 대응하는 투영을 얻었으며, 카메라 보정을 private 필드인 PatternDetector에 저장한다.

### Pattern.cpp

computePost 함수로 3D 공간 내의 패턴 위치를 다음과 같이 추정한다.

```
void PatternTrackingInfo::computePose(const Pattern& pattern,
    const CameraCalibration& calibration)
{
  cv::Mat camMatrix, distCoeff;
  cv::Mat(3,3, CV_32F,
    const_cast<float*>(&calibration.getIntrinsic().data[0])).
    copyTo(camMatrix);
  cv::Mat(4,1, CV_32F,
    const_cast<float*>(&calibration.getDistorsion().data[0])).
    copyTo(distCoeff);

  cv::Mat Rvec;
  cv::Mat_<float> Tvec;
```

```
cv::Mat raux,taux;
cv::solvePnP(pattern.points3d, points2d, camMatrix,
    distCoeff,raux,taux);
raux.convertTo(Rvec,CV_32F);
taux.convertTo(Tvec ,CV_32F);

cv::Mat_<float> rotMat(3,3);
cv::Rodrigues(Rvec, rotMat);

// 변환 행렬에 복사한다.
pose3d = Transformation();
for (int col=0; col<3; col++)
{
  for (int row=0; row<3; row++)
  {
    // 회전 성분을 복사한다.
    pose3d.r().mat[row][col] = rotMat(row,col);
  }
  // 변환 성분을 복사한다.
  pose3d.t().data[col] = Tvec(col);
}

// solvePnP는 마커 포즈와 관련된 카메라 위치를 찾기 때문에
// 카메라와 관련된 마커 포즈를 얻기 위해 역변환한다.
pose3d = pose3d.getInverted();
}
```

## 애플리케이션 인프라스트럭처

지금까지 패턴을 검출하고 카메라와 관계된 패턴의 3D 위치를 추정하는 방법을 배웠다. 이제 알고리즘을 실제 애플리케이션에 넣을 때다. 이 절의 목표는 웹 카메라에서 비디오를 캡처하기 위해 OpenCV를 사용하는 방법과 3D 렌더링을 할 시각화 컨텍스트를 생성하는 방법을 보여주는 것이다.

비마커 AR의 핵심 기능을 사용하는 방법을 보여주는 것이 목표이므로, 임의의 영상 패턴이나 비디오 시퀀스 혹은 정지 영상에서 검출할 수 있는 간단한 커맨드라인 애플리케이션을 만든다.

모든 영상 처리 로직과 중간 데이터를 담기 위해 ARPipeline 클래스를 소개한다. ARPipeline 클래스는 증강현실과 입력 프레임상의 모든 처리 루틴에 필요한 모든 서브컴포넌트를 갖는 루트 객체다. 다음 그림은 ARPipeline과 자체 서브컴포넌트의 UML 다이어그램이다.

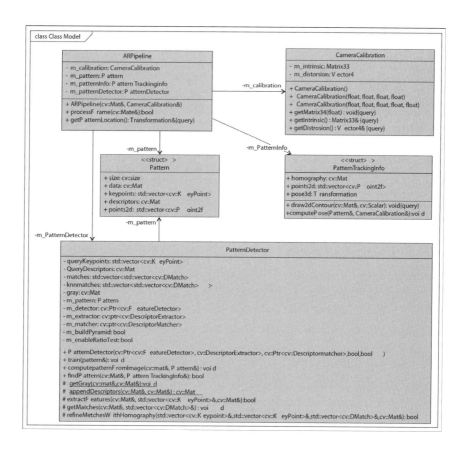

다음과 같이 구성한다.

- 카메라 행렬 객체
- 패턴 검출기 객체의 인스턴스
- 훈련된 패턴 객체
- 패턴 추적하는 과정의 중간 데이터

## ARPipeline.hpp

다음 코드는 ARPipeline 클래스의 선언부를 포함한다.

```
class ARPipeline
{
public:
    ARPipeline(const cv::Mat& patternImage,
        const CameraCalibration& calibration);

    bool processFrame(const cv::Mat& inputFrame);

    const Transformation& getPatternLocation() const;

private:
    CameraCalibration    m_calibration;
    Pattern              m_pattern;
    PatternTrackingInfo  m_patternInfo;
    PatternDetector      m_patternDetector;
};
```

ARPipeline 생성자 내부에서 패턴 객체를 초기화하며 보정 데이터를 private 필드에 저장한다. processFrame 함수는 패턴 검출과 사람의 포즈 추정 루틴을 구현한다. 반환 값은 패턴 검출 성공 여부를 나타낸다. 계산한 패턴 포즈는 getPatternLocation 함수를 호출해 얻을 수 있다.

## ARPipeline.cpp

다음 코드는 ARPipeline 클래스의 구현부를 포함한다.

```cpp
ARPipeline::ARPipeline(const cv::Mat& patternImage,
    const CameraCalibration& calibration)
    : m_calibration(calibration)
{
  m_patternDetector.buildPatternFromImage (patternImage,
      m_pattern);
  m_patternDetector.train(m_pattern);
}

bool ARPipeline::processFrame(const cv::Mat& inputFrame)
{
  bool patternFound = m_patternDetector.findPattern(inputFrame,
      m_patternInfo);

  if (patternFound)
  {
    m_patternInfo.computePose(m_pattern, m_calibration);
  }

  return patternFound;
}

const Transformation& ARPipeline::getPatternLocation() const
{
  return m_patternInfo.pose3d;
}
```

## OpenCV의 3D 시각화 지원 활성화

2장에서 했던 것처럼 3D 렌더링 작업을 하기 위해 OpenGL을 사용한다. 그러나 iOS 애플리케이션 아키텍처 요건에 따라야 하는 iOS 환경과 다르므로 지금은 훨씬 더 자유롭다. 윈도우와 맥에서 많은 3D 엔진을 고를 수 있다. 3장에서는 OpenCV를 이용한 교차플랫폼 3D 시각화를 생성하는 방법을 배운다. 2.4.2 버전부터 시작한다. OpenCV는 시각화 창 내부에 OpenGL 지원을 제공한다. 이것은 지금 OpenCV에서 임의의 3D 내용을 쉽게 렌더링할 수 있음을 의미한다.

OpenCV에서 OpenGL 창을 설정하려면 먼저 OpenCV가 OpenGL를 지원하게 빌드할 필요가 있다. 그렇지 않으면 OpenCV의 OpenGL 관련 함수를 사용하려고 시도하면 예외 상황을 던진다. OpenGL 지원을 활성화하려면 OpenCV 라이브러리를 ENABLE_OPENGL=YES 플래그와 함께 빌드해야 한다.

 현재 버전(OpenCV 2.4.2)에서 OpenGL 지원은 기본으로 꺼져 있다. 장담할 수 없지만 차기 릴리스 시 OpenGL을 기본으로 활성화할 수도 있다. 만약 그렇다면 OpenCV를 직접 빌드할 필요가 없다.

OpenCV에서 OpenGL 창을 설정하려면 다음과 같이 수행한다.

- 깃허브(https://github.com/Itseez/opencv)에 있는 OpenV 저장소를 복제한다. 이 단계를 수행하기 위해 커맨드라인 깃 도구나 컴퓨터에 설치한 깃허브 애플리케이션이 필요하다.
- OpenCV를 구성하고 IDE를 위한 작업 공간을 생성한다. 이 단계를 완료할 CMake 애플리케이션이 필요하다. CMake는 http://www.cmake.org/cmake/resources/software.html에서 자유롭게 다운로드할 수 있다.

OpenCV를 구성하기 위해 다음과 같이 커맨드라인 CMake 명령어를 사용한다(생성한 프로젝트가 있는 디렉터리에서 실행).

```
cmake -D ENABLE_OPENGL=YES <OpenCV 소스 디렉터리에 대한 경로>
```

또는 GUI 스타일을 선호한다면 사용자에게 더 친숙한 프로젝트 환경설정을 위한 CMake-GUI를 사용한다.

선택한 IDE에 대한 OpenCV 작업 공간을 생성한 후에 라이브러리를 빌드하고 설치하려면 프로젝트를 열고 타겟을 설치한다. 이 과정이 끝났다면 빌드한 새로운 OpenCV 라이브러리를 이용한 예제 프로젝트를 구성할 수 있다.

## OpenCV를 이용한 OpenGL 창 생성

지금 OpenGL을 지원하는 OpenCV 바이너리가 있으므로, 첫 OpenGL 창을 만들 때다. OpenGL 창 초기화는 OpenGL 플래그와 함께 이름이 있는 창 생성부터 시작한다.

```
cv::namedWindow(ARWindowName, cv::WINDOW_OPENGL);
```

`ARWindowName`은 창의 이름에 대한 문자열 상수다. 여기서 비마커 AR을 사용한다. 호출하면 지정한 이름을 갖는 창을 생성한다. `cv::WINDOW_OPENGL` 플래그는 이 창에서 OpenGL을 사용하겠다는 의미다. 그 다음에는 원하는 창 크기를 설정한다.

```
cv::resizeWindow(ARWindowName, 640, 480);
```

그런 후에 창에 컨텍스트를 그리도록 설정한다.

```
cv::setOpenGlContext(ARWindowName);
```

이제 창을 사용할 준비가 됐다. 창에 뭔가를 그리려면 다음 메소드를 이용해 콜백 함수를 등록해야 한다.

```
cv::setOpenGlDrawCallback(ARWindowName, drawAR, NULL);
```

다시 그린 창에 콜백을 호출한다. 첫 번째 인자는 창 이름을 설정하고, 두 번째 인자는 콜백 함수이며, 선택 사항인 세 번째 인자를 콜백 함수에게 넘긴다.

drawAR 함수는 다음과 같은 시그니처[1]를 갖는다.

```
void drawAR(void* param)
{
    // 여기에 OpenGL을 이용해서 뭔가를 그린다.
}
```

시스템에 창을 다시 그리길 원한다고 통보하려면 `cv::updateWindow` 함수를 사용한다.

---

1. 시그니처(signature)는 인자라고 간단하게 생각하자. 정확히는 함수의 원형 안에 있는 인자를 말한다. 예를 들어 drawAR 함수의 시그니처는 void* param이다. 프로그래밍 언어 책에 "함수 중복 정의(overloading)는 함수 이름만 같을 뿐 시그니처가 다르다."라고 적혀 있다면 함수 이름은 같고 인자 개수에 차이가 있음을 알 수 있다. - 옮긴이

```
cv::updateWindow(ARWindowName);
```

## OpenCV를 이용한 비디오 캡처

OpenCV는 대부분 모든 웹 카메라에서 프레임을 쉽게 가져올 수 있게 해준다. 비디오 파일도 마찬가지다. 웹캠이나 비디오 파일로부터 비디오를 캡처하려면 1장의 '웹캠에 접근' 절에서 보여줬던 cv::VideoCapture 클래스를 사용한다.

## 증강현실 렌더링

ARDrawingContext 구조체는 시각화에 필요할 수 있는 다음과 같은 모든 필수 데이터를 담고 있다.

- 카메라로부터 취득한 많은 최신 영상
- 카메라 보정 행렬
- 3D 내의 패턴 포즈(있다면)
- OpenGL과 관련된 내부 데이터(텍스처 ID 등)

### ARDrawingContext.hpp

다음 코드는 ARDrawingContext 클래스의 선언부를 포함한다.

```
class ARDrawingContext
{
public:
    ARDrawingContext(const CameraCalibration& c);

    bool patternPresent;
    Transformation patternPose;

    //! OpenGL 창을 다시 그리도록 요청한다.
```

```
    void draw();

    //! 배경에 대한 새로운 프레임을 설정한다.
    void updateBackground(const cv::Mat& frame);

private:
    //! 비디오에 배경을 그린다.
    void drawCameraFrame ();

    //! AR을 그린다.
    void drawAugmentedScene();

    //! AR를 위한 카메라 보정으로부터
    //! 올바른 투영 행렬을 만든다.
    void buildProjectionMatrix(const Matrix33& calibration,
        int w, int h, Matrix44& result);

    //! 좌표축을 그린다.
    void drawCoordinateAxis();

    //! 큐브 모델을 그린다.
    void drawCubeModel();

private:
    bool m_textureInitialized;
    unsigned int m_backgroundTextureId;
    CameraCalibration m_calibration;
    cv::Mat m_backgroundImage;
};
```

### ARDrawingContext.cpp

다음과 같이 ARDrawingContext 클래스의 생성자 안에서 OpenGL 창을 초기화한다.

```
ARDrawingContext::ARDrawingContext(std::string windowName,
    cv::SizeframeSize, const CameraCalibration& c)
```

```
    : m_isTextureInitialized(false)
    , m_calibration(c)
    , m_windowName(windowName)
{
    // OpenGL을 지원하는 창을 생성한다.
    cv::namedWindow(windowName, cv::WINDOW_OPENGL);

    // 비디오 크기에 정확하게 크기를 조절한다.
    cv::resizeWindow(windowName, frameSize.width, frameSize.height);

    // OpenGL 그리기 콜백을 초기화한다.
    cv::setOpenGlContext(windowName);
    cv::setOpenGlDrawCallback(windowName,
        ARDrawingContextDrawCallback, this);
}
```

지금 시각화 상태를 저장하기 위한 별도 클래스가 있으므로 cv::setOpenGlDrawCallback 호출을 수정하고 ARDrawingContext 인스턴스에 인자로 넘긴다.

수정한 콜백 함수는 다음과 같다.

```
void ARDrawingContextDrawCallback(void* param)
{
    ARDrawingContext * ctx = static_cast<ARDrawingContext*>(param);
    if (ctx)
    {
        ctx->draw();
    }
}
```

ARDrawingContext는 증강현실 랜더링에 대한 모든 책임을 진다. 프레임 렌더링은 직교 투영으로 배경을 그리는 것부터 시작한다. 그러면 올바른 원근 투영과 모델 변환으로 3D 모델을 렌더링한다. 다음 코드는 draw 함수의 최종 버전을 포함한다.

```cpp
void ARDrawingContext::draw()
{
    // 전체 화면을 지운다.
    glClear(GL_DEPTH_BUFFER_BIT | GL_COLOR_BUFFER_BIT);

    // 배경을 렌더링한다.
    drawCameraFrame();

    // AR을 그린다.
    drawAugmentedScene();
}
```

화면과 깊이 버퍼를 비운 후 비디오에 표시할 텍스처를 초기화했는지 확인한다. 초기화했다면 배경을 그리고, 아니라면 glGenTextures를 호출해 새로운 2D 텍스처를 생성한다.

배경을 그리기 위해 직교 투영을 설정하고 모든 화면 시점을 망라하는 단단한 직사각형을 그린다. 텍스처를 m_backgroundImage 객체의 내용으로 채운다. 텍스처의 내용은 OpenGL 메모리에 미리 올려져있다. 이 함수는 2장의 함수와 동일하므로, 여기서는 코드를 생략한다.

카메라로 사진을 찍은 후 AR을 그리기 위해 교대한다. 카메라 보정과 일치하는 올바른 투영 변환 설정이 필요하다.

다음 코드는 카메라 보정으로부터 올바른 OpenGL 투영 행렬을 만들고 장면을 렌더링하는 방법을 보여준다.

```cpp
void ARDrawingContext::drawAugmentedScene()
{
    // 증강 투영 초기화
    Matrix44 projectionMatrix;
    int w = m_backgroundImage.cols;
    int h = m_backgroundImage.rows;
```

```
buildProjectionMatrix(m_calibration, w, h, projectionMatrix);

glMatrixMode(GL_PROJECTION);
glLoadMatrixf(projectionMatrix.data);

glMatrixMode(GL_MODELVIEW);
glLoadIdentity();

if (isPatternPresent)
{
  // 패턴 변환 설정
  Matrix44 glMatrix = patternPose.getMat44();
  glLoadMatrixf(reinterpret_cast<const
  GLfloat*>(&glMatrix.data[0]));

  // 모델 렌더링
  drawCoordinateAxis();
  drawCubeModel();
}
}
```

buildProjectionMatrix 함수는 2장에서 가져왔으므로 동일하다. 원근 투영을 적용한 후 GL_MODELVIEW 행렬을 패턴 변환으로 설정한다. 포즈 추정이 올바르게 동작했는지 증명하기 위해 패턴 위치에서 단위 좌표계를 그린다.

거의 모두 완료했다. 패턴 검출 알고리즘을 생성한 후 3D 공간에서 찾은 패턴의 포즈를 추정하고, AR로 렌더링하기 위해 시스템을 시각화한다. 다음과 같이 애플리케이션 내의 프레임 처리 루틴을 시연하는 UML 시퀀스 다이어그램을 살펴보자.

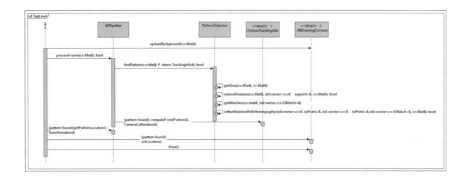

## 시연

시연 프로젝트는 정지 영상, 기록한 비디오와 웹 카메라의 생중계 처리를 지원한다. 이를 도와줄 두 개의 함수를 생성한다.

### main.cpp

`processVideo` 함수는 비디오 처리를 다루고, `processSingleImage`는 단일 이미지를 처리하는 데 사용한다.

```
void processVideo(const cv::Mat& patternImage,
    CameraCalibration& calibration, cv::VideoCapture& capture);
```

```
void processSingleImage(const cv::Mat& patternImage,
    CameraCalibration& calibration, const cv::Mat& image);
```

함수 이름에 보듯이 첫 번째 함수는 비디오 소스를 처리하고, 두 번째 함수는 단일 영상으로 처리한다(이 함수는 디버깅 목적으로 유용하다). 두 함수는 영상 처리, 패턴 검출, 장면 렌더링, 사용자 상호작용을 위한 매우 흔한 루틴이다.

`processFrame` 함수는 다음과 같다.

```
/**
 * 카메라 프레임상에서 전체 검출을 수행하고
 * 드로잉 컨텍스트drawing context를 이용해 장면을 그린다.
```

```
 * 덧붙여 이 함수는 디버그 정보를 AR 창 위에 올려 그린다.
 * 처리 반복문이 중지되면 참을 반환하고, 아니면 거짓을 반환한다.
 */
bool processFrame(const cv::Mat& cameraFrame, ARPipeline&
    pipeline, ARDrawingContext& drawingCtx)
{
    // 배경에 사용하는 영상을 복제한다.
    // (이 영상 위에 올려놓아 그릴 것이다)
    cv::Mat img = cameraFrame.clone();

    // 정보를 그린다.
    if (pipeline.m_patternDetector.enableHomographyRefinement)
      cv::putText(img, "Pose refinement: On ('h' to switch off)",
          cv::Point(10,15), CV_FONT_HERSHEY_PLAIN, 1,
          CV_RGB(0,200,0));
    else
      cv::putText(img, "Pose refinement: Off ('h' to switchon)",
          cv::Point(10,15), CV_FONT_HERSHEY_PLAIN, 1,
          CV_RGB(0,200,0));

    cv::putText(img, "RANSAC threshold: " +
        ToString(pipeline.m_patternDetector.
        homographyReprojectionThreshold) + "( Use'-'/'+' toadjust)",
        cv::Point(10, 30), CV_FONT_HERSHEY_PLAIN, 1,
        CV_RGB(0,200,0));

    // 새로운 카메라 프레임을 설정한다.
    drawingCtx.updateBackground(img);

    // 패턴을 찾은 후 검출 상태를 갱신한다.
    drawingCtx.isPatternPresent =
        pipeline.processFrame(cameraFrame);

    // 패턴 포즈를 갱신한다.
    drawingCtx.patternPose = pipeline.getPatternLocation();
```

```cpp
// 창을 다시 그리게 요청한다.
drawingCtx.updateWindow();

// 키보드 입력을 읽는다.
int keyCode = cv::waitKey(5);

bool shouldQuit = false;
if (keyCode == '+' || keyCode == '=')
{
  pipeline.m_patternDetector.homographyReprojectionThreshold +=
      0.2f;
  pipeline.m_patternDetector.homographyReprojectionThreshold =
      std::min(10.0f, pipeline.m_patternDetector.
      homographyReprojectionThreshold);
}
else if (keyCode == '-')
{
  pipeline.m_patternDetector.homographyReprojectionThreshold -=
      0.2f;
  pipeline.m_patternDetector.homographyReprojectionThreshold =
      std::max(0.0f, pipeline.m_patternDetector.
      homographyReprojectionThreshold);
}
else if (keyCode == 'h')
{
  pipeline.m_patternDetector.enableHomographyRefinement =
      !pipeline.m_patternDetector.enableHomographyRefinement;
}
else if (keyCode == 27 || keyCode == 'q')
{
  shouldQuit = true;
}

return shouldQuit;
}
```

processSingleImage나 processVideo 함수 중 하나에 ARPipeline과 ARDrawingContext 초기화를 다음과 같이 수행한다.

```
void processSingleImage(const cv::Mat& patternImage,
    CameraCalibration& calibration, const cv::Mat& image)
{
  cv::Size frameSize(image.cols, image.rows);
  ARPipeline pipeline(patternImage, calibration);
  ARDrawingContext drawingCtx("Markerless AR", frameSize,
      calibration);

  bool shouldQuit = false;
  do
  {
    shouldQuit = processFrame(image, pipeline, drawingCtx);
  } while (!shouldQuit);
}
```

패턴 영상과 보정 인자로 ARPipeline을 생성한다. 그런 후에 다시 보정을 이용해 ARDrawingContext를 초기화한다. 이 단계 이후에는 OpenGL을 생성한다. 질의 영상을 드로잉 컨텍스트에 올려놓고 패턴을 찾기 위해 ARPipeline.processFrame을 호출한다. 포즈 패턴을 찾았다면 다음 프레임 렌더링을 위해 드로잉 컨텍스트에 위치를 복사한다. 패턴을 검출하지 못했다면 아무런 AR없이 카메라 프레임만 렌더링한다.

데모 애플리케이션을 다음과 같은 방법 중 하나로 실행할 수 있다.

- 단일 영상 위에 실행하기 위해 호출

  markerless_ar_demo pattern.png test_image.png

- 기록된 비디오 위에 실행하기 위해 호출

  markerless_ar_demo pattern.png test_video.avi

- 웹 카메라로부터의 생중계를 이용해 실행하기 위해 호출

```
markerless_ar_demo pattern.png
```

단일 영상을 증강한 결과는 다음 그림과 같다.

## 요약

3장에서는 특징 기술자와, 크기와 회전에 불변한 패턴 기술을 정의해 사용하는 방법을 배웠다. 다른 영상 중에서 유사한 항목을 찾을 때 이 기술을 사용할 수 있다. 매우 인기 있는 특징 기술자의 장단점도 설명했다. 3장의 후반에서는 증강현실을 렌더링하기 위해 OpenGL과 OpenCV를 함께 사용하는 방법을 배웠다.

# 참고 문헌

- Distinctive Image Features from Scale-Invariant Keypoints
  (http://www.cs.ubc.ca/~lowe/papers/ijcv04.pdf)

- SURF: Speeded Up Robust Features(http://www.vision.ee.ethz.ch/~surf/eccv06.pdf)

- Model-Based Object Pose in 25 Lines of Code, Dementhon and L.S Davis, International Journal of Computer Vision, edition 15, pp. 123-141, 1995

- Linear N-Point Camera Pose Determination, L.Quan, IEEE Trans. on Pattern Analysis and Machine Intelligence, vol. 21, edition. 7, July 1999

- Random Sample Consensus: A Paradigm for Model Fitting with Applications to Image Analysis and Automated Cartography, M. Fischer and R. Bolles, Graphics and Image Processing, vol. 24, edition. 6, pp. 381-395, June 1981

- Multiple View Geometry in Computer Vision, R. Hartley and A. Zisserman, Cambridge University Press
  (http://www.umiacs.umd.edu/~ramani/cmsc828d/lecture9.pdf)

- Camera Pose Revisited - New Linear Algorithms, M. Ameller, B. Triggs, L.Quan(http://hal.inria.fr/docs/00/54/83/06/PDF/Ameller-eccv00.pdf)

- Closed-form solution of absolute orientation using unit quaternions, Berthold K. P. Horn, Journal of the Optical Society A, vol. 4, 629-642

# 4

# OpenCV를 활용한 SfM 탐색

4장에서는 SfM^Structure from Motion 에 대한 표현이나 카메라 모션을 통해 얻은 영상으로부터 더 나은 형상 구조를 추출하는 방법을 알아보며, 이를 돕는 OpenCV API에 있는 함수를 사용한다. 보통 단안^monocular 방식이라고 하는 단일 카메라와 연속적인 비디오 프레임 대신에 이산적이고 희소한 프레임 집합을 사용하는 방식으로, 너무나 긴 오솔길로 가지 않도록 제한을 두자. 이런 두 제한은 시스템을 매우 단순하게 해주므로, 앞으로 나올 페이지를 요약하고 SfM의 기본을 이해하는 데 도움이 된다. 이 방법을 구현하기 위해 하틀리^Hartley 와 지서만^Zisserman (이후에는 H와 Z로 언급한다)의 독창적인 책인 『Multiple View Geometry in Computer Vision』의 9장부터 12장까지 기록된 발자취를 따라가 보자.

4장에서는 다음과 같은 내용을 다룬다.

- SfM 개념

- 영상 쌍으로부터 카메라 모션 추정

- 장면 재구성

- 많은 시점으로부터 재구성

- 재구성 정제

- 3D 점 구름으로 시각화

3장에 걸쳐 미리 보정했던 보정 카메라 하나를 사용한다고 가정한다. 컴퓨터 비전에서 보정은 아주 흔한 작업이며, 3장에서 다뤘던 커맨드라인 도구를 사용함으로써 OpenCV에서 완벽하게 지원한다. K 행렬에 포함된 보정 과정 결과 중 하나인 카메라 내부 파라미터가 존재한다고 가정한다.

언어 관점에서 명확하게 하기 위해 지금부터는 광학과 하드웨어로 영상을 추적하는 대신에 장면의 단일 시점인 카메라를 언급한다. 카메라에는 장면 내 위치와 시점 방향이 있다. 두 카메라 사이에 이동 요소(장면을 통해 이동)와 시점 방향의 회전이 존재한다.

또한 장면, 세계, 실제, 또는 3D 점에 대한 용어를 실세계에 존재하는 점으로 통일한다. 영상 좌표계, 카메라 센서로 해당 장소와 시간에서 투영된 일부 3D 점인 영상이나 2D 점을 동일한 점으로 간주한다.

4장의 코드 부분에서 『Multiple View Geometry in Computer Vision』을 참고할 수 있다. 예를 들어 // HZ 9.12라면 해당 책의 9장 12번 수식을 참조한다. 또한 텍스트에는 발췌한 코드만 포함했지만 실행 가능한 완전한 코드는 해당 책에 동봉된 자료에 들어 있다.

## SfM 개념

먼저 구별해야 할 것은 스테레오(또는 실제 다중 뷰), 보정 장치를 이용한 3D 재구성과 SfM 간의 차이점을 확인하는 것이다. 두 개 이상의 카메라 장비가 카메라 간의 모션을 알고 있다고 가정하지만, SfM에서 모션을 실제로 알 수 없으므로 찾길 원한다. 매우 단순한 시점에서 보정 장치는 3D 형상을 매우 정확하게 재구성할 수 있다. 이미 알고 있겠지만 카메라 간의 거리와 회전을 추정하는 과정에서 오류가 없기 때문이다. SfM 시스템을 구현하는 첫 단계는 카메라 간의 모션을 찾는 것이다. OpenCV에 모션을 얻는 여러 가지 방법이 있으므로 도움을 받을 수 있다. 구체적으로 findFundmentalMat 함수를 사용한다.

SfM 알고리즘을 선택하는 데 있어 목표에 대해 잠시 생각해보자. 대부분 경우 장면의 형상을 얻길 원한다. 예를 들어 객체는 카메라와 관계가 있으며 형태도 있다. 동일한 장면을 담아내는 카메라 간의 모션을 알고 있다고 가정하면 시점이 상당히 비슷하므로, 형상을 지금 재구성하고 싶어 한다. 컴퓨터 비전 용어로는 알려진 삼각 측량<sup>triangulation</sup>이며, 삼각 측량과 관련된 방법이 많다. 이는 선 교차 방식으로 할 수 있는데, 여기서 각 카메라의 투영 중심과 각 영상 평면에 있는 점으로 2개의 선을 만든다. 공간에서 선을 교차하면 이상적으로 다음 그림과 같이 각 카메라로부터 매핑한 실세계의 한 3D 점을 교차한다.

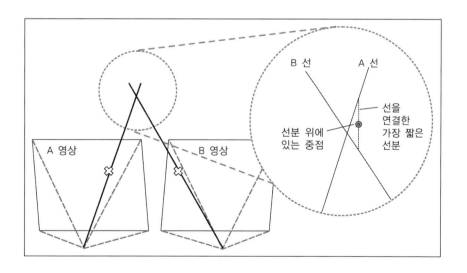

현실에서 선 교차를 정말로 신뢰할 수 없다. H와 Z는 이에 맞서 권장한다. 선이 일반적으로 교차하지 않으며, 두 선을 연결한 짧은 선분 위에 있는 중간 점을 사용하게 물러 서기 때문이다. 대신 H와 Z는 3D 점을 삼각 측량하는 여러 가지 방법을 제안하며, '장면 재구성' 절에서 몇 개를 다룬다. 현재 OpenCV 버전에서는 삼각 측량을 위한 단순 API를 포함하지 않는다. 따라 서 이 부분을 코드로 직접 제시한다.

두 시점으로부터 3D 형상을 복구하는 방법을 배운 후에는 훨씬 풍성한 재구 성을 갖기 위해 같은 장면에 대한 많은 시점을 포함시킬 수 있음을 볼 수 있게 된다. 여기서 대부분의 SfM 방법은 카메라와 3D의 추정된 위치 번들 을 '재구성 정제' 절에 설명할 번들 조정의 도움으로 최적화하려고 시도한 다. OpenCV는 새로운 영상 잇기 도구상자에 번들 조정 방법이 들어 있다. 하지만 OpenCV와 C++로 함께 하는 작업의 아름다움은 파이프라인에 쉽게 통합할 수 있는 풍부한 외부 도구에 있다. 그러므로 외부 번들 조정기이자 깔끔한 SSBA 라이브러리를 통합하는 방법을 알아보자.

지금 OpenCV를 이용한 SfM 방식의 개요를 제시했으며, 각 요소를 구현할 수 있는 방법을 볼 수 있다.


## 영상 쌍으로부터 카메라 모션 추정

두 카메라 간의 실제 모션을 찾아내기 전에 이 작업을 바로 시작할 수 있도 록 입력과 도구를 조사해보자. 먼저 공간 내의 다른 위치에서 같은 장면을 바라보는(다행히 똑같지 않아도 됨) 두 영상을 준비한다. 두 영상은 강력한 자산이 며, 꼭 사용해야 한다. 이제 도구에 관련된 차례다. 영상, 카메라와 장면까지 제약을 부여하는 수학적 객체를 살펴보자.

두 가지 매우 유용한 수학적 객체는 기초 행렬fundamental matrix(F로 표기)과 기본 행렬essential matrix(E로 표기)이다. 기본 행렬은 보정된 카메라를 사용한다고 가정한다는 점을 제외하면 거의 비슷하다. 이번 경우에는 두 행렬을 선택한다. OpenCV에서 `findFundamentalMat` 함수만으로 기초 행렬을 찾을 수 있다. 다만 다음과 같이 보정 행렬 K를 사용해 기본 행렬을 얻는 과정이 아주 간단하다.

```
Mat_<double> E = K.t() * F * K; // HZ (9.12)에 따름
```

$3 \times 3$ 크기의 행렬인 기본 행렬은 x'Ex=0으로, 한 영상의 점과 다른 영상의 점 사이의 제약을 부여한다. 여기서 x은 첫 번째 영상의 점이고, x'는 두 번째 영상의 점이다. 보면 알겠지만 기본 행렬은 매우 유용하다. 다른 중요한 사실이 있는데, 크기를 확대하더라도 두 영상과 관계된 카메라를 복원하기 위해 필요한 전부는 기본 행렬을 사용한다는 점이다. 아무튼 이는 나중에 다룬다. 기본 행렬을 얻었다면 공간 내의 각 카메라 위치를 알 수 있으며, 찾을 수도 있다. 충분한 제약 방정식이 있다는 전제에서 행렬을 쉽게 계산할 수 있으며 단순하다. 각 방정식은 행렬의 작은 부분을 해결하는 데 사용하기 때문이다. 사실 OpenCV로 7개의 점 쌍만 사용해 계산할 수 있다. 하지만 다행히도 더 많은 쌍을 가질 수 있으며, 매우 강력한 해결 방법이 있다.

## 풍부한 특징 기술자를 이용한 점 정합

이제 기본 행렬을 계산하는 제약 방정식을 만들자. 제약을 얻으려면 A 영상의 각 점에 대응하는 B 영상의 점을 찾아야 함을 기억하자. 정합할 수 있는 방법이 무엇인가? 최근 몇 년간 급격하게 발전한 OpenCV의 광범위한 특징 정합 프레임워크를 간단하게 사용한다.

컴퓨터 비전의 필수 과정인 특징 추출과 기술자 정합은 다양한 작업을 수행하는 많은 방법에 사용된다. 예를 들어 영상에 있는 객체의 위치와 방향을 검출하거나, 대용량 영상 데이터베이스에 질의해 유사한 영상을 찾는 것을 들 수 있다. 본질적으로 추출은 영상에 있는 점을 선택하는 것이며, 특징을 좋게 만들고, 특징에 대한 기술자를 계산한다. 기술자는 영상 내의 특징점

둘레에 있는 주변 환경을 기술하는 숫자인 벡터다. 방법마다 차이가 있다면 서로 다른 기술자 벡터에 대한 길이와 데이터 유형을 갖는다는 점이다. 정합은 기술자를 이용해 다른 한 집합으로부터 대응하는 특징을 찾는 과정이다. OpenCV는 특징 추출과 정합을 지원하는 매우 쉽고 강력한 방법을 제공한다. 특징 정합에 관한 많은 정보를 3장에서 찾을 수 있다.

간단한 특징 추출과 정합 체계를 조사해보자.

```
// 특징점 검출
SurfFeatureDetectordetector();
vector<KeyPoint> keypoints1, keypoints2;
detector.detect(img1, keypoints1);
detector.detect(img2, keypoints2);

// 기술자 계산
SurfDescriptorExtractor extractor;
Mat descriptors1, descriptors2;
extractor.compute(img1, keypoints1, descriptors1);
extractor.compute(img2, keypoints2, descriptors2);

// 기술자 정합
BruteForceMatcher<L2<float>> matcher;
vector<DMatch> matches;
matcher.match(descriptors1, descriptors2, matches);
```

이미 비슷한 OpenCV 코드를 봤을 수 있겠지만, 빠르게 검토해보자. 목표는 세 가지 요소인 두 영상의 특징점, 두 영상의 기술자, 두 특징 집합 간의 정합을 얻는 데 있다. OpenCV는 특징 검출기, 기술자 추출기, 정합기 등 여러 가지를 제공한다. 이번 간단한 예제에서는 SURF[Speeded- Up Robust Features]의 2D 위치를 얻는 SurfFeatureDetector 함수와 SURF 기술자를 얻는 SurfDEscriptorExtractor를 사용한다. 정합하기 위한 브루트포스 정합기를 사용한다. 브루트포스 정합기는 두 특징 집합 간에 정합하는 매우 간단한 방법으로, 첫 번째 집합에 있는 각 특징을 두 번째 집합에 있는 각 특징과 비교(이런 이유로 브루트포스로 표현)하면서 최적 정합을 얻는 과정을 구현했다.

다음 그림은 http://cvlab.epfl.ch/~strecha/multiview/denseMVS.html에서 찾은 분수-P11 연속[Fountain-P11 sequence][1]의 두 영상에 있는 특징점 정합을 보여준다.

현실적으로 기초 정합은 일정한 수준까지만 수행한 결과가 좋은 듯하지만, 많은 정합이 아마도 잘못됐을 것이다. 이런 이유로 대부분의 SfM 방법은 정확성을 보장하고 오류를 줄일 목적으로 정합에 대한 여러 필터링을 수행한다. 필터링 중 하나는 교차 확인 필터링이며, OpenCV의 브루트포스 정합에 내장됐다. 즉, 첫 번째 영상의 특징이 두 번째 영상의 특징과 정합했다면 정합을 참으로 간주하고, 또한 두 번째 영상의 특징이 첫 번째 영상의 특징과 정합하는지 역으로 확인한다. 제공한 코드에서 사용했던 다른 일반적인 필터링 메커니즘은 두 영상이 같은 장면이며 두 영상 간의 특정한 스테레오 시점 관계를 갖는다는 사실에 기반을 두고 필터링한다. 실제로 '카메라 행렬 찾기' 절에서 배울 필터는 기초 행렬을 확고하게 계산하려고 시도하며, 오류가 적고 계산에 대응하는 특징 쌍을 유지한다.

---

1. 점 정합 관련 알고리즘을 테스트할 때 필요한 연속적인 영상을 묶었으며, 국내외 논문에서 가장 많이 인용되는 영상은 분수(Foundtain), 헤르츠 제우스(Herz Jesu), 성(Castle)이다. 여기서 P11이라면 뒤의 숫자는 11장을 가리킨다. 세 가지 영상의 내용을 보려면 http://cvlab.epfl.ch/data/의 'Multi-view evaluation' 링크를 참고하자. - 옮긴이

## 옵티컬 플로우를 이용한 점 정합

SURF 같은 풍부한 특징을 사용하는 대신에 옵티컬 플로우$^{OF, Optical Flow}$를
사용한다. 옵티컬 플로우에 대한 간략한 개요는 다음 참고 상자에서 볼 수
있다. 최근에 OpenCV는 두 영상으로부터 플로우 필드를 얻는 API를 확장
했으며, 지금은 매우 빠르고 훨씬 강력하다. 여기서는 특징 정합에 대한 대
안을 사용하려 한다.

> 옵티컬 플로우는 한 영상으로부터 선택한 점을 다른 영상에 정합하는 과정이다. 두
> 영상은 시퀀스의 부분이고 상대적으로 서로 가깝다고 가정한다. 대부분 옵티컬 플로
> 우 방법은 영상 A의 각 점 주변에서 탐색 창이나 패치(patch)로 알려진 작은 영역을
> 영상 B의 동일한 영역과 비교한다. 컴퓨터 비전의 매우 일반적인 규칙에 따르면 밝기
> 항상성$^2$ 제약(그리고 다른 이름들)이라고 하며, 영상의 패치는 한 영상부터 다른 영상
> 으로 가는 부분이 급격하게 변하지 않는다. 그러므로 빼기 연산의 절댓값이 0에 가까
> 워야 한다. 패치 정합에 덧붙이자면 옵티컬 플로우의 새로운 방법은 최적 결과를 얻
> 기 위해 추가된 많은 방법을 사용한다. 하나는 영상의 더 작고 더 작게 줄인 버전이
> 들어간 영상 피라미드를 사용하고, '조세 단계(from-coarse-to-fine)'로 작동할 수
> 있게 하므로 컴퓨터 비전에서 매우 잘 쓰는 비책이다. 다른 방법은 플로우 필드 위에
> 전역 제한을 정의하며, 같은 방향에서 점이 아주 가까운 다른 점으로 "'함께 움직인
> 다"로 가정한다. OpenCV의 옵티컬 플로우 방법을 매우 자세하게 다룬 리뷰는 팩트
> 출판사의 웹사이트에서 제공하는 '9장 마이크로소프트 키넥트를 이용한 플루이드 월
> 개발'$^3$에서 찾을 수 있다.

---

2. 밝기 항상성(brightness constancy)은 예를 들어 조명 같은 조건이 변화함에도 불구하고 해당 객체의 밝기
   값이 동일함을 지각한다. 반면 밝기 대비(brightness contrast)는 예를 들어 밝기 값이 서로 다른 두 영역을
   보았을 때 느끼는 것 들 수 있다. 이와 같이 두 용어 간의 차이점이 있음을 알아두자. – 옮긴이

3. http://www.packtpub.com/sites/default/files/downloads/7829OS_Chapter9_Developing_
   Fluid_Wall_Using_the_Microsoft_Kinect.pdf – 옮긴이

OpenCV의 `calcOpticalFlowPyrLk`를 호출하므로 옵티컬 플로우를 정말 사용하기 쉽다. 다만 풍부한 특징을 사용하는 것과 마찬가지로 OF로 정합한 결과를 유지해야 하는데, 향후 두 방식을 서로 교체하길 원하기 때문이다. 그 목적을 달성하려면 특수한 정합 방법을 넣어야 한다. 하나는 다음과 같은 코드 부분에서 보게 될 3장의 특징 기반 방법과 교체한다.

```
Vector<KeyPoint>left_keypoints,right_keypoints;

// 왼쪽 영상과 오른쪽 영상에서 특징점을 검출한다.
FastFeatureDetectorffd;
ffd.detect(img1, left_keypoints);
ffd.detect(img2, right_keypoints);

vector<Point2f>left_points;
KeyPointsToPoints(left_keypoints,left_points);

vector<Point2f>right_points(left_points.size());

// 영상이 그레이스케일임을 확인한다.
Mat prevgray,gray;
if (img1.channels() == 3) {
   cvtColor(img1,prevgray,CV_RGB2GRAY);
   cvtColor(img2,gray,CV_RGB2GRAY);
} else {
   prevgray = img1;
}

// 옵티컬 플로우 필드를 계산한다.
// 각 left_point는 어떻게 두 영상을 가로 질러 이동하는가?
vector<uchar>vstatus; vector<float>verror;
calcOpticalFlowPyrLK(prevgray, gray, left_points, right_points,
    vstatus, verror);

// 먼저 많은 오류가 있는 점을 걸러낸다.
vector<Point2f>right_points_to_find;
```

```
vector<int>right_points_to_find_back_index;
for (unsigned inti=0; i<vstatus.size(); i++) {
   if (vstatus[i] &&verror[i] < 12.0) {
      // 차후에 사용할
      // 옵티컬 플로우 배열 내 점의 원 첨자를 유지한다.
      right_points_to_find_back_index.push_back(i);
      // 특징점 자체를 유지한다.
      right_points_to_find.push_back(j_pts[i]);
   } else {
      vstatus[i] = 0; // 나쁜 플로우
   }
}

// 검출한 특징에 속한 각 right_point를 본다.
Mat right_points_to_find_flat = Mat(right_points_to_find).
      reshape(1,to_find.size()); // 1차원 배열

vector<Point2f>right_features; // 검출한 특징
KeyPointsToPoints(right_keypoints,right_features);

Mat right_features_flat =
      Mat(right_features).reshape(1,right_features.size());

// 해당 영역 내 검출했던 특징이 있는
// 오른쪽 영상 내의 각 OF 점을 둘러보고 정합한다.
BFMatchermatcher(CV_L2);
vector<vector<DMatch>>nearest_neighbors;
matcher.radiusMatch(
      right_points_to_find_flat,
      right_features_flat,
      nearest_neighbors,
      2.0f);

// 찾은 이웃이 유일한지 확인한다.
// (헷갈릴 수 있는 서로 너무 가까운 이웃을 없애버림)
std::set<int>found_in_right_points; // 중복 방지
```

```
for(inti=0;i<nearest_neighbors.size();i++) {
    DMatch _m;
    if(nearest_neighbors[i].size()==1) {
        _m = nearest_neighbors[i][0]; // 한 이웃만
    } else if(nearest_neighbors[i].size()>1) {
        // 2번째 이웃 - 얼마나 가까이 있는지 확인
        double ratio = nearest_neighbors[i][0].distance /
            nearest_neighbors[i][1].distance;
        if(ratio < 0.7) { // 너무 가깝지 않음
            // 가장 가까운(첫 번째) 이웃을 취한다.
            _m = nearest_neighbors[i][0];
        } else { // 너무 가깝다. - 최적이라고 말할 수 없다.
            continue; // 비율 판정법을 통과하지 않는다. - 없애버린다.
        }
    } else {
        continue; // 이웃이 아니네요. :(
    }

    // 중복 방지
    if (found_in_right_points.find(_m.trainIdx) ==
        found_in_right_points.end()) {
        // 찾은 이웃을 아직 사용하지 않았다.
        // 왼쪽 점의 원 첨자로 정합해야 한다.
        _m.queryIdx = right_points_to_find_back_index[_m.queryIdx];
        matches->push_back(_m); // 정합 추가
        found_in_right_points.insert(_m.trainIdx);
    }
}

cout<<"pruned "<< matches->size() <<" / "<<nearest_neighbors.size()
    <<" matches"<<endl;
```

KeyPointsToPoints와 PointsToKeyPoints 함수는 cv::Point2f와 cv::
KeyPoint 구조체 간을 변환하는 간단하고 편리한 함수다.

이전 코드 일부에서 흥미로운 숫자를 볼 수 있다. 옵티컬 플로우를 사용할 때 제일 먼저 주목해야 할 부분은 결과가 특징이 왼쪽에 있는 영상의 위치에서 오른쪽에 있는 영상의 위치로 이동했음을 보여준다. 그러나 영상에서 검출한 새로운 특징 집합이 오른쪽에 있고 옵티컬 플로우에서는 영상으로부터 왼쪽으로 흐르므로, 특징에 맞춰 반드시 정렬하지 않는다. 꼭 정렬해야 한다. 잃어버린 특징을 찾기 위해 관심점의 2 화소 반경 안에 떨어진 두 특징을 넘겨주는 k-최근접 이웃<sup>kNN, k-nearest neighbor</sup> 반경 검색을 이용한다.

하나 더 추가하자면 오류를 줄이기 위한 SfM의 일반적인 사례인 kNN으로 비율 판정법을 구현한 것을 볼 수 있다. 본질적으로 필터이며 왼쪽 영상에 있는 한 특징과 오른쪽 영상의 다른 특징 간에 정합할 때 혼란을 안겨주는 정합을 줄인다. 오른쪽 영상에 두 특징이 있는데 서로 너무 가까이 있거나 비율이 너무 크다면(1.0에 가까움) 혼란이 있음을 간주해 사용하지 않는다. 또한 나중에 정합을 잘라내기 위해 중복 방지 필터를 단다.

다음 그림은 한 영상에서 다른 영상으로 가는 플로우 필드를 보여준다. 왼쪽 영상에 있는 분홍색 화살표는 왼쪽 영상에서 다른 영상으로 가는 패치 모션<sup>patch motion</sup>을 보여준다. 두 번째 영상의 왼쪽에서 확대한 흐름 필드의 작은 영역을 볼 수 있다. 분홍색 화살표로 패치의 모션을 다시 한 번 보여주겠다. 오른쪽에 있는 두 원 영상의 일부를 응시한다면 이해가 될 것이다.

풍부한 특징을 대신해 사용하는 옵티컬 플로우의 장점은 과정이 일반적으로 더 빠르고 매우 많은 점 정합을 감당할 수 있으며, 더 빽빽하게 재구성할 수 있다는 점이다. 많은 옵티컬 플로우 방법도 물론 전체 패치 모션의 다공성 모델이다. 여기서 풍부한 특징 정합은 대체로 고려되지 않는다. 옵티컬 플로우로 작업하는 데 있어 주의하자면 동일한 하드웨어로 연속 영상을 처리할 때 최적으로 작동하는 반면, 풍부한 특징은 연속 영상을 처리하기엔 대부분 불가하다. 옵티컬 플로우는 특징점 주위에 있는 영상 패치 같은 보통 가장 기본적인 특징을 사용하는 반면에 고차원의 풍부한 특징(예, SURF)은 각 특징점의 고차원 정보를 고려한다는 사실 때문에 차이가 있다. 옵티컬 플로우나 풍부한 특징을 사용하는 데 있어 애플리케이션 설계자는 입력에 따라 결정한다.

## 카메라 행렬 찾기

이제 특징점 간의 정합을 얻었으니 기초 행렬을 비롯해 기본 행렬로부터 얻은 것을 계산할 수 있다. 그러나 정합한 점을 먼저 두 배열에 정렬해야 하며, 여기서 한 배열의 첨자는 다른 배열의 동일한 첨자에 대응한다. 이것은 findFundamentalMat 함수가 요구하는 것이다. 또한 KeyPoint 구조체를 Point2f 구조체로 변환해야 한다. matcher.match() 함수를 사용하는 방법으로 반드시 정렬해야 하는 만큼은 DMatch의 queryIdx와 trainIdx 멤버 변수, 두 특징점 간의 정합을 담은 OpenCV 구조체에 특별한 주의를 기울여야 한다. 다음 코드 부분은 두 대응하는 2D 집합 간의 정합을 정렬하는 방법과 기본 행렬을 찾기 위해 사용하는 방법을 보여준다.

```
vector<Point2f>imgpts1,imgpts2;
for( unsigned inti = 0; i<matches.size(); i++ )
{
    // queryIdx는 "왼쪽" 영상임.
    imgpts1.push_back(keypoints1[matches[i].queryIdx].pt);
    // trainIdx는 "오른쪽" 영상임.
    imgpts2.push_back(keypoints2[matches[i].trainIdx].pt);
}

Mat F = findFundamentalMat(imgpts1, imgpts2, FM_RANSAC, 0.1, 0.99,
```

```
status);
Mat_<double> E = K.t() * F * K; //according to HZ (9.12)
```

나중에는 복원한 기초 행렬에 맞출 때 점을 잘라내는 status 이진 벡터를
사용할 수 있다. 기초 행렬로 잘라낸 후의 점 정합을 예시한 그림은 다음과
같다. 빨간색 화살표는 F 행렬을 찾는 과정에서 제거된 정합된 특징을 표시
한 것이고, 녹색 화살표는 보존했던 정합된 특징이다.

이제 카메라 행렬을 찾을 준비가 됐다. 이 과정은 H와 Z가 집필한 책의 9장
에서 상세하게 설명하고 있다. 아무튼 매우 쉽고 간단하게 구현한 것을 사용
하겠으며, OpenCV는 이런 상황을 쉽게 해준다. 그러나 먼저 사용할 카메라
행렬의 구조를 간략하게 살펴본다.

$$P = [R|t] = \begin{bmatrix} r_1 & r_2 & r_3 & t_1 \\ r_4 & r_5 & r_6 & t_2 \\ r_7 & r_8 & r_9 & t_3 \end{bmatrix}$$

이 행렬은 카메라 모델이고, 두 요소인 회전(R로 표기)과 이동(t로 표기)으로 구성한다. 매우 기본인 방정식인 x=PX가 들어 있다는 점이 흥미롭다. 여기서 x는 영상의 2D 점이고, X는 공간 내의 3D 점인 점이다. 하지만 전부는 아니다. 이 행렬은 영상 점과 장면 점 사이의 매우 중요한 관계를 제공한다. 따라서 지금 카메라 행렬을 찾는 동기를 갖고, 어떻게 찾을 수 있는지 보자. 다음 코드 조각은 기본 행렬을 회전과 이동 요소로 분해하는 방법을 보여준다.

```
SVD svd(E);
Matx33d W(0,-1,0,//HZ 9.13
    1,0,0,
    0,0,1);
Mat_<double> R = svd.u * Mat(W) * svd.vt; //HZ 9.19
Mat_<double> t = svd.u.col(2); //u3
Matx34d P1( R(0,0),R(0,1), R(0,2), t(0),
R(1,0),R(1,1), R(1,2), t(1),
R(2,0),R(2,1), R(2,2), t(2));
```

매우 단순하다. 우리가 해야 할 일은 전에 얻었던 기본 행렬을 특이값 분해 SVD, Singular Value Decomposition 하고, 특수 행렬 W로 곱하는 것뿐이다. 수학적으로 이해하려고 깊이 들어갈 필요 없이 SVD 연산은 행렬 E를 2개 부분인 회전 요소와 이동 요소를 분해한다고 말할 수 있다. 사실 기본 행렬은 원래 두 요소 간의 곱으로 조합됐다. 호기심을 완전하게 만족하기 위해 문헌에 나타난 기본 행렬에 대한 방정식인 $E=[t]_x R$을 볼 수 있다. 이동 요소(일부 형태)와 회전 요소인 R의 조합임을 보게 된다.

한 카메라 행렬만 주어졌음에 주목하자. 그렇다면 다른 카메라 행렬은 어디에 있는가? 자, 한 카메라 행렬을 고정했고, 정준canonical(회전이 없고, 이동도 없음)이라는 전제에서 연산을 수행하자. 다음 카메라 행렬은 물론 정준이다.

$$P_0 = \begin{bmatrix} 1 & 0 & 0 & 0 \\ 0 & 1 & 0 & 0 \\ 0 & 0 & 1 & 0 \end{bmatrix}$$

기본 행렬로부터 복원한 다른 카메라는 고정된 행렬과 관계를 맺은 상태에서 이동하고 회전한다. 또한 그 시점은 세계 원점인 (0, 0 ,0)에 있는 첫 번째 카메라를 갖는 두 카메라 행렬로부터 복원한 어느 3D 시점임을 의미한다.

하지만 완벽한 해답이 아니다. H와 Z는 책에서 사실상 네 가지 가능한 카메라 행렬을 어떤 방법으로 왜 분해하는지 보여주고 있지만, 그 중 하나만 참이다. 올바른 행렬은 하나이며, 양수 Z(점은 카메라 전방에 있다)로 점을 재구성해 만들어낸다. 그러나 다음 절에 다룰 삼각 측량과 3D 재구성에 관해 배운 후에야 겨우 이해할 수 있다.

한 가지 더, 지금까지의 방법에 오류를 확인하는 부분을 추가하는 것을 생각할 수 있다. 점 정합 과정에서 기초 행렬을 여러 번 계산하는 것은 잘못이며, 카메라 행렬에 영향을 준다. 불완전한 카메라로 연속적인 삼각 측량을 하면 점이 사라진다. 회전 요소가 유효한 회전 행렬인지 아닌지 보기 위해 확인하는 부분을 달 수 있다. 회전 행렬의 행렬식이 1(또는 -1)임을 명심하고, 다음과 같이 간단하게 할 수 있다.

```
bool CheckCoherentRotation(cv::Mat_<double>& R) {
   if(fabsf(determinant(R))-1.0 > 1e-07) {
     cerr<<"det(R) != +-1.0, this is not a rotation matrix"<<endl;
     return false;
   }
   return true;
}
```

다음과 같이 모든 요소가 P 행렬을 복원하는 함수에 결합하는 방법을 지금 볼 수 있다.

```
void FindCameraMatrices(const Mat& K,
    const Mat& Kinv,
    const vector<KeyPoint>& imgpts1,
    const vector<KeyPoint>& imgpts2,
    Matx34d& P,
    Matx34d& P1,
    vector<DMatch>& matches,
    vector<CloudPoint>& outCloud
)
{
    // 카메라 행렬 찾기

    // 기초 행렬 얻기
    Mat F = GetFundamentalMat(imgpts1,imgpts2,matches);

    // 기본 행렬: 계산한 후 카메라 [R|t]를 추출한다.
    Mat_<double> E = K.t() * F * K; // HZ (9.12)에 따른다.

    // E를 P'로 분해한다. HZ (9.19)
    SVD svd(E,SVD::MODIFY_A);
    Mat svd_u = svd.u;
    Mat svd_vt = svd.vt;
    Mat svd_w = svd.w;

    Matx33d W(0,-1,0,//HZ 9.13
        1,0,0,
        0,0,1);

    Mat_<double> R = svd_u * Mat(W) * svd_vt; //HZ 9.19
    Mat_<double> t = svd_u.col(2); //u3

    if (!CheckCoherentRotation(R)) {
        cout<<"resulting rotation is not coherent\n";
        P1 = 0;
        return;
    }
```

```
   P1 = Matx34d(R(0,0),R(0,1),R(0,2),t(0),
   R(1,0),R(1,1),R(1,2),t(1),
   R(2,0),R(2,1),R(2,2),t(2));
}
```

여기서 두 카메라가 갖는 점은 장면을 재구성하기 위해 필요하다. 정준 첫 카메라는 P 변수에 있고, 계산한 두 번째 카메라는 P1 변수의 기초 행렬 형태다. 다음 절에는 장면의 3D 구조를 얻기 위해 카메라를 사용하는 방법을 알아본다.

## 장면 재구성

다음으로는 지금까지 획득했던 정보로 장면의 3D 재구성 복원을 들여다본다. 전에 했던 것처럼 이를 달성하기 위한 도구와 정보를 살펴보자. 앞 절에서 기본 행렬과 기초 행렬로부터 두 카메라 행렬을 얻었다. 장면 내 점의 3D 위치를 얻는 데 유용한 도구를 어떻게 사용하는지 이미 다뤘다. 그러면 수치 데이터로 방정식을 채우려고 일치했던 점 쌍으로 돌아갈 수 있다. 또한 점 쌍은 모든 근사화 계산으로부터 오류를 계산할 때 유용하다.

OpenCV를 이용한 삼각 측량을 수행하는 방법을 살펴볼 시간이다. 이번에는 하틀리와 지서만이 몇 가지 삼각 측량 방법을 구현하고 비교한 삼각 측량 논문에서 제시한 단계를 따라 한다. 선형 방법 중 하나를 구현하며, OpenCV로 코드를 매우 간단하게 작성할 수 있다.

2D 점 정합과 P 행렬인 x=PX와 x'=PX로 발생한 두 주요 방정식을 가진다는 점을 기억하라. 여기서 x과 x'는 정합한 2D 점이고, X는 두 카메라로 얻은 영상의 실세계 3D 점이다. 방정식을 다시 작성한다면 X 값을 해결할 수 있는 선형 시스템 방정식을 만들 수 있는데, 여기서 우리가 찾고자 하는 것이다. X = (x, y, z, 1)t(점이 카메라 중심으로부터 너무 가깝거나 너무 멀다는 타당한 가정임)가 AX=B 형태인 비동차 선형 방정식 시스템을 만든다고 전제하자.

다음과 같은 코드로 방정식 시스템을 풀 수 있다.

```
Mat_<double> LinearLSTriangulation(
    Point3d u,    // 동차 영상 점 (u,v,1)
    Matx34d P,    // 카메라 1 행렬
    Point3d u1,   // 2번째 카메라의 동차 영상 점
    Matx34d P1    // 카메라 2 행렬
)
{
    // A 행렬 구축
    Matx43d A(u.x*P(2,0)-P(0,0),u.x*P(2,1)-P(0,1),u.x*P(2,2)-P(0,2),
        u.y*P(2,0)-P(1,0),u.y*P(2,1)-P(1,1),u.y*P(2,2)-P(1,2),
        u1.x*P1(2,0)-P1(0,0), u1.x*P1(2,1)-P1(0,1),u1.x*P1(2,2)-P1(0,2),
        u1.y*P1(2,0)-P1(1,0), u1.y*P1(2,1)-P1(1,1),u1.y*P1(2,2)-P1(1,2)
    );

    // B 벡터 구축
    Matx41d B(-(u.x*P(2,3)-P(0,3)),
        -(u.y*P(2,3)-P(1,3)),
        -(u1.x*P1(2,3)-P1(0,3)),
        -(u1.y*P1(2,3)-P1(1,3)));

    // X를 해결한다.
    Mat_<double> X;
    solve(A,B,X,DECOMP_SVD);

    return X;
}
```

두 2D 점으로부터 발생한 3D 점에 대한 근사를 제공한다. 하나 더 주목할 부분은 2D 점이 동차 좌표계를 대표하며, x와 y 값에 1이 추가됐음을 의미한다는 것이다. 점이 정규화된 좌표계에 있음을 확인해야 하며, 사전에 보정 행렬인 K를 곱했음을 의미한다. 행렬 K로 곱한 각 점을 대신해 H와 Z가 9장 전반에 걸쳐 다뤘던 KP 행렬 사용으로 간단하게 사용할 수 있음을 눈치

챘을 것이다. 다음과 같이 이제 완벽한 삼각 측량을 얻기 위해 점 정합을
반복하게 작성할 수 있다.

```
double TriangulatePoints(
    const vector<KeyPoint>& pt_set1,
    const vector<KeyPoint>& pt_set2,
    const Mat&Kinv,
    const Matx34d& P,
    const Matx34d& P1,
    vector<Point3d>& pointcloud)
{
    vector<double> reproj_error;
    for (unsigned int i=0; i<pts_size; i++) {
        // 정규화된 동차 좌표계로 변환한다.
        Point2f kp = pt_set1[i].pt;
        Point3d u(kp.x,kp.y,1.0);
        Mat_<double> um = Kinv * Mat_<double>(u);
        u = um.at<Point3d>(0);
        Point2f kp1 = pt_set2[i].pt;
        Point3d u1(kp1.x,kp1.y,1.0);
        Mat_<double> um1 = Kinv * Mat_<double>(u1);
        u1 = um1.at<Point3d>(0);

        // 삼각 측량
        Mat_<double> X = LinearLSTriangulation(u,P,u1,P1);

        // 재투영 오류 계산
        Mat_<double> xPt_img = K * Mat(P1) * X;
        Point2f xPt_img_(xPt_img(0)/xPt_img(2),xPt_img(1)/xPt_img(2));
        reproj_error.push_back(norm(xPt_img_-kp1));

        // 3D 점 저장
        pointcloud.push_back(Point3d(X(0),X(1),X(2)));
    }
```

```
    // 평균 재투영 오류 반환
    Scalar me = mean(reproj_error);
    return me[0];
}
```

다음 그림과 같이 http://cvlab.epfl.ch/~strecha/multiview/denseMVS.html에 있는 분수-P11 연속에 포함된 두 영상의 삼각 측량 결과를 볼 수 있다. 상단 의 두 영상은 장면의 원래 두 시점이고, 아래 쌍은 두 시점으로부터 재구성한 점 구름의 시점이며, 분수를 보는 추정된 카메라를 포함한다. 빨간 벽돌 벽 의 오른쪽 부분을 어떻게 재구성했었는지 볼 수 있었고, 벽으로부터 튀어나 온 분수도 마찬가지다.

그러나 이전에 다뤘던 대로 재구성은 임의의 크기 인자에만 의존하고 있어 문제가 있다. 임의의 크기 인자가 무엇을 뜻하는지 이해하기 위해 잠시만 시간을 내보자. 두 카메라에서 얻은 모션은 임의의 측정 단위로 해야 한다. 즉, 센티미터나 인치는 아니지만 단순하게 주어진 크기 단위다. 재구성된 카메라는 한 크기 단위 차이다. 이것은 일반적인 단위 대신에 각 카메라 쌍이 자신만의 크기 단위를 갖는 만큼, 나중에 더 많은 카메라를 복원하려고 결정해야 할 때 큰 영향을 미친다.

이제 매우 견고한 재구성을 찾는 데 도움이 되도록 준비할 오류 측정 방법을 다룬다. 먼저 재투영은 간단하게 하자면 삼각 측량한 3D 점을 취하고, 재투영한 2D 점을 얻으려고 카메라로 영상을 다시 만든 후 원 2D 점과 재투영한 2D 점 사이의 거리를 비교함을 의미한다는 점에 주목해야 한다. 이 거리가 크다면 삼각 측량에 오류가 있을 수 있음을 의미한다. 따라서 최종 결과에 이 점을 포함하길 원하지 않을 수 있다. 전역 측정은 평균 재투영 거리이고, 삼각 측량을 전반적으로 어떻게 수행할지에 대한 실마리를 제공해줄 수 있다. 높은 평균 재투영 비율은 P 행렬 문제가 주를 이루므로, 기본 행렬 계산이나 일치한 특징점에 문제가 있을 수 있다.

이전 절의 카메라 행렬을 다룬 부분으로 잠시 되돌아가보자. 네 가지 다른 방법으로 카메라 행렬 P1을 조합해 수행할 수 있음을 언급했다. 그러나 한 조합만 올바르다. 지금은 점을 삼각 측량하는 방법을 알고 있으므로, 네 가지 카메라 행렬 중 하나가 유효한지 확인하는 부분을 추가할 수 있다. 이것은 부록에 추가된 예제 코드에 실었으므로 상세한 구현을 생략한다.

다음은 동일한 장면을 바라보는 많은 카메라를 복원하고, 3D 재구성 결과를 조합하는 방법을 알아본다.

## 많은 시점으로부터 재구성

이제 두 카메라로부터 모션과 장면 형태를 복원하는 방법을 알았으니 추가한 카메라의 파라미터와 더 많은 점에 동일한 과정을 적용한다면 간단하게 보일지도 모른다. 사실 임의의 크기 인자로 재구성을 할 수 있을 뿐 각 그림 쌍도 서로 다른 크기라면 그리 단순하지 않다.

다중 시점의 3D 장면 데이터를 올바르게 재구성하는 여러 가지 방법이 있다. 한 방법은 후방교회법$^{resection}$ 혹은 카메라 포즈 추정이며, 이미 찾았던 장면 점을 이용한 새로운 카메라 위치를 해결하려고 시도한 원근 N 점$^{PNP,}$ $_{Perspective N-Point}$으로도 알려졌다. 다른 방법은 많은 점으로 삼각 측량하고 존재하는 장면 형태에 어떻게 들어맞는지 볼 수 있다. 이것은 반복 최근접점 $_{ICP, Iterative Closet Point}$ 절차에서 의미하듯이 새로운 카메라의 위치를 말해준다. 4장에서는 첫 번째 방법을 달성하기 위한 OpenCV의 solvePnP 함수의 사용에 대해 다룬다.

첫 단계는 재구성 종류에서 카메라 후방교회법으로 증분 3D 재구성을 선택해 기본선 장면 구조를 얻는다. 장면의 알려진 구조에 기반을 둔 새로운 카메라의 위치를 찾았다면 초기 구조를 찾아 기본선과 함께 작업해야 한다. 카메라 행렬을 찾고(FindCameraMetrics 함수 사용), 형태를 삼각 측량(TriangulatePoints 함수)하는 과정에서 기본선을 얻기 위해 이전에 다뤘던 방법을 사용할 수 있으며, 예를 들어 첫 번째와 두 번째 프레임 사이를 들 수 있다.

초기 구조를 발견했다면 계속 할 수 있겠지만, 이번 방법은 기록하고 계산하고 정리할 것을 많이 요구한다. 우선 solvePnP 함수는 두 개의 맞춘 3D와 2D 점의 벡터가 필요함을 알아야 한다. 정렬된 벡터는 한 벡터의 i번째 위치가 다른 i번째로 정렬했음을 의미한다. 두 벡터를 얻기 위해 새로운 프레임의 2D 점에 맞추도록 이전에 복원했던 3D 점 중에 있는 점을 찾아야 한다. 간단한 방법은 구름에서 각 3D 점을 붙이는 것이며, 벡터는 여기서 나온 2D 점을 표기한다. 그러면 정합 쌍을 얻기 위한 특징점 정합을 사용할 수 있다.

다음과 같은 3D 점에 대한 새로운 구조체를 소개한다.

```
struct CloudPoint {
   cv::Point3d pt;
   std::vector<int>index_of_2d_origin;
};
```

3D 점 아래에 있는 것은 각 프레임이 갖는 2D 점 벡터 내부에 있는 2D 점의 첨자이며, 이 3D 점에 기여한다. index_of_2d_origin 정보는 새로운 3D 점을 삼각 측량할 때 반드시 초기화해야 되며, 삼각 측량에 카메라가 관계되면 기록한다. 그러면 다음과 같이 3D 점 구름을 각 프레임의 2D 점으로 역추적하게 사용할 수 있다.

```
std::vector<CloudPoint> pcloud;  // 전역 3D 점 구름

// i번째 프레임과 0번째 프레임 간의 일치를 확인한다(따라서 현재 구름임).
std::vector<cv::Point3f> ppcloud;
std::vector<cv::Point2f> imgPoints;
vector<int> pcloud_status(pcloud.size(),0);

// 이미 사용했던 시점을 순회한다(good_views).
for (set<int>::iterator done_view = good_views.begin();
    done_view !=good_views.end(); ++done_view)
{
   int old_view = *done_view; // 이미 재구성에 사용했던 시점

   // <working_view>'번째 프레임과 <old_view>'번째 프레임 간의
   // matches_from_old_to_working을 확인한다(따라서 현재 구름임).
   std::vector<cv::DMatch> matches_from_old_to_working =
        matches_matrix[std::make_pair(old_view,working_view)];

   // 2D-2D 정합된 점을 순회한다.
   for (unsigned int match_from_old_view=0;
       match_from_old_view<matches_from_old_to_working.size();
       match_from_old_view++) {

     // <old_view> 내 정합하는 2D 점의 첨자
     int idx_in_old_view =
         matches_from_old_to_working[match_from_old_view].queryIdx;

     // <old_view>에 존재하는지 확인하기 위해 존재하는 구름을 순회한다.
     for (unsigned int pcldp=0; pcldp<pcloud.size(); pcldp++) {
```

```
                // 구름의 3D 점에 기여하는 <old_view>의 2D점인지 본다.
                if (idx_in_old_view ==
                    pcloud[pcldp].index_of_2d_origin[old_view]
                    && pcloud_status[pcldp] == 0) // 중복 방지
                {
                    // 구름의 3d 점
                    ppcloud.push_back(pcloud[pcldp].pt);

                    // 영상 <working_view>의 2d 점
                    Point2d pt_ = imgpts[working_view][matches_from_old_to_
                        working[match_from_old_view].trainIdx].pt;
                    imgPoints.push_back(pt_);

                    pcloud_status[pcldp] = 1;
                    break;
                }
            }
        }
}

cout<<"found "<<ppcloud.size() <<" 3d-2d point correspondences"<<endl;
```

이제 장면의 3D 점 쌍을 새로운 프레임의 2D 점으로 정렬한 쌍을 갖게 됐고,
다음과 같이 카메라 위치를 복원할 때 사용할 수 있다.

```
cv::Mat_<double> t,rvec,R;
cv::solvePnPRansac(ppcloud, imgPoints, K, distcoeff, rvec, t, false);

// 3×3 행렬 형태인 회전 가져오기
Rodrigues(rvec, R);
P1 = cv::Matx34d(R(0,0),R(0,1),R(0,2),t(0),
    R(1,0),R(1,1),R(1,2),t(1),
    R(2,0),R(2,1),R(2,2),t(2));
```

solvePnP 함수 대신에 solvePnPRansac 함수를 사용하며, 이상치에 매우 강건하게 만듦에 주목하라. 지금은 새로운 P1 행렬이 있으므로 전에 정의했던 TriangulatePoints 함수를 간단히 사용해 많은 3D 점으로 점 구름을 채운다.

다음 그림과 같이 4번째 영상으로부터 시작해 http://cvlab.epfl.ch/~strecha/multiview/denseMVS.html에 있는 분수-P11 장면을 증분 재구성하고 있음을 볼 수 있다. 상단 왼쪽 영상은 네 개 영상을 사용한 후에 재구성했다. 참여한 카메라는 방향을 보여주는 하얀 선과 함께 있는 빨간 피라미드다. 다른 영상은 많은 카메라에 많은 점을 구름에 어떻게 더할 수 있는지 보여준다.

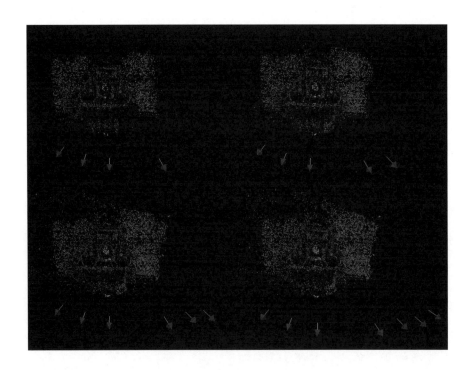

# 재구성 정제

SfM 방법의 가장 중요한 부분 중 하나는 장면을 정제하고 최적화해 재구성하며, 번들 조정<sup>BA, Bundle Adjustment</sup>으로 알려졌다. 이것은 최적화 단계로, 수집한 모든 데이터를 모놀리식 모델<sup>monolithic mode</sup>로 집적했다. 두 3D 점의 위치와 카메라 위치를 최적화했으므로 재투영 오류를 최소화한다(즉, 영상에 투영된 근사한 3D 점은 원 2D 점의 위치에 매우 가깝다). 이 과정에 보통 수만 개의 변수가 들어가는 매우 큰 선형 방정식으로 해결을 수반한다. 이 과정은 약간 힘들 수 있다. 그러나 이 단계는 조기에 번들 조정기로 쉽게 통합할 수 있다. 어떻게 보면 일찌감치 정리된다는 점이 이상하게 보일 수 있다. 예를 들자면 구름에서 각 3D 점에 대한 원 2D 점을 유지하는 이유가 있다.

번들 조정 알고리즘을 구현한 한 가지는 단순 희소 번들 조정<sup>SSBA, Simple Sparse Bundle Adjustment</sup> 라이브러리다. 간단한 API를 제공하는 BA 최적기를 선택한다. 데이터 구조체로부터 쉽게 만들 수 있는 몇 가지 입력 인자만 필요하다. SSBA에서 사용하는 핵심 객체는 최적화를 수행하는 CommonInternalsMetricBundleOptimizer 함수다. 카메라 파라미터가 필요한데, 3D 구름 점, 점 구름의 각 점에 대응하는 2D 영상 점과 장면을 바라보는 카메라다. 이 파라미터를 쉽게 제공해야 한다. BA 방법은 동일한 하드웨어로 모든 영상이 취득했다는 전제하에서 공통 내부이므로 다른 연산 모드를 가정하지 않음에 주의한다. 다음과 같이 번들 조정을 수행할 수 있다.

```
voidBundleAdjuster::adjustBundle(
    vector<CloudPoint>&pointcloud,
    const Mat&cam_intrinsics,
    conststd::vector<std::vector<cv::KeyPoint>>&imgpts,
    std::map<int ,cv::Matx34d>&Pmats
)
{
    int N = Pmats.size(), M = pointcloud.size(), K = -1;
```

```
cout<<"N (cams) = "<< N <<" M (points) = "<< M <<" K (measurements) =
    "<< K <<endl;

StdDistortionFunction distortion;

// 내부 파라미터 행렬
Matrix3x3d KMat;
makeIdentityMatrix(KMat);
KMat[0][0] = cam_intrinsics.at<double>(0,0);

KMat[0][1] = cam_intrinsics.at<double>(0,1);
KMat[0][2] = cam_intrinsics.at<double>(0,2);
KMat[1][1] = cam_intrinsics.at<double>(1,1);
KMat[1][2] = cam_intrinsics.at<double>(1,2);

...

// 3D 점 구름
vector<Vector3d >Xs(M);
for (int j = 0; j < M; ++j)
{
  Xs[j][0] = pointcloud[j].pt.x;
  Xs[j][1] = pointcloud[j].pt.y;
  Xs[j][2] = pointcloud[j].pt.z;
}
cout<<"Read the 3D points."<<endl;

// 카메라를 BA 데이터 구조체로 변환한다.
vector<CameraMatrix> cams(N);
for (inti = 0; i< N; ++i)
{
  intcamId = i;
  Matrix3x3d R;
  Vector3d T;

  Matx34d& P = Pmats[i];
```

```cpp
R[0][0] = P(0,0); R[0][1] = P(0,1); R[0][2] = P(0,2); T[0] = P(0,3);
R[1][0] = P(1,0); R[1][1] = P(1,1); R[1][2] = P(1,2); T[1] = P(1,3);
R[2][0] = P(2,0); R[2][1] = P(2,1); R[2][2] = P(2,2); T[2] = P(2,3);

cams[i].setIntrinsic(Knorm);
cams[i].setRotation(R);
cams[i].setTranslation(T);
}

cout<<"Read the cameras."<<endl;

vector<Vector2d > measurements;
vector<int> correspondingView;
vector<int> correspondingPoint;

// 2D 대응점
for (unsigned int k = 0; k <pointcloud.size(); ++k)
{
  for (unsigned int i=0; i<pointcloud[k].imgpt_for_img.size(); i++) {
    if (pointcloud[k].imgpt_for_img[i] >= 0) {
      int view = i, point = k;
      Vector3d p, np;

      Point cvp = imgpts[i][pointcloud[k].imgpt_for_img[i]].pt;
      p[0] = cvp.x;
      p[1] = cvp.y;
      p[2] = 1.0;

      // 단위 초점에 일치하는 측정을 정규화한다.
      scaleVectorIP(1.0/f0, p);
      measurements.push_back(Vector2d(p[0], p[1]));
      correspondingView.push_back(view);
      correspondingPoint.push_back(point);
    }
  }
} // for (k) 끝
```

```
K = measurements.size();

cout<<"Read "<< K <<" valid 2D measurements."<<endl;

...

// 번들 조정 수행
{
  CommonInternalsMetricBundleOptimizeropt(V3D::FULL_BUNDLE_
      FOCAL_LENGTH_PP, inlierThreshold, K0, distortion, cams,
      Xs, measurements, correspondingView, correspondingPoint);

  opt.tau = 1e-3;
  opt.maxIterations = 50;
  opt.minimize();

  cout<<"optimizer status = "<<opt.status<<endl;
}

...

// 3D 점 추출
for (unsigned int j = 0; j <Xs.size(); ++j)
{
  pointcloud[j].pt.x = Xs[j][0];
  pointcloud[j].pt.y = Xs[j][1];
  pointcloud[j].pt.z = Xs[j][2];
}

// 조정된 카메라 추출
for (int i = 0; i< N; ++i)
{
  Matrix3x3d R = cams[i].getRotation();
  Vector3d T = cams[i].getTranslation();
  Matx34d P;

  P(0,0) = R[0][0]; P(0,1) = R[0][1]; P(0,2) = R[0][2]; P(0,3) = T[0];
```

```
P(1,0) = R[1][0]; P(1,1) = R[1][1]; P(1,2) = R[1][2]; P(1,3) = T[1];
P(2,0) = R[2][0]; P(2,1) = R[2][1]; P(2,2) = R[2][2]; P(2,3) = T[2];
Pmats[i] = P;
    }
}
```

이 코드는 길지만 주로 내부 데이터 구조체와 SBBA의 데이터 구조체 간의 변환, 그리고 최적화 과정을 호출한다.

다음 그림은 BA의 효과를 보여준다. 왼쪽의 두 영상은 두 원근으로부터 조정하기 전인 점 구름의 점이고, 오른쪽 영상은 최적화된 구름이다. 매우 극적으로 변했으며, 다른 시점으로부터 삼각 측량한 점 사이에 잘못 조정된 많은 것을 대부분 정리했다. 덧붙여 조정이 평평한 표면을 훨씬 낮게 재구성하도록 생성할 수 있음을 주목하자.

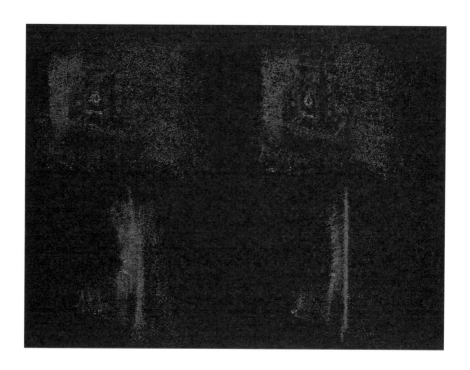

# PCL로 3D 점 구름 시각화

3D 데이터로 작업하다 보면 재투영 오류 측정이나 기초 점 정보로 단순히 결과가 정확한지 빨리 파악하기가 어렵다. 반면에 점 구름을 자세히 살펴본다면 그 자체만으로 합당한지 아니면 오류인지 즉시 검증할 수 있다. 시각화에 대해 PCL^Point Cloud Library라고 하는 OpenCV의 잘 나가는 자매 프로젝트를 사용할 수 있다. 시각화를 비롯해 평탄한 표면, 점 구름 정합, 분할한 객체와 이상치 제거 같이 점 구름을 분석하는 많은 도구가 딸려 나온다. 이 도구는 목표가 점 구름에만 있지 않더라도 3D 모델 같은 일부 고차원 정보에도 매우 유용하다.

우선 PCL의 데이터 구조로 구름(기본적으로 3D 점 목록임)을 표현하자. 다음과 같이 할 수 있다.

```
pcl::PointCloud<pcl::PointXYZRGB>::Ptr cloud;

void PopulatePCLPointCloud(const vector<Point3d>& pointcloud,
    const std::vector<cv::Vec3b>& pointcloud_RGB
)
// 점 구름 채우기
{
    cout<<"Creating point cloud...";
    cloud.reset(new pcl::PointCloud<pcl::PointXYZRGB>);

    for (unsigned int i=0; i<pointcloud.size(); i++) {
        // 점의 RGB 컬러 값을 가져오기
        Vec3b rgbv(255,255,255);

        if (pointcloud_RGB.size() >= i) {
            rgbv = pointcloud_RGB[i];
        }

        // 오류 좌표계 확인(NaN, Inf 등)
        if (pointcloud[i].x != pointcloud[i].x || isnan(pointcloud[i].x) ||
```

```
              pointcloud[i].y != pointcloud[i].y ||
              isnan(pointcloud[i].y) || pointcloud[i].z !=
              pointcloud[i].z || isnan(pointcloud[i].z) ||
              fabsf(pointcloud[i].x) > 10.0 ||
              fabsf(pointcloud[i].y) > 10.0 ||
              fabsf(pointcloud[i].z) > 10.0) {
          continue;
      }

      pcl::PointXYZRGB pclp;

      // 3D 좌표계
      pclp.x = pointcloud[i].x;
      pclp.y = pointcloud[i].y;
      pclp.z = pointcloud[i].z;

      // RGB 컬러, 정수로 표현해야 한다.
      uint32_t rgb = ((uint32_t)rgbv[2] << 16 | (uint32_t)rgbv[1] << 8
          |(uint32_t)rgbv[0]);

      pclp.rgb = *reinterpret_cast<float*>(&rgb);
      cloud->push_back(pclp);
  }

  cloud->width = (uint32_t) cloud->points.size(); // 점 개수
  cloud->height = 1; // 점 목록, 데이터의 한 행이다.
}
```

시각화 목적을 위한 멋진 효과를 보여 주려고 영상에서 얻은 RGB 값인 컬러 데이터를 쓸 수도 있다. 또한 통계적 이상치 제거<sup>SOR, Statistical Outlier Removal</sup> 도구를 다음과 같이 사용해 이상치 같은 제거할 점인 기초 구름을 걸러내게 할 수 있다.

```
void SORFilter() {
  pcl::PointCloud<pcl::PointXYZRGB>::Ptr cloud_filtered
```

```
                (new pcl::PointCloud<pcl::PointXYZRGB>);

    std::cerr<<"Cloud before SOR filtering: "<< cloud->width *
        cloud->height <<" data points"<<std::endl;

    // 필터링 객체 생성
    pcl::StatisticalOutlierRemoval<pcl::PointXYZRGB>sor;
    sor.setInputCloud (cloud);
    sor.setMeanK (50);
    sor.setStddevMulThresh (1.0);
    sor.filter (*cloud_filtered);

    std::cerr<<"Cloud after SOR filtering: "<<cloud_filtered->width *
        cloud_filtered->height <<" data points "<<std::endl;

    copyPointCloud(*cloud_filtered,*cloud);
}
```

그러면 다음과 같이 단순 점 구름 시각화를 실행하는 PCL의 API를 사용할 수 있다.

```
void RunVisualization(const vector<cv::Point3d>& pointcloud,
        const std::vector<cv::Vec3b>& pointcloud_RGB) {
    PopulatePCLPointCloud(pointcloud,pointcloud_RGB);
    SORFilter();
    copyPointCloud(*cloud,*orig_cloud);

    pcl::visualization::CloudViewer viewer("Cloud Viewer");

    // 구름 뷰어 실행
    viewer.showCloud(orig_cloud,"orig");

    while (!viewer.wasStopped ())
    {
        // NOP
    }
}
```

다음 그림은 통계 이상치 제거 도구를 사용한 결과를 보여준다. 왼쪽에 있는 영상은 카메라 위치와 구름의 특정 부분을 확대해 보여준 SfM의 원 결과 구름이다. 오른쪽에 있는 영상은 SOR 작업을 거친 후에 걸러낸 구름을 보여준다. 위치를 벗어난 일부 점을 제거했었고, 깔끔한 점 구름을 남겨뒀음을 알 수 있다.

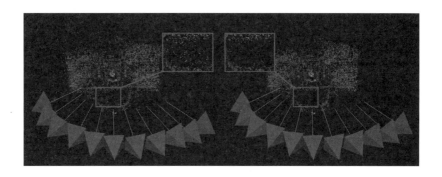

## 예제 코드 사용

이 책의 예제 코드에서 SfM 예제 코드를 찾을 수 있다. 지금 빌드하고, 실행하고, 사용하는 방법을 보여주겠다. 코드는 CMake를 이용하며, 교차플랫폼 구축 환경으로서 메이븐Maven이나 에스콘스SCons와 비슷하다. 또한 애플리케이션을 빌드하기 위해 다음과 같이 미리 준비했는지 확인해야 한다.

- OpenCV v2.3 또는 이상
- PCL v1.6 또는 이상
- SSBA v3.0 또는 이상

먼저 구축 환경을 설정한다. 목적을 달성하기 위해 모든 빌드 관련 파일이 들어 있는 폴더명인 build를 만들 수 있다. build/폴더 안에서 모든 커맨드라인 작업을 한다고 가정하며, build 폴더를 사용하지 않더라도 과정(파일 위치까지만)이 비슷하다.

CMake가 SSBA와 PCL를 찾을 수 있는지 확인해야 한다. PCL을 제대로 설치했다면 문제가 생기지 않는다. 그러나 -DSSBA_LIBRARY_DIR=… 빌드 파라미터를 통해 SSBA의 미리 빌드한 바이너리를 찾기 위한 올바른 위치를 반드시 설정해야 한다. 윈도우 같은 운영체제를 사용한다면 마이크로소프트 비주얼 스튜디오를 사용해 빌드할 수 있다. 그렇다면 다음 명령어를 실행하자.

```
cmake -G "Visual Studio 10" -DSSBA_LIBRARY_DIR=../3rdparty/SSBA-3.0/
build/ ..
```

리눅스, 맥 OS나 다른 유닉스 같은 운영체제를 사용한다면 다음 명령어를 실행한다.

```
cmake -G "Unix Makefiles" -DSSBA_LIBRARY_DIR=../3rdparty/SSBA-3.0/
build/ ..
```

맥 OS에서 엑스코드 사용을 선호한다면 다음 명령어를 실행한다.

```
cmake -G Xcode -DSSBA_LIBRARY_DIR=../3rdparty/SSBA-3.0/build/ ..
```

물론 CMake는 이클립스, 코드블록 등에서 매크로로 빌드할 수 있는 능력이 있다. CMake로 환경을 생성했다면 빌드할 준비가 된 것이다. 유닉스 같은 시스템을 사용하고 있다면 make 유틸리티로 간단하게 실행할 수 있다. 아니라면 개발 환경의 빌드 처리를 사용한다.

빌드를 마쳤다면 SfM 처리를 실행하는 ExploringSfMExec라는 실행 파일이 남아 있다. 아무런 인자 없이 실행하면 다음과 같은 결과가 나타난다.

```
USAGE: ./ExploringSfMExec <path_to_images>
```

영상 집합에 대한 처리를 실행하려면 영상 파일을 찾기 위한 드라이브 위치를 제공해야 한다. 유효한 위치를 받으면 처리를 시작하며, 화면에 진행과 디버그 정보를 보여준다. 처리가 끝났다면 영상으로부터 나온 점 구름을 띄운다.

1과 2 키를 누르면 구름 점 조정과 비조정으로 번갈아 가면서 할 수 있다.

## 요약

4장에서는 OpenCV가 SfM를 처리하기 위해 코드를 단순화하고 이해하는 방식으로 도울 수 있는 방법이 무엇인지 살펴봤으며, OpenCV의 API는 더 편하게 해주고 깔끔한 구현까지 도와주는 많은 유용한 함수와 데이터 구조체를 포함하고 있다.

아무튼 최신 SfM 방법은 훨씬 더 복잡하다. 단순함을 위해 무시할지 아니면 일반적으로 여기서 더 많은 오류 조사를 할지 선택에 따른 다수 논쟁거리가 있으며, SfM의 여러 요소에 대해 선택했던 방법을 고찰할 수도 있다. H와 Z는 SfM에 대해 영상 영역에서 재투영 오류를 최소화시킨 정확한 삼각 측량 방법을 제안한다. N 시점 삼각 측량을 사용하는 몇 가지 방법이 있는데, 다중 영상 내 특징 간의 관계를 일단 이해해야 한다.

친숙해진 SfM을 넓히고 깊게 파고들고 싶다면 다른 오픈소스 SfM 라이브러리를 보면서 자신에게 이득이 되는 것을 분명하게 얻어야 한다. 특별히 관심이 가는 한 프로젝트는 SfM 요소의 방대한 배열을 구현한 libMV이며, 최상의 결과를 얻길 바란다면 대체할 수 있다. 많은 변종(번들러와 VisualSfM) 도구를 제공하는 libMV는 워싱턴 대학에서 작업한 엄청난 결과물이며, 마이크로소프트의 온라인 제품인 포토신스<sup>PhotoSynth</sup>에 영감을 줬다. 온라인에서 손쉽게 사용할 수 있는 SfM 구현부가 훨씬 더 많이 있기 때문에 상당히 많은 SfM을 찾으려면 검색해야만 한다.

SfM과 시각화 위치 추정에 대해 깊이 있게 다루지 않았던 다른 중요한 관계는 동시적 위치 추정<sup>SLAM, Simultaneous Localization and Mapping</sup> 방법이다. 4장에서는 주어진 영상 데이터 집합과 비디오 시퀀스를 SfM으로 다뤘으며, 여러 사례를 실습했다. 그러나 일부 애플리케이션은 미리 기록한 데이터 집합을 갖지 않으며, 그때그때 봐가면서 시작해야 한다. 추정이라고 알려진 과정이 더 낫다. 세계의 3D 지도를 생성할 때 추정을 수행하며, 삼각 측량을 한 후 2D 내의 특징 정합과 추적을 사용한다.

5장에서는 영상으로부터 자동차 번호판을 추출할 때 OpenCV를 쓰면서 기계학습의 다양한 기술을 이용하는 방법을 알아본다.

## 참고 문헌

- Multiple View Geometry in Computer Vision, Richard Hartley and Andrew Zisserman, Cambridge University Press

- Triangulation, Richard I. Hartley and Peter Sturm, Computer vision and image understanding, Vol. 68, pp. 146-157

- http://cvlab.epfl.ch/~strecha/multiview/denseMVS.html

- On Benchmarking Camera Calibration and Multi-View Stereo for High Resolution Imagery, C. Strecha, W. von Hansen, L. Van Gool, P. Fua, and U. Thoennessen, CVPR

- http://www.inf.ethz.ch/personal/chzach/opensource.html

- http://www.ics.forth.gr/~lourakis/sba/

- http://code.google.com/p/libmv/

- http://www.cs.washington.edu/homes/ccwu/vsfm/

- http://phototour.cs.washington.edu/bundler/

- http://photosynth.net/

- http://en.wikipedia.org/wiki/Simultaneous_localization_and_mapping

- http://pointclouds.org

- http://www.cmake.org

# 5

# SVM과 신경망을 활용한 번호판 인식

5장에서 번호판 자동 인식ANPR, Automatic Number Plate Recognition 애플리케이션을 만들 때 필요한 단계를 소개한다. 서로 다른 상황, 즉 예를 들어 적외선 카메라, 자동차 내 고정 위치, 조명 상태 등에 기반을 둔 방식과 기술마다 차이가 있다. 애매한 조명과 자동차 번호판이 작은 원근으로 왜곡된, 평평하지 않은 지면에 놓인 자동차로부터 2~3미터 사이에 찍힌 사진의 자동차 번호판을 검출하는 ANP 애플리케이션을 만들어 진행할 수 있다.

5장의 주목표는 영상 분할과 특징 추출, 패턴 인식 기본, 그리고 두 가지 중요한 인식 알고리즘인 지지 벡터 기계Support Vector Machine와 인공 신경망Artificial Neural Network을 소개하는 것이다.

5장에서는 다음과 같은 내용을 다룬다.

- ANPR
- 번호판 검출

● 번호판 인식

## ANPR 소개

ALPR<sup>Automatic License-Plate Recognition</sup>, AVI<sup>Automatic Vehicle Identification</sup>이나 CPR<sup>Car Plate Recognition</sup>로도 알려진 번호판 자동 인식은 광학 문자 인식<sup>OCR, Optical Character Recognition</sup>과 자동차 등록 번호판을 읽기 위한 분할과 검출 같은 다른 방법을 사용한 감시 방법이다.

ANPR 시스템은 적외선<sup>IR, infrared</sup> 카메라와 함께 취득하면 최상의 결과가 나오는데, 검출하기 위한 분할 단계와 OCR 분할이 쉽고, 깔끔하고, 아주 적은 오류를 보이기 때문이다. 이것은 빛의 법칙에 기인한다. 그중 기본인 하나는 입사각과 반사각은 동일하다는 법칙이다. 평면거울 같은 부드러운 표면을 볼 때 기본 반사를 볼 수 있다. 분산되거나 흩뿌리는 반사로 알려진 반사 유형을 일으키는 거친 표면에는 반사가 사라진다. 다음 그림에 보듯이 번호판의 대부분은 번호판 표면에 빛이 역으로 반사하게 야기하는 수천 개의 아주 작은 반구로 덮여진 재료로 만든 역반사라는 이름이 있는 특수한 특징을 갖는다.

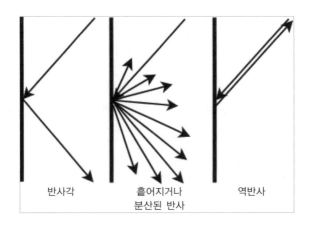

구조화된 적외선 투사기와 결합한 필터가 있는 카메라를 사용하면 적외선을 탐색할 수 있다. 그러면 분할하고 나중에 검출해 번호판을 인식하기 위한 아주 높은 품질 영상을 얻으며, 다음 그림에 보인 바와 같이 어떠한 조명에도 독립적이다.

5장에서는 적외선 사진을 사용하지 않는 대신에 일반 사진을 사용한다. 이런 경우 최상의 결과를 얻을 수 없고, 상당한 수준인 검출 오류와 더 높은 오류 인식률을 보이므로, 적외선 카메라를 사용했을 때 기대했던 결과와 정반대다.

각 나라마다 번호판 크기와 사양이 다르다. 최상의 결과와 오류 줄이기 위해 사양을 알아두면 좋다. 5장의 알고리즘은 ANPR의 기본과 스페인 번호판 사양에 대해 설명한다. 그렇지만 어느 나라이든 어떤 사양이든 확장할 수 있다.

5장에서는 스페인 번호판으로 작업한다. 스페인에는 세 가지의 다른 크기와 모양을 갖는 번호판이 있다. 대부분 일반적인(많은) 520 × 110mm의 번호판만 사용한다. 41mm 공간으로 두 문자 그룹을 분리한 후 14mm 너비로 각 개별 문자를 분리한다. 첫 번째 문자 그룹은 네 가지 숫자로 구성하고, 두 번째 그룹은 철자인 A, E, I, O, U을 제외한 문자 혹은 N이나 Q가 아닌 문자로 구성한다. 모든 문자의 면적은 45 × 77mm다.

이 데이터는 문자 분할에 매우 중요하다. 문자와 영상이 없는 분할을 갖는지 확인하기 위해 문자와 검은 공간을 모두 살필 수 있기 때문이다.

## ANPR 알고리즘

ANPR 코드를 설명하기 전에 알고리즘의 주요 단계와 작업을 정의해야 한다. ANPR는 두 가지의 주요 단계인 번호판 검출과 번호판으로 나뉜다. 번호판 검출은 카메라 전체 프레임의 번호판 위치를 검출하는 데 목적이 있다. 영상 내의 번호판을 검출하면 번호판 부분을 번호판의 알파벳 숫자를 조사하는 OCR 알고리즘을 사용하는 두 번째 단계인 번호판 인식으로 넘긴다.

다음 그림에서 주요 알고리즘 단계인 번호판 검출과 번호판 인식을 볼 수 있다. 이런 단계를 마친 후 프로그램은 카메라 프레임 위에 검출했던 번호판 문자를 그린다. 이 알고리즘은 나쁜 결과를 반환하거나 결과조차 없을 수 있다.

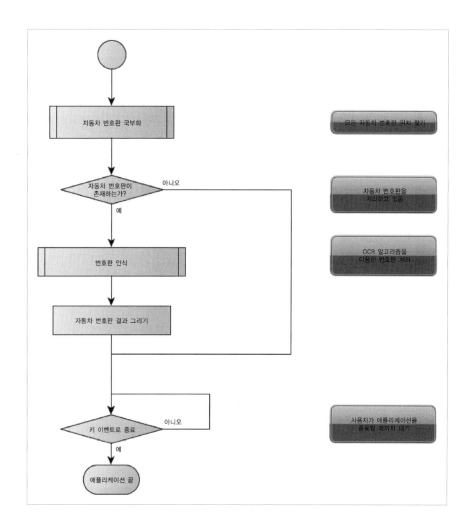

위 그림에 보여준 각 단계에서는 패턴 인식 알고리즘 중에서 흔히 사용하는 세 가지 추가 단계를 정의한다.

1. **분할**  이 단계에서 영상의 각 관심 영역/패치를 검출하고 제거한다.

2. **특징 추출**  이 단계에서 각 문자 집합 패치로부터 추출한다.

3. **분류**  이 단계에서 번호판 인식 단계나 번호판 인식 단계 내의 각 영상 패치를 '번호판' 혹은 '비번호판'으로 분류한 것으로부터 각 문자를 추출한다.

다음 그림은 전체 알고리즘 애플리케이션의 패턴 인식 단계를 보여준다.

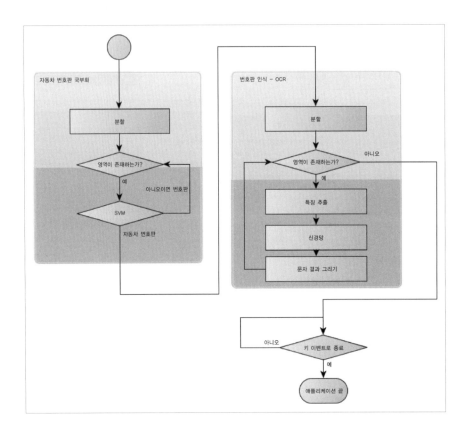

메인 애플리케이션을 제외한 나머지 부분의 목적은 자동차의 번호판을 검출하고 인식하는 데 있으므로, 다음과 같은 두 개의 작업을 간략하게 설명하며 대부분은 설명하지 않는다.

- 패턴 인식 시스템을 훈련하는 방법
- 시스템을 평가하는 방법

아무튼 두 작업은 메인 애플리케이션 자체보다 매우 중요하다. 패턴 인식 시스템을 올바르게 훈련하지 않으면 시스템이 실패하고 올바르게 동작하지 않기 때문이다. 서로 다른 패턴에는 훈련과 평가가 따로 필요하다. 서로 다른 환경, 조건과 최상의 결과를 얻기 위한 각각 다른 특징과 함께 있는 시스템을 평가해야 한다. 두 작업은 가끔 함께 사용하는데, 각각 특징이 평가 부분에서 볼 수 있는 서로 다른 결과를 만들 수 있기 때문이다.

## 번호판 검출

이 단계에서는 현재 카메라 프레임에 있는 모든 번호판을 검출해야 한다. 검출 작업을 하기 위해서는 주요 단계인 분할과 세그먼트<sup>segment</sup> 분류로 나눈다. 벡터 특징인 영상 패치를 사용하기 때문에 특징 단계는 설명하지 않겠다.

첫 번째 단계(분할)에서는 번호판일 수 있는 영상의 영역을 찾기 위한 여러 필터, 형태학적 연산, 윤곽 알고리즘과 검증을 적용한다.

두 번째 단계(분류)에서는 지지 벡터 기계<sup>SVM</sup> 분류기를 특징인 각 영상 패치에 적용한다. 메인 애플리케이션을 만들기 전에 두 다른 집단인 번호판과 비번호판을 훈련한다. 전면을 평행으로 보여주되 너비가 800화소이고 자동차로부터 떨어진 2~4미터에서 찍은 컬러 영상으로 작업한다. 영상 분할을 올바르게 했는지 확인하는 것이 중요하다. 다중 크기 영상 알고리즘을 생성한다면 검출을 수행할 수 있다.

다음 영상은 번호판 검출에 포함된 모든 알고리즘을 보여준다.

- 소벨 필터<sup>sobel filter</sup>
- 임계화 연산
- 닫힘 형태 연산
- 하나의 채운 영역인 마스크
- 빨간색으로 표시한 가능성이 있는 번호판 검출
- SVM 분류기를 적용한 후에 번호판 검출

## 분할

분할은 영상을 다중 세그먼트로 나누는 과정이며, 영상 분할을 단순하게 하고 매우 쉽게 특징을 추출한다.

번호판 분할의 중요한 특징 하나는 번호판에 있는 수직 에지의 큰 숫자와, 정면으로 얻은 영상으로 번호판을 회전하지 않았고, 원근 왜곡이 없다고 가정한다. 수직 에지가 없는 영역을 제거하는 첫 번째 분할 단계를 진행하는 과정에서 특징을 만들어 낼 수 있다.

수직 에지를 찾기 전에 컬러 영상을 그레이스케일 영상으로 변환하고(컬러는 이 작업에 아무런 도움을 줄 수 없기 때문이다), 카메라가 다른 주변 잡음이 만든 잡음을 가능하면 제거해야 한다. 잡음을 제거하기 위해 5 × 5 가우시안 블러를 적용한다. 잡음 제거 방법을 적용할 수 없다면 수직 에지를 많이 잃어 버려 검출에 실패한다.

```
// 영상을 그레이스케일로 변환
Mat img_gray;
cvtColor(input, img_gray, CV_BGR2GRAY);
blur(img_gray, img_gray, Size(5,5));
```

수직 에지를 찾으려면 소벨 필터를 이용해 1차 수평 미분을 찾는다. 미분은 영상에서 수직 에지를 찾게 하는 수학 함수다. OpenCV에서 정의한 소벨 함수는 다음과 같다.

```
void Sobel(InputArray src, OutputArray dst, int ddepth, int xorder,
    int yorder, int ksize=3, double scale=1, double delta=0,
    int borderType=BORDER_DEFAULT )
```

여기서 ddepth은 목표 영상 깊이, xorder는 x의 미분 순서, yorder는 y의 미분 순서, ksize는 1, 3, 5, 7 중의 하나인 커널 크기, scale은 미분 값을 계산하기 위한 선택 인자, delta는 결과에 더하는 선택적인 값, borderType은 화소 보간 방법이다.

이번 경우에는 xorder=1, yorder=0, ksize=3을 이용한다.

```
// 수직선을 찾는다. 자동차 번호판은 수직선에 대한 높은 밀도를 갖는다.
Mat img_sobel;
Sobel(img_gray, img_sobel, CV_8U, 1, 0, 3, 1, 0);
```

소벨 필터를 적용한 후에 오츠 방법으로 취득한 임계값으로 이진 영상을 얻는 임계값 필터를 적용한다. 오츠 알고리즘은 8비트 입력 영상이 필요하며, 오츠 방법은 자동으로 최적화된 임계값을 결정한다.

```
// 영상 임계화
Mat img_threshold;
threshold(img_sobel, img_threshold, 0, 255,
    CV_THRESH_OTSU+CV_THRESH_BINARY);
```

threshold 함수에 오츠 방법을 정의하기 위해 CV_THRESH_OTSU 값과 함께 두 파라미터를 입력해 조합한다면 임계값 파라미터를 무시한다.

> CV_THRESH_OTSU 값을 정의하면 임계화 함수는 오츠 알고리즘으로 구한 최적화된 임계값을 반환한다.

닫힘 형태학 연산을 적용하면 각 수직 에지선 사이의 검은 공간을 제거할 수 있으며, 많은 수의 에지를 갖는 모든 영역을 연결할 수 있다. 이번 단계에서 번호판을 포함할 수 있는 가능한 영역을 갖는다.

먼저 형태학 연산을 사용하기 위한 구조화 요소를 정의한다. 이번 경우 17 × 3의 면적을 갖는 구조화 직사각형 요소를 정의하는 getStructuringElement 함수를 사용한다.

```
Mat element = getStructuringElement(MORPH_RECT, Size(17, 3));
```

morphologyEx 함수를 이용해 닫힘 형태학 연산 내의 구조화 요소를 사용한다.

```
morphologyEx(img_threshold, img_threshold, CV_MOP_CLOSE, element);
```

위 함수를 적용한 후에는 영상의 번호판을 포함할 수 있는 영역을 갖는다. 그러나 대부분 영역은 번호판을 포함하지 않는다. 이 영역을 연결 성분 분석이나 findcontours 함수를 사용해 분리할 수 있다. 후자인 함수는 각각 다른 방법으로 이진 영상의 윤곽을 탐색해 결과를 얻는다. 이때 계층 관계와 다각형 근사화 결과가 있는 외적 윤곽만 필요하다.

```
// 번호판일 가능성이 있는 윤곽 찾기
vector< vector< Point> > contours;
findContours(img_threshold,
            contours,              // 윤곽 벡터
            CV_RETR_EXTERNAL,      // 외적 윤곽 탐색
            CV_CHAIN_APPROX_NONE); // 각 윤곽의 모든 화소
```

검출한 각 윤곽에서 최소 영역인 경계 사각형을 추출한다. OpenCV는 이 작업을 위한 minAreaRect 함수를 제공한다. 이 함수는 RotateRect라고 하는 회전된 사각형 집단을 반환한다. 그러면 벡터 반복자로 각 윤곽을 반복하면 회전된 사각형을 가져올 수 있으며, 각 영역을 분류하기 전에 일부를

예비 검증할 수 있다.

```cpp
// 발견한 각 윤곽에 반복을 시작한다.
vector<vector<Point> >::iterator itc= contours.begin();
vector<RotatedRect> rects;

// 가로와 세로 비율의 제한 안에 걸리지 않는 패치와 영역을 제거한다.
while (itc!=contours.end()) {
    // 객체의 경계 사각형을 생성한다.
    RotatedRect mr= minAreaRect(Mat(*itc));
    if( !verifySizes(mr)){
        itc= contours.erase(itc);
    }else{
        ++itc;
        rects.push_back(mr);
    }
}
```

검출한 영역에 대해 영역과 종횡비에 기반을 둔 기본적인 검증을 한다. 40% 의 표본 오차와 번호판의 높이가 최소 15화소이고 최대 125화소에 근거를 둔 영역에 대해 종횡비가 520/110 = 4.727272로 근사(번호판 너비에 번호판 높이로 나눔)하면 영역이 번호판일 수 있다는 점만 고려한다. 이 값은 영상 크기와 카메라 위치에 달려 있다.

```cpp
bool DetectRegions::verifySizes(RotatedRect candidate ){

    float error=0.4;
    // 스페인 자동차 번호판 크기: 52x11 가로와 세로 비율은 4,7272
    const float aspect=4.7272;

    // 최소와 최대 영역을 설정한다. 다른 패치를 모두 버린다.
    int min= 15*aspect*15; // 최소 영역
    int max= 125*aspect*125; // 최대 영역
```

```
    // 종횡비에 일치하는 패치만 가져온다.
    float rmin= aspect-aspect*error;
    float rmax= aspect+aspect*error;

    int area= candidate.size.height * candidate.size.width;
    float r= (float)candidate.size.width /
        (float)candidate.size.height;

    if(r<1) r= 1/r;
    if(( area < min || area > max ) || ( r < rmin || r > rmax )){
      return false;
    }else{
      return true;
    }
}
```

번호판의 하얀 배경 속성을 사용해 더 많이 개선할 수 있다. 모든 번호판은 배경 컬러가 똑같고, 정밀하게 자르기 위해 회전된 사각형을 탐색하는 영역 채우기 알고리즘을 사용할 수 있다.

번호판을 자르는 첫 번째 단계는 최근에 회전한 사각형의 중심에 가까이 있는 여러 시드seed를 가짐에 있다. 그러면 너비와 높이 사이에 있는 최소 크기인 번호판을 가지며, 패치 중심 근방에 무작위 시드를 생성하기 위해 사용한다.

하얀 영역을 선택하고 싶다면 최소한 한 개의 하얀 화소를 건드리기 위한 여러 시드가 필요하다. 그러면 각 시드에 대해 가장 가깝게 자른 새로운 영역을 저장하기 위해 새 마스크를 그리는 floodFill 함수를 사용한다.

```
for(int i=0; i< rects.size(); i++){
    // 상자일 가능성이 있는 각 영역을 최적으로 잘라낸다.
    // 번호판에 하얀 배경이 있기 때문에 영역 채우기 알고리즘을 적용한다.
    // 그러면 더 깨끗하게 윤곽 상자를 좀 더 탐색할 수 있다.
    circle(result, rects[i].center, 3, Scalar(0,255,0), -1);
```

```cpp
// 너비와 높이 중 작은 크기를 가져온다.
float minSize=(rects[i].size.width <
    rects[i].size.height)?rects[i].
    size.width:rects[i].size.height;
minSize=minSize-minSize*0.5;

// 난수 발생기를 초기화하고,
// 영역 채우기 알고리즘에 적용하는 중심 주변의 5개의 점을 가져온다.
srand( time(NULL) );

// 영역 채우기 파라미터와 변수를 초기화한다.
Mat mask;
mask.create(input.rows + 2, input.cols + 2, CV_8UC1);
mask= Scalar::all(0);
int loDiff = 30;
int upDiff = 30;
int connectivity = 4;
int newMaskVal = 255;
int NumSeeds = 10;
Rect ccomp;
int flags = connectivity + (newMaskVal << 8 )
    + CV_FLOODFILL_FIXED_RANGE + CV_FLOODFILL_MASK_ONLY;

for(int j=0; j<NumSeeds; j++){
  Point seed;
  seed.x=rects[i].center.x+rand()%(int)minSize-(minSize/2);
  seed.y=rects[i].center.y+rand()%(int)minSize-(minSize/2);
  circle(result, seed, 1, Scalar(0,255,255), -1);
  int area = floodFill(input, mask, seed, Scalar(255,0,0), &ccomp,
      Scalar(loDiff, loDiff, loDiff), Scalar(upDiff, upDiff,
      upDiff), flags);
}
}
```

floodFill 함수는 시드 점부터 시작해 컬러와 함께 연결 성분으로 마스크 영상을 채우고, 채우기 위한 화소와 화소 근방이나 시드 화소 간의 최대 하한과 상한 밝기/컬러 차이를 설정한다.

```
int floodFill(InputOutputArray image, InputOutputArray mask, Point
    seed, Scalar newVal, Rect* rect=0, Scalar loDiff=Scalar(),
    Scalar upDiff=Scalar(), int flags=4 )
```

newVal 파라미터는 채울 때 영상에 넣으려는 새로운 컬러다. loDiff와 upDiff 파라미터는 채우기 위한 화소와 화소 근방 또는 시드 화소 간의 최대 하한과 최대 상한 밝기/컬러 차이다.

플래그 파라미터는 다음을 조합한다.

- **하위 비트** 이 비트는 함수 내부에 사용하는 연결성 값인 4(기본)나 8을 갖는다. 연결성은 고려된 화소 이웃으로 결정한다.
- **상위 비트** 0이나 CV_FLOODFILL_FIXED_RANGE와 CV_FLOODFILL_MASK_ONLY를 조합할 수 있다.

CV_FLOODFILL_FIXED_RANGE는 현재 화소와 시드 화소 간의 차이를 설정한다. CV_FLOODFILL_MASK_ONLY는 영상 마스크만 채우며, 영상 자체는 바뀌지 않는다.

일단 잘라낸 마스크를 가졌다면 영상 마스크 점으로부터 최소 영역 사각형을 가져오며, 크기가 유효한지 다시 확인한다. 각 마스크마다 하얀 화소는 위치를 가져오고, 가장 가까운 자른 영역을 탐색하는 minAreaRect 함수를 사용한다.

```
// 올바른 패치에 알맞은 영역을 채운 새로운 마스크인지 확인한다.
// 회전한 최소 사각형을 위해 검출한 모든 점을 가져온다.
vector<Point> pointsInterest;
Mat_<uchar>::iterator itMask= mask.begin<uchar>();
```

```
Mat_<uchar>::iterator end= mask.end<uchar>();
for( ; itMask!=end; ++itMask)
    if(*itMask==255)
      pointsInterest.push_back(itMask.pos());
RotatedRect minRect = minAreaRect(pointsInterest);
if(verifySizes(minRect)){
```

이제 분할 과정이 끝났고, 유효한 영역을 가지며, 검출한 각 영역을 자를 수 있고, 회전할 가능성을 제거했으며, 영상 영역을 자르고, 영상을 줄이고, 잘라낸 영상 영역의 밝기를 평활화한다.

우선 검출한 영역 안에서 회전할 가능성을 제거하기 위해 getRotationMatrix2D로 변환 행렬을 만들 필요가 있다. 높이에 관심을 가질 필요가 있다. RotateRect 클래스는 90도로 회전한 채 반환할 수 있기 때문이므로 사각형 비율을 확인해야 한다. 비율이 1 미만이라면 90도로 회전했다.

```
// 회전 행렬 가져오기
float r= (float)minRect.size.width / (float)minRect.size.height;
float angle=minRect.angle;
if(r<1)
    angle=90+angle;
Mat rotmat= getRotationMatrix2D(minRect.center, angle,1);
```

변환 행렬과 함께 입력과 목표 영상, 변환 행렬, 결과 크기(이번 경우는 입력과 동일), 보간 방법 사용 여부를 설정한 warpAffine 함수로서 어파인 변환(기하학의 어파인 변환은 평행선을 평행선으로 보존하는 변환임)으로 입력 영상을 이제 회전할 수 있다. 필요하다면 테두리 방법과 테두리 값을 정의할 수 있다.

```
// 영상을 만든 후 회전
Mat img_rotated;
warpAffine(input, img_rotated, rotmat, input.size(), CV_INTER_CUBIC);
```

영상을 회전한 후에 getRectSubPix로 영상을 자르고, 잘라낸 영상을 주어진 중심인 한곳의 너비와 높이가 있는 영상 일부에 복사한다. 영상이 회전됐다면 C++의 swap 함수로 너비와 높이 크기를 변경해야 한다.

```
// 영상을 자른다.
Size rect_size=minRect.size;
if(r < 1)
    swap(rect_size.width, rect_size.height);

Mat img_crop;
getRectSubPix(img_rotated, rect_size, minRect.center, img_crop);
```

잘라낸 영상은 동일한 크기를 갖지 않기 때문에 훈련과 분류에 있어 사용하기엔 좋지 않다. 또한 각 영상은 서로 다른 조명 조건을 포함하고, 각 영상마다 상대적인 차이가 많아진다. 이를 해결하려면 모든 영상을 동일한 너비와 높이로 재조정하고 밝기 히스토그램 평활화를 수행한다.

```
Mat resultResized;
resultResized.create(33,144, CV_8UC3);
resize(img_crop, resultResized, resultResized.size(), 0, 0,
    INTER_CUBIC);

// 잘라낸 영상을 평활화
Mat grayResult;
cvtColor(resultResized, grayResult, CV_BGR2GRAY);
blur(grayResult, grayResult, Size(3,3));
equalizeHist(grayResult, grayResult);
```

검출된 각 영역마다 잘라낸 영상과 위치를 벡터에 저장한다.

```
output.push_back(Plate(grayResult,minRect.boundingRect()));
```

## 분류

전처리와 영상의 모든 가능한 부분을 분할했다면 이제 각 세그먼트가 번호판인지(혹은 아닌지)를 결정해야 한다. 이를 수행하기 위해 지지 벡터 기계[SVM] 알고리즘을 사용한다.

지지 벡터 기계는 감독 학습 알고리즘 계열에 포함되는 패턴 인식 알고리즘으로서 원래 이진 분류를 위해 만들어졌다. 감독 학습은 기계학습 알고리즘이며, 레이블을 부여한 데이터를 사용해 학습한다. 레이블된 많은 양의 데이터로 알고리즘을 훈련해야 한다. 각 데이터 집합은 집단을 가져야 한다.

SVM은 데이터의 각 집단을 식별하는 데 사용하는 하나 이상의 초평면을 만든다.

대표적인 예제는 두 집단으로 정의한 2D 점집합이다. SVM은 각 집단을 구분하는 최적의 선을 찾는다.

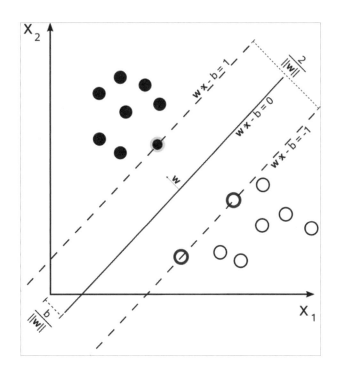

첫 작업으로 분류하기 전에 분류기를 훈련한다. 이 작업은 메인 애플리케이션을 시작하기 전에 완료하며, 오프라인 훈련이라고 한다. 이것은 쉬운 작업이 아니다. 이 시스템을 훈련하기 위해 충분히 많은 양의 데이터가 필요하기 때문이다. 하지만 거대한 데이터 집합은 최상의 결과를 만든다는 사실을 항상 암시하지는 않는다. 이번 경우엔 공개 번호판 데이터베이스가 없다는 사실로 인해 충분한 데이터를 가질 필요가 없다. 이로 인해 수백 개의 자동차 사진을 모아야 하며, 그런 후에 모든 사진을 전처리하고 분할한다.

44 × 33 화소의 75개 번호판 영상과 번호판이 없는 35개 영상을 갖고 시스템을 훈련했다. 다음 영상의 예제 데이터를 볼 수 있다. 큰 데이터 집합은 아니지만, 요구에 맞는 괜찮은 결과를 얻을 수 있을 만큼 충분하다. 실제 애플리케이션에서는 더 많은 데이터로 훈련해야 한다.

기계학습이 어떻게 작동하는지 쉽게 이해하기 위해 분류기 알고리즘의 영상 화소 특징을 사용하는 쪽으로 진행한다(주성분 분석, 푸리에 변환, 질감 분석 등과 같이 SVM을 훈련하는 최상의 방법과 특징이 있다는 점을 명심하자).

DetectRegions 클래스를 이용해 시스템을 훈련시킬 영상을 만들어야 하며, 영상을 저장하기 위한 savingRegions 변수를 참으로 설정한다. 폴더 안에 있는 모든 영상 파일을 대상으로 처리를 반복하는 배시 스크립트인 segmentAllFiles.sh를 사용할 수 있으며, 이 책의 소스코드에서 가져올 수 있다.

쉽게 하기 위해 처리하고 준비할 모든 영상 훈련 데이터를 SVM 함수로 직접 사용하기 위한 XML 파일에 저장한다. trainSVM.cpp 애플리케이션은 영상 파일의 폴더와 숫자를 이용해 XML 파일을 만든다.

 기계학습 OpenCV 알고리즘의 훈련 데이터는 N 표본과 M 특징이 함께 있는 N x M 행렬에 저장된다. 각 데이터 집합을 훈련 행렬 내의 행으로 저장한다. 집단은 N x 1 크기인 다른 행렬에 저장된다. 각 집단을 부동소수점으로 식별한다.

OpenCV는 FileStorage 클래스로 XML이나 JSON 형식인 데이터 파일을 관리하는 쉬운 방법을 제공한다. 이 클래스는 OpenCV 변수와 구조체 혹은 사용자 정의 변수를 저장하고 읽을 수 있게 한다. 이 함수로 훈련 데이터 행렬과 훈련 집단을 읽을 수 있고, SVM_TrainingData와 SVM_Classes에 저장할 수 있다.

```
FileStorage fs;
fs.open("SVM.xml", FileStorage::READ);
Mat SVM_TrainingData;
Mat SVM_Classes;
fs["TrainingData"] >> SVM_TrainingData;
fs["classes"] >> SVM_Classes;
```

이제 SVM 알고리즘을 사용하기 위한 기본 파라미터를 정의한 SVM 파라미터를 설정해야 한다. 이를 정의한 CvSVMParams 구조체를 사용한다. 데이터 집합을 선형적으로 분리할 수 있는 유사성을 개선하기 위해 훈련 데이터에 매핑을 수행한다. 이 매핑은 증가한 데이터의 차원 수로 구성하고, 커널 함수를 사용해 효율적으로 매핑을 수행한다. 여기서는 아무런 매핑을 하지 않음을 의미하는 cvSVM::LINEAR 타입을 선택한다.

```
// SVM 파라미터 설정
CvSVMParams SVM_params;
SVM_params.kernel_type = CvSVM::LINEAR;
```

그러면 분류기를 생성한 후 훈련한다. OpenCV는 지지 벡터 기계 알고리즘에 대한 CvSVM 클래스를 정의하고, 훈련 데이터, 집단, 파라미터 데이터로 초기화한다.

```
CvSVM svmClassifier(SVM_TrainingData, SVM_Classes, Mat(), Mat(),
    SVM_params);
```

분류기는 SVM 클래스의 predict 함수를 사용해 잘라낸 영상일 가능성을 예측할 준비한다. 이 함수는 집단 식별기 i를 반환한다. 이번 경우에는 번호판 집단을 1로, 비번호판 집단을 0으로 레이블을 부여한다. 그러면 번호판일 수 있는 검출한 각 영역에 대해 번호판인지 비번호판인지 분류하는 SVM을 사용하고 정확한 응답만 저장한다. 다음 코드는 주요 애플리케이션의 일부이며, 온라인 처리라고 부른다.

```
vector<Plate> plates;
for(int i=0; i< possible_regions.size(); i++)
{
   Mat img=possible_regions[i].plateImg;
   Mat p= img.reshape(1, 1); // img를 1행을 갖는 m 특징으로 변환
   p.convertTo(p, CV_32FC1);
   int response = (int)svmClassifier.predict( p );
   if(response==1)
     plates.push_back(possible_regions[i]);
}
```

# 번호판 인식

두 번째 단계는 광학 문자 인식으로 번호판 숫자 탐색에 목표를 둔 번호판 인식이다. 검출한 각 번호판마다 번호판의 각 문자를 분할하는 과정을 수행한 후 문자를 인식하기 위한 인공 신경망<sup>ANN, Artifical Neural Network</sup> 기계학습 알고리즘을 사용한다. 덧붙여 이 절에서는 분류 알고리즘을 평가하는 방법을 배운다.

## OCR 분할

먼저 입력인 번호판 영상 패치를 얻었다면 평활화 히스토그램과 함께 OCR 함수로 분할한다. 그러면 임계화 필터를 적용한 후 윤곽 찾기 알고리즘에 입력하는 임계화 영상을 사용해야 한다. 다음 그림과 같이 과정을 볼 수 있다.

분할 과정을 다음과 같이 코드로 작성한다.

```
Mat img_threshold;
threshold(input, img_threshold, 60, 255, CV_THRESH_BINARY_INV);
if(DEBUG)
    imshow("Threshold plate", img_threshold);
```

```
Mat img_contours;
img_threshold.copyTo(img_contours);

// 번호판일 가능성이 있는 윤곽 찾기
vector< vector< Point> > contours;
findContours(img_contours,
             contours,                   // 윤곽 벡터
             CV_RETR_EXTERNAL,           // 외적 윤곽 탐색
             CV_CHAIN_APPROX_NONE);  // 각 윤곽의 모든 화소
```

흰 입력 값을 검정으로, 검은 입력 값을 흰색으로 바꿈으로써 임계화 결과를 뒤집는 CV_THRESH_BINARY_INV 파라미터를 사용한다. 이것은 각 문자의 윤곽을 얻을 때 필요하다. 그 이유는 윤곽 알고리즘이 흰 화소를 찾기 때문이다.

검출한 각 윤곽에 대해 크기를 검증하고 크기가 매우 작거나 비율이 올바르지 않은 모든 영역을 제거할 수 있다. 이번 경우에 문자는 45/77 비율을 가지므로, 회전이나 왜곡된 문자에 대한 비율의 35% 오류를 받아들일 수 있다. 영역이 80% 이상이면 영역을 검은 블록이되 문자가 아닌 것으로 간주한다. 영역을 셀 때는 화소 개수가 0 이상일 때 세는 countNonZero 함수를 사용할 수 있다.

```
bool OCR::verifySizes(Mat r)
{
    // 문자 크기는 45x77
    float aspect=45.0f/77.0f;
    float charAspect= (float)r.cols/(float)r.rows;
    float error=0.35;
    float minHeight=15;
    float maxHeight=28;

    // 서로 다른 종횡비가 숫자 1이고, ~0.2도 가능함.
    float minAspect=0.2;
```

```
    float maxAspect=aspect+aspect*error;

    // 화소 영역
    float area=countNonZero(r);

    // bb 영역
    float bbArea=r.cols*r.rows;

    // 영역 내 화소 %
    float percPixels=area/bbArea;

    if(percPixels < 0.8 && charAspect > minAspect &&
        charAspect < maxAspect && r.rows >= minHeight &&
        r.rows < maxHeight)
      return true;
    else
      return false;
}
```

분할된 문자를 검증했다면 모든 문자에 대한 동일한 크기와 위치를 설정하고, 보조 CharSegment 클래스로 벡터에 들어 있는 크기와 위치를 저장하는 전처리를 수행해야 한다. 이 클래스는 분할된 문자 영상과 위치를 저장한다. 문자 순서로 저장할 필요가 있는데, 윤곽 찾기 알고리즘은 윤곽을 요구하는 순서로 반환하지 않기 때문이다.

## 특징 추출

분할된 각 문자에 대한 다음 단계는 훈련하고 인공 신경망 알고리즘으로 분류할 특징을 추출하는 것이다.

이 단계에서는 번호판 검출 특징 추출 단계와 달리 SVM을 사용한다. 영상의 모든 화소를 사용하지 않는다. 광학 문자 인식에 사용하는 매우 일반적인 특징을 적용하며, 수평과 수직 누적 히스토그램과 저해상도 영상 표본을 포함한다. 다음 영상에 보듯이 매우 도식화된 특징을 볼 수 있으며, 각 영상은 5 × 5의 저해상도와 누적 히스토그램을 갖는다.

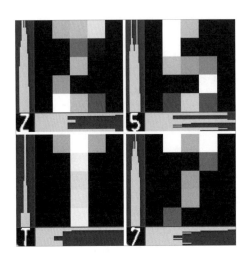

각 문자마다 행이나 열에서 contNonZero 함수를 사용해 0이 아닌 값으로 화소 개수를 센 후 mhist라는 새로운 데이터 행렬에 저장한다. minMaxLoc 함수를 사용해 데이터 행렬에 있는 최댓값을 찾기 위해 정규화하고, convertTo 함수로 mhist의 모든 요소를 최댓값으로 나눈다. 이진 영상을 입력으로 하고 필요한 히스토그램 유형인 수평 또는 수직 히스토그램을 갖는 누적 히스토그램을 생성하기 위한 ProjectHistogram 함수를 만든다.

```
Mat OCR::ProjectedHistogram(Mat img, int t)
{
    int sz=(t)?img.rows:img.cols;
    Mat mhist=Mat::zeros(1,sz,CV_32F);

    for(int j=0; j<sz; j++){
        Mat data=(t)?img.row(j):img.col(j);
        mhist.at<float>(j)=countNonZero(data);
    }
```

```
  // 히스토그램 정규화
  double min, max;
  minMaxLoc(mhist, &min, &max);

  if(max>0)
    mhist.convertTo(mhist,-1 , 1.0f/max, 0);

  return mhist;
}
```

다른 특징은 저해상도 표본 영상을 사용하는 것이다. 예를 들어 전체 문자 영상을 사용하는 대신에 5 × 5의 저해상도 문자열을 만든다. 5 × 5, 10 × 10, 15 × 15, 20 × 20 문자로 시스템을 훈련한 후 시스템에서 사용할 수 있는 어느 한 가지가 최상의 결과를 반환하는지 평가한다. 일단 모든 특징을 가졌다면 한 행에 M열을 갖는 행렬을 생성하며, 여기서 열은 특징이다.

```
Mat OCR::features(Mat in, int sizeData)
{
  // 히스토그램 특징
  Mat vhist=ProjectedHistogram(in,VERTICAL);
  Mat hhist=ProjectedHistogram(in,HORIZONTAL);

  // 저해상도 데이터 특징
  Mat lowData;
  resize(in, lowData, Size(sizeData, sizeData) );
  int numCols=vhist.cols + hhist.cols + lowData.cols *lowData.cols;
  Mat out=Mat::zeros(1,numCols,CV_32F);

  // 값을 특징에 할당
  int j=0;
  for(int i=0; i<vhist.cols; i++)
  {
    out.at<float>(j)=vhist.at<float>(i);
    j++;
```

```
    }

    for(int i=0; i<hhist.cols; i++)
    {
      out.at<float>(j)=hhist.at<float>(i);
      j++;
    }

    for(int x=0; x<lowData.cols; x++)
    {
      for(int y=0; y<lowData.rows; y++)
      {
        out.at<float>(j)=(float)lowData.at<unsigned char>(x,y);
        j++;
      }
    }

    return out;
}
```

## OCR 분류

분류 단계에서 인공 신경망 기계학습 알고리즘을 이용한다. 좀 더 자세하게 말하자면 ANN 알고리즘에 사용되는 매우 흔한 다중 계층 신경<sup>MLP, Multi-Layer Perception</sup>이다.

MLP는 입력 계층과 출력 계층, 한 개 이상인 은닉 계층의 신경망으로 구성 한다. 하나 이상의 신경을 갖는 각 계층은 전후 계층을 연결한다.

다음 예제는 세 개 입력과 두 개의 출력, 다섯 개의 신경을 갖는 은닉 계층이 있는 3계층 퍼셉트론(입력인 실제 값 벡터를 결과인 단일 이진 값으로 매핑하는 이진 분류기) 을 표현한다.

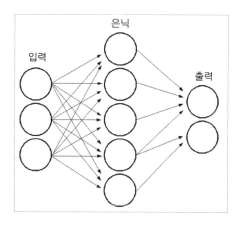

MLP의 모든 신경이 비슷하고, 각 신경은 여러 입력(이전에 연결된 신경) 연결선과 동일한 값(후에 연결된 신경)이 있는 여러 출력 연결선을 갖는다. 각 신경은 바이어스 항을 더한 가중치 입력의 합으로 출력 값을 계산한다. 선택된 활성화 함수에 출력 값을 적용한다.

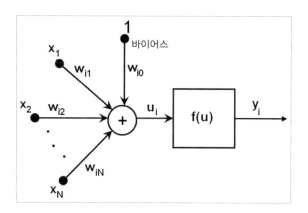

널리 사용하는 세 가지 활성화 함수는 항등, 시그모이드와 가우시안이다. 매우 흔한 기본 활성화 함수는 시그모이드 함수다. 알파와 베타 값을 1로 설정한다.

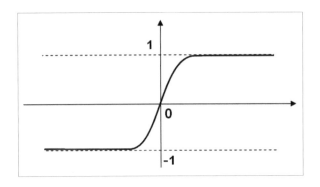

ANN 훈련망은 입력 특징 벡터를 갖는다. 은닉층에 이 값을 넘긴 후 가중치와 활성화 함수로 결과를 계산한다. 여러 개의 신경 집단이 있는 출력 계층을 얻을 때까지 하류로 더 멀리 출력층에 넘긴다.

ANN 알고리즘 훈련으로 각 계층의 가중치, 연결고리, 신경을 계산하고 학습한다. 분류기를 훈련하기 위해 SVM 훈련에서 했던 대로 두 데이터 행렬을 만든다. 그러나 훈련 레이블은 약간 다르다. N × 1 행렬 대신 레이블 숫자 식별기를 사용한다. 여기서 N은 훈련 데이터 행을 의미하고, 1은 열이다. N × M 행렬을 만들어야 한다. 이때 N은 훈련/표본 데이터이고, M은 집단(이번 경우 10개 숫자와 20개 문자로 구성)이다. 데이터 행인 i가 j 집단으로 분류되면 위치 (i, j)를 1로 설정한다.

$$
\begin{bmatrix}
1 & 0 & 0 & \cdots & 0 & 0 \\
1 & 0 & 0 & \cdots & 0 & 0 \\
0 & 1 & 0 & \cdots & 0 & 0 \\
0 & 1 & 0 & \cdots & 0 & 0 \\
0 & 1 & 0 & \cdots & 0 & 0 \\
\cdots & \cdots & \cdots & \cdots & \cdots & \cdots \\
0 & 0 & 0 & \cdots & 0 & 1 \\
0 & 0 & 0 & \cdots & 0 & 1 \\
0 & 0 & 0 & \cdots & 0 & 1
\end{bmatrix}
$$

모든 필요한 행렬을 만드는 OCR:train 함수를 생성하고, 훈련 데이터 행렬, 집단 행렬과 은닉층에 있는 여러 은닉 신경으로 시스템을 훈련한다. SVM 훈련에서 했던 대로 XML 파일에서 훈련 데이터를 불러온다.

ANN 집단을 초기화하기 위해 각 계층의 여러 신경을 정의해야 한다. 예를 들어 은닉층 하나만 사용한다면, 1행과 3열인 행렬을 정의한다. 첫 번째 열 위치는 특징 개수이고, 두 번째 열은 은닉층의 은닉 신경 개수이고, 세 번째 위치는 집단 개수다.

OpenCV는 ANN에 대한 CvANN_MLP 클래스를 정의한다. create 함수로 계층과 신경 개수, 활성화 함수, 그리고 alpha와 beta 파라미터를 정의해 클래스를 초기화할 수 있다.

```
void OCR::train(Mat TrainData, Mat classes, int nlayers)
{
  Mat layerSizes(1,3,CV_32SC1);
  layerSizes.at<int>(0)= TrainData.cols;
  layerSizes.at<int>(1)= nlayers;
  layerSizes.at<int>(2)= numCharacters;
  ann.create(layerSizes, CvANN_MLP::SIGMOID_SYM, 1, 1); //ann은 전역
                                                        // 클래스 변수다.

  // trainClasses 준비
  // m개 집단만큼 n개의 훈련된 데이터가 있는 행렬을 생성한다.
  Mat trainClasses;
  trainClasses.create( TrainData.rows, numCharacters, CV_32FC1 );
  for( int i = 0; i < trainClasses.rows; i++ )
  {
    for( int k = 0; k < trainClasses.cols; k++ )
    {
      // 데이터 집단인 i가 k 집단과 같으면
      if( k == classes.at<int>(i) )
        trainClasses.at<float>(i,k) = 1;
      else
```

```
            trainClasses.at<float>(i,k) = 0;
        }
    }

    Mat weights( 1, TrainData.rows, CV_32FC1, Scalar::all(1) );

    // 분류기 학습
    ann.train( TrainData, trainClasses, weights );
    trained=true;
}
```

훈련한 후에 OCR:classify 함수를 사용하면 분할한 번호판 특징을 분류할
수 있다.

```
int OCR::classify(Mat f)
{
    int result=-1;
    Mat output(1, numCharacters, CV_32FC1);
    ann.predict(f, output);
    Point maxLoc;
    double maxVal;
    minMaxLoc(output, 0, &maxVal, 0, &maxLoc);

    // 결과가 최댓값임을 알아야 하며, x(열)은 집단이다.
    return maxLoc.x;
}
```

CvANN_MLP는 집단 내의 특징 벡터를 분류하기 위한 predict 함수를 사용
하고, ANN의 predict 함수는 각 집단의 입력 특징이 속할 확률이 있는
여러 개의 집단과 같은 크기를 갖는 행을 반환한다.

최상의 결과를 얻으려면 행렬 내의 최대/최소 반응과 위치를 가져오는
minMaxLoc 함수를 사용할 수 있다. 문자 집단을 높은 값인 x 위치로 지정
한다.

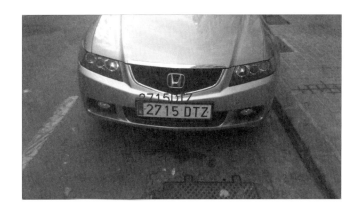

각 번호판 검출을 종료하기 위해 번호판의 문자를 넣은 후 Plate 클래스의 Str() 함수를 이용해 문자열로 반환하며, 원 영상에 문자를 그릴 수 있다.

```
string licensePlate=plate.str();
rectangle(input_image, plate.position, Scalar(0,0,200));
putText(input_image, licensePlate,
    Point(plate.position.x, plate.position.y),
    CV_FONT_HERSHEY_SIMPLEX, 1, Scalar(0,0,200), 2);
```

## 평가

프로젝트가 끝났지만 예를 들어 OCR 같은 기계학습 알고리즘을 훈련했다면 최상의 특징과 사용하는 파라미터와 시스템에서 분류, 인식과 오류 검출을 올바르게 하는 방법을 알아야 한다.

서로 다른 상황과 파라미터로 시스템을 평가해야 하며, 오류를 평가해 오류를 최소화하는 최상의 파라미터를 갖는다.

5장에서는 다음 변수로 OCR 작업을 평가했다. 즉, 저해상도 영상 특징의 크기와 은닉층의 은닉 신경 개수다.

trainOCR.cpp 애플리케이션이 생성했던 XML 훈련 데이터 파일을 사용하는 evalOCR.cpp 애플리케이션을 만들었다. OCR.xml 파일에 5 × 5, 10 ×

10, 15 × 15, 20 × 20로 해상도를 낮춘 영상의 특징에 대한 훈련 데이터 행렬이 들어 있다.

```
Mat classes;
Mat trainingData;
// 파일 스토리지를 읽는다.
FileStorage fs;
fs.open("OCR.xml", FileStorage::READ);
fs[data] >> trainingData;
fs["classes"] >> classes;
```

평가 애플리케이션은 각 해상도를 낮춘 행렬 특징과 훈련할 100개의 무작위 행을 이용하며, 이와 마찬가지로 나머지 행은 ANN 알고리즘과 오류를 확인하기 위해 테스트한다.

시스템을 훈련하기 전에 각 무작위 표본을 테스트해 응답이 올바른지 확인한다. 응답이 올바르지 않으면 오류 계수 값을 증가시킨 후 평가 시 표본 개수로 나눈다. 이것은 무작위 데이터로 훈련하는 동안 0과 1 사이의 표본 비율을 나타낸다.

```
float test(Mat samples, Mat classes)
{
    float errors=0;
    for(int i=0; i<samples.rows; i++)
    {
      int result= ocr.classify(samples.row(i));
      if(result!= classes.at<int>(i))
        errors++;
    }
    return errors/samples.rows;
}
```

이 애플리케이션은 각 표본 크기에 대한 출력 커맨드라인 오류 비율을 반환한다. 평가를 좋게 하려면 서로 다른 무작위 행으로 애플리케이션을 훈련시켜야 한다. 서로 다른 테스트 오류 값을 만들었다면 모든 오류를 더한 후 평균을 만들 수 있다. 이 작업을 하기 위해 다음과 같이 이를 자동화하는 배시 유닉스 스크립트를 만든다.

```bash
#!/bin/bash
echo "#ITS \t 5 \t 10 \t 15 \t 20" > data.txt
folder=$(pwd)

for numNeurons in 10 20 30 40 50 60 70 80 90 100 120 150 200 500
do
    s5=0;
    s10=0;
    s15=0;
    s20=0;
    for j in {1..100}
    do
      echo $numNeurons $j
      a=$($folder/build/evalOCR $numNeurons TrainingDataF5)
      s5=$(echo "scale=4; $s5+$a" | bc -q 2>/dev/null)

      a=$($folder/build/evalOCR $numNeurons TrainingDataF10)
      s10=$(echo "scale=4; $s10+$a" | bc -q 2>/dev/null)

      a=$($folder/build/evalOCR $numNeurons TrainingDataF15)
      s15=$(echo "scale=4; $s15+$a" | bc -q 2>/dev/null)

      a=$($folder/build/evalOCR $numNeurons TrainingDataF20)
      s20=$(echo "scale=4; $s20+$a" | bc -q 2>/dev/null)
    done

    echo "$i \t $s5 \t $s10 \t $s15 \t $s20"
    echo "$i \t $s5 \t $s10 \t $s15 \t $s20" >> data.txt
done
```

이 스크립트는 각 크기별 모든 결과와 은닉층의 신경 개수가 들어간 data.txt 파일을 저장한다. gnuplot으로 플롯팅할 때 data.txt 파일을 사용할 수 있다.

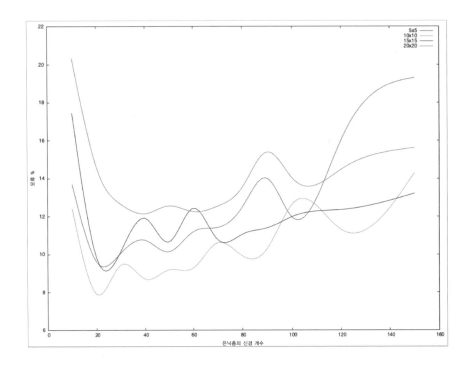

낮은 오류는 8%이며, 은닉층의 20개 신경을 사용했고, 축소한 10 × 10 영상 패치로부터 추출한 문자의 특징을 볼 수 있다.

## 요약

5장에서는 자동차 번호판 인식 프로그램 동작과 중요한 두 단계인 번호판 국부화와 번호판 인식을 어떻게 하는지 배웠다.

첫 단계에서는 번호판일 수 있는 패치를 찾아 영상을 분할하는 방법과, 간단한 휴리스틱과 번호판과 비번호판인 패치를 대상으로 이진 분류하는 지지 벡터 기계 알고리즘을 어떻게 사용하는지 배웠다.

두 번째 단계에서는 윤곽 찾기 알고리즘으로 분할한 후 각 문자로부터 특징 벡터를 추출해 문자 집단 내의 각 특징을 분류하는 인공 신경망을 사용하는 방법을 배웠다.

또한 무작위 표본을 이용해 훈련한 기계 알고리즘을 평가하는 방법과 서로 다른 파라미터와 특징을 사용해 평가하는 방법을 배웠다.

# 6

# 비강체 얼굴 추적

비디오의 각 프레임에 있는 얼굴 특징의 조밀한 집합을 추정하는 비강체 얼굴 추적non-rigid face tracking은 어려운 문제이며, 현대 방식은 컴퓨터 비전, 계산 기하학, 기계학습과 영상 처리를 포괄하는 여러 관련 분야에 있는 방법을 가져다 쓴다. 여기서 비강체는 얼굴 특징, 얼굴 표현, 인구에 걸쳐 나타나는 상대적인 차이가 존재한다는 사실과 관계가 있고, 얼굴 특징을 구성하는 대신 각 프레임에서 얼굴의 위치만 찾는 것을 목표로 하므로, 얼굴 검출과 추적은 완전히 별개다. 비강체 얼굴 추적은 20년 이상 추구했던 인기 있는 연구 주제지만, 최근의 다양한 방식은 충분히 강건해졌으며, 프로세서도 더 빨라져 상용 애플리케이션을 구축할 정도로 가능하다.

상용 수준 얼굴 추적은 대단히 복잡할 수 있으며, 경험이 풍부한 컴퓨터 과학자에게도 도전이다. 6장에서는 선형대수학, 영상 처리와 시각화 관련 최신 수학 도구와 OpenCV의 든든한 기능을 이용해 고안한 제약 설정으로 아주 잘 동작하는 얼굴 추적기를 볼 수 있다. 이것은 사람이 추적 당함을 미리 알고 있는 특별한 경우이며, 영상 형태 내부에 있는 훈련 데이터와 지형 표기를 사용할 수 있다. 지금부터 유용한 출발점이되 나중에 매우 정교한 얼굴 추적 시스템을 추구하도록 안내하는 기술을 설명한다.

6장에서는 다음과 같은 내용을 다룬다.

- **개론**  얼굴 추적의 역사를 간략하게 다룬다.
- **유틸리티**  6장에서 사용하는 공통 구조체와 규약의 개요를 서술한다. 객체 지향 설계, 데이터 저장, 표현, 데이터 컬렉션, 주석 도구를 포함한다.
- **기하학적 제약**  얼굴 기하학과 훈련 데이터로부터 학습한 변형을 추적하는 동안 해결하기 위해 걸어놓은 제약 사항을 활용한다. 선형 모양 모델인 얼굴 모델링과 전역 변환을 표현에 통합할 수 있는 방법을 포함한다.
- **얼굴 특징 검출기**  추적된 얼굴이 있는 영상에서 얼굴을 검출하기 위한 얼굴 특징의 형태를 배우는 방법을 다룬다.
- **얼굴 검출과 초기화**  추적 과정을 초기화하기 위한 얼굴 검출을 사용하는 방법을 다룬다.
- **얼굴 추적**  영상 조정 과정을 거쳐 전에 다룬 모든 구성 요소를 조합한 추적 시스템을 기술한다. 시스템을 최상으로 작동할 수 있는 설정을 논의하며 또한 수행한다.

다음 블록 다이어그램은 시스템의 다양한 구성 요소 간의 관계를 도식화한 것이다.

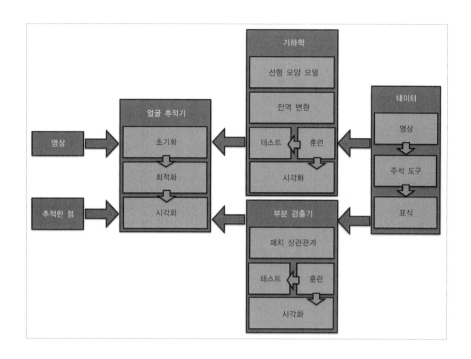

6장에 적용한 모든 방법은 규칙 기반 설정 위주로 직접 설계하는 대신에 데이터로 학습한 모든 모델을 사용하는 데이터 주도 패러다임을 따른다. 예를 들면 시스템의 각 구성 요소는 두 구성 요소인 훈련과 테스트를 수반한다. 훈련은 데이터로부터 모델을 구축하고, 테스트는 새로운 처음 보는 데이터에 모델을 적용한다.

## 개요

비강체 얼굴 추적은 쿠테스Coote와 테일러Taylor가 능동 모양 모델ASM, Active Shape Models을 발표한 90년대 초에 처음으로 많이 알려졌다. 그때부터 제안된 ASM 방법을 많이 개선함으로써 범용 얼굴 추적의 어려운 문제를 해결하는 연구를 엄청나게 했다. 첫 중요한 단계는 2001년에 ASM을 확장한 쿠테스와 타일러의 능동 외양 모델AAM, Active Appearance Models이었다. 이 방식은 2000년대 중반의 베이커Baker와 동료 연구자들이 변형 영상을 원칙적으로 다뤄

나중에 공식화했다. 이 방식에 따라 파생된 작업은 블란츠<sup>Blanz</sup>와 베터<sup>Vetter</sup>의 3D 변형 가능 모델<sup>3DMM, 3D Morphable Model</sup>이었다. AAM과 비슷하지만 ASM의 객체 경계선을 따라가는 정보와 배치되는 모델링된 영상 질감 외에 한 단계 더 나아가 얼굴의 레이저 스캔으로 학습한 고밀도 3D 데이터를 모델링해 표현했다. 2000년대 중반부터 2000년대 후반까지 얼굴 추적 연구의 초점이 얼굴을 파라미터화하는 방법에서 객체를 추적하는 알고리즘으로 최적화하는 방법으로 이동했다. 기계학습 커뮤니티에서 나온 다양한 기술을 적용했지만 성공 여부가 달랐다. 세기가 끝나갈 무렵에 초점이 다시 이동했으며, 공동 파라미터와 전체적으로 해결함을 보장하는 객체지향 설계 전략으로 선회했다. 얼굴 추적을 치열하게 연구를 계속했음에도 불구하고, 비교적 적은 일부 상용 애플리케이션에 사용했다. 게다가 공통으로 접근하기 위한 자유롭게 사용할 수 있는 소스 패키지가 여러 개가 있음에도 불구하고 애호가와 열광자만 사용했을 뿐 뒤쳐져 있었다. 지난 2년 전부터 얼굴 추적을 사용할 수 있는 공공 영역에 다시 새롭게 관심을 가졌으며, 상용 수준 제품이 생겨나기 시작했다.

## 유틸리티

얼굴 추적의 복잡한 부분에 뛰어들기 전에 모든 얼굴 추적에는 여러 가지 부기 작업과 규약이 공통이므로 반드시 처음에 소개해야 한다. 이 절의 나머지에서 이런 주제를 다룬다. 관심 있는 독자는 처음 읽었던 부분을 넘기고 싶다면 기하학적 제약을 다룬 절로 바로 가자.

### 객체지향 설계

얼굴 검출과 인식과 마찬가지로 프로그래밍적으로 얼굴 추적은 두 가지 구성 요소인 데이터와 알고리즘으로 구성된다. 알고리즘은 전통적으로 길잡이인 미리 저장된(즉, 오프라인) 데이터를 참조해 들어오는(즉, 온라인) 데이터에 대한 몇 가지 종류의 연산을 수행한다. 이와 같이 데이터와 알고리즘의 결합에 의존하는 객체지향 설계는 편리한 설계 선택이다.

OpenCV 버전 2.x에서 알고리즘에 사용하는 오프라인 데이터를 구성하는 작업을 매우 단순화하는 편리한 XML/YAML 파일 저장 클래스를 매우 간단한 소개했다. 이 기능을 활용하기 위해 6장에서 다루는 모든 클래스를 읽고 쓰는 직렬화 함수를 구현한다. 다음과 같이 허수 클래스인 foo를 보여주는 예제를 살펴보자.

```
#include <opencv2/opencv.hpp>
using namespace cv;
class foo{
  public:
    Mat a;
    type_b b;
    void write(FileStorage &fs) const{
      assert(fs.isOpened());
      fs << "{" << "a" << a << "b" << b << "}";
    }
    void read(const FileNode& node){
      assert(node.type() == FileNode::MAP);
      node["a"] >> a; node["b"] >> b;
    }
};
```

여기서 Mat은 OpenCV의 행렬 클래스이고, type_b는 (허수) 사용자 정의 클래스이며 또한 직렬화 기능을 정의한다. I/O 함수인 read와 write는 직렬화를 구현한다. FileStorage 클래스는 직렬화할 수 있는 데이터 구조체의 두 가지 타입을 지원한다. 간단한 예로 6장에서 모든 클래스는 매핑만 활용하며, 여기서 각 저장된 변수는 FileNode::MAP 타입인 FileNode 객체를 생성한다. 각 요소를 할당하려면 유일 키가 필요하다. 키를 임의로 선택하지만 일관성을 이유로 변수명을 레이블로 사용한다. 앞의 코드 조각에서 보듯이 read와 write 함수는 특별하게 단순한 형태를 띤다. 스트림 연산자(<<와 >>)는 FileStorage 객체에 삽입하거나 데이터를 추출할 때 사용한다. 대부분 OpenCV 함수는 read와 write 함수 구현부를 갖고 있으며, 데이터를 저장할 수 있게 함으로써 쉽게 넣을 수 있다.

정의한 직렬화 함수 외에도 FileStorage 클래스 내의 직렬화하는 두 추가 함수를 다음과 같이 정의해야 한다.

```
void write(FileStorage& fs, const string&, const foo& x){
    x.write(fs);
}

void read(const FileNode& node, foo& x,const foo& default){
    if(node.empty())x = d; else x.read(node);
}
```

두 함수의 기능은 6장에서 설명하는 모든 클래스에도 동일하며, 6장과 관련된 소스코드에서 발견할 수 있는 **ft.hpp** 헤더 파일에 템플릿화하고 정의했다. 끝으로 쉽게 저장하고, 사용자 정의 클래스를 불러들이고, 직렬화 기능을 활용하려면 다음과 같이 헤더 파일에 함수 템플릿도 구현해야 한다.

```
template <class T>
T load_ft(const char* fname){
    T x; FileStorage f(fname,FileStorage::READ);
    f["ft object"] >> x; f.release(); return x;
}

template<class T>
void save_ft(const char* fname,const T& x){
    FileStorage f(fname,FileStorage::WRITE);
    f << "ft object" << x; f.release();
}
```

객체와 연관된 레이블이 항상 동일함(즉, ft object)에 주목하자. 정의된 함수로 객체 데이터를 저장하고 불러들이는 것은 힘들지 않은 처리다. 다음 예제의 도움으로 이 과정을 살펴보자.

```
#include "opencv_hotshots/ft/ft.hpp"
#include "foo.hpp"
int main(){
    ...
    foo A; save_ft<foo>("foo.xml",A);
    ...
    foo B = load_ft<foo>("foo.xml");
    ...
}
```

.xml 확장자는 결과가 XML 형식인 데이터 파일임을 가리키는 데 주목하자. 다른 확장자라면 (많은 사람이 읽을 수 있는) YAML 포맷이 기본이다.

## 데이터 컬렉션: 영상과 비디오 주석

현대 얼굴 추적 기술은 거의 완전히 데이터 주도적이다. 즉, 영상 내 얼굴 특징의 위치를 검출하는 데 사용하는 알고리즘은 얼굴 특징의 외양 모델과 예제 집합 내의 상대적인 거리 형태 간에 종속된 기하학에 의존한다. 매우 강건한 알고리즘은 얼굴로 나타날 수 있는 모든 가능성을 더 잘 알아내고 있다. 따라서 얼굴 추적 알고리즘을 구축하는 첫 단계에서는 사용자가 각 예제 영상의 원하는 얼굴 특징 위치를 지정할 수 있는 영상/비디오 주석 도구annotation tool를 생성한다.

### 훈련 데이터 유형

얼굴 추적 알고리즘을 훈련하는 데이터는 보통 네 가지 구성 요소로 이룬다.

- **영상(Images)** 이 구성 요소는 얼굴 전체를 포함하는 영상(정지 영상 혹은

비디오 프레임)의 모음이다. 최상의 결과를 얻기 위해 이 컬렉션을 조건 유형별(즉, 동질감, 빛, 카메라로부터의 거리, 캡처 디바이스 등)로 전문화해야 한다. 그 후에 추적기를 배포한다. 덧붙여 애플리케이션이 예상하도록 컬렉션의 얼굴에서 머리 포즈와 얼굴 표현 범위를 드러내게 의도해야 한다는 점이 중요하다.

- **주석(Annotations)** 이 구성 요소는 각 영상의 위치에서 모든 얼굴 특징에 대응해 추적할 수 있는 레이블을 일일이 부여해 정리한다. 많은 얼굴 특징은 추적 알고리즘이 서로 보강하기 위한 측정을 사용할 수 있는 만큼 종종 아주 강건한 추적기로 이끌게 한다. 일반 추적 알고리즘의 계산 비용은 전통적으로 얼굴 특징 개수에 비례해 늘어난다.

- **대칭성 지수(Symmetry indices)** 이 구성 요소는 양방향 대칭 특징을 정의하는 각 특징점에 대한 색인을 갖는다. 훈련 영상을 비추는 데 사용할 수 있고, 효율적으로 훈련 집합 크기를 두 배로 늘리고 y축 사이의 데이터를 대칭화한다.

- **연결성 지수(Connectivity indices)** 이 구성 요소는 얼굴 특징에 대한 의미 해석을 정의한 주석의 색인 쌍 집합을 갖는다. 이 연결은 추적 결과를 시각화할 때 유용하다.

다음 그림과 같이 왼쪽부터 오른쪽까지 원시 영상, 얼굴 특징 주석, 컬러로 구분한 양방향 대칭점, 반사된 영상, 그리고 주석과 얼굴 특징 연결에 대한 네 가지 구성 요소의의 시각화를 보인다.

데이터 같은 것을 편리하게 관리하기 위해 저장과 접근 기능을 구현한 클래스는 유용한 구성 요소다. OpenCV의 ml 모듈에 있는 CvMLData 클래스에 기계학습 문제에서 종종 사용하는 일반적인 데이터를 다루기 위한 기능이 있다. 하지만 얼굴 추적 데이터부터 얻은 기능으론 부족하다. 따라서 6장에서는 ft_data.hpp 헤더 파일 안에 선언된 얼굴 추적 데이터의 특성을 염두에 두고 특별히 설계한 ft_class 클래스를 사용한다. 다음과 같이 모든 데이터 요소를 클래스의 public 멤버로 정의한다.

```
class ft_data{
public:
    vector<int> symmetry;
    vector<Vec2i> connections;
    vector<string> imnames;
    vector<vector<Point2f> > points;
    ...
}
```

Vec2i와 Point2f 유형은 각각 정수와 2D 부동소수점 좌표인 두 벡터에 대한 OpenCV 클래스다. Symmetry 벡터는 얼굴의 특징점(사용자가 정의함)이 있는 많은 성분을 갖는다. 각 connections는 연결된 얼굴 특징의 제로 기반 색인 쌍을 정의한다. 훈련 집합은 잠재적으로 매우 커질 가능성이 있으므로 영상을 직접 저장하는 대신에 이 클래스는 imnames 멤버 변수에 각 영상의 파일명을 저장할 수 있다(필요한 영상이 유효하게 파일명이 같은 상대 경로명에 놓이게 함에 주의한다). 끝으로 각 훈련 영상에 대한 points 멤버 변수는 부동소수점 좌표의 벡터로 저장한 얼굴 특징 위치의 컬렉션이다.

ft_data 클래스는 데이터에 접근할 때 편리한 여러 가지 메소드를 구현한다. 데이터 집합에 있는 영상에 접근하기 위해 get_image 함수가 특정 첨자로 영상을 불러들이고, 다음과 같이 선택 사항으로 y축 주위의 영상을 반사한다.

```
Mat
ft_data::get_image(
    const int idx, // 파일을 불러들이기 위한 영상의 첨자
    const int flag){ //0=그레이, 1=그레이+뒤집기, 2=rgb, 3=rgb+뒤집기
    if((idx < 0) || (idx >= (int)imnames.size()))return Mat();
    Mat img,im;
    if(flag < 2) img = imread(imnames[idx],0);
    else img = imread(imnames[idx],1);
    if(flag % 2 != 0)flip(img,im,1); else im = img;
    return im;
}
```

OpenCV의 imread 함수에 영상을 3채널 컬러 영상 혹은 단일 채널 그레이 스케일 영상으로 불러들일지 지정하는 (0, 1) 플래그를 넘긴다. y축 주위로 반사를 설정하는 OpenCV의 flip 함수에 플래그를 넘긴다.

특정 첨자에 있는 영상에 대응하는 점집합에 접근하기 위해 다음과 같이 get_points 함수로 반사 옵션과 함께 부동소수점 좌표의 벡터를 반환한다.

```
vector<Point2f>
ft_data::get_points(
    const int idx, // 점에 대응하는 영상의 첨자
    const bool flipped){ // y축 주위로 영상을 뒤집는가?
    if((idx < 0) || (idx >= (int)imnames.size()))
        return vector<Point2f>();
    vector<Point2f> p = points[idx];
    if(flipped){
        Mat im = this->get_image(idx,0);  int n = p.size();
        vector<Point2f> q(n);
        for(int i = 0; i < n; i++){
            q[i].x = im.cols-1-p[symmetry[i]].x;
            q[i].y = p[symmetry[i]].y;
        }
        return q;
```

```
    } else return p;
}
```

반사 플래그를 설정했을 때에 주목하라. 이 함수는 get_image 함수를 호출한다. 이런 경우 얼굴 특징 좌표를 올바르게 반사하기 위한 영상의 너비를 결정할 때 필요하다. 좀 더 효율적인 방법은 영상 너비를 변수로 간단하게 넘기게 만드는 데 있다. 마지막으로 이 함수에서 symmetry 멤버 변수의 유틸리티를 설명한다. 특정 첨자의 반사된 특징 위치는 단순한 특징 위치로서 x 좌표로 뒤집은 후 바이어스를 가한 symmetry 변수에서 지정된 첨자에 놓여 있다.

get_image와 get_points 함수는 지정한 첨자가 데이터 집합을 벗어나면 빈 구조체를 반환한다. 컬렉션의 모든 영상에 주석을 달지 않았을 수도 있다. 누락된 데이터를 다루기 위해 얼굴 추적 알고리즘을 설계할 수 있지만, 구현하기엔 꽤 많은데다가 6장의 범위를 벗어난다. ft_class 클래스는 다음과 같이 컬렉션에서 대응하지 않는 주석을 달지 않은 표본을 제거하는 함수를 구현한다.

```
void
ft_data::rm_incomplete_samples(){
  int n = points[0].size(),N = points.size();
  for(int i = 1; i < N; i++) n = max(n,int(points[i].size()));
  for(int i = 0; i < int(points.size()); i++){
    if(int(points[i].size()) != n){
      points.erase(points.begin()+i);
      imnames.erase(imnames.begin()+i); i--;
    } else {
      int j = 0;
      for(; j < n; j++){
        if((points[i][j].x <= 0) ||
            (points[i][j].y <= 0))break;
      }
```

```
      if(j < n){
        points.erase(points.begin()+i);
        imnames.erase(imnames.begin()+i); i--;
      }
    }
  }
}
```

많은 개수의 주석을 갖는 표본 인스턴스는 정준 표본<sup>canonical sample</sup>이라고 가정한다. 모든 데이터 인스턴스는 벡터의 erase 함수를 이용해 컬렉션에서 많은 개수의 점을 제거한 후의 적은 점집합을 갖는다. 또한 더 적은 (x, y) 좌표에 있는 점은 해당 영상에서 누락(교합, 낮은 가시성이나 모호함으로 발생할 수 있음)된 것임을 고려하는 데 주목하자.

ft_data 클래스는 read와 write 직렬화 함수를 구현했으므로 쉽게 저장하고 불러들일 수 있다. 예를 들어 데이터 집합을 다음과 같이 간단하게 저장할 수 있다.

```
ft_data D;                          // 데이터 구조체 동적 생성
...                                 // 데이터 채움
save_ft<ft_data>("mydata.xml",D);   // 데이터 저장
```

데이터 집합을 시각화할 목적으로 ft_data는 여러 가지 그리기 함수를 구현한다. 사용법을 visualize_annotations.cpp에 예시했다. 이 간단한 프로그램은 커맨드라인으로 지정한 파일에 저장된 주석 데이터를 불러들인 후 완전하지 않은 표본을 제거하고, 대응하는 주석, 대칭과 겹친 연결이 함께 있는 훈련 영상을 띄운다. OpenCV의 highgui 모듈에서 주목할 만한 몇 가지 기능을 여기에서 보여준다. 가장 기본인데다가 복잡한 사용자 인터페이스에 잘 적합하지 않겠지만, OpenCV에서 highgui 모듈의 기능은 컴퓨터 비전 애플리케이션에서 불러들이고 데이터와 알고리즘 결과를 시각화하는 데 상당히 유용하다. 다른 컴퓨터 비전 라이브러리와 비교해 구분되는 품질 중 하나일 것이다.

## 주석 도구

6장에서 코드와 함께 사용하는 주석 생성에 도움을 주는 annotate.cpp 파일에서 가장 기본인 주석 도구를 찾을 수 있다. 이 도구는 파일이나 카메라로부터의 비디오 스트림을 입력으로 받아들인다. 도구를 사용하는 절차를 다음과 같이 네 가지 단계로 나열한다.

1. **이미지 캡처**  첫 번째 단계에서는 영상 스트림을 화면에 띄우고 사용자는 S 키를 입력해 주석을 달 영상을 선택한다. 주석을 달 특징의 최적 집합은 얼굴 추적 시스템에서 추적에 필요한 얼굴 행동의 범위를 최대로 확장한다.

2. **첫 영상에 주석 달기**  두 번째 단계에서는 사용자에게 이전 단계에서 선택한 첫 영상을 보여준다. 사용자는 추적에 필요한 얼굴 특징에 적용할 위치를 영상 위에서 클릭한다.

3. **연결성 주석 달기**  세 번째 단계에서는 모양을 시각화할 때 더 좋게 하기 위해 점의 연결성 구조를 미리 정의해야 한다. 여기서 사용자에게 이전 단계처럼 동일한 영상으로 보여주며, 영상 위에서 얼굴 모델에 대한 연결성 구조를 구축하기 위해 번갈아 가면서 영상 쌍의 집합을 클릭하는 작업을 한다.

4. **대칭성 주석 달기**  이 단계에서 사용자는 여전히 동일한 영상 위에서 양방향 대칭을 보여줄 점 쌍을 선택한다.

5. **나머지 영상에 주석 달기**  마지막 단계에서는 사용자가 영상 집합에 걸쳐 탐색하고 비동기적으로 주석을 단다는 점을 제외하고 두 번째 단계와 비슷한 절차를 밟는다.

관심 있는 독자는 사용성을 개선하거나 각 추가 영상과 추후에 주석을 다는 부담을 줄이기 위해 점을 초기화하는 데 사용한 후에 추적 모델을 갱신하는 증분 학습 절차를 통합함으로써 주석 도구를 개선할 수 있다.

6장에서는 코드로 개발할 때 이용할 공개적으로 활용할 수 있는 일부 데이터 집합을 사용하긴 하지만(다음 절에 설명할 예제를 참고하자), 주석 도구는 사람별 특정 얼굴 추적 모델에 사용할 수 있으며, 종종 범용, 사람 독립, 대조보다 훨씬 월등하게 수행한다.

### 사전 주석 데이터(MUCT 데이터 집합)

얼굴 추적 시스템 개발을 방해하는 요소 중 하나는 지루한데다가 대용량 영상 컬렉션에서 많은 개수의 각 점에 일일이 주석을 달므로 오류가 발생하기 쉽다는 점이다.

6장에서는 후속 작업을 하기 위한 과정을 쉽게 하기 위해 공개적으로 활용할 수 있는 MUCT 데이터 집합을 다음과 같은 위치에서 다운로드할 수 있다.

http://www.milbo.org/muct/

데이터 집합은 76점의 표식으로 주석을 단 3,755개의 얼굴로 구성된다. 데이터 집합의 주제는 연대와 민족별로 다양하고, 서로 다른 개수의 조명 조건과 머리 포즈를 캡처했다.

6장에서는 코드로 MUCT 데이터 집합을 사용하기 위해 다음 단계를 수행한다.

1. **영상 집합 다운로드** 이 단계에서는 muct-a-jpg-v1.tar.gz부터 muct-e-jpg-v1.tar.gz까지의 파일을 다운로드해 압축을 해제함으로써 데이터 집합의 모든 영상을 얻을 수 있다. 이때 모든 영상을 저장할 곳인 새로운 폴더를 생성한다.

2. **주석 다운로드** 이 단계에서는 주석을 포함한 muct-landmarks-v1.tar.gz을 다운로드해 저장한 후 다운로드했던 영상이 있는 곳 중 하나인 동일한 폴더에 이 파일을 압축 해제한다.

3. **주석 도구를 이용해 연결성과 대칭성을 정의** 이 단계에서는 커맨드라인에서
   `./annotate -m $mdir -d $odir` 명령어를 입력한다. 여기서 `$mdir`은
   저장된 MUCT 데이터 집합이 있는 폴더를 가리키며, `$odir`은 저장된
   데이터를 포함해 `ft_data` 객체를 작성하는 annotations.yaml 파일이 있
   는 폴더를 가리킨다.

 MUCT 데이터 집합 사용법은 6장에 있는 얼굴 추적 코드의 기능을 기술한 빠른 소개
를 볼 것을 권장한다.

## 기하학적 제약

얼굴 추적에서 기하학은 인간 얼굴(눈 코너, 코끝과 눈썹 에지)의 물리적 제약 위치
에 대응하는 미리 정의된 집합의 공간 환경설정과 관련이 있다. 이런 점을
특정으로 선택하는 것은 애플리케이션에 달려 있으며, 일부 애플리케이션은
100개 점 이상의 조밀 집합을 요구하고, 다른 애플리케이션은 희박한 점만
선택할 것을 요구한다. 그러나 얼굴 추적 알고리즘의 강건도는 독립된 측정
으로 상대적인 공간 의존을 통해 서로 강화할 수 있는 만큼 일반적으로 증분
한 점 개수로 개선한다. 예를 들어 눈 코너의 위치를 알면 코가 어디에 놓였
는지 예상하는 곳을 잘 보여주며, 전통적으로 100개의 점 주위로 성능을 유
지한다. 더욱이 얼굴을 기술할 때 사용하는 점집합을 늘리면 계산 복잡도면
에서 선형적으로 증가한다. 따라서 계산에 제한을 둔 제약이 있는 애플리케
이션은 적은 점과 함께 더 나은 비용으로 불러들인다.

매우 빠른 추적이 온라인 설정으로 더 정확한 추적을 이끄는 경우도 종종
있다. 프레임을 낮추면 프레임 간의 모션 인지가 증가하고, 각 프레임에 있
는 얼굴 구성을 찾는 데 사용하는 최적화 알고리즘이 특징점의 가능한 구성
의 대규모 공간을 탐색해야 하기 때문이다. 이 과정에서 프레임 간의 변위가

있을 때 종종 실패한다. 요약하면 최적 성능을 갖기 위해 얼굴 특징점 선택을 최적으로 설계하는 방법을 다룬 일반적인 지침이 있다고 할지라도 이런 선택은 애플리케이션 범주에서 전문적이어야 한다.

얼굴 기하학은 종종 두 요소인 전역(강체) 변환과 지역(비강체) 변형의 조합으로 종종 파라미터화한다. 전역 변환은 영상 내 얼굴의 전체 배치를 설명하며, 제약 없이 종종 다양하게 허용한다(즉, 얼굴은 영상 안에서 어디서나 나타날 수 있다). 이것은 영상 내 얼굴의 (x, y) 위치, 내부 평면 머리 회전과 영상 내의 얼굴 크기를 포함한다. 반면에 지역 변형은 얼굴 모양 유사성 사이, 그리고 표현 간의 차이점을 설명한다. 전역 변환과 차이를 보이는 부분 중에서 지역 변형은 얼굴 특징을 높게 구조화한 환경설정으로 인해 훨씬 더 크게 제약을 건다. 전역 변환은 객체의 어떤 유형에도 적용할 수 있는 2D 좌표의 범용 함수인 반면에 지역 변형은 특정한 객체이되 훈련 데이터 집합으로부터 반드시 학습해야 한다.

이번 절에서는 모양 모델로 참조할 얼굴 구조의 기하학 모델링 구성을 기술한다. 애플리케이션에 달려 있으며, 한 개인의 표현 변화, 전체에 걸쳐 밀집된 얼굴 모양의 차이, 혹은 모두 조합해 포착할 수 있다. 이 모델은 shape_model.hpp와 shape_model.hpp에서 찾을 수 있는 shape_model 클래스에 구현된다. 다음 코드 조각은 shape_model 클래스의 주요 기능을 강조한 shape_model 클래스의 헤더 부분이다.

```
class shape_model{  // 2D 선형 모양 모델
public:
    Mat p; // 파라미터 벡터 (kx1) CV_32F
    Mat V; // 선형 하위 공간 (2nxk) CV_32F
    Mat e; // 파라미터 분산 (kx1) CV_32F
    Mat C; // 연결성 (cx2) CV_32S
    ...
    void calc_params(
        const vector<Point2f> &pts, // 파라미터를 계산하는 점
```

```
      const Mat &weight = Mat(), // 가중치/점 (nx1) CV_32F
      const float c_factor = 3.0); // 클램핑 요소
    ...
    vector<Point2f> // 파라미터로 기술한 모양
    calc_shape();
    ...
    void train(
      const vector<vector<Point2f> > &p, // N-예제 모양
      const vector<Vec2i> &con = vector<Vec2i>(), //연결성
      const float frac - 0.95, // 유지하기 위한 변화의 분수
      const int kmax = 10); // 유지하기 위한 모드 최대 개수
    ...
}
```

얼굴 모양의 변화를 표현하는 모델은 부분공간 행렬 V와 분산 벡터 e에 인코
딩된다. 파라미터 벡터 p는 모델에 대한 모양을 인코딩한 것을 저장한다.
또한 얼굴 모양의 인스턴스 시각화에만 관련된 연결성 행렬 C를 이 클래스
안에 저장한다. 이 클래스의 주요 관심사인 세 가지 함수는 calc_params,
calc_shape와 train이다. calc_params 함수는 점집합을 그럴듯한 얼굴
모양 공간에 투영한다. 선택적으로 투영되는 각 점에 대해 신뢰 가중치를
별도로 제공한다. calc_shape 함수는 얼굴 모델(V와 e로 인코딩)을 이용해 파
라미터 벡터 p로 디코딩한 점집합을 생성한다. train 함수는 얼굴 모양의
데이터 집합으로부터 인코딩한 모델을 학습한다. frac와 kmac 파라미터는
사용 가능한 데이터를 전문화할 수 있는 훈련 과정의 파라미터다.

이 클래스의 기능은 지역 변형을 표현할 때 사용하는 선형 모델 다음에 나오는
점집합을 엄격하게 등록하는 방법인 프로크러스티즈 분석 설명부터 시작하는
다음 절에서 정교해진다. train_shape_model.cpp와 visualize_shape_model.
cpp 파일 안의 프로그램은 각각 모양 모델을 훈련하고 시각화한다. 이 절의
마지막에서 사용 방법의 개요를 설명한다.

## 프로크러스티즈 분석

얼굴 모양의 변형 모델을 구축하기 위해 처음부터 전역 강체 모션과 관련 있는 성분을 제거하는 기초 주석 데이터를 반드시 처리해야 한다. 2D에서 기하학을 모델링할 때 강체 모션을 크기 조정, 변환 내부 공간 회전과 이동을 포함한 유사 변환으로 종종 표현한다. 다음 영상은 유사 변환에서 허용하는 모션 유형 집합을 보여준다. 점 컬렉션으로부터 전역 강체 모션 집합을 제거하는 과정은 프로크러스티즈 분석<sup>procrustes analysis</sup>이라고 한다.

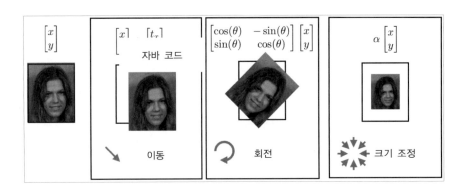

수학적으로 프로크러스티즈 분석의 목표는 정준 모양과 각 인스턴스가 표준 모양을 이동해 조정하는 유사 변환을 동시에 찾는 것이다. 여기서 조정은 정준 모양을 변환한 각 모양 간의 최소제곱 거리로 측정한다. 다음과 같이 이 목적을 달성하는 반복 과정을 shape_model 클래스에 구현한다.

```
#define fl at<float>
Mat shape_model::procrustes(
    const Mat &X,        // 열(columns)인 인터리브 기초 모양 데이터
    const int itol,      // 시도할 반복 최대 개수
    const float ftol)    // 수렴 오차
{
    int N = X.cols,n = X.rows/2; Mat Co,P = X.clone(); // 복사
    for(int i = 0; i < N; i++){
```

```
    Mat p = P.col(i);      // i번째 모양
    float mx = 0,my = 0;   // 질량 중심 계산
    for(int j = 0; j < n; j++){ // x와 y는 따로
        mx += p.fl(2*j); my += p.fl(2*j+1);
    }
    mx /= n; my /= n;
    for(int j = 0; j < n; j++){ // 질량 중심 제거
        p.fl(2*j) -= mx; p.fl(2*j+1) -= my;
    }
}
for(int iter = 0; iter < itol; iter++){
    Mat C = P*Mat::ones(N,1,CV_32F)/N;   // 정규화 계산...
    normalize(C,C);                       // 표준 모양
    if(iter > 0){if(norm(C,Co) < ftol) break;} //수렴?
    Co = C.clone() ; // 현재 추정 기억
    for(int i = 0; i < N; i++){
        Mat R = this->rot_scale_align(P.col(i),C);
        for(int j = 0; j < n; j++){  // 유사 변환 적용
            float x = P.fl(2*j,i),y = P.fl(2*j+1,i);
            P.fl(2*j ,i) = R.fl(0,0)*x + R.fl(0,1)*y;
            P.fl(2*j+1,i) = R.fl(1,0)*x + R.fl(1,1)*y;
        }
    }
}return P; // 프로크러스티즈로 조정한 모양 반환
}
```

이 알고리즘은 정준 모양에 최적으로 정합하기 위해 각 모양을 회전하고, 크기를 조정하고, 모든 모양의 평균 정규화로서 정준 모양을 번갈아가면서 계산하는 반복 과정으로, 각 모양 인스턴스의 질량 중심을 추출하는 것부터 시작한다. 정준 모양을 추정하는 정규화 단계는 크기 문제를 해결하고, 수축으로 인해 모든 모양이 0이 됨을 막기 위해 필요하다. 이 크기 기준은 가변적이므로 정준 모양 벡터 C의 길이를 1.0으로 맞추게 결정했으며, OpenCV

에서 정규화 함수의 기본 동작이다. 다음과 같이 rot_sacle_align 함수를
통해 내부 공간 회전과 크기 조정을 계산하며, 현재 정준 모양을 추정하기
위한 각 모양 인스턴스 최적 조정에 영향을 준다.

```
Mat shape_model::rot_scale_align(
    const Mat &src,    // 원 모양의 벡터 [x1;y1;...;xn;yn]
    const Mat &dst)    // 목표 모양
{
    // 선형 시스템 구성
    int n = src.rows/2; float a=0,b=0,d=0;
    for(int i = 0; i < n; i++){
      d+= src.fl(2*i)*src.fl(2*i )+src.fl(2*i+1)*src.fl(2*i+1);
      a+= src.fl(2*i)*dst.fl(2*i )+src.fl(2*i+1)*dst.fl(2*i+1);
      b+= src.fl(2*i)*dst.fl(2*i+1)-src.fl(2*i+1)*dst.fl(2*i );
    }
    a /= d; b /= d; // 선형 시스템 풀기
    return (Mat_<float>(2,2) << a,-b,b,a);
}
```

이 함수는 회전한 모양과 정준 영상 간의 최소제곱 차분으로 최소화한다.
수학적으로 다음과 같이 작성할 수 있다.

$$
\min_{a,b} \sum_{i=1}^{n} \left\| \begin{bmatrix} a & -b \\ b & a \end{bmatrix} \begin{bmatrix} x_i \\ y_i \end{bmatrix} - \begin{bmatrix} c_x \\ c_y \end{bmatrix} \right\|^2 \rightarrow \begin{bmatrix} a \\ b \end{bmatrix} = \frac{1}{\sum_i (x_i^2 + y_i^2)} \sum_{i=1}^{n} \begin{bmatrix} x_i c_x + y_i c_y \\ x_i c_y - y_i c_x \end{bmatrix}
$$

여기서 최소제곱 문제에 대한 해는 닫힌 해가 방정식의 오른쪽에 있는 다음
그림에 보여준다. 크기 조정과 내부 공간 회전을 해결하는 대신에 크기 조정
된 2D 회전 행렬 비선형적인 관계가 있으므로 변수 (a, b)를 풀어버림을 주
목하자. 이 변수는 다음과 같이 크기 조정 및 회전 행렬과 관계있다.

$$\begin{bmatrix} a & -b \\ b & a \end{bmatrix} = \begin{bmatrix} k\cos(\theta) & -k\sin(\theta) \\ k\sin(\theta) & k\cos(\theta) \end{bmatrix}$$

주석을 단 기초 모양 데이터에 대한 프로크러스티즈 분석의 효과 시각화를 다음 영상으로 보여준다. 각 얼굴 특징을 고유 컬러와 함께 띄운다. 정규화 이동 후에 얼굴 구조가 평균 위치 주위에 군집한 얼굴 특징의 위치에 드러나기 시작한다. 크기 조정과 회전 정규화 과정을 반복한 후에는 특징 군집이 매우 소밀해지고, 특징 분포는 얼굴 변형에 의한 변화를 잘 나타낸다. 다음 절에서 모델링으로 시도할 종착점은 변형만큼 매우 중요하다. 이와 같이 프로크러티즈 분석의 역할은 기초 데이터에서 작업을 전처리하는 것으로 생각할 수 있으며, 학습 대상 얼굴의 모델 국부 변형을 더 좋게 한다.

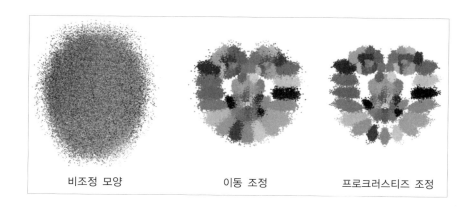

| 비조정 모양 | 이동 조정 | 프로크러스티즈 조정 |

## 선형 모양 모델

얼굴 변형 모델링의 목표는 모든 정체성과 인식 표현 간에 걸친 얼굴 모양 변화에 관한 간결한 파라메트릭 표현을 찾는 데 있다. 다양한 복잡성을 수반해 이런 목표를 달성하는 많은 방법이 있다. 매우 간단한 방법은 얼굴 기하학의 선형 표현을 사용하는 것이다. 단순함에도 불구하고 얼굴 변형 영역을 정확하게 잡아냈음을 보여주며, 특히 데이터 집합에 있는 얼굴의 정면 포즈일 때는 대개 그렇다. 또한 표현의 파라미터를 추론하므로 매우 단순해지고 적은 비용이 든다는 장점이 있으며, 이에 대응하는 비선형과 대비된다. 추적 과정에서 탐색 과정에 제약을 가해 적용할 때 중요한 역할을 한다.

선형적으로 얼굴 모양을 모델링하는 주 아이디어를 다음 영상에 삽화로 제시한다. 여기서 N개의 얼굴 특징을 갖는 얼굴 모양은 2N 차원 공간의 단일 점으로서 모델링돼 있다. 선형 모델링의 목표는 2N 차원 공간 안에 포함된 모든 얼굴 모양 점(즉, 영상 내의 녹색 점)이 놓여 있는 저차원 초평면을 찾는 것이다. 초평면은 전체 2N 차원의 부분집합만 포괄하며, 종종 부분공간이라고 한다. 매우 조밀한 얼굴 표현이 있는 부분공간의 낮은 차원 수는 추적 과정에서 제약을 매우 강하게 건다. 종종 매우 강인한 추적을 이끈다. 하지만 부분공간의 차원을 선택함에 있어 주의를 기울여야 한다. 모든 얼굴의 공간을 충분히 확장할 여력이 있어야 한다. 다만 많지 않은 비얼굴 공간이 얼굴 범위 안에 놓여야 한다(즉, 영상 내의 빨간 점). 한 사람을 데이터 모델링할 때 얼굴의 변화를 캡처한 부분공간은 여러 사람을 모델링하는 것보다 종종 훨씬 조밀해짐을 주목해야 한다. 이것은 사람별 추적기가 범용적인 추적기보다 훨씬 더 낮게 수행하는 이유 중 하나다.

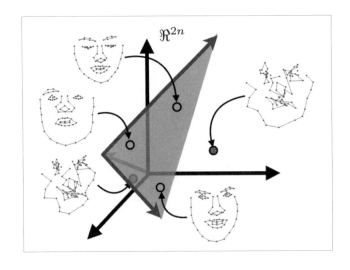

최적 저차원 부분공간을 찾는 절차는 주성분 분석<sup>PCA, Principle Component Analysis</sup>
이라고 하는 데이터 집합을 대상으로 한다. OpenCV는 PCA를 계산하는 클래스를 구현한다. 다만 보존 부분공간의 차원 수를 미리 지정해야 한다. 미리 결정하기가 종종 어렵기 때문에 점유하는 변화의 총합계 비율에 기반을 둔 일반적인 휴리스틱으로 선택한다. `shape_model::train` 함수에서 PCA를 다음과 같이 구현한다.

```
SVD svd(dY*dY.t());
int m = min(min(kmax,N-1),n-1);
float vsum = 0; for(int i = 0; i < m; i++) vsum += svd.w.fl(i);
float v = 0; int k = 0;
for(k = 0; k < m; k++){
   v += svd.w.fl(k); if(v/vsum >= frac){k++; break;}
}
if(k > m)k = m;
Mat D = svd.u(Rect(0,0,k,2*n));
```

여기서 `dY` 변수의 각 열은 평균 차분한 프로크러스티즈 조정 모양을 의미한다. 따라서 고유치 분해<sup>SVD</sup>는 모양 데이터의 공분산 행렬(즉, `dY.t()*Dy`)에 효율적으로 적용된다. OpenCV에서 SVD 클래스의 `w` 멤버는 데이터의 주요 가변 거리에 대한 분산을 저장하고, 최대에서 최소로 정렬한다. 부분공간의 차원 수를 선택하는 일반적인 방식은 `svd.w`의 항목으로 표현하는 데이터의 총 에너지 중 일부인 `frac`를 보존하는 방향의 최소 집합을 선택하는 것이다. 항목을 최대에서 최소로 정렬한 만큼 가변 상위 k개의 방향으로 에너지를 욕심내 평가함으로써 부분공간을 열거하기엔 충분하다. SVD 클래스의 `u` 멤버에 방향 자체를 저장한다. 두 성분의 시각화를 다음 그림과 같이 보인다.

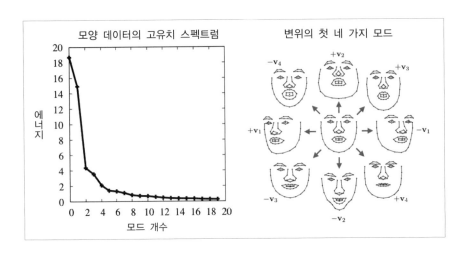

모양 데이터의 고유치 스펙트럼

변위의 첫 네 가지 모드

> 대부분 변위가 포함된 데이터를 저차원 부분공간과 함께 모델링할 수 있음을 시사하는 고유치 스펙트럼이 아주 빠르게 감소함에 주목하자.

## 국부-전역 표현 조합

영상 프레임에 있는 모양은 국부 변형과 전역 변환의 조합으로 생성된다. 수학적으로 닫힌 해를 인정하지 않는 비선형 함수에서 이런 변환 결과를 조합하기 때문에 파라미터화는 문제가 될 수 있다. 이런 문제를 피하는 일반적인 방법은 전역 변환을 모델링한 선형 부분공간에 변형 부분공간을 덧붙이는 것이다. 고정된 모양인 경우 유사 변환은 다음과 같이 부분공간으로 모델링할 수 있다.

$$\begin{bmatrix} \begin{bmatrix} a & -b \\ b & a \end{bmatrix} \begin{bmatrix} x_1 \\ y_1 \end{bmatrix} + \begin{bmatrix} t_x \\ t_y \end{bmatrix} \\ \vdots \\ \begin{bmatrix} a & -b \\ b & a \end{bmatrix} \begin{bmatrix} x_n \\ y_n \end{bmatrix} + \begin{bmatrix} t_x \\ t_y \end{bmatrix} \end{bmatrix} = \begin{bmatrix} x_1 & -y_1 & 1 & 0 \\ y_1 & x_1 & 0 & 1 \\ \vdots & \vdots & \vdots & \vdots \\ x_n & -y_n & 1 & 0 \\ y_n & x_n & 0 & 1 \end{bmatrix} \begin{bmatrix} a \\ b \\ t_x \\ t_y \end{bmatrix}$$

shape_model 클래스에서 cal_rigid_basis 함수를 사용해 부분공간을 생성한다. 생성된 부분공간(즉, 이전 방정식에 있는 x와 y 컴포넌트)에 있는 모양은 프로크러스티즈 조정 모양(즉, 정준 모양)을 벗어난 평균 모양이다. 앞에서 언급한 형태의 부분공간을 구성해 추가하려면 행렬의 각 열을 단위 길이로 정규화해야 한다. shape_model::train 함수에서 이전 절에 설명했던 dY 변수는 다음과 같이 강체 모션과 관계있는 데이터의 컴포넌트를 투영해 계산된다.

```
Mat R = this->calc_rigid_basis(Y); // 강체 부분공간 계산
Mat P = R.t()*Y; Mat dY = Y - R*P;   // 강성 투영
```

이 투영은 간단한 행렬 곱셈임에 주목하자. 강체 부분공간의 열을 단위 길이로 정규화했기 때문에 가능하다. 확장된 공간은 모델링으로 변하지 않으며, R.t()*R은 항등 행렬과만 동일함을 의미한다.

변형 모델을 학습하기 전에 데이터로부터 강체 변환에서 생긴 가변 길이를 제거했으므로 결과인 변형 부분공간은 강체 변환 부분공간에 정규 직교가 된다. 이와 같이 얼굴 모양의 조합한 국부-전역 선형 표현에 있는 두 부분공간 결과를 연계하며, 또한 정규 직교다. 연계는 여기서 다음과 같이 OpenCV의 Mat 클래스에 구현한 ROI 추출 메커니즘으로 조합한 두 행렬의 부분행렬에 두 부분공간을 할당해 수행할 수 있다.

```
V.create(2*n,4+k,CV_32F);                      // 조합한 부분공간
Mat Vr = V(Rect(0,0,4,2*n));  R.copyTo(Vr);   // 강체 부분공간
Mat Vd = V(Rect(4,0,k,2*n));  D.copyTo(Vd);   // 비강체 부분공간
```

결과 모델의 정규 직교성은 shape_model::calc_param 함수에서 수행하는 모양을 설명하는 파라미터를 쉽게 계산할 수 있음을 의미한다.

```
p = V.t()*s;
```

여기서 s는 벡터화된 얼굴 모양이고, p는 얼굴 부분공간의 좌표를 저장한 후 표현한다.

선형적으로 얼굴 모양 모델링에 관한 종점은 유사 변환을 사용해 생성된 모양이 유효하게 부분공간 좌표에 제약을 어떻게 제약할지에 달려있다. 다음 영상에서 4가지 증분 표준편차의 가변 방향 중 하나인 좌표 값이 증가함에 따른 부분공간 안쪽에 있는 얼굴 모양 인스턴스를 보여준다. 작은 값의 경우 결과인 모양이 얼굴과 유사하게 유지하지만, 값이 너무 커질수록 더 나빠짐에 주목하라.

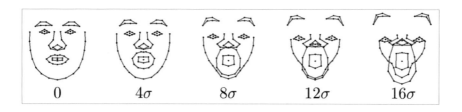

이와 같은 변형을 막는 간단한 방법은 데이터 집합으로부터 결정된 허용 범위 안에서 부분공간 좌표 값을 고정하는 것이다. 이에 대한 일반적인 선택은 데이터의 표준편차 ±3 이내인 박스 제약이며, 데이터 내 분산도의 99.7%를 차지한다. 부분공간을 찾은 후에 다음과 같이 shape_model::train 함수로 클램핑 값을 계산한다.

```
Mat Q = V.t()*X;              // 원시 데이터를 부분공간으로 투영한다.
for(int i = 0; i < N; i++){   // 크기 비율과 관계있는 좌표를 정규화한다.
    float v = Q.fl(0,i); Mat q = Q.col(i); q /= v;
}
e.create(4+k,1,CV_32F); multiply(Q,Q,Q);
for(int i = 0; i < 4+k; i++){
    if(i < 4) e.fl(i) = -1;    // 강체 계수를 고정하지 않는다.
    else e.fl(i) = Q.row(i).dot(Mat::ones(1,N,CV_32F))/(N-1);
}
```

첫 차원의 좌표에 대해 정규화한 후에(즉, 크기 조정) 부분공간 좌표 Q에서 분산을 계산했음을 주목하라. 지배적인 추정으로부터 비교적 큰 크기를 갖는 데이터 표본을 방지한다. 덧붙여 강체 부분공간의 좌표 분산에 음수 값을 할당하는 데(즉, V의 첫 네 개의 열)에 주목하자. 다음과 같이 고정하는 함수인 shape_model::clamp는 특정 방향의 분산이 음수인지 보기 위해 조사한 후 음수가 아니면 고정을 적용한다.

```
void shape_model::clamp(
   const float c){ // 표준편차 비율인 고정
   double scale = p.fl(0);        // 크기 비율 추출
   for(int i = 0; i < e.rows; i++){
      if(e.fl(i) < 0) continue;       // 강체 컴포넌트 무시
      float v = c*sqrt(e.fl(i));      // c* 표준편차 박스
      if(fabs(p.fl(i)/scale) > v){    // 좌표 부호 보존
         if(p.fl(i) > 0)p.fl(i) = v*scale; // 양수 임계값
         else p.fl(i) = -v*scale;     // 음수 임계값
      }
   }
}
```

훈련 데이터는 얼굴이 수직 방향이되 특정 크기에서 영상의 중심에 놓게끔 인위적으로 설정한 가운데 캡처되는 이유가 있는데, 훈련 집합 구성을 유지하기 위해 모양 모델의 강체 성분을 고정한다면 너무 제한적이기 때문이다. 끝으로 정규화한 크기의 프레임 안에서 각 변형 좌표의 분산을 계산하기 때문에 고정하는 동안에는 좌표에 동일한 크기 조정을 적용해야 한다.

## 훈련과 시각화

주석 데이터로 모양 모델을 훈련하는 예제 프로그램은 train_shape_model. cpp에서 찾을 수 있다. 주석 데이터가 있는 경로를 포함하는 커맨드라인 인자인 argv[1]로 데이터를 메모리에 적재해 훈련을 시작하며, 다음과 같이

완전하지 않은 표본을 제거한다.

```
ft_data data = load_ft<ft_data>(argv[1]);
data.rm_incompelete_samples();
```

각 예제별 주석은 다음과 같이 훈련 함수에 넘겨주기 전에 벡터에 저장되며,
선택적으로 반대로 뒤집을 수 있다.

```
vector<vector<Point2f> > points;
for(int i = 0; i < int(data.points.size()); i++){
    points.push_back(data.get_points(i,false));
    if(mirror) points.push_back(data.get_points(i,true));
}
```

다음과 같이 단일 함수인 sharp_model::train()을 호출해 모양 모델을
훈련한다.

```
shape_model smodel;
smodel.train(points, data.connections, frac, kmax);
```

여기서 frac(유지하기 위한 변화 비율)와 kmax(유지하기 위한 고유 벡터의 최대 개수)는
커맨드라인 옵션을 이용해 선택적으로 설정할 수 있지만, 기본 설정으로
0.95와 20으로서 각각 대부분의 경우에서 잘 동작하는 편이다. 끝으로 훈련
된 모양 모델을 저장하는 경로가 들어 있는 커맨드라인 인자인 argv[2]로
다음과 같이 단일 함수를 호출해 저장을 실행할 수 있다.

```
save_ft(argv[2], smodel);
```

이 단계의 단순함은 shape_model 클래스에 정의한 read와 write 직렬화
함수에 기인한다.

훈련된 모양 모델을 시각화하기 위해 visualize_shape_model.cpp 프로그램
으로 각 방향의 학습된 비강체 변형을 차례대로 움직인다. 다음과 같이 모양

모델을 메모리에 적재함으로써 시작한다.

```
shape_model model = load_ft<shape_model>(argv[1]);
```

표시된 창의 가운데에 모델을 배치하는 강체 파라미터를 다음과 같이 계산한다.

```
int n = smodel.V.rows/2;
float scale = calc_scale(smodel.V.col(0), 200);
float tranx = n*150.0/smodel.V.col(2).dot(Mat::ones(2*n,1, CV_32F));
float trany = n*150.0/smodel.V.col(3).dot(Mat::ones(2*n,1, CV_32F));
```

여기서 calc_scale 함수는 200화소 너비를 갖는 얼굴 모양을 생성하는 크기 조정 계수를 찾는다. 150화소를 이동시키는 계수를 찾음으로써 이동 성분을 계산한다(즉, 모델은 평균 중심이고 띄우는 창은 300 × 300화소의 크기다).

> shape_model::v의 첫 번째 열은 크기에 대응하고, 세 번째와 네 번째 열은 각각 x와 y로 이동하는 데 대응함을 주목하자.

궤적 파라미터 값을 0부터 시작하게 만들어 다음과 같이 극단적인 양수로 이동한 후 극단적인 음수로 이동해서 다시 0으로 되돌린다.

```
vector<float> val;
for(int i = 0; i < 50; i++) val.push_back(float(i)/50);
for(int i = 0; i < 50; i++) val.push_back(float(50-i)/50);
for(int i = 0; i < 50; i++) val.push_back(-float(i)/50);
for(int i = 0; i < 50; i++) val.push_back(-float(50-i)/50);
```

여기서 모션의 각 단계는 50 증분으로 구성한다. 그 후 이 궤적은 얼굴 모델이 움직일 때와 표시된 창에 결과를 렌더링할 때 사용된다.

```
Mat img(300,300,CV_8UC3); namedWindow("shape model");
while(1){
   for(int k = 4; k < smodel.V.cols; k++){
     for(int j = 0; j < int(val.size()); j++){
       Mat p = Mat::zeros(smodel.V.cols,1,CV_32F);
       p.at<float>(0) = scale;
       p.at<float>(2) = tranx;
       p.at<float>(3) = trany;
       p.at<float>(k) = scale*val[j]*3.0*
                        sqrt(smodel.e.at<float>(k));
       p.copyTo(smodel.p);  img = Scalar::all(255);
       vector<Point2f> q = smodel.calc_shape();
       draw_shape(img,q,smodel.C);
       imshow("shape model",img);
       if(waitKey(10) == 'q') return 0;
     }
   }
}
```

> 강체 계수(즉, shape_model::V의 첫 네 번째 열에 대응)은 얼굴을 띄운 창의 중앙에 놓기 위해 이전에 계산했던 값을 항상 설정함에 주목하자.

## 얼굴 특징 검출기

영상의 얼굴 특징 검출은 범용 객체 검출과 커다란 유사성을 띤다. OpenCV 는 범용 객체 검출기를 구축하기 위한 정교한 함수 집합을 보유하며, 아주 잘 알려진 것은 유명한 비올라-존스<sup>Viola-Jones</sup> 얼굴 검출기 구현부에 사용했 던 하르 기반<sup>Harr-based</sup> 캐스케이드 특징 검출기다. 아무튼 고유얼굴 특징 검 출을 하는 몇 가지 차별화되는 요인이 있다.

- **정확도와 강건성** 일반 객체 검출의 목표는 영상 내 객체의 대략적인 위치를 찾는 것인 반면 얼굴 특징 검출기는 특징의 위치를 매우 정확하게 추정하도록 요구한다. 객체 검출 과정에서 몇 화소의 오류가 중요하지 않음을 고려하지만, 특징 검출을 통해 얼굴 표현을 추정하는 과정에서 미소와 찌푸림 간의 차이를 의미할 수 있다.

- **공간 지원이 제한됨에 따른 애매모호성** 일반 객체 검출 과정에서 관심 객체는 영상 영역 내의 확실하게 구분할 수 있는 충분한 영상 구조체를 보여주나 객체를 포함하지 않는다고 가정하는 것이 일반적이다. 이것은 전형적으로 공간 지원이 제한된 얼굴 특징 경우에 주로 해당하지 않는다. 그 이유는 객체가 들어있지 않는 영상 영역에서 얼굴 특징과 매우 유사한 구조체가 자주 나타날 수 있기 때문이다. 예를 들어 특징의 중심에 놓인 작은 테두리 상자에 보이는 얼굴 주변에 있는 특징이 중심을 지나가는 강한 에지를 포함하는 다른 임의의 영상 패치와 쉽게 혼동할 수 있다.

- **계산 복잡도** 일반 객체 검출은 영상 내 객체의 모든 인스턴스를 찾는 데 목표를 둔다. 반면 얼굴 추적은 모든 얼굴 특징의 위치를 요구하며, 종종 특징이 약 20개부터 100개까지다. 이와 같이 각 특징 검출기를 효율적으로 평가하는 능력은 실시간으로 동작할 수 있는 얼굴 추적기를 구축할 때 가장 중요하다.

이런 세 가지 차이점 때문에 얼굴 추적에 사용하는 얼굴 특징 검출기를 대부분 염두에 두고 특별히 설계한다. 물론 일반 객체 검출 기술의 많은 사례를 얼굴 추적의 얼굴 특징 검출기에 적용할 수 있다. 하지만 커뮤니티에서 이런 표현이 해당 문제에 대해 가장 적합하다는 합의를 도출할 수 없다.

이 절에서는 표현을 이용한 얼굴 특징 검출기를 구축하며, 단순한 모델 하나를 고려하는 데 선형 영상 패치다. 단순함에도 불구하고 학습 절차 설계에 신경을 썼기 때문에 이 표현은 실제로 얼굴 추적 알고리즘에 사용하는 얼굴 특징 위치를 합리적으로 추정할 수 있음을 볼 수 있다. 더욱이 단순함은 가능한 실시간 얼굴을 추적하는 매우 빠른 평가를 할 수 있다. 표현이 영상 패치이기 때문에 이로 인해 얼굴 특징 검출기를 패치 모델이라고 한다. 이 모델은 `patch_model` 클래스에 구현됐고, `patch_model.hpp`와 **patch_model. cpp** 파일에 찾을 수 있다. 다음 코드 조각은 `patch_model` 클래스의 헤더에 있으며, 주요 기능을 강조한다.

```cpp
class patch_model{
public:
    Mat P; // 정규화된 패치
    ...
    Mat                             //응답 맵
    calc_response(
        const Mat &im,              // 검색 영역의 영상 패치
        const bool sum2one = false); // 하나로 합하게 정규화?
    ...
    void
    train(const vector<Mat> &images, // 훈련할 영상 패치
        const Size psize,           // 패치 크기
        const float var = 1.0,      // 이상적인 응답 분산
        const float lambda = 1e-6,  // 가중치 정규화
        const float mu_init = 1e-3, // 초기 단계 크기
        const int nsamples = 1000,  // 표본 개수
        const bool visi = false);   // 시각화 처리?
    ...
};
```

패치 모델은 얼굴 특징을 검출할 때 사용되며 P 행렬에 저장한다. 이 클래스의 흥미로운 주요 두 함수는 `calc_response`와 `train`이다. `calc_response` 함수는 탐색한 영역인 `im` 위에 있는 모든 정수 변위에 있는 패치 모델의 응답을 평가한다. `train` 함수는 `psize` 크기의 패치 모델 P를 학습하며, 대개 이상적인 응답 맵에 가능한 한 가깝게 훈련 집합 위에 있는 응답 맵을 만든다. `var`, `lambda`, `mu_init`와 `nsample` 파라미터는 훈련 절차의 파라미터이

며, 데이터에 대한 최적 성능을 즉시 얻게 할 수 있다.

이 절에서는 이 클래스의 기능을 상세하게 다룬다. 패치 모델을 학습할 때 사용하는 상관관계 패치와 훈련 절차에 대한 논의부터 시작한다. 다음으로는 각 얼굴 특징에 대한 패치 모델 모음과 전역 변환을 차지하는 기능이 있는 patch_model 클래스를 기술한다. train_patch_model.cpp와 visualize_patch_model.cpp의 프로그램은 각각 패치 모델을 훈련하고 시각화하며, 이 절의 마지막에 얼굴 특징 검출기에 관한 사용법을 설명한다.

## 상관관계 기반 패치 모델

학습 검출기에서 두 가지 주요 경쟁하는 패러다임인 생성과 식별이 있다. 생성 방법은 영상 패치의 기본 표현에 있는 것을 학습하며, 모든 현상에서 최적 객체 모양을 생성할 수 있다. 반면, 식별 방법은 다른 객체로부터 객체 인스턴스를 최적으로 구분하는 표현을 학습하며, 적용할 때 모델이 마주치게 될 가능성이 있다. 생성 방법은 결과 모델이 객체에 특별한 속성을 부호화한다는 장점이 있으며, 객체의 새로운 인스턴스를 시각적으로 검사하게 허용한다. 생성 방법의 패러다임 범위에 들어가는 인기 있는 방식은 유명한 고유얼굴$^{eigenfaces}$ 방법이다. 식별 방법은 모든 것으로부터 객체의 인스턴스를 식별하게 모델의 전체 용량을 직접 문제에 맞춘다는 장점이 있다. 모든 식별 방법 중에서 잘 알려진 것은 아마도 지지 벡터 기계일 것이다. 두 패러다임은 많은 상황에서 잘 작동할 수 있겠지만, 영상 패치인 얼굴 특징을 모델링할 때 식별 패러다임이 훨씬 우수함을 볼 것이다.

고유얼굴과 지지 벡터 기계 방법은 원래 검출이나 영상 정렬 대신에 분류하기 위해 개발됐음에 주목하자. 다만 각 방법의 기본 수학적 개념을 얼굴 추적 영역에 적용할 수 있음을 보여줬다.

## 식별 패치 모델 학습

주어진 주석 데이터 집합에서 특징 검출기를 서로 독립적으로 학습할 수 있다. 식별 패치 모델의 학습 목표는 패치를 구성함에 있으며, 얼굴 특징이 들어 있는 영상 영역과 교차 상관관계를 갖고 특징 위치에 대한 강한 응답을 얻고, 이를 제외한 모든 곳의 약한 응답을 얻는다. 수학적으로 다음과 같이 표현할 수 있다.

$$\min_{\mathbf{P}} \sum_{i=1}^{N} \sum_{x,y} \left[ \mathbf{R}(x,y) - \mathbf{P} \cdot \mathbf{I}_i \left( x - \frac{w}{2} : x + \frac{w}{2}, y - \frac{h}{2} : y + \frac{h}{2} \right) \right]^2$$

여기서 P는 패치 모델을 표시하고, I는 i번째 훈련 영상을 의미하며, I(a:b, c:d)는 각 (a, c)와 (b, d)에 위치한 상단 왼쪽과 하단 오른쪽 코너가 있는 사각형 영역을 나타낸다. 피리어드 기호(·)는 내적 연산을 의미하고, R은 이 상적인 응답 맵을 뜻한다. 이 방정식에 대한 해는 패치 모델이며, 최소제곱 기준을 이용해 측정한 만큼 대개 이상적인 응답 맵에 가까운 반응 맵을 생성 한다. 이상적인 응답 맵에 대한 확실한 선택인 R은 중앙을 제외한 모든 곳에 서 0인 행렬이다(관심 얼굴 특징의 가운데에 훈련할 영상 패치가 있다고 가정). 실제로 영 상을 직접 매겼기 때문에 주석 오류는 항상 있다. 이를 설명하려면 중앙으로 부터 소멸하는 함수를 R로 기술하는 것이 일반적이다. 좋은 선택은 2D 가우 시안 분포이며, 주석 오류는 가우시안 분포라고 가정함과 동일하다. 이 설정 의 시각화는 왼쪽 외부 코너에 대한 다음 그림에서 보여준다.

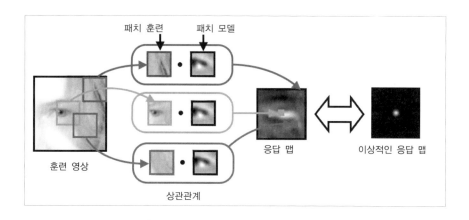

패치 훈련　패치 모델

훈련 영상

상관관계

응답 맵　　이상적인 응답 맵

이전에 썼던 학습 목표는 일반적으로 선형 최소제곱이라는 형태다. 따라서 닫힌 해를 제공한다. 하지만 이런 문제의 자유도는 경우의 수에 따라 문제를 해결하는 방법이 달라질 수 있으며, 패치 내의 화소 개수에 정합한다. 따라서 최적 패치 모델을 해결하기 위해 요구하는 메모리와 계산 비용이 엄청날 수 있다. 적당한 크기의 패치 혹은 예를 들어 40 × 40 패치 모델은 1,600개의 자유도를 갖는다.

선형 시스템 방정식인 학습 문제를 해결하는 효율적인 대안은 확률적 기울기 하강stochastic gradient descent이다. 패치 모델의 자유도에 따른 오류 지형인 학습 목표를 시각화하면 확률적 기울기 하강은 반복적으로 지형의 기울기 방향을 근사화해 추정하고 반대 방향으로 작은 조치를 취한다. 이번 문제에서는 훈련 집합으로부터 무작위로 선택된 한 영상에 대한 학습 목표의 기울기만 고려해 기울기를 근사해 계산할 수 있다.

$$\mathbf{D} = -\sum_{x,y} \left( \mathbf{R}(x,y) - \mathbf{P} \cdot \mathbf{W} \right) \mathbf{W} \quad ; \quad \mathbf{W} = \mathbf{I}\left( x - \frac{w}{2} : x + \frac{w}{2}, y - \frac{h}{2} : y + \frac{h}{2} \right)$$

patch_model 클래스에서 train 함수는 학습 과정을 구현한다.

```
void
patch_model::train(
    const vector<Mat> &images,    // 특징 중심인 훈련 영상
    const Size psize,             // 원하는 패치 모델 크기
    const float var,              // 주석 오류 분산
    const float lambda,           // 정규화 파라미터
    const float mu_init,          // 초기 단계 크기
    const int nsamples,           // 확률적 표본 개수
    const bool visi) {            // 훈련 과정 시각화
  int N = images.size(), n = psize.width*psize.height;
  int dx = wsize.width-psize.width;    // 응답 맵의 중심
  int dy = wsize.height-psize.height; //...
  Mat F(dy,dx,CV_32F); // 이상적인 응답 맵
  for(int y = 0; y < dy; y++){ float vy = (dy-1)/2 - y;
    for(int x = 0; x < dx; x++){float vx = (dx-1)/2 - x;
      F.fl(y,x) = exp(-0.5*(vx*vx+vy*vy)/var); // 가우시안
    }
  }
  normalize(F,F,0,1,NORM_MINMAX); // [0:1] 범위로 정규화

  // 메모리 할당
  Mat I(wsize.height,wsize.width,CV_32F);
  Mat dP(psize.height,psize.width,CV_32F);
  Mat O = Mat::ones(psize.height,psize.width,CV_32F)/n;
  P = Mat::zeros(psize.height,psize.width,CV_32F);

  // 확률적 기울기 하강을 이용한 최적화
  RNG rn(getTickCount()) ; // 무작위 숫자 생성기
  double mu=mu_init,step=pow(1e-8/mu_init,1.0/nsamples);

  for(int sample = 0; sample < nsamples; sample++){
    int i = rn.uniform(0,N); // 무작위 표본 영상 첨자
    I = this->convert_image(images[i]); dP = 0.0;
    for(int y = 0; y < dy; y++){ // 확률적 기울기 계산
      for(int x = 0; x < dx; x++){
```

```
        Mat Wi=I(Rect(x,y,psize.width,psize.height)).clone();
        Wi -= Wi.dot(O); normalize(Wi,Wi);    // 정규화
        dP += (F.fl(y,x) - P.dot(Wi))*Wi;
      }
    }
    P += mu*(dP - lambda*P);    // 작은 조치 취함
    mu *= step;                 // 단계 크기 줄임
    ...
  } return;
}
```

코드에서 첫 번째로 강조한 코드 조각은 이상적인 응답 맵을 계산하는 곳이다. 관심 얼굴 특징에 영상이 집중된 이후로 응답 맵은 모든 표본에서 동일하다. 두 번째 강조한 코드 조각에서는 감소율, 즉 nsamples만큼 반복한 후에 단계 크기인 step을 결정하며, 단계 크기가 0에 가까운 값으로 줄여진다. 세 번째 강조한 코드 조각은 확률적 기울기 계산을 계산하고 패치 모델을 갱신하는 데 사용하는 곳이다. 여기서 두 가지에 주목하자. 첫째, 훈련에 사용한 영상을 patch_model::convert_image 함수에 넘기며, 이 함수에서 영상을 단일 채널 영상(컬러 영상일 경우)으로 변환하고 영상 화소의 명도에 자연 로그를 적용한다.

```
I += 1.0; log(I, I);
```

0의 로그를 정의하지 않기 때문에 로그를 적용하기 전에 각 화소에 한 기저 값을 더한다. 훈련 영상에 대한 이런 전처리를 수행하는 이유는 로그 축적 영상이 조명 조건에서 대비와 변화의 차이에 매우 강건해지기 때문이다. 다음 그림은 얼굴 영역에서 다른 대비 정도에 따른 두 얼굴을 보여준다. 두 영상 간의 차이점은 기초 영상에 비해 로그 축적 영상에서 훨씬 덜 드러난다는 점이다.

| 기초 | | 로그 축적 | |
|---|---|---|---|

방정식을 갱신하는 데 관련해서 주목할 두 번째 요점은 갱신한 방향으로부터 `lambda*P`를 뺀다는 점인데, 갱신한 방향이 너무 거대하게 증가할 경우 해를 구할 때 효율적으로 합법화시킨다. 이 절차는 보이지 않은 데이터를 일반화로 촉진시킬 때 기계학습 알고리즘을 종종 적용한다. 크기 조정 인자인 `lambda`는 사용자 정의이며, 보통 문제에 의존한다. 다만 작은 값은 일반적으로 얼굴 특징 검출을 하기 위한 패치 모델을 학습할 때 잘 작동한다.

## 생성과 식별 패치 모델

전에 기술한 대로 식별 패치 모델을 쉽게 학습할 수 있음에도 불구하고 비슷한 결과를 충분히 낼 수 있을 만큼 훈련 체계는 단순해서 상응하는 생성 패치 모델을 고려할 가치가 있다. 상관관계 패치 모델의 생성 대응은 평균 패치다. 이 모델의 학습 목표는 최소제곱 기준을 거쳐 측정한 얼굴 특징의 모든 예에 가능한 한 가깝게 단일 영상 패치를 구성하는 것이다.

$$\min_{\mathbf{P}} \sum_{i=1}^{N} \|\mathbf{P} - \mathbf{I}_i\|_F^2$$

이 문제에 대한 해는 정확히 모든 특징 중심 훈련 영상 패치의 평균이다. 따라서 어떤 면에서는 목표가 제공하는 해가 훨씬 간단하다.

다음 그림에서는 예제 영상의 평균 교차 상관관계로 얻은 응답 맵과 상관관계 패치 모델을 보여준다. 또한 각 평균과 상관관계 패치 모델을 보여주는

데, 시각화 목적으로 화소 값의 범위를 정규화했다. 두 패치 모델 유형은 몇 가지 유사함을 보이긴 하지만, 생성한 응답 맵은 실질적으로 다르다. 상관관계 패치 모델이 특징 위치 주변으로 높고 뾰족한 응답 맵을 생성하는 반면에 평균 패치 모델이 생성하는 응답 맵은 너무 부드러워지고 가까이에 있는 특징 위치를 상당히 구분할 수 없다. 패치 모델의 모습을 조사해보면 상관관계 패치 모델은 주로 회색이며, 얼굴 특징의 두드러진 영역 주변에 강한 양수와 음수 값이 전략적으로 함께 놓여 있는 비정규화된 화소 범위 안에는 0에 대응한다. 따라서 잘못 정렬된 배치로부터 식별에 유용한 훈련 패치 성분만 유지하며, 높고 뾰족한 응답을 이끌어낸다. 이와 대조적으로 평균 패치 모델은 잘못 정렬된 데이터에 대한 아무런 지식 없이 부호화한다. 이 결과로 얼굴 특징의 위치를 알아내는 일에 적합하지 않으며, 그 일은 자체적으로 이동한 버전의 정렬된 영상 패치를 식별하는 것이다.

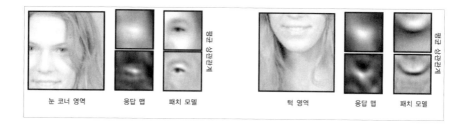

눈 코너 영역    응답 맵    패치 모델              턱 영역    응답 맵    패치 모델

## 전역 기하 변환 처리

지금까지 훈련 영상이 얼굴 특징에 집중됐고 전역 크기 조절과 회전에 대해 정규화됐다. 실제로 추적하는 동안 얼굴의 임의의 크기와 회전에도 나타날 수 있다. 따라서 훈련과 테스트 조건 간의 차이에 대해 처리할 수 있는 메커니즘을 고안해야 한다. 한 방식은 배포 중에 접할 것으로 예상하는 범위 내에 있는 크기가 조절됐고 회전된 훈련 영상을 조합시켜 교란하는 것이다. 하지만 상관관계 패치 모델인 검출기의 단순한 형태는 데이터 종류에 따른 유용한 응답 맵을 생성하는 능력이 종종 부족할 수 있다. 한편으로는 상관관

계 패치 모델은 크기와 회전에 대한 작은 변화에 강건도를 드러내야 한다. 비디오의 연속 프레임 간 모션이 상대적으로 작고, 크기와 회전에 대한 현재 영상을 정규화하기 위해 이전 프레임에 있는 얼굴의 전역 변환을 추정하는 과정에 영향력을 줄 수 있다. 그만큼 상관관계 패치 모델을 학습하는 참조 프레임을 선택하는 절차를 활성화할 필요가 있다.

patch_models 클래스는 각 얼굴 특징에 대한 상관관계 패치 모델을 저장하며, 훈련하는 참조 프레임도 마찬가지다. patch_model 클래스에서 patch_model 대신에 얼굴 추적기 코드가 특징 방향을 얻기 위해 직접 연결한다. 이 클래스의 선언부에 있는 다음 코드 조각은 주요 기능을 강조한다.

```
class patch_models{
public:
    Mat reference; // 참조 모양 [x1;y1;...;xn;yn]
    vector<patch_model> patches;  // 패치 모델/얼굴 특징
    ...
    void
    train(ft_data &data,          // 주석을 단 영상과 모양 데이터
    const vector<Point2f> &ref,   // 참조 모양
    const Size psize,             // 원하는 패치 크기
    const Size ssize,             // 훈련할 탐색 창 크기
    const bool mirror = false,    // 뒤집은 훈련 데이터 사용
    const float var = 1.0,        // 주석 오류 분산
    const float lambda = 1e-6,    // 정규화 가중치
    const float mu_init = 1e-3,   // 초기 단계 크기
    const int nsamples = 1000,    // 표본 개수
    const bool visi = false);     // 훈련 절차 시각화?
    ...
    vector<Point2f>  // 영상의 특징/봉우리 응답의 위치
    calc_peaks(
        const Mat &im, // 특징을 검출할 영상
        const vector<Point2f> &points,    // 현재 추정한 모양
        const Size ssize = Size(21,21));  // 탐색 창 크기
```

```
    ...
};
```

훈련 영상의 크기와 회전을 정규화하고 추후 테스트 영상을 배포할 때 사용
하는 모양인 reference는 (x, y) 좌표계의 인터리브 집합에 저장된다.
patch_models::train 함수에서 모양인 reference와 patch_models::
calc_simil 함수를 이용해 주어진 영상에 대해 주석을 단 모양 간의 첫 유
사 변환을 계산하고, 모양이 단일 쌍일지라도 shape_model::procrustes
함수에서 유사한 문제를 해결한다. 회전과 크기는 모든 얼굴 특징에 공통이
므로, 영상 정규화 절차는 영상의 각 특징 중심과 정규화한 영상 패치의 중심
을 처리하는 유사 변환 조정만 요구한다. patch_models::train 함수에서
다음과 같이 구현한다.

```
Mat S = this->calc_simil(pt), A(2,3,CV_32F);
A.fl(0,0) = S.fl(0,0); A.fl(0,1) = S.fl(0,1);
A.fl(1,0) = S.fl(1,0); A.fl(1,1) = S.fl(1,1);
A.fl(0,2) = pt.fl(2*i ) - (A.fl(0,0)*(wsize.width -1)/2 +
            A.fl(0,1)*(wsize.height-1)/2);
A.fl(1,2) = pt.fl(2*i+1) - (A.fl(1,0)*(wsize.width -1)/2 +
            A.fl(1,1)*(wsize.height-1)/2);
Mat I; warpAffine(im,I,A,wsize,INTER_LINEAR+WARP_INVERSE_MAP);
```

여기서 wsize는 정규화된 훈련 영상의 총 크기이며, 패치 크기와 탐색 영역
크기의 합이다. 언급하자면 변환의 크기와 회전 성분에 대응하는 참조 모양
부터 주석을 단 모양인 pt까지 유사 변환한 상단 왼쪽(2 × 2) 블록을 어파인
변환에서 보존해 OpenCV의 warpAffine 함수에 넘긴다. 어파인 변환 A의
마지막 열은 조정인데, 워핑(즉, 정규화 이동)한 후의 정규화된 영상의 중심에
있는 i번째 얼굴 특징 위치를 렌더링한다. 끝으로 cv::warpAffine 함수는
영상을 참조 프레임으로 워핑하는 기본 설정을 갖는다. reference 모양을
영상-공간 주석 pt로 변환하기 위해 유사 변환을 계산했던 이후로 원하는
방향으로 워핑에 적용하는 함수를 보장하기 위해 WARP_INVERSE_MAP 플래

그를 설정해야 한다. `patch_models::calc_peaks` 함수에서 참조와 현재 모양 간의 유사 변환을 계산하는 추가 단계와 함께 정확하게 동일한 절차를 수행하며, 검출한 얼굴 특징을 비정규화할 때 재사용하고, 영상에 적절하게 배치한다.

```cpp
vector<Point2f>
patch_models::calc_peaks(const Mat &im,
        const vector<Point2f> &points,const Size ssize){
    int n = points.size(); assert(n == int(patches.size()));
    Mat pt = Mat(points).reshape(1,2*n);
    Mat S = this->calc_simil(pt);
    Mat Si = this->inv_simil(S);
    vector<Point2f> pts = this->apply_simil(Si,points);
    for(int i = 0; i < n; i++){
        Size wsize = ssize + patches[i].patch_size();
        Mat A(2,3,CV_32F),I;
        A.fl(0,0) = S.fl(0,0); A.fl(0,1) = S.fl(0,1);
        A.fl(1,0) = S.fl(1,0); A.fl(1,1) = S.fl(1,1);
        A.fl(0,2) = pt.fl(2*i ) - (A.fl(0,0)*(wsize.width -1)/2 +
                    A.fl(0,1)*(wsize.height-1)/2);
        A.fl(1,2) = pt.fl(2*i+1) - (A.fl(1,0)*(wsize.width -1)/2 +
                    A.fl(1,1)*(wsize.height-1)/2);
        warpAffine(im,I,A,wsize,INTER_LINEAR+WARP_INVERSE_MAP);
        Mat R = patches[i].calc_response(I,false);
        Point maxLoc; minMaxLoc(R,0,0,0,&maxLoc);
        pts[i] = Point2f(pts[i].x + maxLoc.x - 0.5*ssize.width,
                    pts[i].y + maxLoc.y - 0.5*ssize.height);
    }
    return this->apply_simil(S,pts);
}
```

이 코드에서 첫 번째로 강조한 코드 조각은 모두 정방향과 역방향 유사 변환을 계산한다. 역변환이 필요한 이유는 각 특징에 대한 응답 맵의 봉우리를 현재 모양 추정의 정규화 위치에 따라 조정할 수 있기 때문이다. `patch_models::apply_simil` 함수를 사용해 다시 영상 프레임으로 되돌아가서 추정한 새로운 얼굴 특징 위치에 유사 변환을 재적용하기 전에 반드시 역변환을 수행해야 한다.

## 훈련과 시각화

주석 데이터로부터 패치 모델을 훈련하는 예제 프로그램은 train_patch_model.cpp에서 찾을 수 있다. 주석 데이터의 경로가 들어 있는 커맨드라인 인자인 argv[1]로 데이터를 메모리에 올려 훈련을 시작하고 불완전한 표본을 제거한다.

```
ft_data data = load_ft<ft_data>(argv[1]);
data.rm_incomplete_samples();
```

`patch_models` 클래스에서 참조 모양에 대한 간단한 선택은 원하는 크기로 조절된 훈련 집합의 평균 모양이다. 이전에 데이터 집합을 대상으로 모양 모델을 훈련했고, 참조 모양은 다음과 같이 argv[2]로 저장된 모양 모델을 처음 불러들여 계산됐다고 가정한다.

```
shape_model smodel = load_ft<shape_model>(argv[2]);
```

다음과 같이 평균 모양을 크기 조절하고 중심을 계산한다.

```
smodel.p = Scalar::all(0.0);
smodel.p.fl(0) = calc_scale(smodel.V.col(0),width);
vector<Point2f> r = smodel.calc_shape();
```

`calc_scale` 함수는 `width`인 너비와 함께 평균 모양(즉, shape_model::V의 첫 번째 열)을 변환하는 크기 조절 인자를 계산한다. 일단 참조 모양 r을 정의했다면 단일 함수를 호출해 패치 모델 집합을 훈련한다.

```
patch_models pmodel;
pmodel.train(data,r,Size(psize,psize),Size(ssize, ssize));
```

`width`, `psize`, `ssize`에 대한 최적 선택은 애플리케이션에 의존한다. 하지만 기본 값은 각각 100, 11, 11이며, 일반적으로 상당히 괜찮은 결과를 제공한다.

훈련 과정이 꽤 단순하지만 완료하는 데 약간의 시간이 걸릴 수 있다. 최적화 알고리즘에서 얼굴 특징의 개수, 패치 크기와 복잡한 표본 개수에 달려 있으므로 훈련 과정이 몇 분에서 한 시간 이상이 걸릴 수 있다. 하지만 각 패치별 훈련을 서로 독립적으로 수행할 수 있으므로 다중 프로세서 코어나 기계에서 훈련 과정을 병렬화해 상당히 속도를 끌어올릴 수 있다.

일단 훈련을 완료했다면 visualize_patch_model.cpp의 프로그램이 결과 패치 모델을 시각화할 때 사용할 수 있다. visualize_shape_model.cpp처럼 훈련 과정에서 잘못된 것이 있는지 확인하기 위해 결과를 시각적으로 조사하는 데 목표를 둔다. 이 프로그램에서 `patch_model::P`는 모든 패치 모델의 영상을 조합해 생성하고, `patch_models::reference`는 참조 모양 내의 각 특징 위치에서 중심화하고, 현재 활성된 첨자를 갖는 주변에 경계를 친 사각형인 패치를 띄운다. `cv::waitKey` 함수는 활성된 패치 첨자를 선택하고 프로그램을 종료하는 사용자 입력을 가져올 때 사용한다. 다음 그림은 가지각색의 공간 지원이 있는 패치 모델을 학습한 패치 영상을 조합한 예를 보여준다. 동일한 훈련 데이터를 사용했음에도 불구하고 패치 모델의 공간 지원을 수정하면 실제로 패치 모델의 구조체가 바뀌는 것을 알 수 있다. 특별한 애플리케이션을 위한 최적 결과를 도출하기 위해 훈련 과정의 파라미터나 훈련 과정 자체를 직관적으로 수정하는 방법을 통해 시각적으로 결과를 조사할 수 있다.

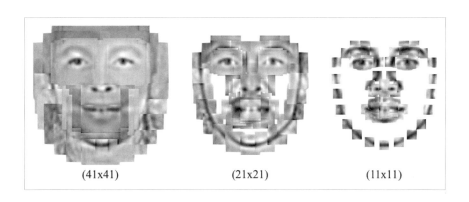

(41x41)     (21x21)     (11x11)

## 얼굴 검출과 초기화

얼굴 추적 방법을 설명했으므로, 영상 내의 얼굴 특징이 현재 추정에 합리적으로 가까운 위치에 있다고 가정한다. 추적 과정에서 가정이 타당하더라도 프레임 간의 얼굴 모션이 종종 작을 수 있으므로, 시퀀스의 첫 프레임 내 모델을 어떻게 초기화할지에 대한 딜레마에 여전히 직면한다. 확실한 선택은 얼굴을 찾기 위한 OpenCV의 내장 캐스케이드 검출기를 사용하는 것이다. 하지만 검출한 경계 상자<sup>bounding box</sup> 내의 모델 위치는 추적하기 위해 선택한 얼굴 특징에 달려 있다. 지금까지 6장에서 따라갔던 데이터 주도 패러다임을 유지하자. 간단한 해결책은 검출한 얼굴의 경계 상자와 얼굴 특징 간의 기하학적 관계를 학습하는 것이다.

face_detector 클래스는 정확히 해결책을 구현한다. 다음과 같이 선언부의 코드 조각에서 해당 기능을 강조한다.

```
class face_detector{ // 얼굴 검출기 초기화
public:
    string detector_fname; // 캐스케이드 분류기가 들어 있는 파일
    Vec3f detector_offset; // 검출 시 중심으로부터 오프셋
    Mat reference;          // 참조 모양
    CascadeClassifier detector; // 얼굴 검출기
```

```
vector<Point2f>  // 영상 내 검출한 얼굴을 기술하는 점들
detect(const Mat &im,                    // 얼굴을 포함한 영상
    const float scaleFactor = 1.1,       // 크기 증분
    const int minNeighbours = 2,         // 최소 이웃 크기
    const Size minSize = Size(30,30));   // 최소 창 크기
void
train(ft_data &data,                     // 훈련 데이터
    const string fname,                  // 캐스케이드 검출기
    const Mat &ref,                      // 참조 모양
    const bool mirror = false,           // 뒤집은 데이터?
    const bool visi = false,             // 훈련 시각화?
    const float frac = 0.8,              // 검출 시 점 비율
    const float scaleFactor = 1.1,       // 크기 증분
    const int minNeighbours = 2,         // 최소 이웃 크기
    const Size minSize = Size(30,30));   // 최소 창 크기
    ...
};
```

이 클래스는 4개의 public 멤버 변수를 갖는다. detector_fname을 호출할 때 cv::CascadeClassfier 유형의 객체 경로, 영상 내에서 검출한 얼굴 위치와 크기의 경계 상자로부터의 오프셋 집합인 detector_offset, 경계 상자 내에 놓인 참조 모양인 reference와 얼굴 검출기인 detector다. 얼굴 추적 시스템에 유익한 주요 함수인 face_detector::detector는 입력을 영상으로 취하고 cv::CascadeClassfier 클래스의 기본 옵션으로 영상 내에서 대략적으로 추정한 얼굴 특징 위치를 반환한다. 구현부는 다음과 같다.

```
Mat gray; // 영상을 그레이스케일로 바꾼 후, 히스토그램 평활화
if(im.channels() == 1) gray = im;
else cvtColor(im,gray,CV_RGB2GRAY);
Mat eqIm; equalizeHist(gray,eqIm);
vector<Rect> faces; // 영상 내 큰 얼굴 검출
```

```
detector.detectMultiScale(eqIm,faces,scaleFactor,
                    minNeighbours,0
            |CV_HAAR_FIND_BIGGEST_OBJECT
            |CV_HAAR_SCALE_IMAGE,minSize);
if(faces.size() < 1){return vector<Point2f>();}

Rect R = faces[0]; Vec3f scale = detector_offset*R.width;
int n = reference.rows/2; vector<Point2f> p(n);
for(int i = 0; i < n; i++){ // 얼굴 위치 예측
    p[i].x = scale[2]*reference.fl(2*i ) +
        R.x + 0.5 * R.width + scale[0];
    p[i].y = scale[2]*reference.fl(2*i+1) +
        R.y + 0.5 * R.height + scale[1];
} return p;
```

일반적인 방법으로 영상 내의 얼굴을 검출하며, CV_HAAR_FIND_BIGGEST_
OBJECT 플래그를 제외한 채 영상 내의 가장 두드러지는 얼굴 추적을 활성화
한다. 강조한 코드에서는 영상 내의 참조 모양이 검출한 얼굴의 경계 상자를
따라가고 있다. detector_offset 멤버 변수는 세 가지 성분으로 구성하며,
검출한 경계 상자의 중심점으로부터 얼굴 중심의 오프셋인 (x, y)와 영상
내의 얼굴에 최적으로 맞춘 참조 모양의 크기를 변경하는 크기 조정 인자다.
모든 세 가지 성분은 경계 상자 너비의 선형 함수다.

경계 상자 너비와 detector_offset 변수 간의 선형 관계는 face_detector::
train 함수의 주석 데이터 집합으로부터 학습한다. 학습 과정은 훈련 데이
터를 메모리에 적재하고 참조 모양에 할당함으로써 시작한다.

```
detector.load(fname.c_str()); detector_fname = fname; reference =
ref.clone();
```

patch_models 클래스 내의 참조 모양처럼 참조 모양에 대한 간편한 선택은
데이터 집합 내의 정규화한 얼굴 모양이다. cv::CascadeClassifier를 데
이터 집합 내의 각 영상(선택 사항으로 반대로 뒤집은 영상)에 적용한 후에 검출 결과

에서 오검출로부터 학습하는 것을 막기 위해 검출한 경계 상자(이 절의 마지막 부분에 있는 그림을 참조하라) 안에 놓인 주석 데이터가 충분하게 보장하는지 확인한다.

```
if(this->enough_bounded_points(pt,faces[0],frac)){
    Point2f center = this->center_of_mass(pt);
    float w = faces[0].width;
    xoffset.push_back((center.x -
                    (faces[0].x+0.5*faces[0].width ))/w);
    yoffset.push_back((center.y -
                    (faces[0].y+0.5*faces[0].height))/w);
    zoffset.push_back(this->calc_scale(pt)/w);
}
```

경계 상자 안에 위치한 주석을 단 점의 frac 비율을 초과하면 경계 상자의 너비와 오프셋 파라미터 간의 선형 관계를 STL vector 클래스 각체 내의 새로운 엔트리로 추가한다. 여기서 face_detector::center_of_mass 함수는 영상 내에서 주석을 단 점집합인 덩어리 중심점을 계산한다. face_detector::calc_scale 함수는 주석을 단 모양의 중심으로 참조 모양을 변환하기 위한 크기 조정 인자를 계산한다. 일단 모든 영상을 처리했다면 detector_offset 변수를 모든 영상 특정 오프셋 이상의 중간으로 설정한다.

```
Mat X = Mat(xoffset), Xsort, Y = Mat(yoffset), Ysort, Z =
    Mat(zoffset), Zsort;
cv::sort(X,Xsort,CV_SORT_EVERY_COLUMN|CV_SORT_ASCENDING);
int nx = Xsort.rows;
cv::sort(Y,Ysort,CV_SORT_EVERY_COLUMN|CV_SORT_ASCENDING);
int ny = Ysort.rows;
cv::sort(Z,Zsort,CV_SORT_EVERY_COLUMN|CV_SORT_ASCENDING);
int nz = Zsort.rows;
detector_offset =
    Vec3f(Xsort.fl(nx/2),Ysort.fl(ny/2), Zsort.fl(nz/2));
```

모양과 패치 모델처럼 train_face_detector.cpp 내의 간단한 프로그램은 face_detector 객체를 구축하고, 향후 추적기에서 사용하기 위해 저장하는 방법을 다룬 예제다. 주석 데이터와 모양 모델을 먼저 적재하고, 훈련 데이터의 중간 중심 평균인 참조 모양(즉, shape_model 클래스의 이상적인 모양)을 설정한다.

```
ft_data data = load_ft<ft_data>(argv[2]);
shape_model smodel = load_ft<shape_model>(argv[3]);
smodel.set_identity_params();
vector<Point2f> r = smodel.calc_shape();
Mat ref = Mat(r).reshape(1,2*r.size());
```

얼굴 검출기를 훈련하고 저장하기 위해 구성한 두 함수를 호출한다.

```
face_detector detector;
detector.train(data,argv[1],ref,mirror,true,frac);
save_ft<face_detector>(argv[4],detector);
```

결과 모양 배치 절차의 성능을 테스트하기 위해 visualize_face_detector 내의 프로그램에서 비디오 내의 각 영상이나 카메라 입력 스트림을 대상으로 해서 화면에 결과를 그리는 face_detector::dector 함수를 호출한다. 다음 그림은 이 방식을 사용한 결과의 예다. 영상 내에 놓인 모양이 정합하지 않을지라도, 다음 절에 설명할 방식을 이용해 그 위치에서 얼굴 추적을 수행하기엔 매우 충분할 정도로 가깝다.

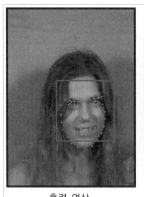 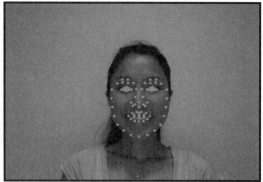

| 훈련 영상 | 테스트 영상 |

## 얼굴 추적

얼굴 추적 시 다양한 얼굴 특징에 대한 독립적인 검출과 일련의 각 영상에서 얼굴 특징 위치를 정확하게 추정해내기 위해 드러내야 하는 기하학적 의존을 함께 조합해 효율적이면서 강건한 방법을 찾는다는 측면에서 문제가 제기될 수 있다. 이를 염두에 둔다면 기하학 의존이 꼭 필요한지의 여부를 고려할 만한 가치가 있을 것이다. 다음 그림은 기하학적 제약 여부에 따른 얼굴 특징 검출 결과를 보여주는데, 결과에서 알 수 있듯이 얼굴 특징 간의 공간 상호의존성을 포착함에 따른 장점을 분명히 강조한다. 이런 두 방식의 상대적인 성능은 보통인 관계로, 검출 과정에 절대적으로 의존한다면 괜히 하느니만 못한 상황을 초래한다. 그 이유는 각 얼굴 특징에 대한 응답 맵이 항상 정확한 위치에 있는 봉우리라고 예상할 수 없기 때문이다. 따라서 영상 잡음, 조명 변화나 표현 변화로 인해 좌우되는 만큼 얼굴 특징 검출기의 한계를 극복하는 유일한 방법은 얼굴 특징이 서로 공유하는 기하학적 관계를 지렛대로 삼는 것이다.

| 비의존 | 모양 의존 | 비의존 | 모양 의존 |

특히 간단하지만 놀랍게도 효율적이다. 얼굴 기하학을 추적 절차에 통합하는 방법은 특징 검출 결과를 선형 모양 모델의 하위 공간에 투영하는 것이다. 원점과 하위 공간에 놓인 모양에 그럴듯하게 가까운 점 사이의 거리를 최소화한다. 따라서 특징 검출 시 공간 잡음이 가우시안 분포에 가까워지면 투영으로 해에 최대한 가깝게 한다. 실제로 검출 오류의 분포는 가끔 가우시안 분포를 따르지 않으며, 이를 설명하는 추가 기법을 소개해야 한다.

## 얼굴 추적기 구현

얼굴 추적 알고리즘의 구현부는 face_tracker 클래스에서 찾을 수 있다 (face_tracker.cpp와 face_tracker.hpp 참조). 다음은 주요 기능을 강조한 헤더의 코드 조각이다.

```
class face_tracker{
public:
    bool tracking;                  // 추적 모드?
    fps_timer timer;                // 프레임/초 타이머
    vector<Point2f> points;         // 현재 추적한 점
    face_detector detector;         // 검출기 초기화
    shape_model smodel;             // 모양 모델
    patch_models pmodel;            // 특징 추출기

    face_tracker(){tracking = false;}

    int                             // 0 = 실패
```

```
    track(const Mat &im,              // 얼굴이 들어간 영상
        const face_tracker_params &p =  // 파라미터 맞춤
        face_tracker_params());       // 기본 추적 파라미터

    void
    reset(){ // 추적기 재설정
      tracking = false; timer.reset();
    }
    ...
    protected:
    ...
    vector<Point2f> // 영상 내 맞춘 얼굴의 점
    fit(const Mat &image,              // 얼굴이 들어간 영상
        const vector<Point2f> &init,     // 초기 점 추정
        const Size ssize = Size(21,21),  // 탐색 영역 크기
        const bool robust = false,       // 강건하게 맞추도록 사용?
        const int itol = 10,             // 반복 최대 횟수
        const float ftol = 1e-3);        // 수렴 허용 오차
};
```

이 클래스는 shape_model, patch_models의 **public** 멤버 인스턴스와
face_detector 클래스를 갖는다. 추적에 영향을 주는 세 클래스의 기능을 사
용한다. timer 변수는 fps_timer 클래스의 인스턴스이고, face_tracker::
track 함수를 호출하면 추적 시 프레임률을 유지하며, 알고리즘의 계산 복
잡도면에서 패치와 모양 모델 설정에 따른 영향을 분석할 때 유용하다.
tracking 멤버 변수는 추적 절차의 현재 상태를 나타내기 위한 플래그다.
생성자와 face_tracker::reset 함수에서 이 플래그를 false로 설정하면
추적기는 모델을 초기화하기 위한 다음 차례에 들어오는 영상에 적용되는
Face_detctor::detect 함수에 의한 검출 모드에 진입한다. 추적 모드라
면 다음 차례에 들어오는 영상 내의 얼굴 특징 위치를 추론할 때 유용한 초
기 추정은 단순히 이전 프레임의 위치다. 전체 추적 알고리즘은 다음과 같이
단순하게 구현한다.

```
int face_tracker::
    track(const Mat &im,const face_tracker_params &p){
  Mat gray; // 영상을 그레이스케일로 변환
  if(im.channels()==1)  gray=im;
  else cvtColor(im,gray,CV_RGB2GRAY);
  if(!tracking) // 초기화
    points = detector.detect(gray,p.scaleFactor,
                             p.minNeighbours,p.minSize);
  if((int)points.size() != smodel.npts()) return 0;
  for(int level = 0; level < int(p.ssize.size()); level++)
    points = this->fit(gray,points,p.ssize[level],
                       p.robust,p.itol,p.ftol);
  tracking = true; timer.increment(); return 1;
}
```

추적 알고리즘의 핵심인 적절한 tracking 상태 설정과 추적 시간 늘림 같은 것은 다중 레벨에 맞춘 절차인데, 이전 코드 조각에 강조했다. face_tracker::fit 함수에 구현된 맞춤 알고리즘은 이전 단계의 결과를 다음의 입력에 사용하는 face_Tracker_params::size에 저장된 다른 탐색 창 크기로 여러 번 적용한다. 가장 간단한 설정으로 face_tracker_params::ssize 함수는 영상 내의 현재 추정한 모양 주변에서 얼굴 특징 검출을 수행한다.

```
smodel.calc_params(init);
vector<Point2f> pts = smodel.calc_shape();
vector<Point2f> peaks = pmodel.calc_peaks(image,pts,ssize);
```

또한 결과를 얼굴 모양의 하위 공간에 투영한다.

```
smodel.calc_params(peaks);
pts = smodel.calc_shape();
```

얼굴 특징을 검출한 위치에 있는 총 이상치를 확인하기 위해 단순한 투영 대신 robust 플래그를 true로 설정해 강건한 모델의 맞춤 절차를 적용할 수 있다. 하지만 실제로 탐색 창 크기를 낮게 사용하면(즉, `face_Tracker_params::ssize`를 설정), 일반적으로 투영된 모양에서 정합하는 점으로부터 불필요한 총 이상치를 남기며, 맞춤 절차의 다음 레벨인 탐색 영역 바깥에 놓일 가능성이 크다. 따라서 탐색 영역 크기의 비율은 증분 이상치 재투영 계획 같은 행위를 감소시킨다.

## 훈련과 시각화

6장에서 설명한 다른 클래스와 달리 훈련 face_tracker 객체는 아무런 학습 과정을 수반하지 않는다. **train_face_tracker.cpp**의 구현부는 간단하다.

```
face_tracker tracker;
tracker.smodel = load_ft<shape_model>(argv[1]);
tracker.pmodel = load_ft<patch_models>(argv[2]);
tracker.detector = load_ft<face_detector>(argv[3]);
save_ft<face_tracker>(argv[4],tracker);
```

argv[1]부터 argv[4]까지는 shape_model, patch_model, face_detector, face_tracker 객체에 대한 경로가 들어 있다. **visual_face_tracker.cpp**에 있는 얼굴 추적기의 시각화는 마찬가지로 단순하다. cv::VideoCapture 클래스를 통해 카메라나 비디오로부터 입력 영상 스트림을 취득하면 프로그램이 스트림의 끝에 이르거나 사용자가 Q 키를 누를 때까지 들어오는 각 프레임의 추적을 단순히 반복한다. 또한 사용자가 언제든지 D 키를 누르면 추적기의 옵션을 재설정한다.

## 범용 모델과 개인 특화 모델

훈련과 추적 과정에서 여러 변수가 있으며, 해당 애플리케이션의 성능을 최적화하기 위해 수정할 수 있다. 그러나 추적 품질의 주요한 결정 중 하나는 추적기가 가져야 하는 모델의 모양 범위와 외양 변화다. 예를 들어 범용과 개인 특화 사례를 고려한다. 범용 모델은 다양한 독자성, 표현, 조명 조건, 변화를 줄 수 있는 다른 정보로부터 주석 데이터를 훈련한다. 반면 개인 특화 모델은 단 한 명의 개인과 관련된 특별한 것을 훈련한다. 그런 이유로 필요한 변화량이 매우 적다. 결과적으로 개인 특화 추적은 규모가 매우 크다면 범용에 상응하는 부분에 비해 종종 매우 정확하다.

이에 대한 예를 다음 그림에서 보여준다. 여기서 범용 모델은 MUCT 데이터 집합을 이용해 학습했었다. 개인 특화 모델은 6장의 초반에 설명한 주석 도구를 사용해 생성한 데이터로부터 학습됐다. 결과에서 개인 특화 모델이 상당히 나은 추적을 제공하고 있음을 명확하게 보여주는데, 복잡한 표현과 머리 포즈 변화를 잡아내는 반면에 범용 모델이 간단한 표현의 일부를 놓쳤음을 나타낸다.

대부분 비강체 얼굴 추적 알고리즘에 활용된 다양한 구성 요소를 강조하려고 했지만, 6장에 기술한 얼굴 추적에 대한 방법이 빈약함에 주목해야 한다. 이 방법의 여러 단점을 해결하기 위한 많은 방식을 설명하기엔 이 책의 범위를 벗어나며, OpenCV의 기능으로는 아직까지 지원하지 않는 특수한 수학적 도구가 필요하다. 비교적 적은 상용 수준인 얼굴 추적 소프트웨어 패키지를 활용한다면 일반 설정에서 이런 문제의 어려움을 푸는 바이블이 될 수 있다.

그럼에도 불구하고 6장에서 기술한 간단한 방법은 제약된 설정에서도 매우 잘 작동할 수 있다.

## 요약

6장에서는 최신 수학적 도구와 기본 영상 처리와 선형 대수학 연산을 위한 OpenCV의 든든한 기능만 사용해 제약된 설정에서 꽤 작동하는 간단한 얼굴 추적기를 구축했다. 간단한 추적기를 개선하려면 추적기의 각 세 가지 구성 요소인 모양 모델, 특징 검출기, 맞춤 알고리즘의 매우 정교한 기술을 적용해서 달성할 수 있다. 이 절에 설명한 추적기의 모듈식 설계는 세 가지 구성 요소의 해당 기능에 상당한 영향을 주지 않은 채 수정할 수 있게 해야 한다.

## 참고 문헌

- Procrustes Problems, Gower, John C. and Dijksterhuis, Garmt B, Oxford University Press, 2004.

# 7

# AAM과 POSIT를 활용한 3D 머리 포즈 추정

훌륭한 컴퓨터 비전 알고리즘은 대단히 강건한 성능뿐만 아니라 폭넓은 일반화와 탄탄한 수학 기본 없이는 완벽할 수 없다. 팀 쿠츠Tim Cootes는 주로 개발했던 작업인 능동 외양 모델에 이런 모든 특성을 포함시켰다. 7장에서는 OpenCV를 이용한 자신만의 능동 외양 모델AAM, Active Appearance Model을 생성하는 방법과 더불어 주어진 프레임에서 가장 가까운 위치에 있는 모델의 위치를 찾아 사용하는 방법을 알려준다. 이외에 POIST 알고리즘을 사용하는 방법과 '포즈를 취한' 영상의 3D 모델을 맞추는 방법을 배운다. 이런 모든 도구를 활용해 비디오에서 3D 모델을 실시간으로 추적할 수 있으니 대단하지 않은가? 예제는 머리 포즈에 초점을 두지만, 대부분의 변형 모델에 동일한 방식을 사용할 수 있다.

7장에서는 다음과 같은 내용을 다룬다.

• 능동 외양 모델 살펴보기

- 능동 모양 모델 살펴보기

- 모델 인스턴스 생성: 능동 외양 모델 활용

- AAM 탐색과 맞춤

- POSIT

다음 목록은 7장에서 접하는 용어를 설명한다.

- **능동 외양 모델(AAM)** 모양과 텍스처의 통계 정보를 갖는 객체 모델이다. 객체로부터 모양과 텍스처의 변화를 잡아내는 강력한 방법이다.

- **능동 모양 모델(ASM)** 객체의 모양에 대한 통계 모델이다. 모양 변화를 학습할 때 매우 유용하다.

- **주성분 분석(PCA)** 첫 번째 좌표(첫 주성분이라고 함)에 데이터의 임의 투영에 의한 매우 큰 분산이 오게 하고, 두 번째로 큰 좌표에 두 번째 큰 분산을 놓는 등 새로운 좌표계로 데이터를 변환하는 직교 선형 변환이다. 이 절차는 차원 수를 줄일 때 자주 사용한다. 원래 차원을 감소하는 문제가 생긴다면 매우 빠른 맞춤 알고리즘으로 사용할 수 있다.

- **들로네 삼각화(Delaunay Triangulation)** 평면에 P 점집합이 있다고 하자. P에 아무런 점이 없는 삼각화는 삼각화 내에서 임의의 삼각형의 외접원 내부에 있다. 이는 깡마른 삼각형을 피하려는 경향에 있다. 삼각측량은 텍스처 매핑에 필요하다.

- **어파인 변환** 벡터 덧셈에 따른 행렬 곱셈의 형식에서 임의의 변환을 표현할 수 있다. 텍스처 매핑에 사용할 수 있다.

- POSIT(Pose from Orthography and Scaling with Iteration) 3D 포즈 추정을 수행하는 컴퓨터 비전 알고리즘이다.

# 능동 외양 모델 살펴보기

간단하게 말한다면 능동 외양 모델은 텍스처와 모양을 조합한 멋진 모델 파라미터화로, 사진 프레임 내에서 모델의 위치가 어떻게 어디 있는지 말해주는 효율적인 탐색 알고리즘과 연계한다. 그렇게 하려면 '능동 모양 모델' 절부터 시작하며, 표식 위치와 관련해 매우 밀접하다는 것을 볼 것이다. 주성분 분석과 일부 실전 경험을 다음 절에서 매우 상세하게 설명한다. 그 다음에는 OpenCV의 들로네 함수를 이용해 약간의 도움을 받아 몇 가지 삼각화를 배울 수 있다. '삼각형 텍스처 워핑' 절의 구간별 어파인 워핑을 적용해 확장함으로써 객체의 텍스처로부터 정보를 얻을 수 있다.

훌륭한 모델을 구축하는 충분한 배경을 가진 만큼은 '모델 인스턴스 생성' 절에 있는 기술을 활용할 수 있다. 그 다음에는 AAM 탐색과 맞춤으로 역문제를 해결할 수 있다. 그 기술 자체는 2D에서 매우 유용한 알고리즘이며, 어쩌면 3D 영상 정합에도 그럴 수 있다. 그럼에도 한 가지만 작동한다는 전제라면 POSIT으로 하면 어떨까? 다른 3D 모델링 맞춤을 위한 견고한 알고리즘이라면? 'POSIT에 빠져 보기' 절에서 OpenCV로 작업하기 위한 충분한 배경을 제공해줄 것이고, 그 다음 절에서 머리 모델과 연계하는 방법을 배운다. 이 방법이라면 이미 정합한 2D 프레임에 맞추기 위한 3D 모델을 사용할 수 있다. 예리한 독자라면 어떻게 하는지 알고 싶을 것인데, 변형 모델 검출에 의한 실시간 3D 추적을 얻기 위해 프레임 대 프레임 방식에서 AAM과 POSIT을 조합하면 되는 문제일 뿐이다! 이에 대해서는 '웹캠이나 비디오 파일에서 추적하기' 절에서 상세하게 다룬다.

한 장의 그림이 천 마디 말보다 낫다. N개의 그림이 있다고 상상하자. 이대로 일찌감치 언급했던 추적이 어떤지 다음 그림에서 보여준다.

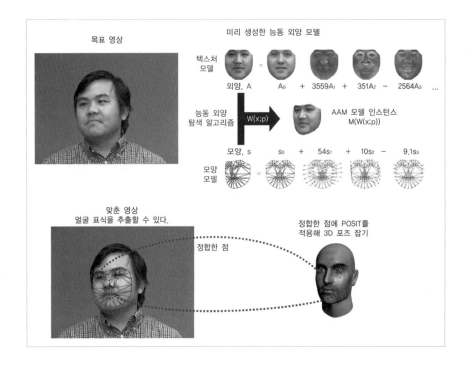

**7장 알고리즘의 개요** 주어진 영상(앞 그림의 상단 왼쪽 영상)에서 사람 머리의 **2D** 포즈를 찾기 위한 능동 외양 탐색 알고리즘을 사용할 수 있다. 앞 그림의 상단 오른쪽 그림은 탐색 알고리즘에 이전 훈련한 능동 외양 모델을 사용했음을 보여준다. 비디오 시퀀스에 이 절차를 적용한다면 검출에 의한 **3D** 추적을 얻는다.


## 능동 모양 모델

이전에 언급했던 대로 AAM은 모양 모델을 요구하며, 능동 모양 모델^ASM, Active Shape Model이 담당해 처리한다. 이번 절부터 모양 변화에 대한 통계 모델인 ASM을 만든다. 모양 변화 간의 조합으로 모양 모델을 생성한다. 티모시 쿠츠^Timothy Cootes의 「Active Shape Models - Their Training and Application」 논문에 기술된 레이블을 부여한 훈련 집합이 필요하다. 얼굴 모양 모델을

구축하려면 주요 특징을 명시할 때 얼굴의 핵심 위치에 점을 마크한 일부
영상이 필요하다.

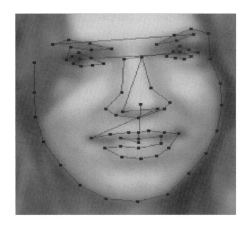

그림에는 MUCT 데이터 집합으로부터 얻은 얼굴에 76개의 표식이 있다.
이 표식은 손으로 일일이 마크하며, 입 윤곽, 코, 눈, 눈썹과 얼굴 모양 같은
몇 가지 얼굴 특징을 명시했다.

 프로크루스테스 분석(Procrustes Analysis): 모양 집합의 분포를 분석할 때 사용하
는 통계적 모양을 분석하는 한 방식이다. 최적으로 객체에 대한 이동, 회전과 균등한
크기 조절로 프로크루테스 합성을 수행한다.

이전에 언급했던 영상 집합을 갖고 있다면 모양 변화의 통계 모델을 생성할
수 있다. 객체에 레이블을 부여한 점은 객체 모양을 기술하므로, 필요하다면
프로크루스테스 분석을 이용해 좌표 프레임에 모든 점집합을 먼저 할당하고,
벡터 x로 각 모양을 표현한다. 그 다음에는 이 데이터에 주성분 분석[PCA,
Principal Component Analysis]을 적용한다. 다음 공식을 사용해 임의의 예를 근사화
할 수 있다.

x = x + Ps bs

이 공식에서 x는 모양을 의미하고, Ps는 변화의 직교 모델 집합이고, bs는 모양 파라미터 집합이다. 자, 더 나은 이해를 위해 이 절의 마지막에서 간단한 애플리케이션을 만들고, PCA와 모양 모델을 어떻게 다루는지 보여준다.

도대체 왜 PCA를 써야 하는가? PCA가 모델의 파라미터 개수를 줄여야 할 때 정말로 돕기 때문이다. 또한 7장의 마지막에서 지정한 영상에 대해 탐색할 때 얼마나 도움이 되는지 볼 것이다. 어느 웹 페이지 URL(http://en.wikipedia.org/wiki/Principal_component_analysis)에 있는 내용을 인용하면 다음과 같다.

PCA는 변환된 데이터의 차원을 줄이기 위해 첫 몇 개의 주성분만 사용함으로써 (어떤 면에서) 가장 유용한 시점에서 객체를 바라봤을 때 이 객체의 '그늘'에 있는 저차원 상황을 이용자에게 제공할 수 있다.

이에 대해 다음과 같은 그림을 본다면 분명해진다.

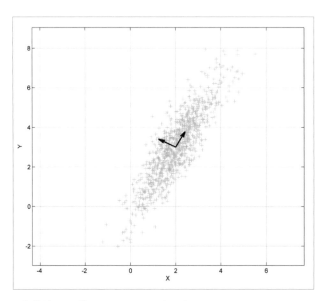

그림 출처: http://en.wikipedia.org/wiki/File:GaussianScatterPCA.png

앞 그림은 (2, 3)의 중심에 위치한 다변량 가우시안 분포의 PCA를 보여준다. 벡터는 공분산 행렬의 고유 벡터이고, 이동 즉 꼬리는 평균에 놓여 있다.

이번에는 단일 파라미터로 모델을 표현하길 원할 때 고유 벡터로부터 그림의 상단 오른쪽을 가리키는 방향을 취함이 좋은 생각이다. 이외에 파라미터를 약간 다르게 함으로써 데이터를 추정할 수 있고, 찾고자 하는 유사한 값을 얻을 수 있다.

## PCA 감 잡기

PCA가 얼굴 모델에 도움을 줄 수 있는 방법에 대한 감을 잡기 위해 능동 모양 모델로 시작하고 일부 파라미터를 테스트한다.

얼굴 검출과 추적을 한동안 연구됐기 때문에 온라인상에서 연구 목적으로 여러 얼굴 데이터베이스를 사용할 수 있다. 여기서는 IMM 데이터베이스의 두 표본을 사용한다.

먼저 OpenCV로 PCA 클래스가 어떻게 동작하는지 이해해보자. 문서에서 결론을 얻을 수 있는데, 벡터 집합에 대한 특수한 기준을 계산할 때 PCA 클래스를 사용한다. 해당 벡터 집합은 입력 벡터 집합을 갖고 계산한 공분산 행렬의 고유 벡터로 구성한다. 또한 PCA 클래스는 투영과 역투영 방법을 이용해 벡터를 새로운 좌표 공간으로 이동시키고, 반대로 이동시킬 수도 있다. 단지 첫 몇 개의 성분만으로 이 새로운 좌표계를 매우 정확하게 근사화할 수 있다. 하위 공간 내의 투영된 벡터 좌표로 구성된 훨씬 짧은 벡터로 고차원 공간으로부터 원 벡터를 표현할 수 있음을 의미한다.

몇 가지 스칼라 값과 관련한 파라미터화를 원하므로, 이 클래스에서 사용하는 주요 방법은 역투영 방법이다. 투영된 벡터의 주성분 좌표와 원 벡터를 재구성한다. 모든 성분을 유지할 경우 원 벡터를 검색할 수 있었지만, 단지 몇 가지 성분을 사용한다면 차이는 매우 작다. 이는 PCA를 사용하는 이유

중의 하나다. 원 벡터 주변에 약간의 가변성이 있길 원했기 때문에 파라미터화된 스칼라로 원 데이터를 추정할 수 있다.

이외에 PCA 클래스는 정의된 기본에 따라 벡터와 새로운 좌표 공간 사이에 서로 이동할 수 있다. 수학적으로 문서에서 볼 수 있듯이 형성된 하위 공간에 벡터를 투영할 때 공분산 행렬의 우세한 고유 값에 대응하는 몇 가지 고유 벡터로 계산할 수 있음을 의미한다.

접근 방식은 얼굴 영상에 점 분포 모델<sup>PDM, Point Distribution Model</sup>에 대한 훈련 집합을 만드는 표식으로 주석을 단다. 두 차원 안에 정렬된 k개의 표식이 있다면 모양 기술이 다음과 같아진다.

X = {x1, y1, x2, y2, ···, xk, yk}

모든 영상 표본에 걸쳐 일관된 라벨링이 필요하다는 점에 주의해야 한다. 자, 예를 들어 첫 영상에 있는 입의 왼쪽 부분이 표식 숫자 3라면 다른 모든 영상에도 숫자 3이 있어야 한다.

이제 모양 외곽선에 모양 표식 시퀀스가 있고, 주어진 훈련 모양을 벡터로 정의할 수 있다. 이 공간 내의 흩어짐이 보통 가우시안이라고 가정하고, 모든 훈련 모양에 걸쳐 정규화된 고유 벡터와 공분산 행렬의 고윳값을 계산하기 위한 PCA를 사용한다. 상단 중심 고유 벡터를 사용해 2k*m 차원인 행렬을 생성하며, P라고 부르겠다. 이렇게 해서 각 고유 벡터는 집합 사이에 있는 변화의 주요 모드를 기술한다.

이제 다음 방정식으로 새로운 모양을 정의할 수 있다.

X' = X' + Pb

여기서 X'는 모든 훈련 영상에 걸친 각 표식을 평균화한 모양임을 의미하며, b는 각 주성분에 대한 크기 조정된 값의 벡터다. b 값을 수정해 새로운 모양을 만들 수 있다. 일반적으로 세 표준편차를 달리 해 b 값을 설정함으로써 훈련 집합에 생성한 모양이 들어갈 수 있다.

다음 그림은 세 가지 다른 사진마다 점으로 주석을 단 입 표식이다.

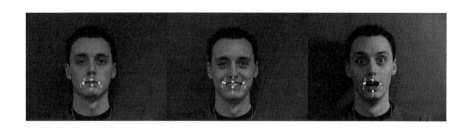

그림에서 보듯이 표식 시퀀스로 모양을 기술한다. 훈련 영상에 주석을 달기
위해 OpenCV로 간단한 애플리케이션 구축할 때와 마찬가지로 김프<sup>GIMP</sup>나
이미지제이<sup>ImageJ</sup> 같은 프로그램을 사용할 수 있다. 사용자가 이 과정을 완료
한 후 모든 훈련 영상의 x와 y 표식 시퀀스 위치인 점을 PCA 분석에 사용할
텍스트 파일에 저장했다고 가정한다. 그러면 이 텍스트 파일의 첫 번째 줄에
두 파라미터를 추가한다. 각 파라미터는 훈련 영상 개수와 판독할 행의 개수
다. 따라서 k개의 2D 점이면 개수는 2*k다.

다음 데이터는 IMM 데이터에 있는 세 영상에 주석을 달아 얻었던 예제 파
일이며, k는 5이다.

```
3 10
265 311 303 321 337 310 302 298 265 311
255 315 305 337 346 316 305 309 255 315
262 316 303 342 332 315 298 299 262 316
```

이제 주석을 단 영상이 있으므로 이 데이터를 모양 모델로 바꿔보자. 먼저
데이터를 행렬로 적재한다. 이는 loadPCA 함수를 통해 달성할 수 있다. 다
음 코드 조각은 loadPCA 함수의 사용법을 보여준다.

```
PCA loadPCA(char* fileName, int& rows, int& cols,Mat& pcaset){
    FILE* in = fopen(fileName,"r");
```

```
    int a;
    fscanf(in,"%d%d",&rows,&cols);

    pcaset = Mat::eye(rows,cols,CV_64F);
    int i,j;

    for(i=0;i<rows;i++){
      for(j=0;j<cols;j++){
        fscanf(in,"%d",&a);
        pcaset.at<double>(i,j) = a;
      }
    }

    PCA pca(pcaset,   // 데이터를 넘긴다.
      Mat(),           // 사전 계산한 평균 벡터를 갖지 않으므로,
                       // PCA 엔진이 이를 계산하게 설정한다.
      CV_PCA_DATA_AS_ROW, // 행렬의 행에 저장한 벡터임을 나타낸다.
                       // (벡터가 행렬의 열이라면 CV_PCA_DATA_AS_COL 사용)
      pcaset.cols     // 얼마나 많은 주성분을 유지할지 설정한다.
    );

    return pca;
}
```

pcaset = Mat::eye(rows, cols, CV_64F); 줄에서 행렬을 생성했고, 2*k
값을 위한 공간을 충분히 확보했음에 주목하자. 두 for 반복문으로 데이터
를 행렬로 적재한 후 PCA 생성자를 빈 행렬인 데이터와 함께 호출하며, 한
번에 끝내길 원한다면 사전 계산한 평균 벡터로 갈음할 수 있다. 또한 몇
개만 사용할 수 있겠지만, 성분 개수인 주어진 행만큼 동일한 개수를 계속
유지하길 원할 때 벡터를 행렬의 행에 저장함을 표기한다.

이제 훈련 집합에 PCA 객체를 채웠고, 주어진 파라미터에 따라 모양을 역투
영할 때 필요한 모든 것을 갖고 있다. PCA.backproject에 행 벡터인 파라
미터를 넘겨 호출한 후 두 번째 인자인 역투영된 벡터를 받는다.

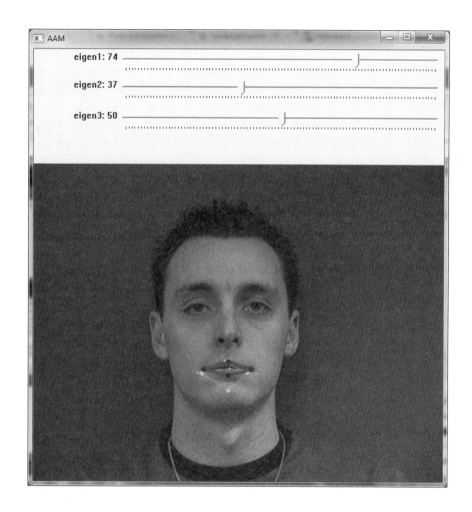

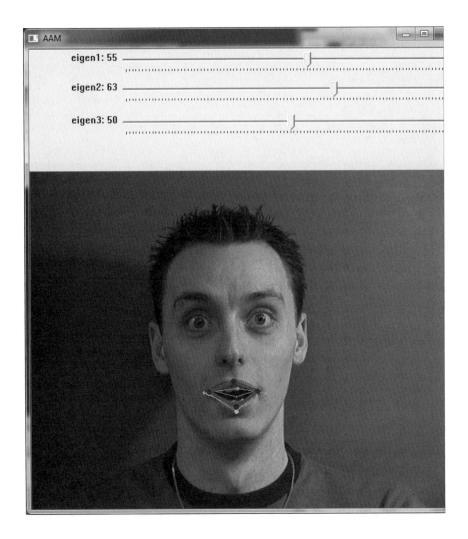

이 두 그림은 슬라이드로 선택한 파라미터에 따른 두 개의 다른 모양 구성을 보여준다. 노란색과 녹색 모양은 훈련 데이터를 보여주는 반면 다른 빨간 색은 선택한 파라미터로부터 생성된 모양을 나타낸다.

능동 모양 모델을 테스트할 때 사용할 수 있는 간단한 프로그램으로서 사용 자가 모델용 파라미터를 달리해 시도할 수 있다. 슬라이더(첫 번째와 두 번째 변경 모드에 대응)로 첫 두 개의 스칼라 값을 변경할 수 있음에 주목해서 훈련한 데이터에 매우 가까운 모양을 만들어낼 수 있다. 가변성은 보간된 모양을 제공하기 때문에 AAM의 모델을 탐색할 때 도움이 된다. 다음 절에는 삼각화, 텍스처링, AAM과 AAM 탐색을 다룬다.

## 삼각화

예를 들어 열린 입 같은 왜곡될 수 있는 모양을 찾을 때 평균 모양으로 되돌아가는 텍스처 맵이 필요하다. 그 다음에는 정규화된 텍스처에 PCA를 적용한다. 이렇게 하기 위해 삼각화를 사용한다. 이 개념은 매우 간단하다. 주석을 단 점을 포함한 삼각형을 생성한 후 한 삼각형으로부터 다른 곳으로 가는 맵을 만든다. OpenCV는 빈 들로네 삼각화를 생성하는 cvCreateSubDivDelaunay2D라는 편리한 기능을 제공한다. 깡마른 삼각형을 배제하므로 좋은 삼각화를 고려할 수 있다.

> 수학과 계산 기하학에서 평면상의 점집합 P에 대한 들로네 삼각화는 삼각화 DT(P)로서 P에 존재하지 않은 점이 DT(P)에 임의의 삼각형의 외접원 내부에 있다. 들로네 삼각화는 깡마른 삼각형을 피할 목적으로 삼각화 내부에 있는 삼각형의 모든 각도 중 최소 각도를 최대화한다. 들로네 삼각화는 1934년부터 삼각화 주제를 연구한 보리스 들로네(Boris Delaunay)의 이름을 따서 지었다.

들로네 분할을 초기화한 후 점을 분할에 채우는 cvSudivDelaunay2DInsert를 사용한다. 다음 코드 조각에서는 삼각화를 직접 사용하면 어떻게 될지 설명한다.

```
CvMemStorage* storage;
CvSubdiv2D* subdiv;
CvRect rect = { 0, 0, 640, 480 };

storage = cvCreateMemStorage(0);
subdiv = cvCreateSubdivDelaunay2D(rect,storage);
```

```
std::vector<CvPoint> points;

// 그럭저럭 점 초기화
...

// 분할에 점을 삽입하는 과정을 반복
for(int i=0;i<points.size();i++){
    float x = points.at(i).x;
    float y = points.at(i).y;
    CvPoint2D32f floatingPoint = cvPoint2D32f(x, y);
    cvSubdivDelaunay2DInsert( subdiv, floatingPoint );
}
```

cvCreateSubdivDelaunay2D에 파라미터로서 전달하는 점이 사각형 프레임 내부에 있어야 함을 주목하라. 분할을 생성하려면 메모리 저장 구조를 생성하고 초기화도 해야 한다. 이는 앞 코드의 다섯 번째 줄에서 볼 수 있다. 그 다음엔 삼각화를 생성하기 위해 cvSubdivDelaunay2D 함수를 이용해 점을 삽입해야 한다. 이는 앞 코드의 for 반복문 내부에서 일어난다. 보통 입력으로 사용하는 점이기 때문에 점을 이미 초기화했음을 상기하자. 다음 그림은 삼각화가 무엇인지를 보여준다.

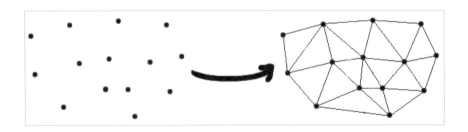

이 그림은 들로네 알고리즘을 이용해 삼각화로 만든 점집합에 대한 결과다. 분할 생성이 OpenCV의 상당히 편리한 기능일지라도 모든 삼각형에 걸쳐 매우 쉽게 반복할 수는 없다. 다음 코드는 분할의 에지를 통해 반복하는 방법을 보여준다.

```
void iterate(CvSubdiv2D* subdiv, CvNextEdgeType triangleDirection){

    CvSeqReader reader;
    CvPoint buf[3];

    int i, j, total = subdiv->edges->total;
    int elem_size = subdiv->edges->elem_size;
    cvStartReadSeq((CvSeq*)(subdiv->edges), &reader, 0);

    for(i = 0; i < total; i++){
      CvQuadEdge2D* edge = (CvQuadEdge2D*)(reader.ptr);

      if(CV_IS_SET_ELEM(edge)){

        CvSubdiv2DEdge t = (CvSubdiv2DEdge)edge;

        for(j=0;j<3;j++){

          CvSubdiv2DPoint* pt = cvSubdiv2DEdgeOrg(t);
          if(!pt) break;
          buf[j] = cvPoint(cvRound(pt->pt.x), cvRound(pt->pt.y));
          t = cvSubdiv2DGetEdge(t, triangleDirection);
        }
      }

      CV_NEXT_SEQ_ELEM(elem_size, reader);
    }
}
```

주어진 분할로 cvStartReadSeq 함수를 호출해 자체 에지 리더를 초기화한
다. OpenCV 문서에 있는 정의를 다음과 같이 인용한다.

이 함수는 리더 상태를 초기화한다. 그 이후에는 정방향 읽기인 경우
CV_READ_SEQ_ELEM(read_elm, reader) 매크로를 순차적으로 호출해
첫 요소부터 마지막 요소까지의 모든 시퀀스 요소를 읽을 수 있다. 반면에
역방향 읽기인 경우 CV_REV_READ_SEQ_ELEM(read_elem, reader) 매

크로를 순차적으로 호출해 마지막 요소부터 첫 요소까지의 모든 시퀀스 요소를 읽을 수 있다. 두 매크로는 시퀀스 요소를 read_elem에 넣고, 읽기 포인터를 다음 요소로 이동시킨다.

다음 요소를 취득하는 다른 방법은 시퀀스 요소가 많을 때 선호하는 CV_NEXT_SEQ_ELEM(elem_size, reader)를 사용하는 것이다. 이번 경우에는 에지에 접근하기 위해 리더 포인터를 CvQuadEdge2D 포인터로 캐스팅하는 cvQuadEdge2D* edge = (CvQuadEdge2D *)(reader.ptr)을 사용한다. CV_IS_SET_ELEM 매크로는 지정한 에지가 놓여 있는지 아닌지의 여부를 확인한다. 주어진 에지에서 원시 점을 가져야 할 경우 cvSubdiv2DEdgeOrg 함수를 호출해야 한다. 삼각형 주변에서 실행하기 위해 cvSubdiv2DGetEdge 함수를 반복해서 호출해 삼각형 방향을 전달하며, 예를 들어 CV_NEXT_AROUND 또는 CV_NEXT_AROUND_RIGHT가 될 수 있다.

## 삼각 텍스처 워핑

이제 삼각 분할을 통해 반복할 수 있었고, 주석이 달린 원 영상에 있는 한 삼각형을 생성한 왜곡된 영상에 워핑할 수 있다. 이는 원 모양에서 왜곡된 모양에 텍스처를 매핑할 때 유용하다. 다음 코드 조각은 이런 과정을 보여준다.

```
void warpTextureFromTriangle(Point2f srcTri[3], Mat originalImage,
    Point2f dstTri[3], Mat warp_final){

    Mat warp_mat(2, 3, CV_32FC1);
    Mat warp_dst, warp_mask;
    CvPoint trianglePoints[3];
    trianglePoints[0] = dstTri[0];
    trianglePoints[1] = dstTri[1];
    trianglePoints[2] = dstTri[2];
```

```
warp_dst = Mat::zeros(originalImage.rows, originalImage.cols,
                      originalImage.type());
warp_mask = Mat::zeros(originalImage.rows, originalImage.cols,
                       originalImage.type());

/// 어파인 변환 취득
warp_mat = getAffineTransform(srcTri, dstTri);

/// 어파인 변환을 원본 영상에 적용
warpAffine(originalImage, warp_dst, warp_mat, warp_dst.size());
cvFillConvexPoly(new IplImage(warp_mask),
                 trianglePoints, 3,
                 CV_RGB(255,255,255), CV_AA, 0);
warp_dst.copyTo(warp_final, warp_mask);
}
```

이 코드에서 srcTri 배열은 삼각형 꼭짓점을 채웠고, dstTri 배열은 하나만 채운 목적지라고 가정한다. 2 × 3 warp_mat 행렬은 원시 삼각형을 목표지로 어파인 변환할 때 사용한다. 상세한 정보는 **OpenCV**의 cvGetAffineTransform 문서에서 볼 수 있다.

cvGetAffineTransform은 다음과 같이 어파인 변환 행렬을 계산한다.

$$\begin{bmatrix} x'_i \\ y'_i \end{bmatrix} = \mathbf{mapMatrix} \cdot \begin{bmatrix} x_i \\ y_i \\ 1 \end{bmatrix}$$

앞 방정식에서 destination(i)는 $(x'_i, y'_i)$이고, source(i)는 $(x_i, y_i)$이며, i는 0, 1, 2다.

어파인 행렬을 탐색한 후에 원시 영상에 어파인 변환을 적용할 수 있다. 이는 warpAffine 함수로 수행한다. 삼각형에 초점을 맞추길 바랄 뿐 전체 영상에서 수행하길 원치 않으므로 마스크를 이번 작업에 사용할 수 있다.

이런 방식으로 마지막 줄에서 cvFillConvexPoly를 호출해 생성한 마스크와 함께 원 영상에 있는 삼각형으로 복사만 한다.

다음 그림은 주석을 단 영상에 있는 모든 삼각형에 이 절차를 적용한 결과를 보여준다. 모든 삼각형은 뷰어 쪽으로 향한 얼굴이 있는 정렬된 프레임에 역으로 매핑했음에 주목하자. 이 절차는 AAM의 통계적 텍스처를 만들 때 사용된다.

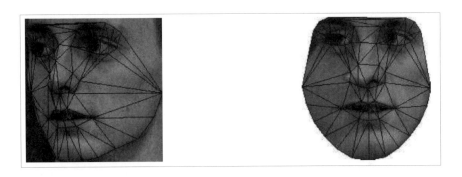

그림은 왼쪽에 있는 매핑한 모든 삼각형을 평균 참조 프레임으로 워핑한 결과를 보여준다.

## 모델 인스턴스 생성: 능동 외양 모델 활용

AAM의 흥미로운 측면은 훈련한 영상에 있는 모델을 쉽게 보간하는 능력이다. 이는 모양이나 모델 파라미터의 몇 가지 조정으로 놀라운 표현력을 얻을 수 있다. 또한 다양한 모양 파라미터로 훈련한 모양 데이터에 따른 워프 목표지를 바꾼다. 반면 외양 파라미터를 수정하면 기본 모양에 놓인 텍스처도 수정된다. 워프 변환은 기본 모양에 있는 모든 삼각형을 목표 모양으로 변경한다. 다음 그림에서 보듯이 열린 입의 상단 위에 다문 입을 합성할 수 있다.

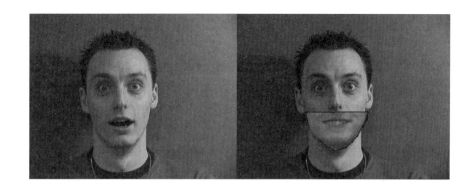

이 그림은 다른 영상의 상단 위에 능동 외양 모델 인스턴스 생성을 통해 합성된 다문 입을 얻는다. 즐거운 얼굴에 있는 미소를 머금은 입과 훈련 영상을 추론해 어떻게 조합하는지 보여준다.

앞 그림은 모양의 세 가지 파라미터와 텍스터의 세 가지 파라미터만을 변경해 얻었으며, 이는 AAM의 목표다. AAM를 시도하려는 독자를 위해 간단한 프로그램을 개발했으며 http://www.packtpub.com/에서 얻을 수 있다. 새로운 모델의 인스턴스 생성은 'PCA 감 잡기' 절에 정의한 방정식의 파라미터를 그냥 변경하면 되는 문제일 뿐이다. AAM 탐색과 맞춤은 훈련 영상의 다른 위치에 있는 주어진 캡처 프레임에 최적 정합을 찾기 위한 유연함에 달려 있다. 다음 절에서 이를 살펴본다.


## AAM 탐색과 맞춤

모양과 텍스처 모델 간의 신선하고 새로운 결합을 이용해 얼굴에서 모양뿐만 아니라 외양을 변경하는 방법을 기술하는 새로운 방법을 찾을 수 있었다. 지금은 주어진 입력 영상 $I(x)$에 가능한 한 가장 가까운 모델을 제공하는 $p$ 집합의 모양과 외양 파라미터인 $\lambda$를 찾길 원한다.

인스턴스화 모델과 $I(x)$의 좌표 프레임 내에서 주어진 입력 영상 간의 오차를 계산하거나 기본 외양으로 되돌아갈 점을 매핑하고 차이를 계산할 수 있다.

여기서는 후자인 방식을 사용하겠다. 따라서 다음과 같은 함수를 최소화하길 원한다.

$$\sum_{\mathbf{x}\in s_0}\left[A_0(\mathbf{x}) + \sum_{i=1}^{m}\lambda_i A_i(\mathbf{x}) - I(\mathbf{W}(\mathbf{x};\mathbf{p}))\right]^2$$

앞 방정식에서 $S_0$은 화소 집합이 AAM 기본 메시 내부에 놓여 있는 $(x,y)T$임을 나타내고, $A_0(x)$는 기본 메시 텍스처이고, $A_i(x)$는 PCA의 외양 영상이며, $W(x;p)$는 입력 영상의 화소를 기본 메시 프레임으로 되돌아가게 하는 워프다.

몇 년간의 연구 기간에 걸쳐 최소화를 위한 여러 가지 방법이 제안됐다. 첫 아이디어는 혼합 방법이었는데, 오차 영상의 선형 함수로 $\Delta p_i$와 $\Delta\lambda_i$를 계산한 후 $i$번째 반복 과정에서 $p_i \leftarrow p_i + \Delta p_i$와 $\lambda_i \leftarrow \lambda_i + \Delta\lambda_i$로서 모양 파라미터 $p$와 외양 $\lambda$을 갱신했다. 가끔 수렴이 일어날 수 있지만, 델타는 현재 파라미터에 항상 의존하지 않으며, 발산으로 이어질 수 있다. 기울기 하강 알고리즘에 기반을 둔 연구였던 다른 방법은 매우 느렸다. 파라미터를 갱신하는 대신 전체 워프만 갱신 가능했다. 따라서 매튜$^{\text{Mathews}}$와 시몬 베커$^{\text{Simon Baker}}$는 「Active Appearrance Models Revisited」라는 유명한 논문에 실은 조합 방법을 제안했다. 그러나 다음 그림에 보듯이 맞춤 과정에서 중요한 공헌은 사전 계산 단계에서 상당히 많은 계산이 들었다는 점이었다.

---

사전 계산:

    (3) 템플릿 $A_0(x)$의 기울기 $\nabla A_0$ 평가

    (4) (x;0)에서 자코비안 $\partial W/\partial p$ 평가

    (5) 방정식 (41)을 이용해 변형 최급 하강 영상 계산

    (6) 변형 최급 하강 영상을 이용한 헤시안 행렬 계산

반복:

    (1) I(W(x;p))를 계산하기 위해 W(x;p)로 I 워프

(2) 오차 영상 I(W(x;p)) − A0(x) 계산

(7) 오차 영상과 함께 변형 최급 하강 영상의 내적 계산

(8) 역헤시안과 곱셈으로 △p 계산

(9) W(x;p) ← W(x;p) ∘ W(x; △p)⁻¹ 워프 갱신

사후 계산:

(10) 방정식(40)을 이용한 λᵢ 계산 [선택 단계]

(9) 단계에서 보듯이 조합 단계 측면에서 갱신이 발생한다(이전 그림 참조). 이 논문의 공식 (40)과 (41)은 다음과 같다.

$$\lambda_i = \sum_{\mathbf{x} \in s_0} A_i(\mathbf{x}) \cdot [I(\mathbf{W}(\mathbf{x};\mathbf{p})) - A_0(\mathbf{x})], \tag{40}$$

$$\mathrm{SD}_j(\mathbf{x}) = \boldsymbol{\nabla} A_0 \frac{\partial \mathbf{W}}{\partial p_j} - \sum_{i=1}^{m} \left[ \sum_{\mathbf{x} \in s_0} A_i(\mathbf{x}) \cdot \boldsymbol{\nabla} A_0 \frac{\partial \mathbf{W}}{\partial p_j} \right] A_i(\mathbf{x}) \tag{41}$$

앞에 언급한 알고리즘이 최종 $W(x;p)$에 가깝게 있는 위치에 대부분 확실히 수렴했지만, 회전, 이동, 크기 조정에 있어 많은 차이가 나는 경우엔 그렇지 않을 수 있다. 전역 2D 유사 변환의 파라미터화를 통해 수렴할 때 많은 정보를 가져올 수 있다. 이것은 이 논문의 공식 (42)이며, 다음과 같다.

$$\mathbf{N}(\mathbf{x};\mathbf{q}) = \begin{pmatrix} (1+a) & -b \\ b & (1+a) \end{pmatrix} \begin{pmatrix} x \\ y \end{pmatrix} + \begin{pmatrix} t_x \\ t_y \end{pmatrix}$$

이 공식에서 네 개의 파라미터인 $q = (a, b, t_x, t_y)$는 다음과 같이 해석된다. 첫 번째 쌍인 $(a, b)$는 크기 조정 k와 회전 θ에 관계된다. $a$는 k cos θ이고, $b$ = k sin θ다. 두 번째 쌍인 $(t_x, t_y)$는 「Active Apperance Models Revisited」

논문에 제안된 $x$와 $y$ 이동이다.

수학 변환을 좀 더 하면 전역 2D 변환으로 최적 영상을 찾기 위해 앞 알고리즘을 사용할 수 있다.

워프 조합 알고리즘은 여러 성능 이점을 갖기 때문에 「AAM Revisited」 논문에 기술됐던 역조합 투영 아웃inverse compositional project-out 알고리즘을 사용할 것이다. 이 방법에서는 맞춤 과정에서 외양 변화의 효과를 미리 계산하거나 투영을 아웃할 수 있어 AAM 맞춤 성능을 개선함을 기억하자.

다음 그림은 역 조합 투영 아웃 AAM 맞춤 알고리즘을 이용해 MUCT 데이터 집합에 있는 서로 다른 영상의 수렴을 보여준다.

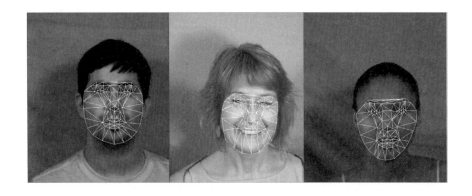

위 그림은 역 조합 투영-아웃 AAM 맞춤 알고리즘을 이용한 AAM 훈련 집합에 없는 얼굴에 대한 성공적인 수렴을 보여준다.

## POSIT

표식 점의 2D 위치를 찾았으므로 POSIT를 이용해 모델의 3D 포즈를 유도할 수 있다. $3 \times 3$ 회전 행렬과 3D 이동 벡터 $T$로 3D 객체의 포즈 $P$를 정의하기 때문에 P는 $[R \mid T]$다.

이 절의 대부분은 자비에 바라디아란(Javier Baradiaran)이 집필한 OpenCV POSIT 지침서에 기반을 둔다.

이름에서 풍기듯이 POSIT는 POS<sup>Pose from Orthography and Scaling</sup> 알고리즘을 여러 번 반복해서 사용하므로, 반복에 의한 POS와 동의어다. 이 작동에 대한 전제는 영상에서 모든 객체의 4개 이상 특징점을 검출해 정합할 수 있으며, 객체에 대한 상대적인 형태를 파악하는 것이다.

이 알고리즘의 주 아이디어는 카메라로부터 얼굴까지의 거리를 비교했을 때 서로 차이가 많이 나지 않기 때문에 모든 모델 점이 같은 평면에 있다는 가정에서 객체의 포즈에 대한 좋은 근사치를 찾을 수 있다는 점이다. 초기 포즈를 취득한 후에는 선형 시스템으로 풀어나감에 따라 객체의 회전 행렬과 이동 벡터를 찾는다. 그 다음에는 POS 애플리케이션에서 객체 점의 크기 조정된 직각 투영을 더 낫게 계산하려고 반복해서 사용함으로써 원 포즈를 대신하는 거의 정확한 포즈를 예측한다. 자세한 내용은 디멘턴<sup>DeMenton</sup>이 쓴 「Model-Based Object Pose」 논문에 있는 코드의 25줄에서 참고할 수 있다.

## POSIT에 빠져 보기

POSIT로 작업하려면 비동일면 3D 모델 점과 이에 각각 정합하는 2D 영상의 점이 최소한 네 개 필요하다. POSIT은 반복 알고리즘이므로 대부분 반복 횟수나 거리 파라미터인 종료 기준을 추가한다. 그 다음에 cvPOSIT를 호출하면 회전 행렬과 이동 벡터가 나온다.

예를 들어 정육면체의 포즈를 얻기 위해 POSIT를 사용하는 자비에 바라디아란의 지침서를 따를 것인데, 이때 이 모델은 4개의 점으로 생성되며, 다음 코드로 초기화한다.

```
float cubeSize = 10.0;
std::vector<CvPoint3D32f> modelPoints;
modelPoints.push_back(cvPoint3D32f(0.0f, 0.0f, 0.0f));
modelPoints.push_back(cvPoint3D32f(0.0f, 0.0f, cubeSize));
modelPoints.push_back(cvPoint3D32f(cubeSize, 0.0f, 0.0f));
modelPoints.push_back(cvPoint3D32f(0.0f, cubeSize, 0.0f));
CvPOSITObject *positObject = cvCreatePOSITObject( &modelPoints[0],
    static_cast<int>(modelPoints.size()) );
```

이 코드에서는 cvPOSIT 함수에서 사용하는 CvPOSITObject 메소드를 반환하는 cvCreatePOSITObject 메소드로 모델 자신을 생성했음에 주목하자. 포즈를 계산할 때 첫 번째 모델 점을 참조함을 알아야 하며, 원점에서 넣는 것이 좋은 방안이다.

그 다음에는 다른 벡터에 있는 2D 영상 점을 넣어야 한다. 모델 점을 삽입했던 동일한 순서로 배열에 반드시 넣어야 함을 기억하자. 이렇게 해서 i번째 2D 영상 점은 i번째 3D 모델 점에 정합한다. 여기서 주목할 부분은 2D 영상 점의 원점은 영상의 중심에 놓여 있으며, 이동할 때 필요할 수도 있다는 점이다. 다음과 같이 2D 영상 점을 삽입할 수 있다(물론 사용자의 정합에 따라 달라질 수 있다).

```
std::vector<CvPoint2D32f> srcImagePoints;
srcImagePoints.push_back( cvPoint2D32f( -48, -224 ) );
srcImagePoints.push_back( cvPoint2D32f( -287, -174 ) );
srcImagePoints.push_back( cvPoint2D32f( 132, -153 ) );
srcImagePoints.push_back( cvPoint2D32f( -52, 149 ) );
```

자, 다음 코드 조각에서 보여준 대로 cvPOSIT를 호출하기 위해 행렬에 대한 메모리를 할당하고 종료 조건을 만들면 된다.

```
// 포즈를 추정한다.
CvMatr32f rotation_matrix = new float[9];
CvVect32f translation_vector = new float[3];
```

```
CvTermCriteria criteria = cvTermCriteria(CV_TERMCRIT_EPS | CV_
    TERMCRIT_ITER, 100, 1.0e-4f);
cvPOSIT( positObject, &srcImagePoints[0], FOCAL_LENGTH, criteria,
    rotation_matrix, translation_vector );
```

반복한 후에 cvPOSIT는 rotation_matrix와 translation_vector에 결과를 저장한다. 다음 그림과 같이 흰색 원을 함께 삽입한 srcImagePoints를 보여주며, 또한 좌표축은 회전과 이동 결과를 보여준다.

이 그림을 참고해서 입력 점과 POSIT 알고리즘을 실행한 결과를 살펴보자.

● 흰색 원은 입력 점을 보여주는 반면, 좌표축은 결과인 모델 포즈를 보여준다.

● 보정 과정을 거쳐 얻은 카메라의 초점 거리를 사용하는지 확인한다. 2장의 '카메라 보정' 절에서 살펴본 사용 가능한 보정 절차의 한 가지를 확인

하길 원할 수도 있다. POSIT의 현재 구현부는 정사각형 화소만 가능하므로, x와 y축 내의 초점 거리에 대한 여지가 없다.

- 다음 형식과 같은 회전 행렬을 기대한다.

[rot[0] rot[1] rot[2]]

[rot[3] rot[4] rot[5]]

[rot[6] rot[7] rot[8]]

- 이동 벡터는 다음 형식과 같다.

[trans[0]]

[trans[1]]

[trans[2]]

## POSIT과 머리 모델

머리 포즈에 대한 도구로 POSIT를 쓰려면 3D 머리 모델을 사용해야 한다. 3D 머리 모델은 콜롬비아 대학의 시스템 로봇 연구소에 있는 것 중 하나를 활용할 수 있으며, http://aifi.isr.uc.pt/Download/OpenGL/glAnthropometric3DModel.cpp에서 찾을 수 있다. 다음과 같이 써진 곳으로부터 모델을 취득할 수 있다.

```
float Model3D[58][3]= {{-7.308957,0.913869,0.000000}, ...
```

모델을 다음 그림과 같이 볼 수 있다.

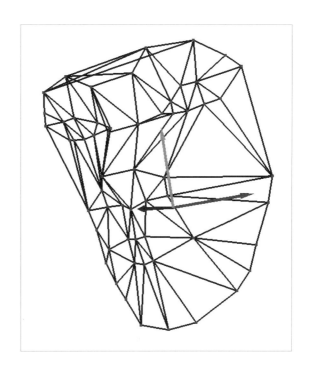

이 그림은 POSIT에서 사용할 수 있는 58개의 점을 가진 3D 머리 모델을
보여준다.

POSIT로 작업하기 위해서 3D 머리 모델에 대응하는 점을 이에 따라 정합해
야 한다. 비동일면 3D 모델 점과 이에 각각 정합하는 2D 영상의 점이 최소
한 네 개가 POSIT로 작업할 때 필요하다는 점에 유념하고, 'POSIT에 빠져
보기' 절에 거의 기술한 대로 파라미터로 반드시 넘겨야 한다. 이 알고리즘
은 정합 점의 개수 면에서 선형임에 주목하자. 다음 그림은 어떻게 정합했는
지를 보여준다.

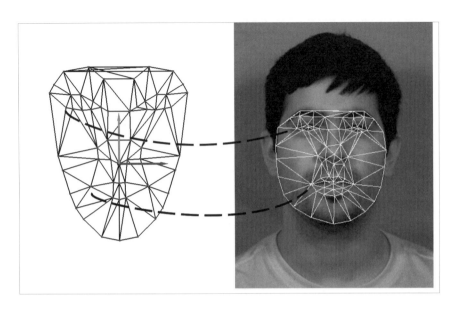

이 그림은 3D 머리 모델에서 올바르게 정합한 점과 AAM 메시를 보여준다.

## 웹캠이나 비디오 파일에서 추적

이제 머리 추적에 6 자유도를 갖기 위해 모은 도구가 있으므로, 카메라 스트림이나 비디오 파일에 적용할 수 있다. OpenCV는 VideoCapture 클래스를 제공하며, 다음과 같은 방식으로 사용할 수 있다(자세한 내용은 1장의 '웹캠에 접근' 절을 참고하자).

```
#include "cv.h"
#include "highgui.h"

using namespace cv;

int main(int, char**)
{
    VideoCapture cap(0); // 기본 카메라를 열며,
                         // 비디오 파일 경로 대신 사용할 수 있다.

    if(!cap.isOpened())  // 성공했는지 확인
```

```
      return -1;

  AAM aam = loadPreviouslyTrainedAAM();
  HeadModel headModel = load3DHeadModel();
  Mapping mapping = mapAAMLandmarksToHeadModel();

  Pose2D pose = detectFacePosition();

  while(1)
  {
    Mat frame;
    cap >> frame; // 카메라로부터 새로운 프레임 가져 오기

    Pose2D new2DPose = performAAMSearch(pose, aam);
    Pose3D new3DPose = applyPOSIT(new2DPose, headModel, mapping);

    if(waitKey(30) >= 0) break;
  }

  // VideoCapture 소멸자에서 카메라를 자동으로 해제
  return 0;
}
```

이 알고리즘의 동작을 알아보자. 기본 웹캠을 사용하므로 VideoCapturecap(0)
으로 비디오 캡처를 초기화한다. 이제 비디오 캡처가 동작하며, 이외에 의사
코드 loadPreviouslyTrainedAAM 매핑 안에서 일어날 훈련한 능동 외양
모델을 적재해야 한다. 또한 POSIT에 대한 3D 머리 포즈와 매핑 변수에
있는 3D 머리 점에 대한 표식 점 매핑을 적재한다.

필요한 모든 것을 적재한 후에 알려진 포즈, 즉 알려진 3D 위치, 알려진 회
전, 알려진 AAM 파라미터 집합으로부터 알고리즘을 초기화해야 한다.
OpenCV의 잘 문서화된 하르 특징 분류기 얼굴 검출기(자세한 내용은 6장의 '얼굴
검출' 절이나 OpenCV의 캐스케이드 분류기 문서에 있다)로 자동으로 만들 수 있으며, 혹
은 이전에 주석이 달린 프레임에 있는 포즈를 수동으로 초기화할 수 있다.
첫 프레임에서만 매우 느리므로 모든 사각형에 대한 AAM 맞춤을 실행하는

브루트포스 방식을 사용할 수도 있다. 파라미터로 초기화한다는 것은 AAM의 2D 표식을 찾음을 의미한다는 데 주목하자.

모든 것을 적재했다면 while 반복문으로 주요 반복 범위를 통해 반복할 수 있다. 이 반복문 내부에서 처음에 질의해 다음 프레임을 잡았다면 그 다음 프레임에 있는 표식을 찾을 수 있는 능동 외양 모델 맞춤을 실행한다. 이 단계에서 현재 위치는 매우 중요하므로, 의사코드 함수인 performAAMSearch(pose, aam)에 파라미터를 넘긴다. 현재 포즈를 찾았다면 오차 영상 수렴을 통해 신호가 나기 때문에 다음 표식 위치를 가질 수 있어 POSIT에 표식을 제공할 수 있다. 다음 줄인 applyPOSIT(new2DPose, headModel, mapping)에서 일어나는데, 새로운 2D 포즈를 파라미터로 전달하고 또한 이전에 적재한 headModel과 매핑도 파라미터로 전달한다. 그런 후에 취득한 포즈에서 임의 3D 모델을 좌표축이나 증강현실 모델처럼 렌더링할 수 있다. 표식을 갖고 있으므로 모델 파라미터화로 열린 입이나 눈썹 위치 변화 같은 더 흥미로운 효과를 취득할 수 있다.

이 절차는 다음 차례 추정을 하기 위한 이전 포즈에 의존하므로, 오차와 머리 포즈를 벗어난 것을 축적할 수 있다. 차선책은 이런 일이 일어날 때마다 주어진 오차 영상 임계값을 확인함으로써 절차를 다시 초기화할 수 있다. 또 다른 요인은 지터링jittering이 발생할 수 있으므로, 추적 시 필터 사용에 유의한다. 각 좌표 이동과 회전에 대한 간단한 평균 필터는 적정한 결과를 제공할 수 있다.

## 요약

7장에서는 3D 머리 포즈를 얻기 위해 POSIT와 함께 능동 외양 모델을 조합할 수 있는 방법을 다뤘다. AAM을 생성하고, 훈련하고, 다루는 방법에 대한 개요를 제공했고, 독자는 의학, 이미징이나 산업 같은 다른 분야에서도 이런 배경을 사용할 수 있다. AMM를 다뤘던 것 외에는 들로네 분할에 익숙해졌고 삼각화 메시인 관심 구조 같은 것을 사용하는 방법을 배웠다. 또한 OpenCV 함수를 사용해 삼각형 내의 텍스처 매핑을 어떻게 수행하는지 보여줬다. 또 다른 흥미로운 주제는 AAM 맞춤에 접근했다는 점이었다. 역조합 투영-아웃 알고리즘만 기술했지만, 결과를 간단하게 이용한 것만으로 연구의 결과를 쉽게 얻을 수 있었다.

AAM의 충분한 이론과 실습한 후에 모델 점 간의 정합을 이용해 3D 모델에 맞추는 방법을 설명하는 2D 측정을 3D로 연계하기 위한 POSIT의 상세한 부분에 빠져 들었다. 검출로 온라인 얼굴 추적기에서 머리 추적에 6 자유도, 즉 3도는 회전이고 3도는 이동으로 산출하는 모든 도구를 사용하는 방법을 보여줌으로써 마무리했다. 7장의 완전한 코드를 http://www.packtpub.com/에서 다운로드할 수 있다.

# 참고 문헌

- Active Appearance Models, T.F. Cootes, G. J. Edwards, and C. J. Taylor, ECCV, 2:484-498, 1998(http://www.cs.cmu.edu/~efros/courses/AP06/Papers/cootes-eccv-98.pdf)

- Active Shape Models – Their Training and Application, T.F. Cootes, C.J. Taylor, D.H. Cooper, and J. Graham, Computer Vision and Image Understanding, (61): 38-59, 1995(http://www.wiau.man.ac.uk/~bim/Papers/cviu95.pdf)

- The MUCT Landmarked Face Database, S. Milborrow, J. Morkel, and F. Nicolls, Pattern Recognition Association of South Africa, 2010 (http://www.milbo.org/muct/)

- The IMM Face Database – An Annotated Dataset of 240 Face Images, Michael M. Nordstrom, Mads Larsen, Janusz Sierakowski, and Mikkel B. Stegmann, Informatics and Mathematical Modeling, Technical University of Denmark, 2004(http://www2.imm.dtu.dk/~aam/datasets/datasets.html)

- Sur la sphère vide, B. Delaunay, Izvestia Akademii Nauk SSSR, Otdelenie Matematicheskikh i Estestvennykh Nauk, 7:793-800, 1934

- Active Appearance Models for Facial Expression Recognition and Monocular Head Pose Estimation Master Thesis, P. Martins, 2008

- Active Appearance Models Revisited, International Journal of Computer Vision, Vol. 60, No. 2, pp. 135 - 164, I. Mathews and S. Baker, November, 2004(http://www.ri.cmu.edu/pub_files/pub4/matthews_iain_2004_2/matthews_iain_2004_2.pdf)

- POSIT Tutorial, Javier Barandiaran(http://opencv.willowgarage.com/wiki/Posit)

- Model-Based Object Pose in 25 Lines of Code, International Journal of Computer Vision, 15, pp. 123-141, Dementhon and L.S Davis, 1995 (http://www.cfar.umd.edu/~daniel/daniel_papersfordownload/Pose25Lines.pdf)

# 8

# 고유얼굴과 피셔얼굴을 활용한 얼굴 인식

8장은 얼굴 검출과 얼굴 인식에 관한 개념을 소개하고, 얼굴 검출하고 얼굴을 다시 볼 때 얼굴을 인식하기 위한 프로젝트를 제공한다. 얼굴 인식은 인기가 있는 어려운 주제이며, 많은 연구자가 수년 동안 얼굴 인식 분야에 매달렸다. 그래서 8장에서는 간단한 얼굴 인식 방법을 설명하고, 독자가 매우 복잡한 방법을 알고 싶을 때를 위한 좋은 출발점을 제공한다.

8장에서 다음과 같은 내용을 다룬다.

- 얼굴 검출

- 얼굴 전처리

- 수집한 얼굴을 기계학습 알고리즘으로 훈련

- 얼굴 인식

- 마지막 손질

## 얼굴 인식과 얼굴 검출 소개

얼굴 인식은 알려진 얼굴에 레이블을 넣는 과정이다. 사람이 가족, 친구와 연예인의 얼굴을 보면서 인식하는 과정을 학습하는 것처럼 컴퓨터가 알려진 얼굴을 인식하기 위한 것을 습득하는 많은 기술이 있다. 이에는 일반적으로 다음과 같은 네 가지 주요 단계를 포함한다.

1. **얼굴 검출**  영상 안의 얼굴 영역을 찾는 과정이다(다음 그림의 중앙 근처에 있는 큰 사각형). 이 단계에서 어떤 사람인지를 고려하지 않으며, 단지 사람 얼굴 뿐이다.

2. **얼굴 전처리**  얼굴 영상을 명확하게 보이게 하고 다른 얼굴(다음 그림의 상단 가운데에 있는 작은 그레이스케일 얼굴)에 유사하게 조정하는 과정이다.

3. **얼굴을 수집한 후 학습**  전처리를 거친 얼굴(인식할 각 사람)을 저장하는 과정이며, 그 다음에는 얼굴을 인식하는 방법을 학습한다.

4. **얼굴 인식**  카메라에 비춘 얼굴(다음 그림의 상단 오른쪽에 있는 작은 사각형)과 매우 유사한, 수집한 사람을 확인하는 과정이다.

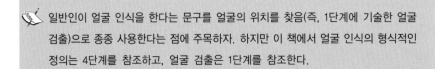

일반인이 얼굴 인식을 한다는 문구를 얼굴의 위치를 찾음(즉, 1단계에 기술한 얼굴 검출)으로 종종 사용한다는 점에 주목하자. 하지만 이 책에서 얼굴 인식의 형식적인 정의는 4단계를 참조하고, 얼굴 검출은 1단계를 참조한다.

다음 그림은 인식한 사람을 강조한, 상단 오른쪽 코너에 있는 작은 사각형을 포함하는 최종 WebcamFaceRec 프로젝트를 보여준다. 이외에 전처리를 거친 얼굴(얼굴에 사각형으로 새긴, 상단 가운데에 있는 작은 얼굴)을 신뢰 바 옆에 보여준다. 이번 경우에는 사람을 올바르게 인식한 대략 70% 신뢰만 보여준다.

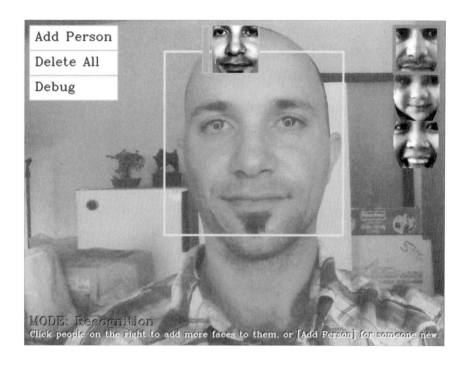

현재 얼굴 검출 기술은 실시간 상태에서 상당히 안정적이지만, 실시간 상태에서 사용되는 현재 얼굴 인식 기술은 그리 안정적이지 않다. 예를 들어 95% 이상의 정확한 비율로 얼굴을 인식했음을 보여주는 연구 논문을 쉽게 검색할 수 있지만, 동일한 알고리즘으로 직접 테스트했을 때 종종 정확도가 50% 미만임을 발견할 수 있다. 이는 현재 얼굴 인식 기술이 영상 내의 조명 유형, 명암 방향, 얼굴의 정확한 방향, 얼굴 표현, 사람의 현재 감정 같은 정확한 상태에 매우 민감하다는 사실에 기인한다. 테스트(카메라 영상으로부터) 했을 때와 동일하게 훈련(영상 수집)할 때 일정하게 유지한다면 인식이 잘 된다. 그러나 훈련할 때 방에서 사람이 빛의 왼쪽 방향에 서 있었고, 카메라로 테스트하는 동안 오른쪽 방향에 서 있다면 아주 나쁜 결과가 나타날 수도 있다. 따라서 훈련에 사용하는 데이터 집합은 매우 중요하다.

얼굴 전처리(2단계)는 이런 문제를 줄이는 데 목표에 둔다. 얼굴이 항상 동일한 밝기와 명암 대비를 갖는지 반드시 확인하고, 얼굴의 특징이 항상 같은 위치(눈이나 혹은 코를 확실한 위치에 배치)에 있게 확인할 수도 있다. 좋은 얼굴 전처리 단계는 전체 얼굴 인식 시스템의 신뢰도를 개선하므로, 8장에서는 얼굴 전처리 방법에 일부 중점을 두겠다.

언론에서 보안용 얼굴 인식에 관해 많이 떠들어댐에도 불구하고, 어떠한 실제 보안 시스템에도 충분한 현재 얼굴 인식 방법 자체를 신뢰한다는 것은 어불성설이다. 하지만 방에 들어갈 때 각 사람에 특화된 음악을 틀어주거나, 보면 이름을 불러주는 로봇처럼 절대적인 신뢰성이 필요 없는 목적이라면 사용할 수 있다. 실제로는 얼굴 인식을 성별 인식, 나이 인지와 감정 인식처럼 다양하게 확장할 수도 있다.

## 1단계: 얼굴 검출

2000년까지 얼굴을 찾을 때 사용하는 수많은 기술이 있었지만, 모두 매우 느렸고, 너무 불안정했고, 혹은 둘 다였다. 2001년에 큰 변화가 있었는데, 비올라와 존스가 객체 검출을 위한 하르 기반 캐스케이드 분류기를 개발했다. 2002년에 린하르트Lienhart와 뮈트Mydt가 이 알고리즘을 개선했다. 객체 알고리즘의 결과는 모두 빠르고(VGA 웹캠이 달린 일반 데스크톱에서 실시간으로 얼굴을 검출할 수 있음) 안정적(정면 얼굴을 거의 95% 이상 올바르게 검출함)이다. 얼굴 검출이 얼굴 인식 분야(보통 로봇 분야와 컴퓨터 비전 분야도 마찬가지임)에서 대변혁을 일으켰으며, 드디어 실시간 얼굴 검출과 얼굴 인식이 가능해졌다. 특히 린하르트가 만든 객체 검출기가 OpenCV에 공개로 풀렸다! 정면 얼굴뿐만 아니라 측면 얼굴(얼굴 옆으로 참조함), 눈, 입, 코, 회사 로고와 많은 다른 객체에도 적용할 수 있다.

이 객체 검출기가 OpenCV 2.0 버전으로 확장됐으며, 또한 아호넌Ahonen, 하디트Hadid와 피티케넌Pietikänen이 2006년에 만든 작업에 기반을 둔 LBP 특징을 사용했다. LBP 기반 검출기는 하르 기반 검출기보다 잠재적으로 서너 배 빠르며, 대부분 하르 검출기가 갖는 라이선스 이슈가 없다.

하르 기반 검출기의 기본 아이디어는 대부분 정면 얼굴을 보면 눈 영역이 이마와 뺨에 비해 어둡고, 입 영역이 뺨보다 어둡다는 점 등에 있다. 얼굴인지 아닌지 결정하려면 보통 20단계에 걸쳐 비교한다. 그러나 영상 내의 각 가능한 위치와 각 가능한 얼굴 크기에도 작업해야 하므로, 사실상 각 영상마다 종종 수천 개를 확인한다. LBP 기반 얼굴 검출기의 기본 아이디어는 하르 기반 얼굴 검출기와 비슷하지만, 에지나 코너, 평탄한 영역 같은 화소 명암 히스토그램 비교를 이용한다.

사람이 비교할 때는 최적으로 정의한 얼굴을 비교해서 결정하는 반면, 하르 기반과 LBP 기반 얼굴 검출기는 대용량 영상 집합으로부터 얼굴을 찾기 위해 자동으로 훈련할 수 있다. 캐스케이드 분류기 검출기는 보통 최소한 1,000개의 유일한 얼굴 영상과 10,000개의 비얼굴 영상(예를 들어 나무, 자동차, 텍스트 사진)을 이용해 훈련하며, 훈련 과정은 멀티코어 데스크톱조차도 오래 걸릴 수 있다(보통 LBP면 수 시간인데, 하르면 1주일!). 다행히도 OpenCV는 미리 훈련된 하르와 LBP 검출기를 사용할 수 있게 제공한다! 사실 서로 다른 캐스케이드 분류기 XML 파일을 객체 분류기에 적재하고, 선택한 XML 파일에 기반을 둔 하르나 LBP 검출기 중 선택하면 정면 얼굴, 옆(측면) 얼굴, 눈이나 코를 검출할 수 있다.

## OpenCV를 이용한 얼굴 검출 구현

이전에 언급했듯이 OpenCV 2.4에는 다양한 목적에 사용할 수 있는 다양한 미리 훈련한 XML 검출기가 딸려 있다. 다음 도표는 매우 인기 있는 XML 파일의 일부를 나열한다.

| 캐스케이드 분류기 유형 | XML 파일명 |
| --- | --- |
| 얼굴 검출기(기본) | haarcascade_frontalface_default.xml |
| 얼굴 검출기(빠른 하르) | haarcascade_frontalface_alt2.xml |
| 얼굴 검출기(빠른 LBP) | lbpcascade_frontalface.xml |
| 옆(측면) 얼굴 검출기 | haarcascade_profileface.xml |
| 눈 검출기(왼쪽과 오른쪽 분리) | haarcascade_lefteye_2splits.xml |
| 입 검출기 | haarcascade_mcs_mouth.xml |
| 코 검출기 | haarcascade_mcs_nose.xml |
| 사람 전체 검출기 | haarcascade_fullbody.xml |

하르 기반 검출기는 data\haarcascades 폴더에 저장되고, LBP 기반 검출기는 C:\opencv\data\lbpcascades\처럼 OpenCV 루트 폴더의 data\lbpcascades 폴더에 저장된다.

이번 얼굴 인식 프로젝트에서는 정면 얼굴을 검출하길 원하므로 LBP 얼굴 검출기를 사용해보자. 빠른데다가 특허권 라이선스 이슈가 없기 때문이다. OpenCV v2.x에 딸린 미리 훈련한 LBP 얼굴 검출기를 조정하지 않았으며, 미리 훈련한 하르 얼굴 검출기도 마찬가지라는 점에 주목하자. 매우 안정적인 얼굴 검출기를 원한다면 자신만의 LBP 얼굴 검출기를 훈련하는 것이 좋으며, 혹은 하르 얼굴 검출기를 사용한다.

### 객체나 얼굴 검출을 위한 하르 혹은 LBP 검출기 적재

객체나 얼굴 검출을 수행하기 위해 다음과 같이 사전에 훈련한 XML 파일을 OpenCV의 CascadeClassifier 클래스를 이용해 먼저 적재해야 한다.

```
CascadeClassifier faceDetector;
faceDetector.load(faceCascadeFilename);
```

서로 다른 파일명을 입력해 하르나 LBP 검출기를 적재할 수 있다. 가장 저지르기 쉬운 실수는 엉뚱한 폴더나 파일명을 지정해서 사용하는 것이다. 다만 구축 환경에 의존하는데, load() 메소드는 false를 반환하거나 C++ 예외 상황을 생성(그리고 단언 오류와 함께 프로그램을 종료)한다. 그래서 load() 메소드를 try/catch 블록으로 감싼 후 사용자에게 무엇이 잘못 됐는지 오류 메시지를 멋있게 띄우는 것이 가장 좋다. 많은 초보자는 오류를 확인하는 부분을 무시한다. 그러나 무언가를 올바르게 적재하지 못했을 때 사용자에게 도움을 주는 메시지를 보여준다는 것은 대단히 중요하다. 그렇지 않다면 무언가를 적재하지 않았음을 깨닫기 전까지 코드의 다른 부분을 꽤 오랫동안 디버깅하는 데 시간을 소모할 수도 있다. 다음과 같이 간단한 오류 메시지를 띄울 수 있다.

```
CascadeClassifier faceDetector;
try {
    faceDetector.load(faceCascadeFilename);
} catch (cv::Exception e) {}

if ( faceDetector.empty() ) {
    cerr << "ERROR: Couldn't load Face Detector (";
    cerr << faceCascadeFilename << ")!" << endl;
    exit(1);
}
```

## 웹캠 접근

컴퓨터의 웹캠이나 비디오 파일로부터 프레임을 잡기 위해 카메라 번호나 비디오 파일명으로 VideoCapture::open() 함수를 간단하게 호출할 수 있다. 그런 다음에는 1장의 '웹캠에 접근' 절에서 언급했던 C++ 스트림 연산자를 사용해 프레임을 잡는다.

## 하르나 LBP 분류기를 이용한 객체 검출

이제 분류기를 적재했으니(초기화 시에 단 한 번만) 각 새로운 카메라 프레임에 있는 얼굴을 검출할 때 사용할 수 있다. 다만 먼저 얼굴 검출을 위해 다음과 같은 단계를 수행함으로써 카메라 영상에 몇 가지 초기화 처리를 가해야 한다.

1. **그레이스케일 컬러 변환** 얼굴 검출은 그레이스케일 영상에서만 작동한다. 따라서 컬러 카메라 프레임을 그레이스케일로 변환해야 한다.

2. **카메라 영상 줄이기** 얼굴 검출 속도는 입력 영상의 크기에 달려 있다(큰 영상이면 매우 느리고, 작은 영상이면 빠르다). 그렇긴 해도 여전히 낮은 해상도에서도 꽤 믿을 만하다. 따라서 카메라 영상을 매우 합리적인 크기(혹은 간단히 설명하자면 검출기의 minFeatureSize에 대한 큰 값을 사용)로 줄여야 한다.

3. **히스토그램 평활화** 얼굴 검출은 낮은 빛 상태에서는 불안정하다. 따라서 명암 대비와 밝기를 개선하는 히스토그램 평활화를 수행한다.

### 그레이스케일 컬러 변환

cvtColor() 함수를 사용해 RGB 컬러 영상을 그레이스케일로 쉽게 변환할 수 있다. 다만 컬러 영상임을 알고 있을 때만(즉, 그레이스케일 카메라가 아닐 경우) 그렇게 해야 하고, 입력 영상 포맷(보통 데스크톱의 3채널 BGR이나 모바일의 4채널 BGRA)을 반드시 지정해야 한다. 따라서 다음 코드에서 보듯이 세 가지 다른 입력 컬러 포맷을 허용해야 한다.

```
Mat gray;
if (img.channels() == 3) {
    cvtColor(img, gray, CV_BGR2GRAY);
}
else if (img.channels() == 4) {
    cvtColor(img, gray, CV_BGRA2GRAY);
}
```

```
else {
    // 그레이스케일 입력 영상에 바로 접근
    gray = img;
}
```

## 카메라 영상 줄이기

영상을 특정 크기나 배율로 줄이기 위해 resize() 함수를 사용할 수 있다. 얼굴 검출은 일반적으로 240 × 240 화소보다 큰 임의의 영상 크기에 잘 작동하며(카메라로부터 멀리 떨어진 얼굴을 검출할 필요가 없다면), minFeatureSize(보통 20 × 20 화소)보다 더 큰 어떠한 얼굴이라도 잘 찾기 때문이다. 따라서 카메라 영상의 너비를 320화소로 줄여보자. 입력이 VGA 웹캠이나 5메가 화소 HD 카메라라면 별 문제가 없다. 덧붙여 검출한 결과를 기억한 후 확대하는 것이 중요하다. 줄여진 영상 내부에 있는 얼굴을 검출해 결과를 재조정하기 때문이다. 입력 영상을 줄이는 대신에 검출기 대신 큰 minFeatureSize를 사용할 수 있음에 주목하자. 또한 영상이 뚱뚱해지거나 홀쭉하지 않게 보장해야 한다. 예를 들어 와이드스크린인 800 × 400 영상을 300 × 200으로 줄이면 사람이 홀쭉해진다고 한다. 그래서 입력 영상만큼 결과 영상에도 종횡비(너비와 높이 비율)를 유지해야 한다. 다음과 같이 영상의 너비로 얼마만큼 줄여야 하는지 계산한 후 마찬가지로 높이에도 동일한 배율을 적용한다.

```
const int DETECTION_WIDTH = 320;

// 매우 빠르게 실행하기 위해 가능한 대로 영상을 줄인다.
Mat smallImg;
float scale = img.cols / (float) DETECTION_WIDTH;
if (img.cols > DETECTION_WIDTH) {
    // 동일한 종횡비를 유지하기 위해 이 영상을 줄인다.
    int scaledHeight = cvRound(img.rows / scale);
    resize(img, smallImg, Size(DETECTION_WIDTH, scaledHeight));
}
```

```
else {
    // 이미 작으므로, 직접 입력에 접근한다.
    smallImg = img;
}
```

## 히스토그램 평활화

equalizeHist() 함수(『Learning OpenCV: Computer Vision with the OpenCV Library』에 설명돼 있음)를 사용해 영상의 명암 대비와 밝기를 개선하기 위한 히스토그램 평활화를 쉽게 수행할 수 있다. 때로는 이상하게 보이는 영상을 만들지만, 대부분 밝기와 명암 대비를 개선해 얼굴 검출에 도움을 준다. 다음과 같이 equalizeHist() 함수를 사용한다.

```
// 어두운 영상을 개선할 때처럼 밝기와 명암 대비를 통일한다.
Mat equalizedImg;
equalizeHist(inputImg, equalizedImg);
```

## 얼굴 검출

지금 영상을 그레이스케일로 변환해 영상을 줄였고, 히스토그램 평활화를 했으니 CascadeClassifier::detecMultiScale() 함수를 사용해 얼굴을 검출할 준비가 됐다! 이 함수에 넘길 파라미터가 다음과 같이 많다.

- **minFeatureSize** 이 파라미터는 관심을 갖는 얼굴 크기의 최소를 결정 하는데, 보통 20 × 20이나 30 × 30화소이지만, 경우에 따라 영상 크기를 결정한다. 웹캠이나 스마트폰에서 얼굴 검출을 수행한다면 얼굴은 항상 카메라에 최대한 가까이 있어야 하므로, 매우 빠른 검출을 할 수 있는 80 × 80으로 확대할 수 있다. 반면 바닷가에 함께 있는 친구의 멀리 떨어진 얼굴을 검출하고 싶다면 20 × 20으로 유지한다.

- **searchScaleFactor** 이 파라미터는 찾으려는 얼굴의 크기를 몇 가지 다른 크기로 할지 결정한다. 보통 좋은 검출이면 1.1이고, 빠른 검출은 1.2이지만 얼굴을 자주 찾을 수 없다.

- **minNeighbors** 이 파라미터는 검출기가 검출한 얼굴이 확실한지 결정하며, 보통 3이지만 많은 얼굴을 검출할 수 없을지라도 매우 믿을 만한 얼굴을 원한다면 높게 잡을 수 있다.

- **flags** 이 파라미터는 모든 얼굴을 조사(기본)할지 아니면 가장 큰 얼굴만 찾을지(CASCADE_FIND_BIGGEST_OBJECT)를 결정한다. 가장 큰 얼굴만 찾겠다면 빠르게 실행한다. CASCADE_DO_ROUGH_SEARCH나 CASCADE_SCALE_IMAGE 같이 1% 혹은 2% 더 검출을 빠르게 해주는 여러 가지 파라미터를 추가할 수 있다.

detectMultiScale 함수의 결과는 cv::Rect 타입 객체인 std::vector 다. 예를 들어 두 얼굴을 검출해 결과인 두 사각형 배열에 저장한다. 다음과 같이 detectMultiScale() 함수를 사용한다.

```
int flags = CASCADE_SCALE_IMAGE;     // 많은 얼굴 탐색
Size minFeatureSize(20, 20);         // 작은 얼굴 크기
float searchScaleFactor = 1.1f;      // 탐색하기 위한 크기는 얼마인가
int minNeighbors = 4;                // 신뢰도 대 많은 얼굴

// 작은 그레이스케일 영상에 있는 객체 검출
std::vector<Rect> faces;
faceDetector.detectMultiScale(img, faces, searchScaleFactor,
                minNeighbors, flags, minFeatureSize);
```

objects.size() 함수를 사용하면 사각형 벡터에 저장된 요소 개수를 살펴봄으로써 검출했던 얼굴이 얼마나 되는지 볼 수 있다.

전에 언급했던 대로 얼굴 검출기에 줄인 영상을 주면 결과도 줄었으므로, 원 영상의 얼굴 영역을 알고 싶다면 확대해야 한다. 또한 영상 내부에서 영상의 테두리 위에 얼굴이 있도록 완벽하게 유지함을 보증할 필요가 있다. 다음 코드에서 보듯이 이런 경우에는 이제 예외 상황이 발생한다.

```
// 영상이 임시로 줄여졌다면 결과를 확대한다.
if (img.cols > scaledWidth) {
  for (int i = 0; i < (int)objects.size(); i++ ) {
    objects[i].x = cvRound(objects[i].x * scale);
    objects[i].y = cvRound(objects[i].y * scale);
    objects[i].width = cvRound(objects[i].width * scale);
    objects[i].height = cvRound(objects[i].height * scale);
  }
}
  // 테두리 위에 객체가 있다면, 영상 내 객체 유지.
  for (int i = 0; i < (int)objects.size(); i++ ) {
    if (objects[i].x < 0)
      objects[i].x = 0;
    if (objects[i].y < 0)
      objects[i].y = 0;
    if (objects[i].x + objects[i].width > img.cols)
      objects[i].x = img.cols - objects[i].width;
    if (objects[i].y + objects[i].height > img.rows)
      objects[i].y = img.rows - objects[i].height;
  }
}
```

이 코드는 영상에 있는 모든 얼굴을 찾음에 주목하자. 다만 한 개의 얼굴만 고려한다면 다음과 같이 플래그를 바꿀 수 있다.

```
int flags = CASCADE_FIND_BIGGEST_OBJECT |
            CASCADE_DO_ROUGH_SEARCH;
```

WebCamFaceRec 프로젝트는 영상 내부에 있는 얼굴이나 눈을 쉽게 찾을 수 있도록 OpenCV의 하르나 LBP 검출기를 감싼 래퍼를 포함했다. 그 예는 다음과 같다.

```
Rect faceRect;          // 검출한 결과를 저장하거나 -1이다.
int scaledWidth = 320;  // 검출 전에 영상을 줄인다.
```

```
detectLargestObject(cameraImg, faceDetector, faceRect,
                    scaledWidth);
if (faceRect.width > 0)
    cout << "We detected a face!" << endl;
```

이제 얼굴 사각형을 가졌으니 원 영상으로부터 얼굴 영상을 추출하거나 잘라내는 등의 다양한 방법으로 사용할 수 있다. 다음 코드로 얼굴에 접근할 수 있다.

```
// 카메라 영상 내부에 있는 얼굴에 그냥 접근한다.
Mat faceImg = cameraImg(faceRect);
```

다음 그림은 얼굴 검출기가 제공하는 일반적인 사각형 영역을 보여준다.

## 2단계: 얼굴 전처리

앞에서 언급했던 대로 얼굴 인식은 조명 변화, 얼굴 방향, 얼굴 표현 등에 상당히 취약하다. 따라서 최대한 가능한 대로 차이를 줄이는 것이 매우 중요하다. 한편으로는 얼굴 인식 알고리즘은 가끔 같은 사람의 두 얼굴에 비해 동일한 조건에 있는 다른 두 사람의 얼굴이 매우 유사할 수 있다고 간주하기도 한다.

얼굴 검출에서 했던 것처럼 얼굴 전처리의 훨씬 쉬운 형태는 equalizeHist() 함수를 이용한 히스토그램 평활화를 그냥 적용하는 것이다. 조명과 위치 조건이 상당히 바뀌지 않는 곳이라면 일부 프로젝트에서는 충분할 수 있다.

하지만 실세계 상태에서 안정성을 고려한다면 얼굴 특징 검출(예를 들어 눈, 코, 입과 눈썹 검출)를 비롯한 많은 정교한 기술이 필요하다. 편의상 8장에서는 눈 검출만 사용하고 입과 코 등 그리 유용하지 않은 다른 얼굴 특징을 무시하겠다. 다음 그림은 이 절에서 다루는 기술을 이용해 전통적인 전처리를 거친 얼굴을 확대한 그림을 보여준다.

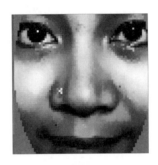

## 눈 검출

눈 검출은 얼굴을 전처리할 때 매우 유용하다. 정면 얼굴에 대해서는 얼굴 표현, 조명 조건, 카메라 속성, 카메라까지의 거리 변화에도 불구하고 항상 사람의 눈이 수평이며, 얼굴의 반대 위치에도 수평이고, 얼굴 내부에 있는 표준 위치와 크기 등을 명백히 가져야 한다고 항상 가정하기 때문이다. 얼굴 검출기가 얼굴을 검출했을 때 실제로 아니라는 긍정 오류를 버릴 때도 유용하다. 얼굴 검출기와 두 눈 검출기를 동시에 속이는 것은 드물기 때문에 검출한 얼굴과 검출한 두 눈이 함께 있는 영상만 처리한다면 많은 긍정 오류가 나타날 수 없다(다만 처리 과정에서 적은 얼굴만 있을 때는 눈 검출기는 얼굴 검출기만큼 자주 작동하지 않을 수 있다).

미리 훈련한 얼굴 검출기의 일부는 OpenCV 2.4 버전에 딸려 있으며, 눈이 감겼거나 떴을 때와 무관하게 눈을 검출할 수 있는 반면, 일부는 열린 눈만 검출할 수 있다.

떴거나 감긴 눈을 검출하는 눈 검출기는 다음과 같다.

- haarcascade_mcs_lefteye.xml(과 haarcascade_mcs_righteye.xml)

- haarcascade_lefteye_2splits.xml(과 haarcascade_righteye_2splits.xml)

뜬 눈만 검출하는 눈 검출기는 다음과 같다.

- haarcascade_eye.xml

- haarcascade_eye_tree_eyeglasses.xml

> 떴거나 감긴 눈 검출기는 훈련한 눈을 지정할 수 있는 만큼 왼쪽과 오른쪽 눈에 서로 다른 검출기를 사용해야 한다. 반면 뜬 눈만 검출하는 검출기는 왼쪽이나 오른쪽 눈에 같은 검출기를 사용할 수 있다.
>
> 검출기인 haarcascade_eye_tree_eyeglasses.xml은 사람이 안경을 착용한 상태에서 눈을 검출할 수 있지만, 안경을 착용하지 않았을 때는 신뢰가 가지 않는다.
>
> XML 파일명이 'left eye'를 가리킨다면 사람의 실제 왼쪽 눈을 뜻하므로, 카메라 영상에서는 보통 얼굴의 오른쪽에 나타날 뿐 왼쪽에서는 아니다!
>
> 네 가지 얼굴 검출기 목록은 상당히 믿음이 가는 쪽부터 가장 덜 믿음이 가는 쪽으로 대략적인 순서를 매겼음을 언급한다. 안경을 착용한 사람을 찾을 필요가 없음을 알고 있다면 첫 번째 검출기는 아마도 최선인 선택일 것이다.

## 눈 탐색 영역

눈 검출에서 대략적인 눈 영역을 단지 보여주기 위해 입력 영상에서 잘라낼 때 중요하다. 얼굴 검출기 같은 것을 실행한 후 왼쪽 눈이 있어야 할(왼쪽 눈 검출기를 사용한다면) 작은 사각형을 잘라내고, 오른쪽 눈 검출기로 오른쪽 사각형에도 동일하게 자른다. 얼굴 전체 또는 전체 사진에 얼굴 검출을 실행한다면 상당히 느리고 안정성이 떨어진다. 각각 다른 눈 검출기는 얼굴의 다른 영역에 비교적 더 적합하므로, 예를 들면 haarcasade_eye.xml 검출기는 실제 눈 주위를 매우 꽉 조인 영역을 탐색할 때는 제일 잘되는 반면, haarcascade_mcs_left.xml과 haarcascade_lefteye_2splits.xml 검출기는 눈 주위에 있는 큰 영역이 있을 때 제일 잘된다.

다음 도표는 검출한 얼굴 사각형 내부의 상대적인 좌표를 사용해 각각 다른 눈 검출기(LBP 얼굴 검출기를 사용했을 때)별로 좋은 얼굴 탐색 영역을 나열했다.

| 캐스케이드 분류기 | EYE_SX | EYE_SY | EYE_SW | EYE_SH |
|---|---|---|---|---|
| haarcascade_eye.xml | 0.16 | 0.26 | 0.30 | 0.28 |
| haarcascade_mcs_lefteye.xml | 0.10 | 0.19 | 0.40 | 0.39 |
| haarcascade_lefteye_2splits.xml | 0.12 | 0.17 | 0.37 | 0.36 |

검출한 얼굴에서 왼쪽 눈과 오른쪽 눈을 추출하는 소스코드는 다음과 같다.

```
int leftX = cvRound(face.cols * EYE_SX);
int topY = cvRound(face.rows * EYE_SY);
int widthX = cvRound(face.cols * EYE_SW);
int heightY = cvRound(face.rows * EYE_SH);
int rightX = cvRound(face.cols * (1.0-EYE_SX-EYE_SW));

Mat topLeftOfFace = faceImg(Rect(leftX, topY, widthX, heightY));
Mat topRightOfFace = faceImg(Rect(rightX, topY, widthX, heightY));
```

다음 그림은 각기 다른 눈 검출기의 이상적인 탐색 영역을 보여주며, 여기서 haarcascade_eye.xml과 haarcascade_eye_tree_eyeglasses.xml은 작은 탐색 영역에 가장 적합한 반면, haarcascade_mcs_*.eye.xml과 haarcascade_*eye_2splits.xml은 매우 큰 탐색 영역에 가장 적합하다. 또한 검출한 얼굴 사각형을 비교함으로써 얼굴 탐색 영역이 어떻게 큰지 이해할 수 있도록 검출한 얼굴 사각형을 보여주는 데 주목하자.

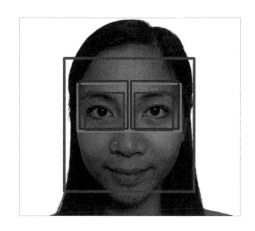

앞 도표에 제시한 얼굴 탐색 영역을 사용했을 때 서로 다른 검출기의 대략적인 검출 특성은 다음과 같다.

| 캐스케이드 분류기 | 신뢰도* | 속도** | 찾은 눈 | 안경 |
|---|---|---|---|---|
| haarcascade_mcs_lefteye.xml | 80% | 18msec | 떴거나 감김 | 아니오 |
| haarcascade_lefteye_2splits.xml | 60% | 7msec | 떴거나 감김 | 아니오 |
| haarcascade_eye.xml | 40% | 5msec | 떴을 경우만 | 아니오 |
| haarcascade_eye_tree_eyeglasses.xml | 15% | 10msec | 떴을 경우만 | 예 |

\* 신뢰도 값은 어떤 안경을 착용하지 않고 두 눈을 떴을 때 LBP 정면 얼굴을 검출한 후에 얼마만큼 자주 두 눈을 검출하는지 보여준다. 눈이 감겨 있다면 신뢰도가 떨어질 수 있거나 안경을 착용했다면 신뢰도와 속도가 떨어진다.

\*\* 속도 값은 인텔 코어 i7 2.2GHZ(1,000개 사진을 이용한 평균)에서 320 × 240 크기로 영상 크기 조절할 때의 밀리초다. 속도는 전체 영상을 훑어야 하므로 눈을 찾았을 때는 눈을 찾지 못했을 때에 비해 보통 빠지만, haarcascade_mcs_lefteye.xml은 여전히 다른 눈 검출기보다 매우 느리다.

예를 들어 사진을 320 × 240화소로 줄인 후 히스토그램 평활화를 수행한 다음, 얼굴을 얻기 위한 LBP 정면 얼굴 검출기를 사용한다면 haarcascade_mcs_lefteye.xml 값을 사용해 왼쪽 눈 영역과 오른쪽 눈 영역을 추출한 다음, 각 눈 영역에 히스토그램 평활화를 수행한다. 그러면 왼쪽 눈(실제로 영상의 상단 오른쪽에 있음)에 haarcasade_mcs_lefteye.xml 검출기를 사용하고 오른쪽 눈(영상의 상단 왼쪽 부분)에 haarcascade_mcs_righteye.xml 검출기를 사용하면 각 눈 검출기는 LBP로 검출한 정면 얼굴이 있는 사진의 약 90%에서 작동한다. 따라서 두 눈 검출을 원한다면 사진의 약 80%에서 LBP로 검출한 정면 얼굴이 있는 사진에서 작동한다.

얼굴을 검출하기 전에 카메라 영상을 줄일 것을 권했지만, 눈을 검출할 때는 전체 카메라 해상도에서 해야 함에 유의하자. 왜냐하면 눈이 얼굴보다 훨씬 더 작기 때문이며, 결국 가능한 한 큰 해상도가 필요하다.

> 도표에 기반을 두고 있으므로, 사용할 때 눈 검출기를 선택할 듯싶다. 감긴 눈이나 뜬 눈만 검출하길 원할 때마다 결정해야 한다. 하나의 눈 검출기만 사용할 수 있음을 기억하고, 이조차 눈을 검출하지 못하면 다른 눈 검출기로 시도할 수 있다.
> 많은 작업에서 떴는지 혹은 감겼는지에 따라 눈을 검출할 때 유용하며, 속도를 매우 중요하게 여기질 않는다면 먼저 mcs_*eye 검출기로 탐색하는 것이 최상이고, 이마저 실패하면 eye_2splits 검출기로 탐색한다.
> 다만 얼굴 인식에서 사람이 눈이 감겼을 때 전혀 다르게 나오면 분명한 haarcascade_eye 검출기로 먼저 탐색할 때 최상이며, 실패하면 haarcascade_eye_tree_eyeglasses 검출기로 탐색한다.

눈을 탐색하기 위해 얼굴 검출에 사용하는 동일한 detectLargestObject() 함수를 사용할 수 있지만, 대신 눈 검출 전에 영상을 줄이도록 요청한 후 더 나은 눈 검출을 할 수 있도록 전체 눈 영역의 너비를 설정한다. 이는 한 개의 검출기를 사용해 왼쪽 눈을 탐색하는 매우 쉬운 방법이며, 실패하면 다른 검출기(오른쪽 눈에도 동일)로 시도한다. 다음과 같이 눈 검출을 수행한다.

```
CascadeClassifier eyeDetector1("haarcascade_eye.xml");
CascadeClassifier
        eyeDetector2("haarcascade_eye_tree_eyeglasses.xml");
...
Rect leftEyeRect;      // 검출한 눈을 저장한다.
// 1번째 눈 검출기를 이용해 왼쪽 영역을 탐색한다.
detectLargestObject(topLeftOfFace, eyeDetector1, leftEyeRect,
        topLeftOfFace.cols);
// 실패하면 2번째 눈 검출기를 이용해 왼쪽 영역을 탐색한다.
if (leftEyeRect.width <= 0)
    detectLargestObject(topLeftOfFace, eyeDetector2,
            leftEyeRect, topLeftOfFace.cols);

// 검출기 중 하나가 동작했다면 왼쪽 눈의 중심을 취득한다.
Point leftEye = Point(-1,-1);
if (leftEyeRect.width <= 0) {
    leftEye.x = leftEyeRect.x + leftEyeRect.width/2 + leftX;
    leftEye.y = leftEyeRect.y + leftEyeRect.height/2 + topY;
}

// 오른쪽 눈에도 동일하게 작업한다.
...

// 두 눈을 검출했는지 확인한다.
if (leftEye.x >= 0 && rightEye.x >= 0) {
    ...
}
```

검출한 얼굴과 두 눈을 조합해 얼굴 전처리를 수행한다.

- **기하학 변환과 잘라내기** 이 과정은 눈을 정렬하게 영상의 크기 조정, 회전, 이동을 포함하며, 얼굴 영상으로부터 이마, 턱, 귀, 배경 순으로 제거한다.

- **왼쪽과 오른쪽에 대한 독립적인 히스토그램 평활화** 이 과정은 얼굴의 왼쪽과 오른쪽에 독립적으로 밝기와 명암 대비를 통일한다.

- **부드럽게 하기** 이 과정은 바이래터럴 필터를 사용해 영상 잡음을 줄인다.
- **타원형 마스크** 타원형 마스크는 얼굴 영상에 있는 일부 나머지 머리와 배경을 제거한다.

다음 그림은 얼굴 전처리의 1단계에서 4단계까지를 검출한 얼굴에 적용했음을 보여준다. 최종 영상은 얼굴의 양쪽에 대한 좋은 밝기와 명암 대비를 가진 반면, 원영상이 아님에 주목하자.

## 기하학 변환

얼굴을 모두 함께 정렬하는 것이 매우 중요하다. 그렇지 않으면 얼굴 인식 알고리즘이 코 부분을 눈 부분 등과 비교해야 할 수도 있다. 얼굴 검출 결과는 어느 정도 정렬된 얼굴을 보여주지만, 매우 정확하지 않다(즉, 얼굴 사각형은 이마의 동일한 점에서 항상 시작하지 않는다).

더 나은 정렬을 얻기 위해 얼굴을 정렬하는 눈 검출을 사용하면 검출한 눈의 위치를 완벽하게 원하는 위치에 줄을 세울 수 있다. 단일 연산으로 네 가지 작업하는 warpAffine() 함수를 이용해 기하학 변환을 수행한다.

- 두 눈이 수평이 되게 얼굴을 회전한다.
- 두 눈 간의 거리가 항상 동일하게 얼굴을 크기를 조정한다.
- 눈이 수평으로 원하는 높이의 중심에 놓이도록 얼굴을 이동한다.
- 영상 배경, 머리, 이마, 귀와 턱을 버린 후 잘라내길 원하므로 얼굴의 바깥 부분을 잘라낸다.

어파인 워핑은 검출한 두 눈의 위치를 원하는 두 눈의 위치로 변환하는 어파인 행렬을 취하면 원하는 크기와 위치로 잘라낸다. 어파인 행렬을 생성하려면 눈 사이의 중심을 얻고 검출한 눈이 나타난 곳의 각도를 계산해서 다음과 같이 떨어진 거리를 살펴본다.

```
// 두 눈 간의 중심을 얻는다.
Point2f eyesCenter;
eyesCenter.x = (leftEye.x + rightEye.x) * 0.5f;
eyesCenter.y = (leftEye.y + rightEye.y) * 0.5f;

// 두 눈 간의 각도를 얻는다.
double dy = (rightEye.y - leftEye.y);
double dx = (rightEye.x - leftEye.x);
double len = sqrt(dx*dx + dy*dy);

// 라디안을 각도로 변환한다.
double angle = atan2(dy, dx) * 180.0/CV_PI;

// 크기 조정된 얼굴 영상의 이상적인 (0.16, 0.14)에
// 왼쪽 눈 중심을 놓이도록 직접 측정한다.
const double DESIRED_LEFT_EYE_X = 0.16;
const double DESIRED_RIGHT_EYE_X = (1.0f - 0.16);

// 영상을 원하는 고정된 크기로 크기 조정하는 값을 얻는다.
const int DESIRED_FACE_WIDTH = 70;
const int DESIRED_FACE_HEIGHT = 70;
double desiredLen = (DESIRED_RIGHT_EYE_X - 0.16);
double scale = desiredLen * DESIRED_FACE_WIDTH / len;
```

이제 검출한 두 눈을 다음과 같이 이상적인 얼굴 안의 원하는 눈 위치에 놓이도록 얼굴을 변환(회전, 크기 조정과 이동)할 수 있다.

```
// 원하는 각도 & 크기에 대한 변환 행렬을 취득한다.
Mat rot_mat = getRotationMatrix2D(eyesCenter, angle, scale);
```

```
// 원하는 중심으로 눈의 중심을 이동한다.
double ex = DESIRED_FACE_WIDTH * 0.5f - eyesCenter.x;
double ey = DESIRED_FACE_HEIGHT * DESIRED_LEFT_EYE_Y - eyesCenter.y;
rot_mat.at<double>(0, 2) += ex;
rot_mat.at<double>(1, 2) += ey;

// 얼굴 영상을 원하는 각도 & 크기 & 위치로 변환한다!
// 또한 변환된 영상 배경을 기본 그레이로 깨끗하게 한다.
Mat warped = Mat(DESIRED_FACE_HEIGHT, DESIRED_FACE_WIDTH,
        CV_8U, Scalar(128));
warpAffine(gray, warped, rot_mat, warped.size());
```

## 왼쪽과 오른쪽에 대한 독립적인 히스토그램 평활화

실세계 상태에서는 얼굴의 절반에 강한 빛이 있는 반면, 다른 절반에는 빛이 약한 것이 일반적이다. 같은 얼굴을 두고 왼쪽과 오른쪽이 달라 전혀 다른 사람으로 보이기 때문에 얼굴 인식 알고리즘에 상당한 영향을 끼친다. 그런 이유로 얼굴 측면의 밝기와 명암 대비를 통일하기 위해 얼굴의 절반인 왼쪽과 오른쪽에 독립적으로 히스토그램 평활화를 수행한다.

왼쪽 절반에 히스토그램 평활화를 간단하게 적용한 후에 오른쪽 절반에 다시 한다면 가운데에 있는 매우 뚜렷한 에지를 볼 수 있다. 각기 왼쪽과 오른쪽의 평균 밝기가 다를 가능성이 있기 때문이다. 이 에지를 제거하기 위해 맨 왼쪽은 왼쪽 히스토그램을 사용하고, 맨 오른쪽은 오른쪽 히스토그램 평활화를 사용하고, 중심은 왼쪽 혹은 오른쪽 값과 전체 얼굴 평활화한 값 간의 부드러운 혼합을 사용할 수 있도록 왼쪽 혹은 오른쪽에서 중심을 향해 두 히스토그램을 점진적으로 적용한 후 전체 얼굴 히스토그램 평활화와 혼합한다.

다음과 같은 영상은 왼쪽 평활화 영상, 전체 평활화 영상과 오른쪽 평활화 영상을 어떻게 함께 혼합했는지 보여준다.

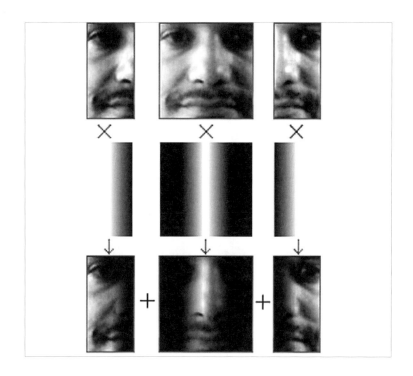

위와 같이 수행하려면 왼쪽 절반 평활화와 오른쪽 절반 평활화 외에도 전체 얼굴 평활화 복사본이 필요하며, 다음과 같이 처리한다.

```
int w = faceImg.cols;
int h = faceImg.rows;
Mat wholeFace;
equalizeHist(faceImg, wholeFace);
int midX = w/2;
Mat leftSide = faceImg(Rect(0,0, midX,h));
Mat rightSide = faceImg(Rect(midX,0, w-midX,h));
equalizeHist(leftSide, leftSide);
equalizeHist(rightSide, rightSide);
```

이제 세 영상을 함께 조합했다. 영상이 작은 만큼 느림에도 불구하고 image.at<uchar>(y, x) 함수를 이용해 화소에 직접 쉽게 접근할 수 있다.

다음과 같이 세 입력 영상의 화소에 직접 접근해 세 영상을 합친 결과 영상
을 만들어보자.

```
for (int y=0; y<h; y++) {
    for (int x=0; x<w; x++) {
        int v;
        if (x < w/4) {
            // 왼쪽 25%: 왼쪽 얼굴을 그대로 사용한다.
            v = leftSide.at<uchar>(y,x);
        }
        else if (x < w*2/4) {
            // 가운데-왼쪽 25%: 왼쪽 얼굴과 전체 얼굴을 혼합한다.
            int lv = leftSide.at<uchar>(y,x);
            int wv = wholeFace.at<uchar>(y,x);

            // 얼굴을 따라 오른쪽으로 더 이동하면서
            // 전체 얼굴을 많이 혼합한다.
            float f = (x - w*1/4) / (float)(w/4);
            v = cvRound((1.0f - f) * lv + (f) * wv);
        }
        else if (x < w*3/4) {
            // 가운데-오른쪽 25%: 오른쪽 얼굴과 전체 얼굴을 혼합한다.
            int rv = rightSide.at<uchar>(y,x-midX);
            int wv = wholeFace.at<uchar>(y,x);

            // 얼굴을 따라 오른쪽으로 더 이동하면서
            // 오른쪽 얼굴을 많이 혼합한다.
            float f = (x - w*2/4) / (float)(w/4);
            v = cvRound((1.0f - f) * wv + (f) * rv);
        }
        else {
            // 오른쪽 25%: 오른쪽 얼굴을 그대로 사용한다.
            v = rightSide.at<uchar>(y,x-midX);
        }
```

```
        faceImg.at<uchar>(y,x) = v;
    } // x 반복문 끝
} // y 반복문 끝
```

분리된 히스토그램 평활화는 얼굴의 왼쪽과 오른쪽에 있는 서로 다른 빛에 의한 영향을 줄이므로 상당한 도움이 된다. 다만 얼굴은 많은 그림자와 함께 있는 복잡한 3D이므로, 한쪽 빛의 영향을 완벽하게 제거할 수 없음을 명심해야 한다.

## 부드럽게 하기

화소 잡음 영향을 줄이려면 바이래터럴 필터는 날카로운 에지를 유지하면서 영상의 대부분을 부드럽게 할 때 매우 좋은 만큼 얼굴에 바이래터럴 필터를 사용한다. 히스토그램 평활화는 화소 잡음을 현저하게 증가시킬 수 있으므로 심한 화소 잡음을 덮어버리기 위해 바이래터럴 필터 강도를 2.0으로 설정한다. 아주 작은 화소 잡음을 매우 부드럽게 하고 싶으므로 다음과 같이 두 화소의 이웃을 사용하지만 큰 영상 영역은 안 된다.

```
Mat filtered = Mat(warped.size(), CV_8U);
bilateralFilter(warped, filtered, 0, 20.0, 2.0);
```

## 타원형 마스크

기하학 변환을 가했을 때 영상 배경과 이마, 머리의 대부분을 이미 제거했지만, 특히 얼굴이 카메라를 향해 똑바로 완전히 보이지 않을 경우 얼굴에 있는 그림자일 수도 있는 목 같은 코너 영역의 일부를 제거하기 위해 타원 마스크를 적용할 수 있다. 마스크를 만들기 위해 검게 채운 타원을 하얀 영상에 그린다.

다음 그림에서 보듯이 타원은 수평 반지름이 0.5(즉, 얼굴 너비를 완벽하게 덮음), 수직 반지름은 0.8(얼굴은 보통 폭보다 더 크기 때문), 0.5, 0.4 좌표에 있는 중심을 갖게 한다. 여기서 타원형 마스크는 원하지 않는 일부 코너를 얼굴에서 제거한다.

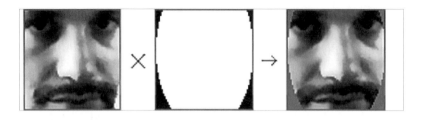

보통 전체 영상을 일정한 화소 값으로 설정하는 cv::setTo() 함수를 호출해 마스크를 적용할 수 있지만, 마스크 영상을 제공하므로 일부분에 한해 특정 화소 값을 설정한다. 얼굴의 나머지 부분에 낮은 명암 대비를 갖도록 마스크 영상을 회색으로 채운다.

```
// 영상의 가운데에 검게 채운 타원을 그린다.
// 먼저 마스크 영상을 흰색(255)으로 초기화한다.
Mat mask = Mat(warped.size(), CV_8UC1, Scalar(255));
double dw = DESIRED_FACE_WIDTH;
double dh = DESIRED_FACE_HEIGHT;
Point faceCenter = Point( cvRound(dw * 0.5),
                          cvRound(dh * 0.4) );

Size size = Size( cvRound(dw * 0.5), cvRound(dh * 0.8) );
ellipse(mask, faceCenter, size, 0, 0, 360, Scalar(0),
        CV_FILLED);

// 코너를 제거하기 위해 얼굴에 타원형 마스크를 적용한다.
// 내부 얼굴을 건드릴 필요 없이 코너를 회색으로 설정한다.
filtered.setTo(Scalar(128), mask);
```

다음과 같이 확대한 그림은 모든 얼굴 전처리 단계의 표본 결과를 보여준다. 얼굴 인식을 위해 다른 밝기, 얼굴 회전, 카메라 각도, 배경, 빛 위치 등에도 훨씬 더 일관성 있게 했음을 주목하자. 이 전처리한 얼굴을 얼굴 인식 단계의 입력, 즉 훈련하기 위한 얼굴 수집과 입력 얼굴을 인식하려고 시도할 때에도 둘 다 사용한다.

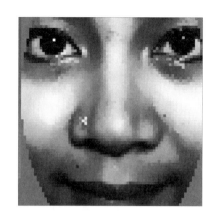

### 3단계: 얼굴을 수집한 후 학습

얼굴 수집은 배열에 레이블을 넣는 것(카메라로부터 취득한 사람의 얼굴을 지정하기 위해)과 마찬가지로 카메라로부터 새로운 전처리를 거친 각 얼굴을 전처리 얼굴 배열에 넣으므로, 간단할 수 있다. 예를 들어 첫 번째 사람의 전처리 얼굴 10개와 두 번째 사람의 전처리 얼굴 10개를 사용할 수 있다면 얼굴 인식 알고리즘에 20개의 전처리 얼굴과 20개의 정수 배열을 입력할 수 있다(첫 10개는 0이고, 다음 10개는 1이다).

그러면 얼굴 인식 알고리즘은 다른 사람의 얼굴을 식별하는 과정을 학습한다. 이것은 훈련 단계라고 하며, 수집한 얼굴을 훈련 집합으로 부른다. 얼굴 인식 알고리즘이 훈련을 완료하면 생성한 지식을 파일이나 메모리에 저장할 수 있으며, 차후에 사람이 카메라 앞에 나타나면 인식할 때 사용한다. 이를 검증 단계라고 한다. 카메라 입력으로부터 직접 이용한다면 전처리 얼굴을 테스트 영상으로 참조하며, 다양한 영상으로(예를 들어 영상 파일이 있는 폴더) 테스트했다면 테스트 집합이라고 한다.

테스트 집합에서 발생할 것으로 예상하는 변이 유형을 포함하는 좋은 훈련 집합을 제공하는 것이 중요하다. 예를 들면 정면을 완벽하게 응시하는 얼굴(예, 증명사진)로만 테스트한다면 정면을 완벽하게 응시하는 얼굴이 있는 테스트 영상만 제공해야 한다. 사람이 왼쪽이나 위를 보고 있다면 훈련 집합에 이런 사람의 얼굴도 포함해야 한다. 그렇지 않다면 얼굴이 전혀 다르게 나오므로, 얼굴 인식 알고리즘이 인식 과정에서 애로를 겪는다.

얼굴 표현(예, 훈련 집합에선 사람이 항상 미소를 짓지만, 테스트 영상에선 미소가 없음)이나 빛 방향(예, 훈련 집합에선 왼쪽 방향에 강한 빛이 있지만, 테스트 영상에선 오른쪽 방향임) 같은 다른 요인을 적용할 수도 있다. 이런 경우 얼굴 인식 알고리즘은 어렵게 인식한다. 얼굴 전처리 단계에서 빛 방향 문제를 줄일 때 도움이 됐음을 봤지만, 해당 요인을 확실히 제거할 수 없었다. 특히 얼굴 내 모든 요소의 위치에 큰 영향을 끼친다는 점을 고려할 때 얼굴이 보는 방향이라면 그렇다.

> ✒ 다양한 실세계 상태를 포괄하는 좋은 훈련 집합을 얻는 한 가지 방법은 각 사람이 왼쪽, 위쪽, 오른쪽, 아래쪽으로 응시한다면 머리를 돌려 정면으로 바로 보게 하는 것이다. 그러면 사람이 위아래로 자신의 머리를 기울이며, 또한 예를 들어 화를 냈다면 미소를 짓게 해서 변화시키는 등 얼굴 표현을 바꿔 자연스러운 얼굴을 갖게 한다. 얼굴을 수집하는 동안 각 사람에게 해당 과정을 따르게 한다면 실세계 상태에서 모든 사람을 인식할 수 있는 훨씬 더 좋은 기회다.
> 더 좋은 결과를 얻기 위해서는 훈련 집합에 많은 다른 조명 조건을 포함하도록 두 개 이상의 위치나 방향에서 반복해야 한다. 예를 들어 카메라를 180도로 회전하고 카메라 반대 방향에서 걷게 해서 전체 과정을 반복할 수 있다.

따라서 일반적으로 사람에 대한 100개의 훈련 얼굴이 있다면 해당 사람에 대한 10개의 훈련 얼굴에 비해 더 나은 결과를 보여줄 듯하지만, 모든 100개의 얼굴이 거의 동일하다면 여전히 최악으로 수행한다. 훈련 집합은 그냥 많은 얼굴만 갖기보다는 충분히 다양하게 망라한 테스트 집합을 보유하는 것이 매우 중요하기 때문이다. 훈련 집합에 있는 얼굴이 모두 비슷하지 않음을 확실하게 하려면 수집한 각 얼굴 간에 현저한 지연 시간을 넣어야 한다. 예를 들어 카메라가 초당 30프레임으로 실행 중이라면 사람이 주위로 움직이지 않을 때 수초 안에 100개의 얼굴을 수집할 수도 있다. 그런 이유로 사람이 얼굴을 사방으로 움직이는 동안에 초당 하나의 얼굴만 수집하는 것

이 더 나을 수 있다. 훈련 집합 내의 변화를 개선하는 다른 간단한 방법은
이전에 수집한 얼굴과 현저한 차이가 날 때만 얼굴을 수집하는 것이다.

## 훈련하기 위한 전처리 얼굴 수집

최소한 1초 간격으로 새로운 얼굴을 수집하도록 확실하게 하려면 시간이 얼
마나 지났는지 측정해야 한다. 이는 다음과 같이 수행한다.

```
// 이전 얼굴을 추가한 후부터 얼마나 걸렸는지 확인한다.
double current_time = (double)getTickCount();
double timeDiff_seconds = (current_time - old_time) /
    getTickFrequency();
```

두 영상 간의 유사도를 비교하려면 화소를 비교해서 두 영상 간의 뺄셈을
제곱한 값을 합한 후 제곱근을 얻는 L2 상대 오차를 찾을 수 있다. 따라서
사람이 전혀 움직이지 않았다면 현재 얼굴과 이전 얼굴을 빼면 각 화소에서
매우 낮은 값이 나타난다. 다만 임의의 방향으로 조금 움직인 상태에서 화소
를 빼면 상당한 큰 숫자이므로 L2 오차도 커진다. 결과는 모든 화소에 걸쳐
합한 만큼 값도 영상의 해상도에 달려 있다. 따라서 영상의 총 화소 개수로
나눈 평균 오차를 얻어야 한다. 직접 만든 함수인 getSimilarity()에 다
음과 같이 넣어보자.

```
double getSimilarity(const Mat A, const Mat B) {
    // 두 영상 간의 L2 상대 오차를 계산한다.
    double errorL2 = norm(A, B, CV_L2);
    // L2는 모든 화소에 걸쳐 합했으므로 값 조정한다.
    double similarity = errorL2 / (double)(A.rows * A.cols);
    return similarity;
}

...

// 이번 얼굴이 이전 얼굴과 차이가 나는지 확인한다.
```

```
double imageDiff = MAX_DBL;
if (old_prepreprocessedFaceprepreprocessedFace.data) {
    imageDiff = getSimilarity(preprocessedFace,
                            old_prepreprocessedFace);
}
```

유사도는 영상이 많이 움직이지 않았다면 종종 0.2보다 적게, 영상이 움직였다면 0.4 이상 높게 나온다. 따라서 새로운 얼굴을 수집하는 임계값인 0.3을 사용하자.

반사된 얼굴, 임의의 잡음 추가, 몇 개의 화소로 얼굴 이동, 백분율로 얼굴 크기 조정이나 몇 도로 얼굴 회전(얼굴을 전처리할 때 특별히 해당 효과를 제거하려 시도했더라도!)과 같이 훈련 데이터를 얻게끔 해볼 수 있는 많은 기법이 있다. 훈련 집합에 반사된 얼굴을 추가해보자. 대용량 훈련 집합뿐만 아니라 비대칭 얼굴의 문제점을 줄일 때 혹은 테스트는 아니지만 훈련하는 동안 사용자가 항상 왼쪽이나 오른쪽으로 방향을 조금 틀었을 때인 양쪽 모두에 해당한다. 이것은 다음과 같이 수행한다.

```
// 이전 프레임과 눈에 띄게 차이가 나고,
// 현저한 시간 차이가 있었다면 한정해 얼굴을 처리한다.
if ((imageDiff > 0.3) && (timeDiff_seconds > 1.0)) {
    // 또한 반사 영상을 훈련 집합에 추가한다.
    Mat mirroredFace;
    flip(preprocessedFace, mirroredFace, 1);

    // 검출한 얼굴 목록에 얼굴과 반사된 얼굴을 추가한다.
    preprocessedFaces.push_back(preprocessedFace);
    preprocessedFaces.push_back(mirroredFace);
    faceLabels.push_back(m_selectedPerson);
    faceLabels.push_back(m_selectedPerson);

    // 다음 차례인 반복에서 비교하기 위한
    // 처리한 얼굴의 복사본을 유지한다.
```

```
    old_prepreprocessedFace = preprocessedFace;
    old_time = current_time;
}
```

전처리 얼굴에 대한 std::vector 배열인 preprocessedFaces와 faceLabels
에 수집할 뿐만 아니라 레이블이나 사람의 ID 번호(정수인 m_selectedPerson 변
수라고 가정)도 수집한다.

수집본에 현재 얼굴을 추가했음을 사용자에게 명확하게 보여주기 위해 전체
영상 위에 다른 큰 흰 사각형을 띄우거나 잠깐 동안 얼굴에 취득한 사진을
알아챌 수 있는 시각적 통지를 제공할 수 있다. OpenCV의 C++ 인터페이스
로 영상의 모든 화소에 값을 더하고 255까지 맞추는(saturate_cast를 사용하므
로, 흰색을 검은색으로 되돌아가는 오버플로우를 막는다!) +를 중복 정의한 cv::Mat 연산
자를 사용할 수 있다. displayedFrame은 컬러 카메라 프레임의 복사본이
라고 가정하고, 얼굴 수집에 대한 이전 코드 아래에 다음과 같이 삽입한다.

```
// 얼굴 관심 영역에 접근한다.
Mat displayedFaceRegion = displayedFrame(faceRect);
// 얼굴 영역의 각 화소에 약간의 밝기를 추가한다.
displayedFaceRegion += CV_RGB(90,90,90);
```

## 수집한 얼굴로 얼굴 인식 시스템 훈련

인식하기 위해 각 사람의 얼굴을 충분히 수집한 후에 얼굴 인식에 적합한
기계학습 알고리즘을 이용해 데이터를 학습하기 위해 시스템을 반드시 훈련
해야 한다. 얼굴 인식 알고리즘은 많고 다양하지만, 간단한 알고리즘은 고유
얼굴과 인공 신경망이다. 고유얼굴은 자체가 단순함에도 불구하고 ANN보
다 대부분 잘 작동하며, 훨씬 많이 복잡한 얼굴 인식 알고리즘에도 거의 작동
하는 경향이 있다. 따라서 입문자를 위한 기본 얼굴 인식 알고리즘뿐만 아니
라 새로운 알고리즘과 비교될 정도로 매우 인기를 끌고 있다.

나중에 얼굴 인식을 계속 하려는 독자에게 뒷받침되는 이론을 읽기를 권한다.

- 고유얼굴<sup>eigenfaces</sup>(주성분 분석<sup>PCA</sup>으로도 부름)

- 피셔얼굴<sup>FisherFaces</sup>(선형 판별 분석<sup>LDA, Linear Discriminant Analysis</sup>으로도 부름)

- 다른 고전적인 얼굴 인식 알고리즘(http://www.face-rec.org/algorithms/에서 많이 구할 수 있음)

- 최근 컴퓨터 비전 연구 논문의 새로운 얼굴 인식 알고리즘(예를 들어 http://www.cvpapers.com/에 있는 CVPR과 ICCV에 매년 수백 편의 얼굴 인식 논문이 실림)

하지만 이 책에서 보여준 얼굴 인식을 사용하기 위해 해당 알고리즘의 이론을 이해할 필요는 없다. OpenCV 팀과 필립 와그너<sup>Philipp Wagner</sup>가 기부한 libfacerec 덕분에 OpenCV 2.4.1에서 단순한 cv::Algorithm과 함께 어떻게 구현했는지 이해할 필요 없이 여러 가지 알고리즘 중 하나를 사용해 얼굴 인식을 수행하는 제너릭 방법을 제공한다. 다음과 같은 코드로 Algorithm::getList()를 사용해 OpenCV 버전에서 활용할 수 있는 알고리즘을 찾을 수 있다.

```
vector<string> algorithms;
Algorithm::getList(algorithms);
cout << "Algorithms: " << algorithms.size() << endl;
for (int i=0; i<algorithms.size(); i++) {
   cout << algorithms[i] << endl;
}
```

OpenCV v2.4.1에서 사용 가능한 세 가지 얼굴 인식 알고리즘은 다음과 같다.

- **FaceRecognizer.Eigenfaces** PCA으로도 부르는 고유얼굴, 터크<sup>Turk</sup>와 펜들런트<sup>Pentland</sup>가 1991년에 처음 사용했다.

- **FaceRegonizer.Fisherfaces** LDA으로도 부르는 피셔얼굴, 벨험머 Belhummeur, 헤스판하Hespanha와 크리그맨Kriegman이 1997년에 고안했다.

- **FaceRecognizer.LBPH** 국부 이진 패턴 히스토그램, 아호넨, 하디드와 피에티카가 2004년에 고안했다.

> 위 얼굴 인식 알고리즘 구현에 대한 상세한 정보는 필립 와그너의 웹사이트인 http://bytefish.de/blog와 http://bytefish.de/dev/libfacerec/에서 각 얼굴 인식 알고리즘에 대한 문서, 예제, 파이썬으로 찾을 수 있다.

위 얼굴 인식 알고리즘은 OpenCV의 contrib 모듈에 있는 FaceRecgnizer 클래스를 통해 사용할 수 있다. 동적 링킹 때문에 프로그램에서 contrib 모듈을 링크할 수 있지만, 런타임에서 실제로 적재하지 않는다(필수가 아니므로 없다고 간주함). 따라서 FaceRecognizer 알고리즘에 접근하려고 시도하기 전에 cv::initModeule_contrib()를 호출할 것을 권장한다. 이 함수는 OpenCV v2.4.1에서만 사용할 수 있으며, 또한 적어도 컴파일 시간에서 얼굴 인식 알고리즘을 활용할 수 있도록 보장한다.

```
// 런타임에서 동적으로 "contrib" 모듈을 적재한다.
bool haveContribModule = initModule_contrib();
if (!haveContribModule) {
  cerr << "ERROR: The 'contrib' module is needed for ";
  cerr << "FaceRecognizer but hasn't been loaded to OpenCV!";
  cerr << endl;
  exit(1);
}
```

얼굴 인식 알고리즘 중 하나를 사용하려면 cv::Algorithm:create <FaceRecognizer>() 함수를 사용해 FaceRecognizer 객체를 반드시 생성해야 한다. 문자열로 기능을 만들므로 사용하려는 얼굴 인식 알고리즘의 이름을 넘긴다. OpenCV 버전에서 사용할 수 있다면 이 알고리즘에 접근토록 해준다. 사용자가 OpenCV 2.4.1 이상을 갖고 있는지 보장할 수 있게 런타임 에러로 사용할 수도 있다. 예를 들면 다음과 같다.

```
string facerecAlgorithm = "FaceRecognizer.Fisherfaces";
Ptr<FaceRecognizer> model;
// "contrib" 모듈에 있는 OpenCV의 새로운 FaceRecognizer를 사용한다.
model = Algorithm::create<FaceRecognizer>(facerecAlgorithm);
if (model.empty()) {
    cerr << "ERROR: The FaceRecognizer [" << facerecAlgorithm;
    cerr << "] is not available in your version of OpenCV. ";
    cerr << "Please update to OpenCV v2.4.1 or newer." << endl;
    exit(1);
}
```

일단 FaceRecognizer 알고리즘을 적재했다면 다음과 같이 수집한 얼굴 데이터로 FaceRecognizer::train() 함수를 간단하게 호출한다.

```
// 수집한 얼굴을 대상으로 실제 훈련을 수행한다.
model->train(preprocessedFaces, faceLabels);
```

코드의 한 줄은 선택했던(예, 고유얼굴, 피셔얼굴, 혹은 가능한 다른 알고리즘) 전체 얼굴 인식 훈련 알고리즘을 실행한다. 20개의 얼굴 미만인 몇 사람만 갖고 있다면 훈련을 매우 빠르게 반환하지만, 많은 얼굴을 갖는 많은 사람을 보유했다면 train() 함수가 모든 데이터를 처리해야 하므로 몇 초 내지 몇 분도 걸릴 수 있다.

### 배운 지식 살펴보기

필수는 아니겠지만 훈련 데이터를 학습할 때 생성했던 얼굴 인식 알고리즘에 대한 내부 데이터 구조를 살펴볼 때 꽤 유용하다. 선택했던 알고리즘의 배경인 이론을 이해할 때 작동했는지 검증하거나 생각만큼이나 왜 작동하지 않는지 찾고 싶을 때 특히 그렇다. 각 알고리즘의 내부 데이터 구조가 서로 다를 수 있겠지만, 다행히도 고유얼굴과 피셔얼굴은 동일하므로 두 가지만 살펴보자. 양쪽 모두 1D 고유 벡터 행렬에 기반을 두며, 2D 영상으로 봤을 때 얼굴 같은 것이 약간 나타난다. 그러므로 고유얼굴 알고리즘을 사용하면 고유얼굴을 고유 벡터로 참조하고, 피셔얼굴 알고리즘을 사용하면 피셔얼굴을 고유 벡터로 참조하는 것이 일반적이다.

간단히 말하자면 고유얼굴의 기본 원리는 특수한 영상(고유얼굴)의 집합과 혼합 비율(고윳값)을 계산한다. 여기서 각기 다른 방법을 조합해 훈련 집합의 각 영상을 생성할 수 있지만, 훈련 집합의 많은 얼굴 영상을 구분할 때 사용할 수 있다. 예를 들어보자. 훈련 집합 내의 몇몇 얼굴에는 콧수염이 있고 다른 몇몇 얼굴에는 콧수염이 없다고 하자. 그러면 콧수염을 보여주는 고유 벡터가 적어도 하나가 있을 것이다. 따라서 콧수염이 있는 훈련 얼굴은 콧수염을 가졌음을 보여주기 위해 고유 얼굴에 대한 높은 혼합 비율을 갖는 반면에 수염이 없는 얼굴은 고유 벡터에 대한 낮은 혼합 비율을 갖는다. 사람별로 20개의 얼굴을 갖는 5명이 있는 훈련 집합이라면 훈련 집합에는 총 100개의 얼굴을 구분하는 100개의 고유얼굴과 고윳값이 있다. 실제로 정렬됐으며, 첫 몇 개의 고유얼굴과 고윳값은 가장 중요한 구분자이고, 마지막 몇 개의 고유얼굴과 고윳값은 실질적으로 데이터를 구분할 때 도움이 되지 않는 임의의 화소 잡음일 뿐이다. 따라서 통례적으로 마지막 고유얼굴의 일부를 버리고 첫 50번째 정도의 고유얼굴만 유지한다.

이에 비해 피셔얼굴의 기본 원리는 훈련 집합의 각 영상에 대한 특수한 고유 벡터와 고윳값을 계산하는 대신에 각 사람의 특별한 고유 벡터와 고윳값 하나만 계산한다. 따라서 이전 예제인 사람별로 20개의 얼굴을 갖는 5명이 있는 훈련 집합에서는 고유얼굴 알고리즘은 100개의 고유얼굴과 고윳값을 사용하는 반면, 피셔얼굴 알고리즘은 5개의 피셔얼굴과 고윳값만 사용한다.

고유얼굴과 피셔얼굴 알고리즘의 내부 데이터 구조에 접근하려면 런타임에서 취득하기 위한 cv::Algorithm::get() 함수를 반드시 사용해야 한다. 여기서 컴파일 시간에 내부 데이터 구조에 접근할 필요가 없다. 영상을 처리하는 대신에 수학적 계산의 일부로서 내부적으로 데이터 구조를 사용하므로, 0부터 255까지의 범위를 갖는 8비트 부호 없는 문자형인 화소 대신에 보통 0.0과 1.0 사이의 범위를 갖는 부동소수점 숫자로 저장되며, 정규 영상의 화소와 유사하다. 또한 내부 데이터 구조는 종종 1D 행이나 열 행렬이나 매우 큰 행렬의 많은 1D 행이나 열의 하나일 수 있다. 많은 내부 데이터 구조를 띄울 수 있는데, 그전에 올바른 사각형 모양으로 반드시 바꾼 후 0과 255 사이의 범위를 갖는 8비트 부호 없는 문자인 화소로 변환한다. 행렬 데이터의 범위가 0.0부터 1.0, 혹은 -1.0부터 1.0 등일 수도 있는데, 어쨌든 입력 범위일 수 있는 0과 255 사이의 범위를 갖는 데이터로 결과를 나오게 보장하는 cv::NORM_MINMAX 옵션과 함께 cv::normalize() 함수를 사용할 수 있다. 다음과 같이 사각형으로 만들고 8비트 화소로 변환하는 함수를 만들어보자.

```
// 행렬의 행이나 열(부동소수점 행렬)을
// 띄우거나 저장할 수 있는 사각형 8비트 영상으로 변환한다.
// 값을 0과 255 사이로 크기 조정한다.
Mat getImageFrom1DFloatMat(const Mat matrixRow, int height)
{
    // 단일 행 대신 사각형 모양 영상을 만든다.
    Mat rectangularMat = matrixRow.reshape(1, height);

    // 0과 255 사이로 크기 조정한 후
    // 8비트 부호 없는 영상으로 저장한다.
    Mat dst;
    normalize(rectangularMat, dst, 0, 255, NORM_MINMAX, CV_8UC1);
    return dst;
}
```

OpenCV 코드와 cv::Algorithm 데이터 구조를 내부적으로 디버깅할 때에도 매우 쉽게 하려면 다음과 같이 cv::Mat 구조에 대한 정보를 쉽게 띄우는 ImageUtils.cpp와 ImageUtils.h 파일을 사용할 수 있다.

```
Mat img = ...;
printMatInfo(img, "My Image");
```

다음과 같이 콘솔에 출력한 것과 비슷한 무언가를 볼 수 있다.

**My Image: 640w480h 3ch 8bpp, range[79,253][20,58][18,87]**

640 요소가 너비이고, 480 요소가 높이(즉, 640 × 480 영상 혹은 480 × 640 행렬이고, 어떻게 보는지에 따라 다름)이고, 화소당 3채널로서 각 8비트(즉, 정규 BGR 영상) 컬러 채널의 각 영상별 최솟값과 최댓값을 말해준다.

> printMatInfo() 대신에 printMat()을 사용해 영상이나 행렬의 실제 내용을 출력할 수 있다. 행렬을 볼 때 매우 편하다. 다중 채널 부동소수점 행렬이라면 독자가 입문자라면 상당히 까다로울 수 있다.
>
> ImageUtils 코드는 대부분 OpenCV의 C 인터페이스이지만, 시간이 지남에 따라 점진적으로 많아진 C++ 인터페이스를 포함하고 있다. 최신 버전은 항상 http://shervinemami.info/openCV.html에서 찾을 수 있다.

### 평균 얼굴

두 고유얼굴과 피셔얼굴 알고리즘은 처음에 훈련한 모든 영상의 수학적 평균인 평균 얼굴을 계산하므로, 더 나은 얼굴 인식 결과를 얻기 위해 각 얼굴 영상에 평균 영상을 뺄 수 있다. 자, 훈련 집합의 평균 얼굴을 살펴보자. 고유얼굴과 피셔얼굴 구현부에서 mean으로 명명된 평균 얼굴을 다음과 같이 볼 수 있다.

```
Mat averageFace = model->get<Mat>("mean");
printMatInfo(averageFace, "averageFace (row)");
```

```
// 1D 부동소수점 행인 행렬을 정규 8비트 영상으로 변환한다.
averageFace = getImageFrom1DFloatMat(averageFace, faceHeight);
printMatInfo(averageFace, "averageFace");
imshow("averageFace", averageFace);
```

이제 다음과 같은 남성, 여성과 아기를 조합한 (확대한) 영상과 유사한 화면의 평균 얼굴을 볼 수 있다. 콘솔에 비슷한 텍스트를 볼 수도 있다.

**averageFace (row): 4900w1h 1ch 64bpp, range[5.21,251.47]**

**averageFace: 70w70h 1ch 8bpp, range[0,255]**

이 영상은 다음 그림과 같이 나타난다.

averageFace(행)은 64비트 부동소수점의 단일 행인 행렬임 주목하자. 여기서 averageFace는 0부터 255까지의 범위를 갖는 8비트 화소인 사각형 영상이다.

### 고윳값, 고유얼굴과 피셔얼굴

고윳값(텍스트인)의 실제 성분 값을 살펴보자.

```
Mat eigenvalues = model->get<Mat>("eigenvalues");
printMat(eigenvalues, "eigenvalues");
```

고유얼굴인 경우 얼굴마다 한 개의 고윳값이 있으므로, 각 네 개 얼굴을 갖는 세 사람이 있다면 다음과 같이 최고/최악으로 정렬된 12개의 고윳값을 갖는 열 벡터를 얻는다.

```
eigenvalues: 1w18h 1ch 64bpp, range[4.52e+04,2.02836e+06]
2.03e+06
1.09e+06
5.23e+05
4.04e+05
2.66e+05
2.31e+05
1.85e+05
1.23e+05
9.18e+04
7.61e+04
6.91e+04
4.52e+04
```

피셔얼굴인 경우 사람당 단 한 개의 고윳값만 있으므로, 각 네 개 얼굴을 갖는 세 사람이 있다면 다음과 같이 두 고윳값이 있는 열 벡터만 얻는다.

```
eigenvalues: 2w1h 1ch 64bpp, range[152.4,316.6]
317, 152
```

고유 벡터(고유얼굴이나 피셔얼굴 영상으로)를 보려면 큰 고유 벡터 행렬로부터 열인 고유 벡터를 추출해야 한다. OpenCV와 C/C++의 데이터를 보통 행 우선을 사용해 행렬에 저장하며, 열을 추출해야 함을 의미하므로 데이터가 연속적임을 보장하는 Mat::clone() 함수를 사용해야 한다. 그렇지 않으면 데이터를 사각형으로 모양을 바꿀 수 없다. 일단 연속적인 열인 Mat을 얻었다면 평균 얼굴에도 그랬듯이 getImageFrom1DFloatMat()을 이용해 고유 벡터를 띄울 수 있다.

```
// 고유 벡터를 가져온다.
Mat eigenvectors = model->get<Mat>("eigenvectors");
printMatInfo(eigenvectors, "eigenvectors");

// 최상 20개의 고유얼굴을 보여준다.
for (int i = 0; i < min(20, eigenvectors.cols); i++) {
    // 고유 벡터 #i로부터 연속적인 열 벡터를 생성한다.
    Mat eigenvector = eigenvectors.col(i).clone();

    Mat eigenface = getImageFrom1DFloatMat(eigenvector, faceHeight);
    imshow(format("Eigenface%d", i), eigenface);
}
```

다음 그림은 고유 벡터를 영상으로 보여준다. 4개의 얼굴을 갖는 각 세 사람을 볼 수 있는데, 여기서는 12개의 고유얼굴(그림의 왼쪽) 혹은 두 피셔얼굴(그림의 오른쪽)이다.

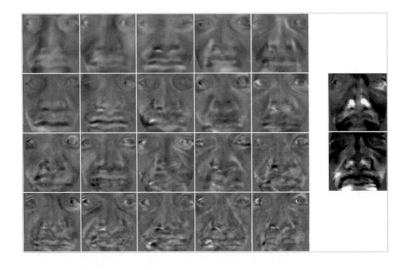

두 고유얼굴과 피셔얼굴은 얼굴 특징의 일부가 비슷하지만 진짜 얼굴처럼 같지 않음을 볼 수 있음에 주목하자. 이것은 단순히 평균 얼굴을 뺐기 때문이며, 평균 얼굴과 각 고유얼굴의 차이점을 보여줄 뿐이다. 고유얼굴을 순서

대로 보여주는데, 가장 중요한 고유얼굴부터 매우 덜 중요한 고유얼굴까지 순서로 매겼기 때문이다. 50개 이상의 고유얼굴을 갖고 있다면 맨 마지막 고유얼굴이 자주 임의의 영상 잡음으로 나타나기 때문에 버려야 한다.

## 4단계: 얼굴 인식

이제 고유얼굴 혹은 피셔얼굴 기계학습 알고리즘으로 훈련 영상 집합과 얼굴 레이블을 훈련했으니 최종적으로 얼굴 영상만으로 누구인지 알아낼 준비를 하자! 마지막 단계는 얼굴 인식 혹은 얼굴 식별이라고 한다.

### 얼굴 식별: 얼굴로 사람 인식

OpenCV의 FaceRecognizer 클래스 덕분에 다음과 같이 얼굴 영상 위에 FaceRecognizer::predict() 함수를 호출함으로써 사진 안의 사람을 식별할 수 있다.

```
int identity = model->predict(preprocessedFace);
```

identity 변수는 원래 훈련하기 위해 얼굴을 수집할 때 사용한 레이블 숫자다. 예를 들어 0은 첫 번째 사람이고, 1은 두 번째 사람 등으로 들 수 있다.

이런 식별의 문제점은 주어진 사람의 하나를 항상 예측하는 데 있으며, 입력 사진이 알 수 없는 사람이나 자동차임에도 불구하고 그렇게 예측한다. 사진 안에는 여전히 사람이 아마도 사람일 수 있다고 말해주니 결과가 진짜라고 하기엔 어려울 수 있다. 해결책은 결과를 얼마나 믿을 만한지 판단하는 신뢰도 행렬을 취득하는 데 있는데, 신뢰가 너무 낮게 나온다 싶으면 모르는 사람이라고 가정한다.

### 얼굴 검증: 요청 받은 사람이 맞는지 입증

예측 결과를 믿을 만한지 아니면 모르는 사람으로 받아들일지를 확인하려면 단일 얼굴 영상이 요청 받은 사람과 비슷한지의 여부를 보여주는 신뢰도 측정치를 취득하는 얼굴 검증(얼굴 인증으로도 참조)을 수행한다(얼굴 식별과 반대이며, 단일 얼굴로 많은 사람과 비교로 수행).

predict() 함수를 호출하면 OpenCV의 FaceRecognizer 클래스는 신뢰도 행렬을 반환하지만, 아쉽게도 고유 하위 공간 내의 거리에 기반을 둔 신뢰도 행렬은 단순하므로 매우 신뢰할 수 없다. 고유 벡터와 고윳값을 이용해 얼굴 영상을 재구성한 후 입력 영상과 재구성 영상을 비교할 때 이 방법을 사용한다. 사람이 훈련 집합에 자신의 많은 얼굴이 들어 있다면 재구성할 때 이미 학습했던 고유 벡터와 고윳값으로 매우 잘 동작한다. 다만 사람이 훈련 집합에 얼굴을 갖고 있지 않다면(혹은 비슷한 조명과 얼굴 표현을 갖는 테스트 영상이 없다면) 재구성된 얼굴은 입력 영상과 매우 달라 보이므로 알 수 없는 얼굴일 수도 있다.

고유얼굴과 피셔얼굴 알고리즘은 영상은 대략적으로 고유 벡터(특수한 얼굴 영상)와 고윳값(혼합 비율)의 집합으로 표현할 수 있다는 점에 기반을 두고 있다고 이미 말했음을 기억하라. 즉, 훈련 집합 내 얼굴의 하나에 있는 고윳값으로 모든 고유 벡터와 조합했다면 원본 훈련 영상에 매우 가까운 복제본을 취득한다. 다른 영상으로 같은 방법으로 적용하면, 달리 말해 유사한 테스트 영상에 있는 고윳값과 훈련한 고유 벡터를 조합한다면 훈련 집합과 비슷하므로 영상을 재구성할 수 있으니 어느 정도 테스트 영상을 복제한다.

한 번 더 OpenCV의 FaceRecognizer 클래스는 고유 공간으로 투영하는 subspaceProject() 함수와 고유 공간을 영상 공간으로 돌아가는 subspaceReconstruct() 함수를 사용해 임의의 입력 영상으로부터 재구성한 얼굴을 매우 쉽게 만든다. 부동소수점인 행 행렬을 사각형인 8비트 영상으로 변환할 필요가 있지만(평균 얼굴과 고유얼굴을 띄웠을 때와 비슷), 원 영상과 비교하기 위해 이상적인 크기 조절을 이미 했던 만큼 데이터 정규화를 원하지 않을 때 쓰는 방법이다. 데이터를 정규화하면 입력 영상의 빛과 명암 대비가 달라지므로, L2 상대 오차를 이용한 영상 유사도를 비교할 때 어려움을 겪는다. 이는 다음과 같이 수행한다.

```
// FaceRecognizer 모델에서 필요한 일부 데이터를 취득한다.
Mat eigenvectors = model->get<Mat>("eigenvectors");
Mat averageFaceRow = model->get<Mat>("mean");

// 입력 영상을 고유 공간으로 투영한다.
Mat projection = subspaceProject(eigenvectors, averageFaceRow,
                    preprocessedFace.reshape(1,1));

// 고유 공간으로부터 다시 재구성한 얼굴을 생성한다.
Mat reconstructionRow = subspaceReconstruct(eigenvectors,
                    averageFaceRow, projection);

// 단일 행 대신에 사각형으로 모양화한 영상을 생성한다.
Mat reconstructionMat = reconstructionRow.reshape(1,
                    faceHeight);

// 부동소수점 화소를 정규 8비트 부호 없는 문자형으로 변환한다.
Mat reconstructedFace = Mat(reconstructionMat.size(), CV_8U);
reconstructionMat.convertTo(reconstructedFace, CV_8U, 1, 0);
```

다음 그림은 일반적인 두 재구성 얼굴을 보여준다. 왼쪽에 있는 얼굴은 알고 있는 사람으로부터 했기 때문에 재구성을 잘했다. 반면 오른쪽에 있는 얼굴은 알 수 없는 사람이나 낯선 조명 조건/얼굴 표현/얼굴 방향이 있는 알고 있는 사람으로부터 했기 때문에 나쁘게 재구성했다.

이전에 두 영상을 비교할 때 만들었던 동일한 getSimilarity() 함수를 사용해 재구성한 얼굴과 입력 영상 사이가 얼마나 비슷한지 이제 계산할 수 있으며, 여기서 값이 0.3 미만이면 두 영상이 매우 유사하다.

고유얼굴에는 얼굴당 한 개의 고유 벡터가 있으니 재구성을 잘하는 경향이 있으므로, 보통 0.5인 임계값을 사용할 수 있다. 반면 피셔얼굴은 사람별로 단 하나의 고유 벡터만 있으니 잘 작동하지 않으므로, 0.7 같은 높은 임계값이 필요하다. 다음과 같이 수행한다.

```
similarity = getSimilarity(preprocessedFace, reconstructedFace);
if (similarity > UNKNOWN_PERSON_THRESHOLD) {
    identity = -1; // Unknown person.
}
```

이제 콘솔에 식별 결과를 출력할 수 있고, 혹은 여러분이 상상하는 곳에 사용할 수 있다! 얼굴 인식 방법과 얼굴 검증 방법은 훈련할 당시의 확실한 조건에서만 신뢰할 수 있음을 기억하자. 좋은 인식 정확도를 얻으려면 각 사람의 훈련 집합이 테스트 시 예상하는 조명 조건, 얼굴 표현과 각도를 모두 망라하고 있음을 보장해야 한다. 얼굴 전처리 단계는 조명 조건과 평면 내부 회전(사람이 머리를 왼쪽이나 오른쪽 어깨 방향으로 기울였을 때)에 의한 약간의 차이를 줄일 때 도움을 주지만, 평면 밖으로 회전(사람이 머리를 왼쪽이나 오른쪽으로 돌렸을 때) 같은 다른 차이에 대해서는 훈련 집합에서 잘 되는 경우일 때만 동작한다.

## 마무리: 파일 저장과 적재

입력 파일을 처리하고 디스크에 저장하거나, 웹 서비스로서 얼굴 검출, 얼굴 전처리와 얼굴 인식 모두 또는 한쪽을 수행하는 커맨드라인 기반 방법을 추가할 수도 있다. 이런 프로젝트 유형에서 FaceRecognizer 클래스의 save와 load 함수를 사용해 원하는 기능을 매우 쉽게 수행할 수 있다. 프로그램 시작 시 훈련 데이터를 저장한 후에 적재하길 원할 수도 있다.

훈련 모델을 XML이나 YMV 파일에 저장하는 것은 매우 쉽다.

```
model->save("trainedModel.yml");
```

나중에 훈련 집합에 많은 데이터를 추가하고 싶을 때 전처리한 얼굴과 레이블의 배열에 저장하길 원할 수도 있다.

예를 들어 파일로부터 훈련 모델을 적재하는 일부 코드 예제를 제시한다. 원래 훈련 모델을 생성할 때 사용했던 얼굴 인식 알고리즘(예, FaceRecgnizer. EigenFaces 혹은 FaceRecognizer.Fisherfaces)을 반드시 설정해야 함을 주목하자.

```
string facerecAlgorithm = "FaceRecognizer.Fisherfaces";
model = Algorithm::create<FaceRecognizer>(facerecAlgorithm);
Mat labels;
try {
    model->load("trainedModel.yml");
    labels = model->get<Mat>("labels");
} catch (cv::Exception &e) {}
if (labels.rows <= 0) {
    cerr << "ERROR: Couldn't load trained data from "
        "[trainedModel.yml]!" << endl;
    exit(1);
}
```

## 마무리: 멋진 대화형 GUI 개발

8장에서 지금까지 제공한 코드는 전체 얼굴 인식 시스템에는 충분하지만, 시스템에 데이터를 넣고 사용하는 방법이 여전히 필요하다. 연구를 위한 많은 얼굴 시스템은 텍스트 파일 목록을 이상적인 입력으로 선택한다. 사람의 실제 이름이나 식별, 얼굴 영역의 실제 화소 좌표(얼굴과 눈 중심이 실제로 있는지 지상 검증 같은)일 수 있는 이와 같은 다른 중요한 데이터도 마찬가지다. 다른 얼굴 인식 시스템이 수동으로 수집할 경우에도 동일하다.

이에 따라 이상적인 결과는 지상 검증$^{ground truth}$한 인식 결과를 비교한 텍스트 파일이므로, 통계는 얼굴 인식 시스템과 다른 얼굴 인식 시스템을 비교해 취득할 수 있다.

아무튼 8장의 얼굴 인식 시스템은 학습뿐만 아니라 실제 즐거움을 목적으로 설계했으므로, 최신 연구 방법과 겨루는 대신에 실시간으로 웹캠과 대화식으로 얼굴 수집, 훈련과 테스트할 수 있는 쉽게 사용하는 GUI를 제공한다면 유용하다. 그러므로 이 절에서는 해당 기능을 갖춘 대화식 GUI를 제공한다. 예상하기로는 독자는 이 책에 딸려 제공하는 GUI를 사용하거나 본인의 입맛에 맞게 GUI를 수정하고 혹은 이 GUI를 무시하고 지금까지 다루지 않았던 얼굴 인식을 실행하는 자신만의 GUI를 설계하는 등 둘 중 하나일 것이다.

다중 작업을 수행하는 GUI가 필요한 만큼 모드 혹은 상태 집합을 만들어 보자. 다음과 같이 GUI에서 사용자가 버튼이나 마우스로 클릭해 방식을 바꿀 수 있다.

- **구동(Startup)**  이 상태는 데이터와 웹캠을 적재하고 초기화한다.

- **검출(Detection)**  이 상태는 사용자가 Add Person 버튼을 클릭할 때까지 얼굴을 검출하고 전처리를 거친 얼굴을 보여준다.

- **수집(Collection)**  이 상태는 사용자가 창에서 아무데나 클릭할 때까지 현재 사람의 얼굴을 수집한다.

- **훈련(Training)**  이 상태에서 취합한 모든 사람으로부터 수집한 모든 얼굴의 도움으로 시스템을 훈련한다.

- **인식(Recognition)**  인식한 사람을 강조하고 신뢰도 측정치를 보여주도록 구성한다. 사용자는 모드 2(수집)로 돌아가기 위해 사람 중 한 명이나 Add Person 버튼을 클릭한다.

종료하려면 사용자가 언제든지 창에서 **ESC**를 누를 수 있다. 새로운 얼굴 시스템을 시작하는 Delete All 모드를 더하고, 추가 디버그 정보 띄움을 켜고 끄는 Debug 버튼도 덧붙여 보자. 현재 모드를 보여주는 열거된 mode 변수를 만들 수 있다.

## GUI 요소 그리기

화면에 현재 모드를 띄우기 위해 텍스트를 쉽게 그리는 함수를 만들어보자.
OpenCV에 딸린 cv::putText() 함수는 여러 개의 폰트와 안티에일리어싱
을 제공하지만, 텍스트를 올바른 위치에 놓기 까다로울 수 있다. 다행히도
텍스트 주위에 테두리 상자를 계산하는 cv::getTextSize() 함수가 있으
니 텍스트를 위치에 매우 쉽게 놓게 하는 래퍼 함수를 생성할 수 있다. 창의
임의의 가장자리 사이에 텍스트를 놓고 완벽하게 보이는지 확인하고, 또한
서로 텍스트가 겹치지 않게 여러 줄이나 텍스트 단어를 서로 다음에 놓이게
원할 수 있다. 이런 이유로 왼쪽 정렬이나 오른쪽 정렬 중 하나를 설정하고,
물론 상단 정렬이나 하단 정렬 중 한 가지를 선택한 후 테두리 선을 반환하
는 래퍼 함수가 있다. 따라서 창의 코너나 가장자리에 텍스트의 여러 줄을
쉽게 그릴 수 있다.

```
// 영상에 텍스트를 그린다.
// 기본 값은 상단 왼쪽 정렬 텍스트다.
// 오른쪽 정렬 텍스트는 음수 x 좌표를 설정하고,
// 하단 정렬은 음수 좌표 y를 설정한다.
// 그린 텍스트를 감싸는 테두리 사각형을 반환한다.
Rect drawString(Mat img, string text, Point coord, Scalar
          color, float fontScale = 0.6f, int thickness = 1,
          int fontFace = FONT_HERSHEY_COMPLEX);
```

이제 창 배경 안에 카메라 영상이 나타나는 GUI상에서 현재 모드를 띄우기
위해 카메라 영상에 텍스트를 간단히 그린 다음에 카메라 배경을 동일한 컬
러로 한다면 확실히 가능하다! 따라서 그리려는 전경 텍스트와 별개로 1화소
인 검은 그림자인 텍스트를 그려보자. 또한 아래에 사용자에게 해당 단계를
알 수 있는 도움 텍스트 줄을 그려보자. drawstring() 함수를 이용해 몇
가지 텍스트를 그리는 방법에 대한 예는 다음과 같다.

```
string msg = "Click [Add Person] when ready to collect faces.";
// msg를 검은 음영으로 그린 후 다시 흰 텍스트로 그린다.
float txtSize = 0.4;
int BORDER = 10;
drawString(displayedFrame, msg, Point(BORDER, -BORDER-2),
           CV_RGB(0,0,0), txtSize);
Rect rcHelp = drawString(displayedFrame, msg, Point(BORDER+1,
            -BORDER-1), CV_RGB(255,255,255), txtSize);
```

다음의 부분 그림과 같이 카메라 영상의 상단과 겹친 GUI 창의 하단에서
모드와 정보를 보여준다.

원했던 몇 개의 GUI 버튼에 대해 언급했으니 다음과 같이 쉽게 GUI 버튼을
그리는 함수를 만들어보자.

```
// drawString()을 사용해 영상에 GUI 버튼을 그린다.
// 동일한 폭의 여러 개 버튼을 갖는 minWidth를 설정할 수 있다.
// 그려진 버튼을 감싼 테두리 사각형을 반환한다.
Rect drawButton(Mat img, string text, Point coord,
                int minWidth = 0)
{
    const int B = 10;
    Point textCoord = Point(coord.x + B, coord.y + B);

    // 텍스트 주변의 경계 사각형을 얻는다.
    Rect rcText = drawString(img, text, textCoord,
                  CV_RGB(0,0,0));

    // 텍스트 주위를 채운 사각형을 그린다.
    Rect rcButton = Rect(rcText.x - B, rcText.y - B,
                    rcText.width + 2*B, rcText.height + 2*B);
```

```
// 최소 버튼의 폭을 설정한다.
if (rcButton.width < minWidth)
  rcButton.width = minWidth;

// 반투명한 하얀 사각형을 만든다.
Mat matButton = img(rcButton);
matButton += CV_RGB(90, 90, 90);

// 비투명 하얀 테두리를 그린다.
rectangle(img, rcButton, CV_RGB(200,200,200), 1, CV_AA);

// 띄울 실제 텍스트를 그린다.
drawString(img, text, textCoord, CV_RGB(10,55,20));

return rcButton;
}
```

drawButton() 함수를 이용해 클릭 가능한 GUI 버튼을 여러 개 만들었으며, 다음과 같은 부분 그림에서 보듯이 GUI의 상단 왼쪽에 항상 나타난다.

앞에서 언급했듯이 GUI 프로그램은 서로 변경 가능한 여러 가지 모드가 있으며(유한 상태 기계임), 구동 모드로 시작한다. 현재 모드를 m_mode 변수에 저장한다.

## 구동 모드

구동 모드에서 얼굴과 눈을 검출하는 XML 검출기 파일만 적재하고 웹캠을 초기화한다. 이 부분은 이미 다뤘다. 이번에 사용자가 창 안에서 마우스를 이동하거나 클릭할 때마다 호출하는 마우스 콜백 함수를 지원하는 메인 GUI 창을 만들어보자. 상황을 충족하기 위해 카메라 해상도를 설정하는 것이 바람직할 수도 있다. 예를 들어 카메라가 지원한다는 전제에서 640 × 480이면 다음과 같이 수행한다.

```
// 화면에 띄우기 위한 GUI 창을 생성한다.
namedWindow(windowName);

// 화면 안에서 사용자가 클릭할 때 "onMouse()"를 호출한다.
setMouseCallback(windowName, onMouse, 0);

// 카메라 해상도를 설정하며, 일부 시스템에서만 작동한다.
videoCapture.set(CV_CAP_PROP_FRAME_WIDTH, 640);
videoCapture.set(CV_CAP_PROP_FRAME_HEIGHT, 480);

// 이미 초기화했으니 감시 모드로 시작하자.
m_mode = MODE_DETECTION;
```

## 검출 모드

검출 모드에서 얼굴과 눈을 계속 검출한 후의 검출 결과를 보여주기 위해 주위에 사각형이나 원을 그린 다음에 전처리한 현재 얼굴을 보여주길 원한다. 사실 모드가 어떤 것이든 관계없이 표시한다. 사실 이 모드에서 아무런 일 없이 표시한다. 감시 모드에 관한 특별한 점은 사용자가 Add Person 버튼을 클릭할 때 다음 모드(수집)로 바뀐다는 점이다.

8장의 이전에 다뤘던 검출 단계를 기억하고 있다면 검출 단계의 결과는 다음과 같을 것이다.

- **Mat preprocessFace** 전처리한 얼굴(얼굴과 눈을 검출했었다면)
- **Rect faceRect** 검출한 얼굴 영역 좌표
- **Point leftEye, rightEye** 검출한 왼쪽과 오른쪽 눈 중심 좌표

따라서 전처리한 얼굴을 반환했는지 확인한 후 다음과 같이 검출했다면 얼굴과 눈 주위에 사각형과 원을 그린다.

```
bool gotFaceAndEyes = false;
if (preprocessedFace.data)
    gotFaceAndEyes = true;

if (faceRect.width > 0) {
    // 검출한 얼굴 주위에 안티에일리어싱을 적용한 사각형을 그린다.
    rectangle(displayedFrame, faceRect, CV_RGB(255, 255, 0), 2,
              CV_AA);

    // 두 눈에 밝은 파란색으로 안티에일리어싱을 적용한 원을 그린다.
    Scalar eyeColor = CV_RGB(0,255,255);
    if (leftEye.x >= 0) { // 눈을 검출했는지 확인
      circle(displayedFrame, Point(faceRect.x + leftEye.x,
                faceRect.y + leftEye.y), 6, eyeColor, 1,
                CV_AA);
    }

    if (rightEye.x >= 0) { // 눈을 검출했는지 확인
      circle(displayedFrame, Point(faceRect.x + rightEye.x,
                faceRect.y + rightEye.y), 6, eyeColor, 1,
                CV_AA);
    }
}
```

다음과 같이 창의 상단 가운데에 현재 전처리 얼굴을 덮어씌운다.

```
int cx = (displayedFrame.cols - faceWidth) / 2;
if (preprocessedFace.data) {
    // 결과는 BGR이므로, 얼굴의 BGR 버전을 가져온다.
    Mat srcBGR = Mat(preprocessedFace.size(), CV_8UC3);
    cvtColor(preprocessedFace, srcBGR, CV_GRAY2BGR);
```

```
// 목표 ROI를 가져온다.
Rect dstRC = Rect(cx, BORDER, faceWidth, faceHeight);
Mat dstROI = displayedFrame(dstRC);

// 원본의 화소를 목표로 복사한다.
srcBGR.copyTo(dstROI);
}
```

```
// 얼굴 주변에 안티에일리어싱을 적용한 테두리를 그린다.
rectangle(displayedFrame, Rect(cx-1, BORDER-1, faceWidth+2,
          faceHeight+2), CV_RGB(200,200,200), 1, CV_AA);
```

다음 그림은 검출 모드일 때를 띄운 GUI를 보여준다. 전처리한 얼굴을 상단 가운데에 보여주며, 검출한 얼굴과 눈을 마크했다.

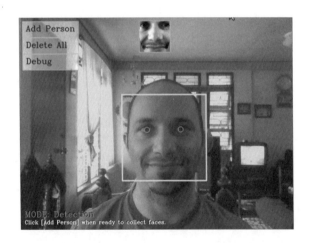

## 수집 모드

새로운 사람의 얼굴 수집을 시작하고 싶다면 사용자가 Add Person 버튼을 클릭하면 수집 모드에 진입한다. 예전에 언급했듯이 이전 수집한 얼굴과 현저하게 바뀔 경우에만 초당 한 얼굴만 수집하게 제한했다. 전처리한 얼굴을 수집할 뿐만 아니라 전처리한 얼굴의 반사 영상도 수집하도록 결정했음을 기억하라.

수집 모드에서 알려진 각 사람의 최신 얼굴을 보고 싶을 때 사람의 한 얼굴을 클릭해 더 많은 얼굴을 추가하거나 수집하기 위해 새로운 사람을 추가하는 Add Person 버튼을 클릭한다. 사용자는 다음(훈련) 모드로 계속 하려면 창의 가운데에서 어디선가를 반드시 클릭해야 한다.

먼저 사람별로 수집했던 맨 마지막 얼굴에 대한 참조를 유지해야 한다. 이것은 많은 preprecessedFaces 배열(즉, 모든 사람의 전체 얼굴 수집본)의 각 사람에 대한 배열 첨자만 저장한 정수 배열인 m_latestFaces를 갱신으로 수행한다. 또한 맨 마지막 얼굴이 아닌 두 번째 마지막 얼굴을 참조하고 싶다면 배열에 반사 얼굴을 저장한다. 다음과 같이 새로운 얼굴(과 반사 얼굴)을 preprocessedFace 배열에 추가하는 코드를 덧붙여야 한다.

```
// 각 사람의 맨 마지막 얼굴에 대한 참조를 유지한다.
m_latestFaces[m_selectedPerson] = preprocessedFaces.size() - 2;
```

새로운 사람을 추가(예, 사용자가 Add Person 버튼을 클릭할 때)하거나 삭제할 때마다 m_latestFaces 배열을 늘리거나 줄여야 함을 항상 기억해야 한다. 다음과 같이 수집한 각 사람의 최신 얼굴을 창의 오른쪽(수집 모드와 차후 인식 모드 둘 다)에 띄워보자.

```
m_gui_faces_left = displayedFrame.cols - BORDER - faceWidth;
m_gui_faces_top = BORDER;
for (int i=0; i<m_numPersons; i++) {
    int index = m_latestFaces[i];
    if (index >= 0 && index < (int)preprocessedFaces.size()) {
        Mat srcGray = preprocessedFaces[index];
        if (srcGray.data) {
            // 결과는 BGR이므로, BGR 얼굴을 가져온다.
            Mat srcBGR = Mat(srcGray.size(), CV_8UC3);
            cvtColor(srcGray, srcBGR, CV_GRAY2BGR);

            // 목표 ROI를 가져온다.
```

```
        int y = min(m_gui_faces_top + i * faceHeight,
                displayedFrame.rows - faceHeight);
        Rect dstRC = Rect(m_gui_faces_left, y, faceWidth,
                faceHeight);

        Mat dstROI = displayedFrame(dstRC);

        // 원본의 화소를 목표에 복사한다.
        srcBGR.copyTo(dstROI);
    }
  }
}
```

수집 중인 현재 사람을 눈에 띄게 하고 싶다면 얼굴을 감싼 굵은 빨간 테두리를 사용한다. 이는 다음과 같이 수행한다.

```
if (m_mode == MODE_COLLECT_FACES) {
  if (m_selectedPerson >= 0 &&
        m_selectedPerson < m_numPersons) {
    int y = min(m_gui_faces_top + m_selectedPerson *
            faceHeight, displayedFrame.rows -
            faceHeight);
    Rect rc = Rect(m_gui_faces_left, y, faceWidth,
            faceHeight);
    rectangle(displayedFrame, rc, CV_RGB(255,0,0), 3,
            CV_AA);
  }
}
```

다음과 같은 부분 그림은 수집한 여러 사람을 일반적으로 표시하는 것을 보여준다. 사용자는 해당 사람의 얼굴을 많이 수집하기 위해 오른쪽 상단에서 사람 중 한 명을 클릭할 수 있다.

## 훈련 모드

마지막으로 사용자가 창의 가운데를 클릭하면 얼굴 인식 알고리즘은 수집한
모든 얼굴을 훈련하기 시작한다. 다만 얼굴이 충분하거나 사람이 충분했는
지, 반드시 확실한지 중요하다. 그렇지 않으면 프로그램이 중단될 수 있다.
보통 훈련 집합에 최소한 한 명의 얼굴이 있는지 확인하는 것을 요구한다.
그러나 피셔얼굴 알고리즘은 사람 사이를 비교해 찾으므로 훈련 집합에 두
사람 미만이 있다면 역시 중단된다. 이런 이유로 선택한 얼굴 인식 알고리즘
이 피셔얼굴인지 반드시 확인해야 한다. 피셔얼굴이면 적어도 얼굴이 있는
두 사람이 필요하고, 아니라면 최소한 얼굴이 있는 한 사람이 필요하다. 데
이터가 충분하지 않으면 프로그램이 수집 모드로 되돌아가므로 사용자가 훈
련하기 전에 더 많은 얼굴을 추가할 수 있다.

수집한 얼굴로 최소한 두 사람이 있는지 검증하려면 사용자가 Add Person
버튼을 클릭했을 때 확인할 수 있는데, 사람이 아무도 없을 때만 새로운 사람
을 추가한다(즉, 사람을 추가했지만 아직까지 수집한 얼굴이 없음). 두 사람만 있고 피셔
얼굴 알고리즘을 사용했다면 수집 모드에서 적어도 한 사람에 대한 집합을
참조했던 m_latestFaces를 꼭 확인한다. 사람의 얼굴을 아직까지 수집하
지 않았다면 m_latestFaces[i]을 -1로 초기화한다. 추가했던 사람의 얼
굴을 수집하면 0 이상이 된다. 이는 다음과 같이 수행한다.

```
// 훈련하기 전에 데이터가 충분한지 확인한다.
bool haveEnoughData = true;
if (!strcmp(facerecAlgorithm, "FaceRecognizer.Fisherfaces")) {
    if ((m_numPersons < 2) ||
            (m_numPersons == 2 && m_latestFaces[1] < 0) ) {
        cout << "Fisherfaces needs >= 2 people!" << endl;
        haveEnoughData = false;
    }
}
if (m_numPersons < 1 || preprocessedFaces.size() <= 0 ||
            preprocessedFaces.size() != faceLabels.size()) {
    cout << "Need data before it can be learnt!" << endl;
    haveEnoughData = false;
}
if (haveEnoughData) {
    // 수집한 얼굴을 고유얼굴 혹은 피셔얼굴을 사용해 훈련한다.
    model = learnCollectedFaces(preprocessedFaces, faceLabels,
                facerecAlgorithm);
    // 이제 훈련이 끝났다면 인식을 시작할 수 있다!
    m_mode = MODE_RECOGNITION;
}
else {
    // 훈련 데이터가 충분하지 않다면 수집 모드로 되돌아간다!
    m_mode = MODE_COLLECT_FACES;
}
```

훈련할 때 1초 안팎이 걸리겠지만 서너 초가 소요될 수 있고 심지어 1분이
걸릴 수 있는데, 수집한 데이터가 얼마인지에 따라 달라진다. 일단 수집한
얼굴을 훈련해서 완료하면 얼굴 인식 시스템은 자동으로 인식 모드에 진입
한다.

## 인식 모드

인식 모드에서 전처리한 얼굴 옆에 신뢰도 미터를 보여주므로 사용자는 얼마나 인식했는지 알 수 있다. 신뢰도 측정치가 알려지지 않은 임계값보다 높으면 결과를 쉽게 보여주기 위해 인식한 사람을 녹색 사각형으로 감싸서 그린다. 사용자는 Add Person 버튼을 클릭하거나 존재하는 사람의 얼굴이 있을 때 차후에 훈련하기 위해 더 많은 얼굴을 추가할 수 있으며, 프로그램이 수집 모드로 되돌아간다.

일찍이 언급했던 재구성한 얼굴로 인식한 신원과 유사도를 지금 얻었다. 신뢰도 미터를 띄우려면 L2 유사도 값이 일반적으로 0에서 0.5까지면 높은 신뢰도이고, 0.5부터 1.0 사이이면 낮은 신뢰도임을 알고 있으므로 0.0과 1.0 사이의 값인 신뢰도 수준을 얻기 위해 1.0에서 L2 유사도 값을 뺄 수 있다. 그러면 비율인 신뢰도 수준을 이용해 채운 사각형을 그려서 다음과 같이 보인다.

```
int cx = (displayedFrame.cols - faceWidth) / 2;
Point ptBottomRight = Point(cx - 5, BORDER + faceHeight);
Point ptTopLeft = Point(cx - 15, BORDER);

// "알려지지 않은" 사람에 대한 임계값을 보여주는 검은 선을 그린다.
Point ptThreshold = Point(ptTopLeft.x, ptBottomRight.y -
            (1.0 - UNKNOWN_PERSON_THRESHOLD) * faceHeight);
rectangle(displayedFrame, ptThreshold, Point(ptBottomRight.x,
            ptThreshold.y), CV_RGB(200,200,200), 1, CV_AA);

// 막대기에 맞추기 위해 신뢰도를 잘라내 0과 1사이의 비율을 갖게 한다.
double confidenceRatio = 1.0 - min(max(similarity, 0.0), 1.0);
Point ptConfidence = Point(ptTopLeft.x, ptBottomRight.y -
            confidenceRatio * faceHeight);

// 밝은 파란색인 신뢰도 막대기를 보여준다.
rectangle(displayedFrame, ptConfidence, ptBottomRight,
            CV_RGB(0,255,255), CV_FILLED, CV_AA);
```

```
// 검은 테두리를 친 막대기를 보여준다.
rectangle(displayedFrame, ptTopLeft, ptBottomRight,
          CV_RGB(200,200,200), 1, CV_AA);
```

인식한 사람을 강조하려면 다음과 같이 얼굴 주변을 감싼 녹색 사각형을 그린다.

```
if (identity >= 0 && identity < 1000) {
    int y = min(m_gui_faces_top + identity * faceHeight,
                displayedFrame.rows - faceHeight);
    Rect rc = Rect(m_gui_faces_left, y, faceWidth, faceHeight);
    rectangle(displayedFrame, rc, CV_RGB(0,255,0), 3, CV_AA);
}
```

다음과 같은 부분 그림은 인식 모드가 작동하고 있을 때 일반적인 표시를 보여주며, 신뢰도 측정치는 상단 가운데에 있는 전처리한 얼굴 옆에 보여주고, 상단 오른쪽 코너에 인식한 사람을 강조한다.

### 마우스 클릭을 확인한 후 제어

이제 GUI 요소를 그렸으니 마우스 이벤트만 처리하자. 띄울 창을 초기화할 때 마우스 이벤트 콜백을 onMouse 함수에 넣길 원한다고 OpenCV에게 전달한다. 마우스 이동을 고려하지 않되 마우스 클릭만 한정하므로, 먼저 다음과 같이 왼쪽 마우스 버튼의 마우스 이벤트를 무시한다.

```
void onMouse(int event, int x, int y, int, void*)
{
    if (event != CV_EVENT_LBUTTONDOWN)
        return;

    Point pt = Point(x,y);

    ... (handle mouse clicks) ...
}
```

GUI 요소를 그린 후 그려진 버튼의 사각형 경계를 얻을 수 있으므로 OpenCV의 inside() 함수를 호출해 마우스를 클릭한 위치가 버튼 영역 안에 있는지만 확인한다. 만들었던 각 버튼을 이제 확인할 수 있다.

사용자가 Add Person 버튼을 클릭하면 m_numPersons 변수에 1을 더하고, m_latestFaces 변수 내에 더 많은 공간을 할당한 후 수집할 새로운 사람을 선택하면 수집 모드를 시작한다(이전에 어떤 모드에 있든지 상관없음).

다만 여기서 한 가지 문제가 있다. 훈련 중일 때 사람별로 최소한 한 얼굴을 가졌는지 보장하기 위해 얼굴이 하나도 없는 사람이 존재하지 않으면 새로운 사람에 대한 공간만 할당한다. 이것은 모든 사람의 얼굴을 수집했는지 살펴보기 위한 m_latestFaces[m_numPerson-1] 값을 항상 확인할 수 있음을 보장한다. 다음과 같이 수행한다.

```
if (pt.inside(m_btnAddPerson)) {
    // 얼굴을 수집한 적이 없는 사람이 아님을 보장한다.
    if ((m_numPersons==0) ||
            (m_latestFaces[m_numPersons-1] >= 0)) {
        // 새로운 사람을 추가한다.
        m_numPersons++;
        m_latestFaces.push_back(-1);
    }
```

```
    m_selectedPerson = m_numPersons - 1;
    m_mode = MODE_COLLECT_FACES;
}
```

이 방법은 다른 버튼을 클릭 시 테스트할 때 사용하며, 예를 들어 다음과 같이 디버그 플래그를 켰다 껐을 때를 들 수 있다.

```
else if (pt.inside(m_btnDebug)) {
    m_debug = !m_debug;
}
```

Delete All 버튼을 제어하려면 메인 반복문의 지역 변수(즉, 마우스 이벤트 콜백 함수에서 접근하지 못함)인 다양한 데이터 구조체를 비워야 한다. Delete All 모드로 변경하면 반복문 안에 있는 모든 것을 삭제할 수 있다. 사용자가 메인 창(즉, 버튼이 아님)을 클릭할 때도 다뤄야 한다. 오른쪽에 있는 사람 중 한 명을 클릭하면 원하는 사람을 선택하고 수집 모드로 변경하거나 수집 모드일 때 메인 창 안에서 클릭하면 훈련 모드로 변경하길 원한다. 이는 다음과 같이 수행한다.

```
else {
    // 사용자가 목록에 있는 얼굴을 클릭했는지 확인한다.
    int clickedPerson = -1;
    for (int i=0; i<m_numPersons; i++) {
        if (m_gui_faces_top >= 0) {
            Rect rcFace = Rect(m_gui_faces_left,
                               m_gui_faces_top + i * faceHeight,
                               faceWidth, faceHeight);
            if (pt.inside(rcFace)) {
                clickedPerson = i;
                break;
            }
        }
    }
```

```
  // 사용자가 얼굴을 클릭하면 선택한 사람으로 변경한다.
  if (clickedPerson >= 0) {
    // 현재 사용자로 바꾼 후 많은 사진을 수집한다.
    m_selectedPerson = clickedPerson;
    m_mode = MODE_COLLECT_FACES;
  }
  // 그렇지 않다면 가운데를 클릭했다.
  else {
    // 얼굴을 수집했다면 훈련 모드로 변경한다.
    if (m_mode == MODE_COLLECT_FACES) {
      m_mode = MODE_TRAINING;
    }
  }
}
```

## 요약

8장에서 기본 알고리즘만 사용해 훈련 집합 조건과 테스트 집합 조건 간의 일부 차이를 허용하는 충분한 전처리로 실시간 얼굴 인식 애플리케이션을 개발할 때 필요한 모든 단계를 보여줬다. 다른 조명 조건, 카메라와 얼굴 방향과 얼굴 표현의 영향을 줄이기 위한 여러 가지 얼굴 전처리에 따라 카메라 영상 내부에 있는 얼굴 위치를 찾는 얼굴 검출을 사용했다. 그 다음에는 수집해서 전처리한 얼굴을 고유얼굴이나 피셔얼굴 기계학습 시스템으로 훈련했다. 끝으로 사람이 누구인지 살펴보기 위해 알려지지 않은 사람일 경우에 신뢰도 측정치를 제공해 얼굴을 검증함으로써 얼굴 인식을 수행했다.

오프라인 방식으로 영상 파일을 처리하는 커맨드라인 도구를 제공하는 대신에 얼굴 인식 시스템으로 즉시 사용할 수 있게 독립적인 실시간 GUI 프로그램에 모든 선행 단계를 조합했다. 컴퓨터 자동 로그인처럼 입맛에 따라 시스템의 행동을 수정할 수 있다. 혹은 인식 신뢰도 개선에 흥미를 느낀다면 본인의 특정 요구에 충분히 만족할 때까지 프로그램의 각 단계를 점진적으로 개선하기 위해 얼굴 인식의 최근 동향을 다룬 컨퍼런스 논문을 읽을 수 있다. 예를 들어 http://www.face-rec.org/algorithms/와 http://www.cvpapers.com 에 있는 방법을 기반으로 얼굴 전처리 단계를 개선하거나 매우 고급인 기계 학습 알고리즘을 사용할 수 있으며, 물론 훨씬 더 나은 얼굴 검증 알고리즘도 마찬가지다.

## 참고 문헌

- Rapid Object Detection using a Boosted Cascade of Simple Features, P. Viola and M.J. Jones, Proceedings of the IEEE Transactions on CVPR 2001, Vol. 1, pp. 511-518

- An Extended Set of Haar-like Features for Rapid Object Detection, R. Lienhart and J. Maydt, Proceedings of the IEEE Transactions on ICIP 2002, Vol. 1, pp. 900-903

- Face Description with Local Binary Patterns: Application to Face Recognition, T. Ahonen, A. Hadid and M. Pietikäinen, Proceedings of the IEEE Transactions on PAMI 2006, Vol. 28, Issue 12, pp. 2037-2041

- Learning OpenCV: Computer Vision with the OpenCV Library, G. Bradski and A. Kaehler, pp. 186-190, O'Reilly Media.

- Eigenfaces for recognition, M. Turk and A. Pentland, Journal of Cognitive Neuroscience 3, pp. 71-86

- Eigenfaces vs. Fisherfaces: Recognition using class specific linear projection, P.N. Belhumeur, J. Hespanha and D. Kriegman, Proceedings of the IEEE Transactions on PAMI 1997, Vol. 19, Issue 7, pp. 711-720

- Face Recognition with Local Binary Patterns, T. Ahonen, A. Hadid and M. Pietikäinen, Computer Vision - ECCV 2004, pp. 469-48

# 9

# 마이크로소프트 키넥트를 이용한 플루이드 월 개발

9장에서는 마이크로소프트 키넥트 센서<sup>Kinect Sensor</sup>의 깊이 감지<sup>depth-sensing</sup> 능력과 OpenCV가 제공한 옵티컬 플로우<sup>optical flow</sup>[1]를 통합한 프로그램인 플루이드 월<sup>Fluid Wall, 유체 벽</sup>을 자세하게 설명한다. 이 프로그램은 사용자가 제스처와 움직임을 이용해 상호작용 가능한 재미있는 실시간 유체 시뮬레이션을 만들기 위해 OpenNI, OpenCV, OpenGL가 제공하는 기능을 조합한다.

9장에서는 다음과 같은 내용을 다룬다.

- 플루이드 월 애플리케이션 소개

- 키넥트 센서 사양과 작동 방법

- OpenNI 라이브러리 설정과 OpenNI를 이용한 키넥트 데이터 검색

- 유체 역학<sup>fluid dynamics</sup>을 간략하게 살펴본 후 유체 시뮬레이션 구현

---

1. 옵티컬 플로우(optical flow)는 우리말로 광 흐름, 광학 흐름, 광류(光流) 등으로 옮길 수 있다. - 옮긴이

- 옵티컬 플로우 기본과 OpenCV의 옵티컬 플로우 알고리즘으로 키넥트 데이터, 시뮬레이션, 옵티컬 플로우를 통합
- 플루이드 월 애플리케이션의 현재 제약과 차후 개선 사항

## 플루이드 월이란?

플루이드 월은 키넥트 센서 앞에 있는 사용자를 캡처한 후 유체 시뮬레이션 과정에서 실루엣 형태로 화면에 보여주는 실시간, 예술적, 대화형 애플리케이션이며, 조명, 반사, 유체를 융합한 느낌을 발견해 보여주기 위한 초기 환경을 만들기 위한 것이었다. 이 애플리케이션은 키넥트 센서의 깊이 정보를 이용해 센서 앞에 있는 사용자를 인식해 분리한다. 애플리케이션을 시작한 후에는 각 새로운 사용자(키넥트 앞에 있는 사람)를 검출한 후 액체가 흐르는 환경의 가운데에 실루엣으로 표시한다. 그러면 사용자는 키넥트 센서가 추적할 제스처와 움직임을 이용해 이 환경과 상호작용할 수 있다. 각 사용자 주위에 있는 화면상의 유체 흐름 방출과 흐름을 제어하는 여러 가상 방출기<sup>virtual emitter</sup>를 생성하는 이 프로그램에서 유체 해석기<sup>fluid solver</sup>로 유체 환경을 시뮬레이션한다. 키넥트에서 새로운 사용자를 검출할 때마다 유체 해석기는 새로운 방출기의 집합을 할당하며 사용자 주위에 있는 방출을 컬러로 생성하는데, 화면상에서 사용자의 움직임이 흐른다. 이 방출은 화면상의 액체 컬러 흐름 모양을 만드는 여러 사람의 실루엣으로 인해 부딪치고 밀려 나갈 수 있다.

이 프로그램에 4개의 모드가 있으며, 다음 모드로 전환하기 전에 화면상에서 약 20초간 해당 모드를 그대로 유지한다.

### 단일 컬러 모드

단일 컬러로 된 유체 환경은 어두운 배경에서 푸르스름한 유체가 있는 화면에 표시된다. 모든 사용자는 흐르는 액체 효과와 상호작용하는 어두운 실루엣으

로 나타난다. 다음 그림은 단일 컬러 모드에서 상호작용하는 사람을 보여준다.

## 다중 컬러/다중 사용자 모드

이 프로그램은 어두운 배경에서 실루엣을 서로 다른 색상$^{hue}$으로 표시하는
사용자들을 각각 추적한다. 또한 다음 그림에서 보듯이 사용자의 유체 방출
은 컬러가 동일한 실루엣이며, 사용자마다 다르다.

## 흰 배경을 갖는 다중 사용자 모드

이 모드는 앞 모드와 비슷하지만 눈에 덮인 흰 배경이 있다. 사용자는 어두운 실루엣으로 표시되며, 각 사용자에 컬러가 서로 다른 액체 방출을 할당한다.

## 속도 벡터 모드

유체 환경은 유체의 속도 벡터장velocity vector field으로 대치된다. 9장의 '유체 시뮬레이션' 절에서 속도 벡터장을 훨씬 더 자세하게 설명한다. 현재로서는 이 모드가 어떻게 나타나는지 다음 그림에서 볼 수 있다.

프로그램은 센서로부터 각 사용자의 움직임 속도와 거리를 잡는다. 각 사용자의 유체 방출기는 방향, 속도, 방출 강도를 정의하기 위해 사용자의 이런 데이터를 활용한다. 이렇게 해서 사용자는 유체와 상호작용하는데, 사용자가 움직이면 실루엣과 함께 어울려 다니며 가느다란 유체 컬러와 화면에 투영되는 여러 실루엣 간의 조합으로 나온 추상적인 형태를 생성한다.

플루이드 월 프로젝트 개발은 세 가지 다른 구현 단계를 수반한다. 9장에서는 세 단계의 프로그래밍을 각각 간략하게 설명한다.

1. 키넥트 센서의 입력을 통해 깊이와 사용자 추적 객체user-tracking object를 초기화한다.
2. 대화형 유체 시뮬레이션을 설정한다.
3. 사용자의 움직임 속도를 잡아내기 위한 옵티컬 플로우를 구현한다.

다음과 같은 파일들이 포함된 C++ 소스와 헤더 파일(이 책에 딸린 미디어에 포함됨)에 개발 환경에서 이 애플리케이션을 컴파일하고, 실행에 필요한 모든 코드가 다 들어 있다.

- FluidWall.cpp

- KinectController.h, KinectController.cpp

- FluidSolver.h, FluidSolver.cpp

- FluidSolverMultiUser.h, FluidSolverMultiUser.cpp

OpenCV뿐만 아니라 플루이드 월 개발 설정에 OpenNITMN, OpenGL 유틸리티 툴킷 라이브러리가 필요하다. 다음 링크는 OpenNI 모듈(OpenNI 바이너리와 PrimeSenseTM 미들웨어, 컴퓨터에 키넥트 센서 실행에 필요한 하드웨어 바이너리)을 다운로드하는 링크 외에도 최신 OpenGL CLUT<sup>OpenGL Utility Toolkit</sup> 라이브러리를 다운로드하는 링크가 있다.

- http://www.openni.org/Downloads/OpenSources.aspx

- http://www.opengl.org/resources/libraries/glut/glut_downloads.php

예상했듯이 사용자는 또한 두 OpenNI와 OpenGL 라이브러리의 라이브러리 파일 경로와 인클루드 파일 경로, 실행 파일 경로를 설정해야 한다. 이 설정은 운영체제와 프로그래밍 환경에 따라 다양하므로 사용자는 각 라이브러리의 문서를 참조해야 한다.


## 키넥트 센서

키넥트 센서는 깊이 감지 디바이스이며, 특히 제스처 기반 상호작용을 위한 마이크로소프트 엑스박스<sup>Xbox</sup> 콘솔을 사용하려고 개발됐다. 또한 마이크로소프트나 OpenNI가 제공한 키넥트 드라이버와 SDK을 이용해 컴퓨터에서 애플리케이션에 사용할 수 있다.

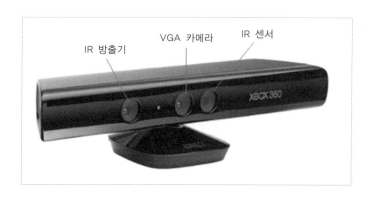

앞 그림에 보듯이 이 디바이스는 IR(적외선) 방출기와 IR 센서로 구성된다. 이 방출기는 디바이스 앞에서 IR 격자 패턴을 투사한다. 격자 패턴으로부터 나오는 이 적외선은 키넥트 디바이스 앞에 객체가 있을 때마다 부딪친 후 디바이스의 IR 센서가 검출하기 위해 다시 반사한다. 그런 후에 디바이스는 디바이스 앞에 있는 객체의 깊이를 측정하기 위해 각 적외선을 방출한 후 돌아오는 데 걸리는 시간을 사용한다. IR 패턴이 생성한 깊이 맵<sup>depth map</sup>은 키넥트 센서로부터 떨어져 있는 1~6미터 범위 안에 있는 객체에 대해 1Cm 내외로 정확하다. 이 깊이 맵은 초당 최대 30프레임으로 갱신된다. 키넥트 깊이 스트림에 대한 데이터는 제한된 크기를 갖는 격자 위의 적외선 반사에 의존하기 때문에 깊이 스트림의 출력은 좀 희박하다. 그러니 잡음이다. 키넥트 센서도 컬러 영상 스트림(전형적인 VGA 카메라 같은)을 제공하는 RGB 카메라로 구성된다. 키넥트 센서는 디바이스 앞에 있는 사람을 검출하기 위해 깊이 스트림과 컬러 스트림으로부터 데이터를 처리한다. 이 방식으로 6명까지 동시에 식별하고 추적할 수 있다. 디바이스 뷰의 수직 필드와 수평 필드는 43도 수직과 57도 수평으로 정의된다. 따라서 키넥트 센서의 범위 내에서 어떠한 사람을 볼 수 있으며, 추적할 수 있다.

많은 하드웨어 사양과 키넥트 기능에 관한 추가 정보는 MSDN<sup>Microsoft Developer Network</sup>의 키넥트 사양 페이지에서 찾을 수 있다.

https://msdn.microsoft.com/en-us/library/jj131033.aspx

이번 유체벽 애플리케이션은 키넥트 센서가 제공하는 깊이 맵과 사용자 추적 정보를 활용한다.

## 깊이와 사용자 추적 데이터를 검색하기 위해 키넥트 센서 설정

키넥트 센서와 접속하기 위해 이 프로그램은 엑스박스 360용 키넥트 센서 릴리스 후에 곧바로 릴리스됐던 공개 SDK인 OpenNI를 사용한다. OpenNI 프레임워크는 키넥트 드라이버를 포함한 OpenNI NUI<sup>Natural User Interactipn</sup> API 와 NiTE 미들웨어를 사용하며, PrimeSenseTM이 둘 다 제공한다. OpenNI. 는 인간과 컴퓨터 간의 상호작용을 위한 NUI 방법(제스처와 음성 같은)을 이용하는 디바이스와 애플리케이션용 오픈소스 API 집합이다.

앞에 언급했듯이 일단 설정한 후의 키넥트 센서는 두 데이터 스트림을 반환한다. 즉, 깊이 맵은 키넥트 센서 앞에 있는 모든 객체에 대한 화소 대 깊이 매핑을 제공하며, 비디오 스트림 데이터는 키넥트의 VGA 카메라가 반환한다. 또한 앞에서 말했듯이 이 프로그램은 깊이 맵과 사용자 검출 데이터를 활용한다. 키넥트 센서는 디바이스 앞에 있는 사용자를 식별하고 분리하기 위해 깊이 스트림과 컬러 스트림을 둘 다 직접 사용함에도 불구하고 컬러 스트림에 직접 접근해야 할 필요가 없다. 깊이 맵과 데이터 스트림의 각 프레임에 대한 유사 사용자 ID 맵<sup>user-ID map</sup>에 간단히 접근할 수 있다.

이 처리에 포함된 루틴<sup>routine</sup>에 관한 세부 사항은 다음 코드에서 언급하는 KinectController 클래스에 대한 소스 파일과 헤더 파일 내의 코드와 함께 차차 설명한다.

```
/*@ 파일: KinectController.h */

//OpenNI includes
#include <XnOpenNI.h>
#include <XnCppWrapper.h>
```

```
#define MAX_USERS 6
#define MAX_DEPTH 3000
#define HEIGHT XN_VGA_Y_RES
#define WIDTH XN_VGA_X_RES
#define SAMPLE_XML_PATH "Data/SamplesConfig.xml"
#define CHECK_RC(nRetVal, what) \
if (nRetVal != XN_STATUS_OK) \
{ \
    printf("%s failed: %s\n", what, xnGetStatusString(nRetVal));
    return xnRetVal; \
}
```

이 코드는 KinectController.h에 들어 있다. 센서 데이터와 사용자 검출 루틴에 접근하기 위한 OpenNI API 헤더와 OpenNI용 C++ 래퍼도 포함한다. 이 파일의 #define 지시자는 키넥트로부터의 영상 스트림에 대한 영상 파라미터 설정을 위한 OpenNI 루틴에서 사용된다. RGB 스트림(VGA 카메라를 통한)에 직접 접근하지 않음에도 불구하고, XN_VGA_RES 지시자는 시스템의 결과에 대한 전체 해상도를 정의하기 위해 여전히 사용된다. CHECH_RC 매크로는 OpenNI 함수가 반환하는 값에 대한 빠른 검사를 실행하는 데 사용된다.

키넥트 센서에 접근하고 센서 데이터를 관리하기 위한 설정에 필요한 모든 루틴은 KinectController 클래스에 들어 있으며, 다음 코드 조각에서 보여준다.

```
/*@ 파일: KinectController.h */

/*
 * (Default) 초기화 목록과 함께 있는 생성자
 * @param _maxDepth 키넥트 깊이 데이터 스트림에 대한
 * 깊이 임계값 초기화(6000 미만)
 * @param _maxUsers 검출하기 위한 최대 사용자 초기화(1~6 사이)
 * @param _depthMatrix 키넥트 깊이 맵을 저장하기 위한
```

```
 * 빈 cvMatrix 초기화
 * @param _usersMatrix 키넥트 사용자 ID 맵을 저장하기 위한
 * 빈 cvMatrix 초기화
 */

/*! 초기화 목록과 함께 있는 생성자 */
KinectController () :_maxDepth( MAX_DEPTH ),
    _maxUsers( MAX_USERS ),
    _depthMatrix( Mat::zeros(480,640,CV_8UC1) ),
    _usersMatrix( Mat::zeros(480,640,CV_8UC1) )
{ init();}

/*! 소멸자 */
~KinectController() { kinectCleanupExit();}

/*! 모든 KinectController 변수 & 모듈 초기화 */
XnStatus init();

/*! 깊이 & 사용자 추적 모듈 */
XnStatus update();

/*! 캡처한 비디오의 각 프레임에 대한
 * XnOpenNI 깊이와 사용자 추적 데이터 갱신 */
XnStatus reset();

/*! 깊이 임계값 설정 */
void setDepth(int depthDelta);

/*! 현재 비디오 프레임에 대한 깊이 행렬 얻기 */
void getDepthMat(Mat &depth) { _depthMatrix.copyTo(depth); }

/*! 현재 비디오 프레임에 대해 추적한 사용자의 행렬 얻기 */
void getUsersMat(Mat &users){ _usersMatrix.copyTo(users); }

/*! 추적하기 위한 최대 사용자 수 얻기 */
int getMaxUsers(){ return _maxUsers; }
```

이 클래스는 처음에 변수 집합을 초기화한다. 이 클래스에 정의된 depth의 최대 임계값은 키넥트 센서에 보이는 깊이를 제한한다. 키넥트 센서의 가시 범위는 1~6미터이며, 플루이드 월 프로그램이 사용하기에는 너무 큰데, 프로세서를 집중으로 사용하는 유체 시뮬레이션이기 때문이다. 깊이 제한은 긍정 오류로 인한 시뮬레이션 과부하를 피하는 데 도움이 되며, 특히 플루이드 월 프로그램은 복잡한 환경에서 사용함을 의미하기 때문이다. 아무튼 이 임계값은 KinectController 클래스를 초기화할 때나 실행 시간 중에 이 복잡한 환경에 기반을 두고 쉽게 가감될 수 있다. (임의의 시간에 키넥트의 앞에 존재하는 사용자 중에서) 동시에 추적하는 사용자 수도 이 클래스와 함께 초기화된다. 게다가 키넥트 센서로부터 검색하는 깊이와 사용자 검출 정보를 저장하는 OpenCV Mat 객체를 여기에도 물론 초기화한다.

여기서 검색하는 깊이는 해상도가 640 × 480인 전형적인 2차원 화소 배열로 묘사될 수 있으며, 배열의 각 요소는 깊이 센서 평면부터 센서 앞에 있는 최근접 객체까지의 밀리미터 단위인 거리가 들어 있다. 따라서 RGB 스트림 내의 각 RGB 화소인 경우 깊이 맵은 화소에 대해 대응하는 깊이 값을 정의한다. 사용자 검출 정보는 640 × 480 화소인 사용자 ID 맵의 유사 포맷에 접근할 수 있으며, 각 요소는 비어 있거나 검출한 사용자의 이용된 ID를 갖는다(API가 제공함). 이렇게 해서 사용자의 깊이를 쉽게 추적하기 위한 깊이 맵의 상단 위에 사용자 추적 정보를 마스크 유형으로 간단히 사용할 수 있다. 다음 코드는 코드의 후반에 정의된 두 OpenNI 콜백과 KinectController 클래스에 대한 init() 함수가 있는 일부 전방 선언부를 보여준다.

```
/* @파일: KinectController.cpp*/

#include "KinectController.h"

// 사용자를 검출했거나 놓쳤을 때의 XnOpenNI 콜백
void XN_CALLBACK_TYPE User_NewUser_Cback (xn::UserGenerator&
    generator, XnUserID nId, void* pCookie);
void XN_CALLBACK_TYPE User_LostUser_Cback (xn::UserGenerator&
```

```
    generator, XnUserID nId, void* pCookie);

// 모든 KinectController 변수 & 모듈 초기화
XnStatus KinectController::init()
{
    // 최대 반복 횟수를 재설정하기 전에
    // 키넥트 데이터 스트림 캡처의 최대 반복 횟수 초기화
    // (이것은 복잡한 환경에서 이 애플리케이션을 실행할 때 유용한데,
    // 키넥트가 이전 사용자의 추적 정보를 제거하고
    // 상당수의 최근 플레이어를 빠르게 계속 추적할 수 있기 위함이다)
    _maxIterate = ITERATIONS_BEFORE_RESET;
    _iterationCount = 0;

    // 상태 변수를 초기화한 후 컨텍스트 객체 생성
    initDepthControl();
    CHECK_RC(xnRetVal, "InitDepthControl");
    return xnRetVal;
}
```

다음 코드에서 보듯이 initDepthControl() 루틴은 키넥트의 상태를 OK로 설정한 후 키넥트 디바이스를 식별하는 특수한 xnContext 객체 생성으로 시작한다. 이 컨텍스트 객체를 통해 키넥트 기능과 관련된 모든 노드를 생성한다. 그 다음에 initDepthControl() 메소드는 센서 앞에서 새로운 사용자를 식별할 때나 센서가 기존 사용자(이전에 식별했던)를 놓쳤을 때(센서의 시야 범위를 빠져나간 후 다음 수 초안에 돌아오지 못함) 콜백 값을 설정하는 특수한 변수를 설정한다. 그런 후에 두 노드 생성을 시작하는 명령을 실행한다. 다음 코드에서 일부 자세한 세부 사항을 주석으로 언급한다.

```
/* @파일: KinectController.cpp */

XnStatus KinectController::initDepthControl()
{
    // 상태 변수를 초기화한 후 컨텍스트 객체 생성
    xnRetVal = XN_STATUS_OK;
```

```
xnRetVal = xnContext.Init();
CHECK_RC(xnRetVal, "Context.Init");

// DepthGenerator: 노드 생성
xnRetVal = xnDepthGenerator.Create(xnContext);
CHECK_RC(xnRetVal, "DepthGenerator.Create");

// DepthGenerator: 30 fps에서 VGA 맵으로 설정
XnMapOutputMode mapMode;
mapMode.nXRes = XN_VGA_X_RES;
mapMode.nYRes = XN_VGA_Y_RES;
mapMode.nFPS = 30;

// DepthGenerator: MapMode 설정
xnRetVal = xnDepthGenerator.SetMapOutputMode(mapMode);
CHECK_RC(xnRetVal, "DepthGenerator.SetOutputMode");

// UserGenerator: 노드 생성
xnRetVal = xnUserGenerator.Create(xnContext);
CHECK_RC(xnRetVal, "UserGenerator.Create");

// UserGenerator: 콜백 처리 설정
XnCallbackHandle cbackHandle;
xnUserGenerator.RegisterUserCallbacks(User_NewUser_Cback,
    User_LostUser_Cback, NULL, cbackHandle);
xnDepthGenerator.GetMetaData(xnDepthMD);
xnUserGenerator.GetUserPixels(0, xnSceneMD);

// 모든 객체 생성
xnRetVal = xnContext.StartGeneratingAll();
CHECK_RC(xnRetVal, "StartGenerating");

return xnRetVal;
}
```

update() 함수는 타이머의 매번 반복에서 실행하며, 이전에 init() 함수에서 초기화했던 모든 키넥트 변수를 갱신한다. 깊이와 사용자 데이터 행렬(toflip_depthMatrix와 toflip_usersMatrix)을 채운 후 옵티컬 플로우와 유체 시뮬레이션에서 정의한 유체에 사용하기 위한 이런 행렬을 준비하기 위해 몇 가지 영상 처리 함수를 실행한다. KinectController 클래스 안에서 정의된 재설정 함수도 있다. 시스템이 몇 천 번 반복(임계값으로 정의됨)해서 실행할 때마다 재설정 함수를 호출하는데, 모든 키넥트 기능을 재설정할 수 있기 위함이다. 이것은 키넥트의 시야에서 많은 사람이 끊임없이 나타나고 사라지는 환경(전시회 같은)에서 이 애플리케이션을 (일반적으로) 사용함에 기인하기 때문이다. 동시에 6명까지만 추적할 수 있기 때문에 시스템을 압도할 수 있다. 모든 6명의 사용자 ID를 이미 사용하고 있다면 이런 데이터를 수시로 지우는 데 도움이 될 수 있다. 따라서 reset() 함수는 가장 최신으로 유지하도록 시스템이 상당수의 최근 사용자로 채움을 보장한다. 이 처리는 시뮬레이션에서 가상으로 검출할 수 없을 때 시각화 활동을 유지하는 데 도움이 된다. 다음의 코드는 update() 함수를 설명한다.

```cpp
/* @파일: KinectController.cpp (계속) */

/** 비디오의 캡처한 프레임마다
 * XnOpenNI 깊이 & 사용자 추적 데이터를 갱신한다. */
XnStatus KinectController::update()
{
    // 가끔 모든 키넥트 프로세스를 재시작한다.
    if (iterations > maxIterate) reset();

    // 컨텍스트: 활용할 수 있는 새로운 데이터를 기다린다.
    xnRetVal = xnContext.WaitOneUpdateAll(xnDepthGenerator);
    CHECK_RC(xnRetVal, "UpdateAll");

    // DepthGenerator: 현재 깊이 맵을 취한다.
    const XnDepthPixel* pDepthMap = xnDepthGenerator.GetDepthMap();
    const XnDepthPixel* pDepth = xnDepthMD.Data();
```

```
const XnLabel* pLabels = xnSceneMD.Data();

// UserGenerator: 추적할 사용자 수를 정의한다.
XnUserID* userID = new XnUserID [maxUsers];
XnUInt16 nUsers = maxUsers;

// UserGenerator: 추적한 사용자의 ID를 가져온다.
xnUserGenerator.GetUsers(userID, nUsers);
CHECK_RC(xnRetVal, "UserGenerator.GetUser");

// 뒤집기 전에 깊이 & 사용자 검출 값을 저장하기 위한
// 임시 행렬을 생성한다.
Mat toflip_depthMatrix = Mat::zeros(480,640,CV_8UC1);
Mat toflip_usersMatrix = Mat::zeros(480,640,CV_8UC1);

// 현재 프레임을 통해 순회하면서
// 행렬 내 깊이 & 검출 결과를 저장한다.
for (int ind = 0; ind < HEIGHT * WIDTH; ind++)
{
    // 현재 화소가 깊이 임계값 안에 있는지 확인한다.
    if (pDepthMap[ind] < _maxDepth)
    {
        toflip_depthMatrix.data[ind] = pDepthMap[ind];
        toflip_usersMatrix.data[ind] = pLabels[ind];
    }
}

flip( toflip_depthMatrix, depthMatrix, -1 );
flip( toflip_usersMatrix, usersMatrix, -1 );
_iterationCount++;

return xnRetVal;
}
```

여기서 주목해야 하는 흥미로운 부분은 update() 함수에서 OpenCV의 간단
한 뒤집기 함수인 void flip(const Mat& src, Mat& dst, int flipCode)

를 사용해 키넥트 센서가 검색하는 깊이와 사용자 데이터를 뒤집었다는 점이다. flip() 함수의 첫 두 파라미터는 분명히 원시와 대상이다. 하지만 마지막 파라미터인 flipCode는 뒤집기의 축을 정의하는데, 0이면 x축에서 뒤집음을 의미하며, 양수는 y축에서 뒤집음을 의미하고, 음수는 두 축에서 뒤집음을 의미한다. 수평 뒤집기로 한 이유는 데이터를 화면에 표시할 때 반사시킴으로써 사용자를 이 데이터와 더 잘 결부시킬 수 있기 위함이다. y축 뒤집기는 OpenGL과 관계가 있으며, 시각화를 위해 표시할 때 사용한다.

대부분의 영상 스트림 경우 키넥트 센서의 영상 스트림처럼 원점은 상단 왼쪽 코너라고 가정한다. 하지만 OpenGL 표시라면 원점은 하단 왼쪽이다. 따라서 원점을 보정하기 위해 수직 뒤집기를 사용한다. 다음 코드에서 설정, 표시, 사용자 검출, 키넥트 센서 정지를 처리하는 추가적인 함수를 함께 설명한다.

```cpp
/* @파일: KinectController.cpp (계속) */

/*! 모든 키넥트 모듈을 정지한 후 재시작 */
XnStatus KinectController::reset()
{
    kinectCleanupExit();
    _iterationCount = 0;
    init ();
    update ();
    return xnRetVal;
}

/*! 깊이 임계값 설정 */
void KinectController::setDepth(int depthDelta)
{
    _maxDepth += depthDelta;
    cout<<"Depth Threshold: "<<depthThresh<<endl;
}
```

```
/*! 기능 정지 */
void KinectController:: kinectCleanupExit()
{
    stopDepthControl();
}

/** [새로운 사용자를 검출할 때의 콜백]:
 * UserGenerator 노드가 새로운 사용자를 검출할 때마다
 * 이 코드를 호출한다.
 * @param generator UserGenerator 노드
 * @param nId 검출한 사용자의 ID(범위: 1 ~ 허용 최대 사용자 수)
 * @param pCookie가 *pCookie를 사용함으로써
 * 등록자 함수(RegesterUserCallbacks() 함수 같은)를 통해
 * 임의의 객체를 전달할 수 있다.
 */
void XN_CALLBACK_TYPE User_NewUser_Cback
    (xn::UserGenerator& generator, XnUserID nId, void* pCookie)
{cout << "New User: " << nId << endl; }

/** [사용자를 놓쳤을 때의 콜백]:
 * UserGenerator 노드에서 기존 사용자가 10초 이상
 * 보이지 않을 때마다 실행한다.
 * @param generator UserGenerator 노드
 * @param nId 검출한 사용자의 ID(범위: 1 ~ 허용 최대 사용자 수)
 * @param pCookie가 *pCookie를 사용함으로써
 * 등록자 함수(RegesterUserCallbacks() 함수 같은)를 통해
 * 임의 객체를 전달할 수 있다.
 */
void XN_CALLBACK_TYPE User_LostUser_Cback
    (xn::UserGenerator& generator, XnUserID nId, void* pCookie)
{
    cout << "Lost user: " << nId << endl;
}
```

플루이드 월 애플리케이션이 키넥트 데이터에 접근하기 위해 OpenNI API를 직접 사용했긴 하지만, 키넥트 데이트 접근을 허용하는 최근에 추가된 OpenCV API에 관해 언급하는 것도 중요하다. OpenCV의 최신 API(OpenCV 버전은 2.4.2)는 현재 깊이와 키넥트 센서의 RGB 스트림에 접근하기 위한 자체 OpenNI 래퍼를 제공한다. 이것은 매우 유용한 추가 사항인데, OpenCV 생성자는 OpenNI 모듈에 접근하기 위한 훨씬 더 간단한 구문을 허용하며, 코드 안에서 추가 라이브러리와 콜백을 포함시킬 필요 없이 사용할 수 있기 때문이다.

다음은 OpenCV를 이용해 키넥트의 깊이 스트림을 캡처하기 위한 간단한 프로그램이다.

```cpp
#include "opencv2/highgui/highgui.hpp"
#include "opencv2/imgproc/imgproc.hpp"
#include <iostream>

using namespace cv;
using namespace std;

int main( int argc, char* argv[] )
{
   VideoCapture capture;
   capture.open( CV_CAP_OPENNI );
   if( !capture.isOpened() )
   {
     cout << "Can not open a capture object." << endl;
     return -1;
   }

   for(;;)
   {
     if( !capture.grab() )
     {
       cout << "Can not grab images." << endl;
```

```
        return -1;
    }
    else
    {
      if( capture.retrieve( depthMap, CV_CAP_OPENNI_DEPTH_MAP ) )
      {
        const float scaleFactor = 0.05f;
        Mat show; depthMap.convertTo( show, CV_8UC1, scaleFactor );
        imshow( "depth map", show );
      }
    }
  }
}
```

OpenCV의 이런 OpenNI API 함수를 사용하려면 OpenCV 소스를 다운로드한 후 OpenNI와 PrimeSense 모듈을 재컴파일해야 한다. OpenCV 문서에서 키넥트 설치와 사용법을 설명하며, 다른 OpenNI와 호환되는 깊이 센서에 대한 훨씬 더 자세한 내용은 해당 온라인 문서에 있다. OpenCV 문서에는 모든 세 개의 플랫폼, 즉 윈도우, 리눅스, 맥 OS 10용 OpenNI를 지원하는 OpenCV 구성과 재빌드 방법에 대한 설명이 들어있다. 독자는 다음 링크에서 이 문서를 찾을 수 있다.

http://docs.opencv.org/2.4/doc/user_guide/ug_kinect.html

이 방면에는 OpenCV의 가장 최근 개발에 대한 타당한 언급을 덧붙이는 것이 반드시 필요했지만, 이번 플루이드 월의 소스에 OpenCV의 OpenNI 함수를 사용하지 않았다. 이것은 OpenCV 래퍼가 제공하는 깊이와 RGB 스트림에 쉽게 접근하지만, 사용자 검출, 사용자 추적, 뼈대 추적 모듈을 아직도 다루지 못한다는 사실에 기인하기 때문이다.

사용자의 움직임을 식별하고 추적하는 것이 플루이드 월의 대화형 프로그래밍 핵심 요소임에도 불구하고, 이 분야에 제공된 OpenCV의 쾌속 개발이라면 가까운 미래에 이 프로그램을 위해 OpenCV의 고유 생성자로 완전히 바꾸기란 아직 요원할 수도 있다.

## 유체 시뮬레이션

이번 프로젝트에서 구현하는 유체 시뮬레이션은 오토데스크 연구소의 선임 연구 과학자인 조스 스탬Jos Stam이 개발한 게임 엔진용 유체 역학에 기반을 둔다(Real-Time Fluid Dynamics for Games, Jos Stam, Conference Proceedings: Game Developers Conference).

유체 역학은 여러 매질medium에서 가스나 액체의 자연스러운 흐름을 정의하며, 유체 운동fluid motion의 물리를 묘사하는 예를 들어 오일러의 유체 방정식, 오신 방정식Oseen equation이나 나비어 스톡스 방정식Navier-Strokes equation에서 기술했던 정밀한 수학 모델 사용에 기반을 둔다. 하지만 실시간 대화형 애플리케이션에서 이런 모델을 사용하려면 매우 빠른데다가 계산 집약적 방정식을 실시간으로 계산(또는 풀기)해내는 신뢰할 만한 해석기가 유체 시스템에 있어야 한다.

조스 스탬이 개발한 해석기는 나비어 스톡스 방정식에 기반을 두고 복잡한 방정식을 실시간으로 실행하는 것이 가능하며, 이 모델의 엄격한 물리 정확도를 깎는 대신에 결과의 시각적인 품질에 중점을 둔다. 이 모델은 유체 상태를 매번 순식간에 속도 벡터장 형태로 정의한다. 즉, 주어진 찰나에 공간 내의 모든 점에 속도 벡터를 할당한다. 나비어 스토어 방정식은 속도의 현재 상태와 유체 강체에 작용하는 현재 힘의 집합을 활용해 시간이 흐를수록 속도장의 진화를 좌우한다. 나비어 스토어 방정식의 빽빽한 벡터 기호를 다음 그림의 첫 번째로 제시한다. 여기서 이 방정식의 좌변은 벡터장의 전반적인 가속을 나타내며, u는 유동 속도flow velocity다. 우변의 P는 압력을 나타내며 μ는 동점도kinematic viscosity이고, f는 다른 강체 힘(일반적으로 중력)이다. 벡터장의 속도 변화를 정의하기 위해 이런 항을 조합한다.

$$\frac{\partial u}{\partial t} + (u.\nabla)u = -\nabla P + \mu\nabla^2 u + f \qquad (Eq.\,1)$$

$$\frac{\partial \rho}{\partial t} + (u.\nabla)\rho = -\frac{\nabla P}{\rho} + v\nabla^2\rho + S \qquad (Eq.\,2)$$

이 속도 벡터장은 막힌 방의 공기 흐름으로 모델화될 수 있다. 하지만 그 자체로 이 장은 공기 흐름을 따라가는 먼지나 담배연기 같은 다른 객체가 움직일 때까지 관심을 깊이 두지 않는다. 이런 입자를 둘러싼 속도에서, 즉 이런 입자 주위에 있는 속도 벡터장의 운동에서 움직임을 추론할 수 있다. 하지만 조스 스탐이 기술한 유체 역학은 이런 입자를 개별로 모델화할 수 없다. 대신 담배연기나 먼지의 장을 연속적인 밀도 함수 형태로 모델화할 수 있다. 이 장을 표현하는 방정식은 앞 그림의 두 번째 방정식으로 보여준 벡터장을 표현하는 것과 유사하며, 두 번째 방정식에서는 ρ가 유체 밀도<sup>fluid density</sup>인 반면에 v와 S는 밀도장<sup>density field</sup>에 적용한 다른 점도<sup>viscosity</sup>와 다른 힘(f에 더함)을 나타낸다.

마지막으로 이 모델은 현 상황에서 (유체가 이론적으로 무한 공간을 다루는 만큼) 여전히 실제로 적용되지 않기 때문에 유체의 유한 표현을 만드는 것이 중요하다. 따라서 스탐의 알고리즘에서 제안한 대로 시각화에 사용하는 2차원 공간을 똑같은 셀의 유한 개수로 나누며, 각 셀은 동등하게 공간화된 간격을 갖는다. 그 다음에 이런 셀의 각 중심으로부터 유체 유동을 모델화한다. 플루이드 월의 시뮬레이션에서 깊이 영상 데이터를 640 × 480인 해상도에서 검색하긴 했지만, 프로그램이 실시간에서 여전히 실행함을 확실히 하기 위해 해석기가 최소한으로 계속 계산하도록 이 셀의 격자를 꽤 작은 셀(128 × 128화소)로 제한했다. 다음 그림은 격자 배치와 조스 탐스의 원 알고리즘이 만들어 낸 속도장을 보여준다.

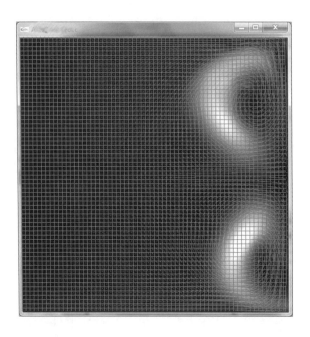

시각화 측면에서 사용자가 키넥트 센서 앞에서 걸으면 그 사용자의 반사된 실루엣을 화면에 표시한다. 그런 후에 프로그램이 화면에 있는 사용자의 실루엣 주위에 유체를 방출하기 시작한다. 사용자를 추적하는 중이라면 여러 부분(맨 위, 중간부, 맨 아래)에 할당된 다수의 유체 방출기에서 유체 방출을 만든다. 생성된 이런 방출은 앞에 언급했던 속도 벡터장을 통해 흐르는 조밀장 density field이다. 키넥트 센서 앞에 있는 사용자의 움직임을 조밀장의 방향과 유동 속도로 나타낸다. 이 정보는 9장의 '옵티컬 플로우' 절에서 좀 더 자세하게 설명하는 OpenCV의 옵티컬 플로우 방법을 사용해 계산된다.

다음 그림은 플루이드 월에서 방출기가 처리해 실루엣 주위에 생성한 속도장을 보여준다.

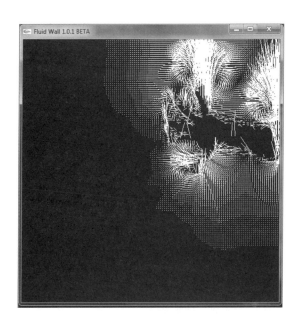

통일 조밀장과 키넥트 센서 앞에서 움직이는 모든 객체의 움직임 속도에 대한 유체 모델을 생성하기 위해 설명했던 FluidSolver 클래스 (FluidSolver.h와 FluidSolver.cpp)는 해석기 루틴을 구현한다(개별 사용자 추적 없음). FluidSolverMultiUSer 클래스(FluidSolverMultiUser.h와 FluidSolverMultiUser.cpp) 는 키넥트 센서가 추적 중인 개별 사용자마다 독립적인 방출을 제공하기 위해 해석기 기능을 확장한다.

9장은 유동 해석기 자체를 구현하는 과정에서 수반되는 프로그래밍을 다루지 않는데, 유동 해석기는 어떠한 OpenCV 기능을 쓸 수 없는 독립적인 모듈이기 때문이다. 두 해석기 클래스와 각자의 함수에 관한 세부 사항은 9장에 포함된 코드 안에서 찾을 수 있다. 덧붙여 조스 스탐의 원 논문에서는 유동 해석기 구현 설명과 근본적인 알고리즘에 대한 더 깊이 있는 관점을 훨씬 더 자세히 기술한다.

나비어 스톡스 방정식을 통한 유체 해석기 유도에 관한 추가적인 설명과 자세한 고찰은 다음 링크에서 다운로드할 수 있는 조스 스탐의 논문에서 찾을 수 있다.

http://www.autodeskresearch.com/publications/games

이 페이지에서 또한 조스 스탐이 C 언어로 프로그래밍한 이 해석기의 단순 프로토타입 구현부가 있는 링크를 제공한다.

## 시뮬레이션 렌더링

플루이드 월 애플리케이션은 이전에 언급했던 스탐의 원 데모에 기반을 둔 채 화면에 이 유체 시뮬레이션의 시각화를 렌더링하기 위해 사용하는 표시 함수를 처리하기 위해 OpenGL의 GLUT를 사용한다. GLUT 설정과 초기화 방법은 창 표시와 화면 새로 고침 루틴을 구현하는 데 사용된다. 여기서 이 함수는 창 초기화 루틴, 창 크기 조정, 콜백 갱신은 물론 키보드 콜백과 마우스 콜백을 포함해 구현됐다. 사용자가 마우스를 사용해 시뮬레이션을 테스트하도록 마우스 이동을 추적하기 위한 GLUT 함수도 여기에 구현됐다. 여기서는 이런 함수의 세부 사항에 많은 관심이 없으므로 9장에서 다루지 않는다.

하지만 OpenGL은 객체(다각형)를 화면에 그리기 위해 빠른 퍼버텍스 셰이딩 per-vertex shading을 적용할 수 있는 능력도 제공한다. 이것은 이 프로그램의 시뮬레이션에 자욱한 연기, 유체의 반투명 상태, 점진적인 효과, 자연스럽게 사라져가는 액체 같은 그럴듯한 액체 효과를 생성할 때 유용하다. 키넥트 데이터, 유체 시뮬레이션, 옵티컬 플로우를 통합하는 코드에 대해 자세하게 설명한 일련의 절에서 이런 OpenGL의 생성자를 상세히 다룬다.

## 옵티컬 플로우

옵티컬 플로우는 플루이드 월 개발에 사용하는 핵심 OpenCV 기능이다. 이 절에서는 플루이드 월 애플리케이션과 OpenCV에서 옵티컬 플로우 사용법에 따라 옵티컬 플로우가 어떻게 작동하는지 간략하게 설명한다.

움직이는 객체가 있는 비디오를 고려하자. 이 비디오에서 가져온 한 영상 프레임에 표식한 주어진 점(이나 특징) 집합이 있으면 연속적인 영상 프레임에서 이런 동일한 특징을 검출할 수 있다. 모든 이런 점의 움직임 방향과 거리는 첫 번째 영상 프레임과 두 번째 영상 프레임 간의 옵티컬 플로우를 정의한다. 이것을 다음 방정식으로 표현할 수 있다.

$$\varepsilon(\delta_x, \delta_y) = \sum_{x=u_x-w_x}^{u_x+w_x} \sum_{y=u_y-w_y}^{u_y+w_y} \left( I_1(x,y) - I_2(x + \delta_x, y + \delta_y) \right)$$

수학적으로 영상 $I_1$의 점 $[u_x, u_y]$가 주어지면 $\varepsilon$를 최소화한 채 영상 $I_2$의 $[u_x + \delta_x, u_y + \delta_y]$를 찾는다.

역사적으로 볼 때 OpenCV의 여러 버전에서 옵티컬 플로우 방법의 주목할 만한 최신 구현부를 항상 제공했으며, OpenCV 라이브러리의 새로운 버전마다 옵티컬 플로우 방법을 정기적으로 개선해나갔다. 이번 최신 버전은 OpenCV 버전 2.4..2이며, 입력 영상의 쌍 사이에 있는 옵티컬 플로우를 계산하는 두 개의 별도 함수를 제공한다.

첫 번째 방법은 다음과 같이 정의된다.

```
void calcOpticalFlowPyrLK ( InputArray prevImg,
                            InputArray nextImg,
                            InputArray prevPts,
                            InputOutputArray nextPts,
                            OutputArray status,
                            OutputArray err, ...)
```

이 함수는 피라미드 표현으로 희소 반복 기술을 구현한 루카스 카나데<sup>Lucas-Kanande</sup> 알고리즘 버전을 활용한다. 이 방법은 첫 번째 입력 영상부터 두 번째 입력 영상까지 특징점의 희소 집합을 추적한다. 보통 goodFeaturesToTrack() 이나

`HougCircles()` 같은 **OpenCV**의 자체 특징 검출 방법 중 하나를 사용해 옵티컬 플로우 함수에 입력으로 제공하는 이 특징(코너나 원 같은)을 검출한다. 결과는 두 번째 영상에서 추적된 동일한 특징점 위치다.

이 알고리즘은 일반 비디오에서 움직임을 추적하는 대부분 경우에 대해 빠르고 강건한 결과를 제공하지만, 키넥트로부터 사용자 기반 움직임을 추적할 때 결과가 꽤 만족스럽지는 않았다. 개별 사용자의 독립적인 움직임 속도를 검색하는 것이 중요하기 때문에 키넥트 센서의 **RGB** 데이터에 옵티컬 플로우 함수를 적용하지 않는다. 따라서 여기서 사용하는 키넥트 데이터는 이전에 언급했던 `depthMatrix`와 `userMAtrix` 데이터 구조로서 각 화소가 각각 깊이와 키넥트 센서가 추적하는 사용자의 미리 할당된 **ID**을 표현하는 2차원 배열이다. 키넥트 센서와 관한 이전 절에 언급했듯이 키넥트의 깊이 스트림으로부터 나오는 데이터는 약간 잡음이 있으며, 너무 자주 변한다. 따라서 키넥트 센서가 **RGB**와 깊이 데이터를 이용해 계산한 사용자 추적 데이터도 약간 잡음이 있고 희소해질 것이다. 이와 같이 잡음이 낀 입력으로부터 특징 희소 집합을 추적하는 것이 매우 신뢰할 수 없을 것이다. 더욱이 `depthMatrix`와 `userMatrix` 데이터 구조체는 전형적인 영상 스트림을 포함하지 않으므로, 이전에 언급했던 특징 추적 방법을 사용해 코너나 원 같은 특징을 찾기가 쉽지 않았다.

**OpenCV**가 제공하는 두 번째 방법은 다음과 같이 정의되며, 플루이드 월 구현에도 사용했다.

```
void calcOpticalFlowFarneback( InputArray prev,
                               InputArray next,
                               InputOutputArray flow,
                               double pyr_scale,
                               int levels,
                               int winsize,
                               int iterations,
                               int poly_n,
```

```
double poly_sigma,
        int flags)
```

이 방법은 다항식 전개polynomial expansion에 기반을 둔 구나르 파르네백Gunnar Farneback의 움직임 추정 알고리즘을 적용한다. 연속적인 프레임(혹은 이번 경우 userMatrx 데이터 프레임)의 쌍을 입력으로 취한 후 이전에 보여준 간단한 함수를 사용해 특징의 조밀 집합을 추적한다. 이 경우에는 별도의 특징 검출이 필요하지 않다. 이 알고리즘은 두 프레임에 걸친 움직임을 추적하기 위해 기본적으로 각 화소의 이웃을 다각형으로 근사화하려고 시도한다. 이것은 개별 화소 레벨에 하거나 속도를 올리기 위해 해낼 수 있으며, 화소를 격자로 나눠 알고리즘을 수행할 수 있다. 플루이드 월 애플리케이션에서 더 정확한 결과를 만들 뿐만 아니라 이전에 기술했던 유체 시뮬레이션에서도 두 격자를 현재 정렬할 수 있기 때문에 결과를 사용하기에 더 적절할 수도 있다.

이전에 언급했던 방법 외에 OpenCV의 가장 새로운 버전은 GPU의 계산 능력을 활용하는 클래스와 함수를 제공하는 GPUGraphics Processing Unit 모듈로 구성된다. 이 모듈 안에 두 옵티컬 플로우의 또 다른(훨씬 더 빠른) 구현부인 루카스 카나데와 파르네백(물론 세 번째 방법이 있는데 엔디비아NVIDIA가 제공한 브록스Brox임)이 있다. 이런 구현부는 더 빠른 실행 시간을 달성할 목적으로 GPU로 옵티컬 플로우 계산을 실행하기 위해 사용된다. 이 함수는 이전에 기술했던 원 버전과 많이 비슷한 방법으로 사소하게 일부 바뀐 입력 파라미터와 함께 실행한다. 플루이드 월 구현부에서 프라네백 알고리즘의 GPU 버전이나 사용자의 플랫폼에 의존적인 일반 알고리즘을 실행하는 옵션도 들어 있다.

엔디비디아의 쿠다CUDA, Computer Unified Device Architecture 실행 시간 API를 이용해 구현된 OpenCV의 GPU 모듈은 쿠다를 활성화한 GPU에서만 실행할 수 있다는 점에 명심하자. OpenCV 바이너리에 기본적으로 활성화한 쿠다 지원이 딸려 나오지 않는다. 하지만 OpenCV 소스를 다운로드한 후 컴파일 과정에서 쿠다 지원 옵션을 활성화함으로써 쿠다 지원을 추가할 수 있다(이전에 언급했던 OpenNI 지원 추가에 사용했던 방법과 비슷함). OpenCV의 GPU 모듈 처리와 사용에 관한 세부 사항을 보려면 다음 링크를 방문하길 바란다.

http://docs.opencv.org/2.4.12/modules/gpu/doc/gpu.html

플루이드 월에 이런 옵티컬 플로우를 사용하는 방법을 다음 절에서 코드에 나타나는 부분과 연계해 차차 자세하게 설명하겠다.

## 유체 시뮬레이션에서 키넥트 데이터와 옵티컬 플로우 통합

이 절에는 애플리케이션의 세 부분을 한 대화형 표시로 통합한 것을 포함한 코드를 다룬다. 다음 코드에서 보듯이 처음에는 초기의 include 파일과 프로그램 상수가 있다. 언급했던 OpenCV의 include 파일은 비디오 추적, 영상 처리, 고수준 그래픽 사용자 인터페이스 함수를 포괄한다.

```
/*@ 파일: fluidWall.cpp */

// OpenCV 인클루드
#include <opencv2/video/tracking.hpp>
#include <opencv2/imgproc/imgproc.hpp>
#include <opencv2/highgui/highgui.hpp>
#include <opencv2/gpu/gpu.hpp>

// OpenGL 인클루드
#include <GL/glut.h>

// 플루이드 월 인클루드
#include "FluidSolver.h"
#include "FluidSolverMultiUser.h"
#include "KinectController.h"
```

다음 코드는 이 프로그램에 포함한 몇몇 정의된 지시자, 매크로, 상수를 보여준다. DEBUG 지시자와 관계된 모든 코드는 사용자가 기존 시스템의 상단에서 개발을 선택할 때 쓸모가 있다.

```
/*@ 파일: fluidWall.cpp */

#define DEBUG 0
#define USE_GPU 1

// 매크로
#define ROW_WIDTH       N+2
#define IX(i, j)        ((i) + (ROW_WIDTH) * (j))
#define FOR_EACH_CELL for(i = 1; i <= N; i++)
{ for(j = 1; j <= N; j++) {
#define END_FOR   }}
#define SWAP(x0, x)    { float* tmp = x0; x0 = x; x = tmp; }

// 유체 시뮬레이션 상수
const static int GRID_SIZE = 128;
const static float FLOW_SCALE = 0.1;
const static int SPLASH_ROWS= 80;
const static float BG_OFFSET = 0.1;
const static int MAX_EMITTERS= 200;

// OpenGL 상수
const static int DEF_WINDOW_SIZE = 512;
using namespace std;
using namespace cv;
using namespace cv::gpu;
```

유체 해석기에 대한 방출기는 다음 코드 조각에서 보듯이 구조체로 정의됐으며, 방출기 자체 내부에서는 구조체 요소로 정의한 명세를 빼고는 다른 기능을 요구하지 않는다.

```
/*@ 파일: fluidWall.cpp (계속) */

typedef struct
{
   Point2f center;
   Point2f vel;
```

```
   int lifespan, lifeElapsed;
   int radius;
   int userID;
} Emitter;
```

다음 몇 라인은 프로그램 전체에 걸쳐 사용하는 일부 주요 변수를 초기화하며, 이 주요 변수는 깊이와 사용자 추적 행렬, 옵티컬 플로우 데이터, 유체 변수 변수를 처리한다. 전역 변수 생성을 권장하지 않지만, 이번에는 플루이드 월의 기능에는 OpenCV부터 OpenGL와 OpenNI까지 걸친 여러 모듈 간의 방대한 변수 공유가 필요하다. 하지만 이 파일에만 이런 변수를 정적으로 선언함으로써 해당 변수의 전역 범위를 제한했으며, 이런 이슈는 차기 버전에서 풀어내야 한다. 다음은 정적 선언부다.

```
/*@ 파일: fluidWall.cpp (계속) */

static FluidSolver *solver;
static FluidSolverMultiUser *userSolver;
static KinectController *kinect;
static bool useUserSolver = true;
static Mat depthMatrix;
static Mat usersMatrix;

// 옵티컬 플로우 격자로 축소된 userMatrix를 저장하기 위함
static Mat resizedUsersMatrix;

// 입자 시스템 변수
static int N; // 옵티컬 플로우에 접근하기 위함(GRID_SIZE)
static float force = 5.0f;
static float source = 20.0f;
static bool useFlow; // 옵티컬 플로우 사용
static vector<Emitter> emittersList(MAX_EMITTERS);

Mat depthImage;
Mat flow; // 옵티컬 플로우 행렬
```

```
static Mat currFlowImg, prevFlowImg;
static GpuMat gpuFlowX, gpuFlowY; // GPU가 활성화된 옵티컬 플로우 행렬
static GpuMat gpuPrevFlowImg, gpuCurrFlowImg;

// OpenGL
static int winID;
static int winX, winY;
static int mouseDown[3];
static int omx, omy, mx, my;

// 모드 변경 변수
static bool autoChangeMode = false;
static bool useWhiteBackground = false;
static int mode = 0;
static int maxMode = 4;
static int iterations = 0;
static int iterationsPerMode = 500; // 초당 프레임 모드
```

마지막 몇 개의 변수(모드 변경 변수)는 9장의 소개에서 설명했던 모드를 전환할
때 사용하는 변수다.

fluidWall.cpp 파일의 초기화 루틴은 각각 메모리 할당 루틴과 메모리 해제
루틴인 allocateData()와 clearData()를 처리한다. 이 할당 함수인
allocateData()는 FluidSolver, FluidMulitSolver, KinectController
클래스의 인스턴스를 생성한다. 또한 유체 해석기의 옵티컬 플로우 결과를
저장하는 emittersList와 flow 변수를 위한 메모리 공간을 예약한다. 마
찬가지로 해제 함수인 clearData()는 할당한 모든 공간을 정리한다.

```
/*@ 파일: fluidWall.cpp (계속) */

/** 모든 해석기 데이터 정리 */
static void clearData(void)
{
   if(useUserSolver) userSolver->reset();
```

```
  else solver->reset();
  emitters.clear();
}

/** 모든 객체를 초기화한 후 메인 프로그램에서 사용하는 상수 변수 정의 */
static int allocateData ( void )
{
  kinect = new KinectController();
  solver = new FluidSolver(GRID_SIZE, 0.1f, 0.00f, 0.0f);
  userSolver = new FluidSolverMultiUser(kinect->getMaxUsers(),
      GRID_SIZE,0.1f, 0.00f, 0.0f);
  emittersList.reserve(MAX_EMITTERS);

  for(int i = 0; i < MAX_EMITTERS; i++)
  {
    Emitter newEmit = {Point(0, 0), Point2f(0, 0), 1, 2, 1, 0};
    emittersList.push_back(newEmit);
  }

  N = GRID_SIZE;
  flow = Mat::zeros(N, N, CV_32FC2);
  useFlow = true;

  return ( 1 );
}
```

여기서는 FluidSolver와 FluidMultiUserSolver 클래스를 GRID_SIZE 상수로 정의한 격자 크기, 초기 주변 힘, 초기 확산률, 0인 밀도와 함께 인스턴스화했다. 이 과정에서 (GRID_SIZE로 정의한) 128 × 128화소 격자상의 전체 화면 영역을 포함하는 벡터 속도장에 대한 solver 클래스를 생성한다. 또한 동일한 초기 값으로 생성했던 다른 객체는 userSolver 객체다. 다만 KinectController 객체의 MAX_USERS 상수(키넥트 센서가 검출하는 최대 사용자 수)를 취한다. 그 다음에는 얻은 사용자 수에 기반을 두고 이 해석기의 조밀 장을 정의한다. 또한 이 함수는 emitters를 초기화하며, 물론 옵티컬 플로우 값을 담는 flow 행렬을 초기화한다.

## 옵티컬 플로우를 이용한 키넥트 사용자 추적과 깊이

키넥트 센서로부터 받은 데이터는 640 × 480화소의 영상 해상도를 갖는다. 하지만 이전에 언급했듯이 유체 시뮬레이션은 키넥트 입력 스트림과 비교해 더 작은 해상도로 고려된 128 × 128화소의 정방형 격자 위에서 실행한다. 유체 시뮬레이션은 훨씬 더 작은 프레임 크기에서만 실행할 수 있는데, 속도 벡터장과 유체 밀도를 생성할 때 계산적으로 집약적인 해석기 루틴이 필요하다는 점에 기인한다. 따라서 키넥트 센서에서 나오는 깊이 영상 프레임의 크기는 줄여야 하며, 또한 시뮬레이션으로 동화하기 위해 해석기의 정방형 격자 크기에 맞게 축소돼야 한다. 그 다음에 축소한 영상 행렬을 유체 해석기에 전달한다. 더 많은 세부 사항은 다음 코드 안에 포함되며, 주석으로 달아뒀다.

```
/*@ 파일: fluidWall.cpp (계속) */

/** 키넥트 깊이와 사용자 데이터를 지역 행렬로 적재한 후
 * 키넥트 데이터를 시뮬레이션 격자 크기로 축소한다.
 * resizedDepthMatrix = N x N 행렬
 * resizedUsersMatrix = N x N 행렬
 */
int loadKinectData()
{
   Mat resizedDepthMatrix = Mat::zeros(N, N, CV_8UC1);
   Mat resizedUsersMatrix = Mat::zeros(N, N, CV_8UC1);

   // 깊이 추적
   kinect->update();
   kinect->getDepthMat(depthMatrix);

   if(depthMatrix.empty())
```

```
{
  cout<<"ERROR: Cannot load depth frame"<<endl;
  return -1;
}

// 깊이 영상을 시뮬레이션 크기로 축소한다.
resize(depthMatrix, resizedDepthMatrix,
       resizedDepthMatrix.size(), 0, 0);
depthImage = resizedDepthMatrix;

// 옵티컬 플로우를 위해 축소한 depthImage를 사용하기 위해 복사한다.
resizedDepthMatrix.copyTo(currFlowImg);
if(useUserSolver)
{
  // 검색한 후 사용자 ID 행렬을 축소한다.
  kinect->getUsersMat(usersMatrix);
  resize(usersMatrix, resizedUsersMatrix,
         resizedUsersMatrix.size(), 0, 0);
}
return 0;
}
```

OpenCV의 축소 함수는 빠르면서 수월한 작업을 한다. 여기에 사용하는 함수는 void resize (InputArray src, OutputArray dst, Size dsize, double fx=0, double fy=0, int interpolation=INTER_LINEAR)이며, OpenCV의 영상처리 모듈에 포함된다. 이 함수는 앞 코드에서 했듯이 dsize 변수로 새로운 크기를 정의하거나 x축과 y축에 따른 크기 조정 인자인 fx와 fy를 사용해 정의하는 것 중 하나로 원시 행렬을 대상 행렬로 확대하거나 축소한다. 앞 코드에서 사용했던 기본 보간 방법은 INTER_LINEAR 플래그로 정의한 양선형 보간법bilinear interpolation이다.

다음 코드 부분은 끝에 있는 코드의 몇 라인만 사용해 OpenCV로 옵티컬 플로우를 계산하는 무거운 작업을 수행하는 부분이다.

```
/*@ 파일: fluidWall.cpp (계속) */

/** 옵티컬 플로우를 속도 값으로 바꾼다.
 * 잡음을 제거하기 위해 cvRound를 이용해 유체 값을 반올림하며,
 * FluidSolver에 결과를 직접 추가한다.
 */
static void computeOpticalFlow(FluidSolver* flSolver, Mat& flow)
{
    if(!prevFlowImg.empty())
    {
      #if USE_GPU
        GpuMat d_frameL(prevFlowImg), d_frameR(currFlowImg);
        GpuMat d_flowx, d_flowy;
        FarnebackOpticalFlow calcFlowFB;
        Mat flowx, flowy;

        calcFlowFB(d_frameL, d_frameR, d_flowx, d_flowy);
        d_flowx.download(flowx);
        d_flowy.download(flowy);
        Mat planes[] = {flowx, flowy};
        planes->copyTo(flow);
      #else
        calcOpticalFlowFarneback(prevFlowImg, currFlowImg, flow,
                                 5, 3, 15, 3, 5, 1.2, 0);
      #endif
        for(int y = 1; y < N; y++)
        {
          for(int x = 1; x < N; x++)
          {
            const Point2f& fxy = flow.at<Point2f>(y, x);
            flSolver->addHorzVelocityAt(x, y, FLOW_SCALE * fxy.x);
            flSolver->addVertVelocityAt(x, y, FLOW_SCALE * fxy.y);
          }
        }
```

```
  }
  #if DEBUG
    Mat cflow;
    cvtColor(prevFlowImg, cflow, CV_GRAY2BGR);
    drawOptFlowMap(flow, cflow, 16, 1.5, CV_RGB(0, 255, 0));
    imshow("flow", cflow);
  #endif
    std::swap(prevFlowImg, currFlowImg);
}
```

다음 코드 부분은 키넥트 센서의 데이터에 기반을 둔 유체 해석기를 위한 충돌 경계collision boundary를 생성하며, 여기서 사용자의 깊이 값은 산란하는 유체로부터 실루엣을 생성한다.

```
/*@ 파일: fluidWall.cpp (계속) */

/**
 * FluidSolver에서 입력 depthImage나 사용자 ID 값을 충돌 경계로 바꾼다.
 * 현재 depthImage의 임의 화소에서 경계를
 * 0보다 큰 값으로 정의하기 위해 설정한다.
 */
static void defineBoundsFromImage(FluidSolver* flSolver, Mat &bounds)
{
    for( int y = 0; y < bounds.rows; y++ )
      for( int x = 0; x < bounds.cols; x++ )
      {
        uchar &pixelVal = bounds.at<uchar>(y, x);

        // 유체 행렬이기 때문에 좌표에 1을 더하며,
        // 첨자 범위는 1~N이다.
        if( pixelVal > 0)
          flSolver->setBoundAt(x, y, true);
        else
          flSolver->setBoundAt(x, y, false);
```

```
        }
    }
```

또한 새 창에서 디버깅 목적으로 OpenCV 그리기와 표시 루틴을 사용해 옵티컬 플로우 결과를 그리는 데 사용하는 함수를 기술한다. 이 함수는 이 파일 내의 #if DEBUG 지시자 안에서만 호출된다. 이것은 유체 해석기로 생성한 속도장의 동작을 빠르게 보기 위한 간단한 방법이다.

```
/*@ 파일: fluidWall.cpp (계속) */

/** 디버깅 목적으로 OpenCV를 사용해
 * 옵티컬 플로우 결과의 그래픽 표현을 그리고 표시한다.
 * @param flow - CV_32FC2 행렬: 옵티컬 플로우 계산 결과를 포함한다.
 * @param cflowmap - 옵티컬 플로우 입력을 표현한 컬러 영상
 * @param step - 각 벡터를 그릴 때 무시하기 위한 화소 개수
 *                  (매번 벡터를 그리면 너무 조밀해짐)
 * @param color - CV_RGB 스칼라: 옵티컬 플로우 벡터의 컬러
 */
void drawOptFlowMap(const Mat& flow, Mat& cflowmap, int step,
                    double, const Scalar& color)
{
    for(int y = 0; y < cflowmap.rows; y += step)
      for(int x = 0; x < cflowmap.cols; x += step)
      {
        const Point2f& fxy = flow.at<Point2f>(y, x);
        line(cflowmap, Point(x,y),
             Point(cvRound(x+fxy.x), cvRound(y+fxy.y)), color);
        circle(cflowmap, Point(x,y), 2, color, -1);
      }
}
```

## 유체 방출과 시각화 모드

플루이드 월의 소개에 언급했듯이 이 애플리케이션은 실행 시간 중에 주기적으로 반복하는 4개의 모드를 갖는다. 이런 모드를 위한 시간 간격에 대해서는 프로그램 시작 부분에서 값을 500으로 설정한 iterationsPerMode 변수를 사용해 화면에서 머물러 있게 설정할 수 있다. 이 변수는 각 모드를 보여주기 위해 프레임 개수에 관한 간격을 정의한다. 초당 24프레임에 가까운 프레임률에서 iterationsPerMode 값이 500이면 약 20초 간격으로 화면상에서 해당 모드를 그대로 유지한다.

시각화 모드 변경을 책임지는 변수는 fluidWall.cpp에서 모드 변경 변수로 주석을 달았다. 이 루틴은 키넥트 데이터를 유체 방출기와 유체 해석기로 통합 처리하는 부분 앞에 언급했다. 유체 역학을 처리하는 만큼은 이런 루틴의 모든 코드를 9장에서 설명하지 않는다. 이전에 언급했듯이 조스 스탐의 논문(Real-Time Fluid Dynamics for Games, Jos Stam, Conference Proceedings: Game Developers Conference)에서 이 방법에 관한 주제를 가장 잘 설명한다. 다만 이런 루틴의 기능을 간략하게 기술한다.

프로그램이 호출하는 다음과 같은 createEmitterAt() 함수는 센서 앞에서 새로운 사람을 검출할 때마다 방출기를 생성한다.

```
static void createEmitterAt(int center_x, int center_y,
                            float force_u, float force_v,
                            int lifespan, int radius,
                            int userID = 1) { ... }
```

주어진 어떠한 시간에 시뮬레이션에서 실행 중인 활성 방출기는 10개일 수도 있거나 시스템의 앞에 존재하는 사람과 움직임이 얼마나 많은지에 따라 없을 수도 있다. 시스템이 검출한 각기 새로운 움직이는 객체는 객체의 움직임에 기반을 둔 방출기의 새로운 집합에 할당된다. 시스템이 개별 사용자를 검출하도록 설정됐다면(예를 들어 다중 사용자 모드를 사용할 때) 방출기는 새로운 사용자의 실루엣에 연결되며, 아니라면 유체 해석기가 정의한 방출기는 유체 해석기의 자체 격자 위에 정의된다. createEmitterAt() 함수를 호출할 때마다 방출기의 원점(center_x과 center_y에 있음), 초기 힘(force_u, force_v), 반경, 수명이 정의된 새로운 방출기 객체를 생성한다. 유체 해석기는 각 방출기를 초기화하기 위해 동일한 방식으로 이런 모든 기본 값을 정의한다. 이전에 allocateData()에서 생성했던 emittersList에 새로운 방출기를 추가한다. 모든 방출기는 사용자와 연결된 실루엣에 기반을 두고 식별된다. 그러므로 여기서 userID 변수(새로운 사용자마다 고유함)도 전체 시스템에 존재하는 각 방출기마다 초기화된다.

renderEmitters() 루틴은 emittersList를 통해 순회하고, 시뮬레이션의 각 프레임에서 시스템에 존재하는 모든 실 방출기에 대한 유체 시뮬레이션에 힘을 추가하는 데 사용된다.

```
static void renderEmitters(FluidSolver* flSolver, vector<Emitter> &e)
```

이 루틴은 모든 방출기에 대한 시공간 낙하temporal and spatial fall-off 같은 항목을 계산하며, 이 낙하에 기반을 둔 해석기에 추가되는 수평 속도와 수직 속도, 밀도를 계산한다. 또한 이 함수는 시뮬레이션의 각 프레임에서 lifeElapsed 변수를 증분해 emittersList에 있는 각 방출기의 수명을 갱신한다(본질적으로 나이 세기 추가). 물론 이 함수는 지난 수명 값이 설정된 방출기를 emittersList에서 제거한다.

끝으로 emitterSplashes() 함수는 createEmitterAt() 함수를 사용해 방출기 객체를 생성한다. emitSplashes() 루틴은 옵티컬 플로우 속도를 계산한 후에 호출된다. 모드 변경 모드 중 하나인 useUserSolver 플래그는 이 루틴에서 (loadKinectData() 함수에 있는 이전에 정의했던 resizedUsersMatrix에서 userID 변수를 검색해) 키넥트 센서가 추적하는 사용자에 관한 유체 방출에 근거를 둘지 아닐지 결정하기 위해 사용된다. 일단 생성했던 방출기 타입은 옵티컬 플로우 속도가 있는 방출기나 옵티컬 플로우 속도가 없는 방출기 중 하나이며, renderEmitters() 함수를 사용해 방출을 렌더링한다. 이렇게 해서 useUserSolver로 구별한 것에 기반을 두고 첫 번째 사용자 모드인 단일 컬러 사용자 모드와 두 번째 모드인 다중 컬러 사용자 모드를 생성한다.

```
/*@ 파일: fluidWall.cpp (계속) */

/**
 * 옵티컬 플로우 속도에 기반을 둔 방출기 객체를 생성한다.
 * 수직 속도가 경계에서 음수이면 방출기를 생성한다.
 * 방출 임계값은 음의 방향으로 움직이는 속도를 막는데,
 * 생성한 방출에서 잡음이 나오기 때문이다.
 * 호출 트리에서 computerOpticalFlow 후에 이 함수를 호출한다고 가정한다.
 *
 * @param flsolver 스플래시를 방출하는 유체 해석기
 * @param flow 옵티컬 플로우 속도를 포함하는 행렬에 대한 참조
 */
static void emitSplashes(FluidSolver* flSolver, Mat &flow)
{
    // 사전 조건: 옵티컬 플로우를 계산했다.
    float fu, fv;
    fu = fv = 0.0;

    // 속도 방출에 기반을 둔 방출기 생성
    int velocityEmissionThreshold = -0.05;

    if(useFlow)
    {
      // 스플래시 행에서 방출기를 살펴보기만 한다.
      for( int j = 1; j < SPLASH_ROWS; j++)
      {
        for(int i = 1; i <= N; i++)
        {
          bool vertBoundChangesToYes = !flSolver->isBoundAt(i, j)
              && flSolver->isBoundAt(i, j+1);
          if(vertBoundChangesToYes)
```

```
    {
        const Point2f& opticalFlowVelocity
            = flow.at<Point2f>(i, j);
        fu = .8 * opticalFlowVelocity.x;
        fv = .8 * opticalFlowVelocity.y;

        if(opticalFlowVelocity.y < velocityEmissionThreshold)
        {
            if(useUserSolver)
            {
                int userID = resizedUsersMatrix.at<uchar>(i, j+1);
                createEmitterAt(i, j-1, fu, fv, 6, 3, userID);
            }
            else
                createEmitterAt(i, j-1, fu, fv, 6, 3, 1);
        }
    }
    }
    }
    }
    renderEmitters(flSolver, emittersList);
}
```

다른 함수인 getWeightedColor()는 사용 중인 다른 유체 모드와 세 번째 모드인 흰 배경을 갖는 사용자 모드 간의 전환을 프로그램에게 허용하는 책임을 진다. 이 함수는 각 개별 사용자가 방출한 유체의 밀도와 전반적인 시스템의 밀도에 대한 가중치 컬러를 간단히 계산한다. useWhiteBackground 플래그를 true로 설정했었다면 이런 밀도는 컬러 정의에 추가된 단순한 흰 오프셋만 갖는다.

네 번째 사용자 모드에 대해 말하자면 여기서 주목하는 흥미로운 부분은 이전 절에서 언급했던 drawOpticalFlow 함수는 원래 디버깅을 위한 것이었으며, 벡터장이 어떻게 동작하는지 화면에서 볼 수 있었다는 점이다. 다만 사람의 실루엣과 상호작용하는 벡터장이 생성한 흥미로운 효과는 이 프로그램의 이전 버전을 테스트하는 데 도움이 되는 사용자에게는 아주 매력적이었다. 따라서 초기 테스터가 강력히 요구했기 때문에 이 기능은 결국 애플리케이션의 표시 기능 중 하나로 추가됐다. drawVelocity() 함수에서 벡터장으로부터 선으로 속도를 그리며, 선의 길이와 방향은 각 벡터의 강도와 방향으로 정의된다.

fluidWall.cpp의 나머지 코드는 화면에서 시각화를 갱신하거나 사용자 피드백에 기반을 둔 표시 모드 변경, 각 모드에서 자연스럽게 끝나기를 기다리거나 화면에 모든 유체 밀도를 그리기 위해 사용하는 함수를 다룬다. 이 그리기 함수는 drawVelocity(), drawBounds(), drawDensity(), drawUsers() 같은 루틴을 포함한다.

이런 루틴은 다각형을 이용해 모든 객체를 그리거나 액체 효과를 만드는 다각형 꼭짓점을 퍼버텍스 셰이딩으로 설정하기 위해 대부분 OpenCL의 GLUT 라이브러리 함수를 사용한다.

다음 그림은 여러 모드에서 사람과 상호작용하는 결과인 유체를 보여준다.

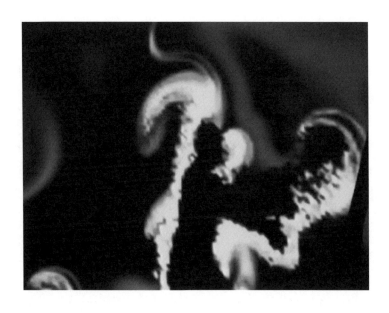

## 현재의 문제점과 차기 릴리스에서의 잠재적인 개선 사항

이 시스템은 현재 릴리스에서 두서너 개의 문제점이 있는데, 차기 버전에서 희망적으로 처리할 것이다.

1. 유체 외양은 프로세스 속도에 의존한다. 현재 방출률을 좌우하는 여러 유체 시뮬레이션 파라미터를 변경할 수 없게 해놨다. 시뮬레이션에서 프로세서 속도가 극적으로 이런 파라미터의 작동 방식에 영향을 끼치는 것을 발견했는데, 프레임마다 너무 많거나 너무 적은 밀도 방출을 유발할 수 있다. 차기 릴리스에서는 이런 문제를 희망적으로 해결해야 하며, 또한 자신의 머신에서 최상의 결과를 얻도록 사용자에게 이런 파라미터 조정을 허용해야 한다.

2. 변수 공유를 더 안전하게 허용하도록 코드의 전반적인 구조를 개선해야 한다. 이 프로그램은 현재 프로토타입일 뿐이며, 상업적인 용도를 위한 오픈소스 프로젝트가 아닌 데다가 객체지향 애플리케이션에서 함수 간의

데이터 공유를 보호할 수 없다.

3. 이 프로그램을 고려해 작업에 필요한 꽤 많은 라이브러리와 하드웨어가
   있다. 9장을 집필하는 시점에서 이 프로그램에 사용되는 서로 다른 라이
   브러리, 하드웨어(엑스박스 키넥트 센서), 하드웨어 드라이버는 서로 호환된
   다. 하지만 이런 구성 요소의 사양이나 기능이 변경되거나 예상하지 못한
   방식으로 이 프로그램의 작업에 영향을 줄 수가 있다. 가능한 대로 통일
   된 라이브러리와 하드웨어 구조 사용을 시도해 이런 문제점을 피하길 원
   한다. 키넥트 데이터에 대한 차기 지원을 추가한 OpenCV의 개발은 특히
   차기 버전의 이런 특정 이슈를 해결하는 데 유용할 것이다.

## 요약

화면에 나타나는 실루엣과 상호작용하고 충돌함으로써 사용자의 제스처에
반응하는 플루이드 월은 엑스박스 키넥트 센서가 주도하는 예술적인 실시간
시뮬레이션이다. 이 프로그램은 키넥트 센서 앞에 있는 사용자의 움직임으
로부터 옵티컬 플로우를 계산하기 위해 OpenCV를 사용한다. 물론 OpenCV
의 쿠다 지원을 통해 GPU 기반 옵티컬 플로우 계산을 선택 사항으로 제공한
다. 키넥트의 깊이와 사용자 추적, 데이터 조작, 축소를 위해 행렬 데이터
구조체를 사용하며, OpenCV를 통해 시각화 디버깅 정보를 표시할 수도 있
다. OpenNI의 오픈소스 드라이버를 통해 키넥트로부터 사용자 추적 데이터
와 깊이 데이터를 취득한다. 옵티컬 플로우를 계산하기 위한 파르네백 방법
은 OpenCV에 이미 포함됐으며, 사용자의 움직임과 상호작용하기 위해 유체
시뮬레이션에 올바른 힘을 적용하기 위해 사용된다. 9장에서는 플루이드 월
개발에 있어 구현부, OpenCV와 OpenNI 라이브러리 사용 방법, 빠른 유체
시뮬레이션 알고리즘을 독자에게 보여줬다.

# 찾아보기

에이콘출판의 기틀을 마련하신 故 정완재 선생님 (1935-2004)

# OpenCV 컴퓨터 비전 프로젝트

증강현실부터 자동차 번호판, 얼굴 인식, 3D 머리 포즈 추적까지

초판 인쇄 | 2016년 1월 19일
1쇄 발행 | 2017년 5월 15일

지은이 | 다니엘 렐리스 바지우 • 세르빈 이마미 • 다비드 밀란 에스크리바 • 크베드체니아 아이에브젠 • 노린 마흐무드 •
      제이슨 사라기 • 로이 실크롯
옮긴이 | 이 문 호

펴낸이 | 권 성 준
편집장 | 황 영 주
편 집 | 나 수 지
디자인 | 박 주 란

에이콘출판주식회사
서울특별시 양천구 국회대로 287 (목동 802-7) 2층 (07967)
전화 02-2653-7600, 팩스 02-2653-0433
www.acornpub.co.kr / editor@acornpub.co.kr

한국어판 ⓒ 에이콘출판주식회사, 2016, Printed in Korea.
ISBN 978-89-6077-833-7
ISBN 978-89-6077-210-6 (세트)
http://www.acornpub.co.kr/book/opencv-vision

이 도서의 국립중앙도서관 출판시도서목록(CIP)은 서지정보유통지원시스템 홈페이지(http://seoji.nl.go.kr)와
국가자료공동목록시스템(http://www.nl.go.kr/kolisnet)에서 이용하실 수 있습니다.(CIP제어번호: CIP2016006551)

책값은 뒤표지에 있습니다.